地势坤，君子以厚德载物。

The Rise and Fall of the Tang Dynasty

著
——士承东林

大唐兴衰三百年

2

From Zhenguan Prosperity to Great Unity

从贞观长歌
到天下共主

贵州出版集团
贵州人民出版社

图书在版编目（CIP）数据

大唐兴衰三百年 . 2，从贞观长歌到天下共主 / 士承东林著 . -- 贵阳：贵州人民出版社，2023.11
　　ISBN 978-7-221-17882-4

　　Ⅰ . ①大… Ⅱ . ①士… Ⅲ . ①中国历史 – 唐代 – 通俗读物 Ⅳ . ① K242.09

中国国家版本馆 CIP 数据核字（2023）第 165716 号

DATANG XINGSHUAI SANBAI NIAN 2: CONG ZHENGUAN CHANGGE DAO TIANXIA GONGZHU

大唐兴衰三百年 2：从贞观长歌到天下共主

士承东林　著

出 版 人	朱文迅
策划编辑	董懿德
责任编辑	刘旭芳
装帧设计	人马艺术设计・储平
责任印制	蔡继磊

出版发行	贵州出版集团　贵州人民出版社
地　　址	贵阳市观山湖区中天会展城会展东路 SOHO 公寓 A 座
印　　刷	三河市冀华印务有限公司
版　　次	2023 年 12 月第 1 版
印　　次	2023 年 12 月第 1 次印刷
开　　本	700 毫米 ×980 毫米　1/16
印　　张	24
字　　数	430 千字
书　　号	ISBN 978-7-221-17882-4
定　　价	58.00 元

目 录

第一章

明君的隐私 _001

第二章

明君的隐患 _016

第三章

所谓明君 _041

第四章

闹事者必拍之 _063

第五章

明君的荣耀 _083

第六章

转折之年 _107

第七章

明君的隐痛 _126

第八章

目标！高句丽！ _148

第九章

明君的隐忧 _170

第十章

伟业 _191

第十一章

斗争总是难免的 _221

第十二章

隐藏的敌人 _240

第十三章

得寸进尺 _261

第十四章

全面战争 _276

第十五章

二次较量 _294

第十六章

名将集结 _307

第十七章

名将的结局 _325

第十八章

新罗的野心 _338

第十九章

谎言 _355

第二十章

无法改变 _370

第一章
明君的隐私

　　武德九年（626 年）六月七日，对于李世民而言绝对是值得纪念的一天，在经历了三天前那场扣人心弦的兄弟死斗后，李世民终于赢来了今天的成功和胜利。虽然从弘义宫到太子东宫的距离不足千米，可是这段路在李世民看来却实在漫长，漫长到他整整跋涉了七年的时间。

　　但如今这些都已经不重要了，因为那场斗争的失败者已经不在人世，皇帝的嫡子只剩下了他一个人而已。太子宝座无论怎么看都非他李世民莫属，再也没有阴云，再也不用叹息，只需要拥抱明媚的阳光，用自己手中的权力去将平日的那些理想付诸实施，富国、强兵，让大唐的名号传遍每一个角落，让每一个人都为这个国家而惊叹。

　　他相信，这一终极理想不只属于他自己，也属于他的父亲和哥哥，更属于生活在这片土地上的所有人。

　　"我一定会实现这一理想的，一定！"

　　当然了，在实现远大理想之前，李世民很清楚，他有必要先立足现实，解决几个现实问题。不完成这些，下一步的工作是无法开展的。

　　迫在眉睫的事情是封赏功臣。这可是极为重要的一个举动，无论是对李世民还是对秦王党的成员都是如此。虽说此时李渊已经确立了李世民接班人的地位，但是实际上李世民并未完全掌握住大局。特别是由李建成平定的河北一带，在得知太子的死讯后立即发生了多起骚动，并引发了极其不好的社会影响，让李世民感到很担忧，所以这意味着李世民不可能像刘邦等皇帝那样，一旦大功告成就会磨刀霍霍向功臣。他必须合理地对"入股"的手下们做出安排，派出可以信任且具备相应能力的心腹干将去处理后续的各种工作。所以说，通过赏赐有功之臣的方式激励大家再接再厉，就是很必要的措施了。

封赏功臣最直接的手段自然是给真金白银。不过由于这个时候李世民还是太子，并非皇帝，手里没那么多硬通货可用，所以缺钱的李世民只好先做个样子，从众多功臣中挑出典型人物进行重点实物奖励，而纵观秦王府上下，有资格领取现金的自然非尉迟恭莫属。于是，李世民下令把查封齐王府后获得的所有财物全部赏给尉迟恭，以酬谢他在玄武门事变中立下的汗马功劳。

有尉迟恭这个标准参照物在，这下大伙儿心里差不多都有谱了，可以在家中私下参照尉迟恭的标准衡量一下自己应得的赏金数额，并确定领赏的当天到底是带辆马车去运呢，还是叫上几个仆人去抬。一时间大家虽说没能立刻领到赏赐，但都个顶个地笑吟吟的，每天干活也格外卖力。

然而，真正聪明的人其实从未把赏金的数额当作一回事。因为他们很清楚，赏赐这个东西虽然好，可是来得快，去得更快。所谓铁打的官位流水的钱，只要找到好工作，做上了朝廷高官，就既能拿权又能拿钱，这才是真正的王道。所以，这些智高一筹的兄台每日关注的是东宫最新的人事安排，大家都知道，李世民早晚是要即位当皇帝的，要是被选入了东宫，下半辈子可以说是进了保险箱，吃喝不愁，那才是梦寐以求的、稳稳的幸福啊！

不出所料，在被册立为太子五天后，李世民便公布了自己的东宫班底：宇文士及为太子詹事（正三品），长孙无忌、杜如晦为太子左庶子（正四品上），高士廉、房玄龄为太子右庶子（正四品下），尉迟敬德为太子左卫率（正四品上），程咬金为太子右卫率（正四品上），虞世南为中舍人（正五品上），褚亮为舍人（正六品上），姚思廉为太子洗马（从五品上）。

总体看来，这份名单是以文官为主体，而这些文官又基本上是来自秦王府文学馆的十八学士。但是如果你就此认为李世民是要走"马上取天下，马下治天下"的道路，建设文官政府，那就大错特错了。疆场上一路拼杀过来的李世民比任何人都要深刻地了解军队的重要性，之所以没有立即在军队系统高层安排上自己的人，实际上是为了给所有人一个反应的时间，不至于因突然的人事变动引起部队的混乱而已。

经过近一个月的沉淀，李世民意识到时机已经成熟，于是他立刻任命秦府护军秦琼为左武卫大将军，程咬金为右武卫大将军，尉迟恭为右武候大将军统领唐军主力作战部队，不久之后又安排心腹将领侯君集出任左卫将军，段志玄出任左骁卫将军，张公谨出任右武候将军。至此经过逐步的人员渗透，李世民逐渐真正掌握了全国的兵权，为自己的顺利继位打下了坚实的军事基础。

在将军队纳入掌控的同时，李世民同样陆续向国家要害部门安插自己人。李世民的舅舅高士廉担任了侍中，智囊房玄龄成了中书令，亲信萧瑀做了尚书左仆射，至于人事部和国防部这两大重点部门也分别由长孙无忌、杜如晦担任长官。如此一来，李世民虽然还是太子，但实际上已经与皇帝没有任何实质意义的差别，所以李渊当即十分识趣地表态自己极为愿意将皇帝的位子让给太子（反正没有实权了）。就这样，又过了一个月，李世民最终从老爹手里接过了皇帝的桂冠，成了名副其实的大唐皇帝。

能力够量才授职，不一味地任人唯亲，李世民在封赏用人这一方面最先超越了自己的父亲；更加难能可贵的是，李世民不但善于用亲信，而且不介意起用昔日的敌人。比如，那位曾经在太子军队猛攻玄武门不成时，天才般提议转攻秦王府的薛万彻，本来已经有躲进深山吃野果度过余生的觉悟了，没想到李世民得知了他的下落后，不仅没有派兵来围剿，反倒是再三派出使者来宣讲优抚政策，最后把这位当时的"人猿泰山"忽悠出山了。两人见面之后，李世民别的不说，只是一个劲儿地赞赏：忠于所事，真是位义士啊！

身边的近臣无不目瞪口呆。义士？不是宣传说太子、齐王一伙通通都是奸党吗？怎么您这里还没过一个月就改口风了？

还没等大家讶异完，人们就听到了李世民那道更让人吃惊的命令：以副护军薛万彻为右领军将军！

我们前面介绍过，唐初国家实行的是府兵制，而在这一制度系统中，十二军、十二卫的将军们即为全国武装力量的实际掌控者。所以一般情况下，这些职务都是要由亲信中的亲信担任的。可是，对于薛万彻这个刚从敌对阵营投奔过来的人，李世民居然连个政审都不做就让他去统领部队，这岂非太过儿戏了？

就在这一片争议声中，薛万彻回归了他熟悉的军营，李世民接着主持他的政务，貌似这事儿与他们二人毫无关系一般。

确实没关系。用人不疑，疑人不用，李世民无愧于他千古明君的美名。

找来了薛万彻不久，李世民又派人马不停蹄地找到了李建成的一号幕僚：魏征。

见到魏征的第一句话，李世民说得很直接："你为什么要离间我们兄弟呢？"

情况很不妙啊！在场的人听到这句责问，无不为魏征捏了一把冷汗。

谁知魏征面不改色心不跳，回答得更加直接："如果太子早点听从我的建议，必定不会有今日之祸了！"

至此，大家几乎已经认定魏征发了疯，都准备替他收尸了。

就在众人大惊失色的时候，一件让他们感到更加不可理解的事情发生了：李世民竟然离开座位，主动走到魏征的面前向对方行礼。

这绝对是爆炸性新闻，这一景象不但百年难得一见，就是在整个中国历史上也是打着灯笼都难找。

斗争的胜利者、国之储君居然向失败的政敌行礼了，真是岂有此理！

然而他们最终理解了，让李世民心悦诚服选择下拜的，正是眼前这个朝不保夕的落败者身上的那份可贵的勇气与正直。

"如蒙不弃，请先生助我一臂之力。"李世民以生平少有的平和语气诚恳地说道。

"好吧。"

魏征答应了。在他看来，活下来，尽力规范这位未来国君的不当行止，比以死回报李建成的知遇之恩要困难得多，也重要得多。

"这是微臣唯一能做到的了。"魏征仰望天际，似乎看到了李建成会意的微笑。

魏征就这样再次回到了东宫工作，这一次，他的职务是太子詹事主簿，这也是这对著名君臣合作的开始，魏征将由此创造属于他的传奇。

除了起用魏征外，李世民也没有浪费李建成的其他有才华的部下，在他的旨意下，因杨文干事件被发配到嶲州劳改的杜淹、王珪、韦挺都被召回，各自得到了新的任用。与此同时，他下令开放言路，鼓励大小官员们提意见，为政治改善建言献策。于是贪腐得以揭发，弊政得到纠正，帝国变得更加欣欣向荣，充满生机和活力。

照这么说，李世民应该是个道德高尚、知羞耻、明是非、懂善恶的人，那为什么他之前还会做出杀兄逼父、斩草除根那一系列有违人伦的事情来呢？

提出这一质疑的朋友，请不要着急，这里马上就要解答大家的疑问。不过，在此之前我们有必要引入一个故事——本人的故事来说明这个问题。

记得我在小时候看过一部改编自著名长篇神魔小说《镜花缘》的同名动画片，共四集，描述了一个考场失意的秀才随商船队出海，游历各种奇异国家的冒险故事（有兴趣的可以找来看看），算是我最早接触的优秀动画。平心而论，虽说这部动画有头无尾，没能拍完原著的所有故事就被腰斩了，而且画质一般，但相对于今天某些拉低青少年平均智商、情商水平的脑残动漫要强得多。所以在那时本人对这部剧是百看不厌的，除了最后一集外。

之所以不看最后一集，倒不是因为戛然而止会令人伤感，实在是因为另一种强烈感情深深地影响了年幼的我，这种感情叫作恐惧。

因为在这一集中，主人公一行来到了一个叫作两面国的国家。顾名思义，在这个国家里所有的居民都有两张脸，一张友善随和，一张凶险阴狠，且说变脸就变脸，速度比翻书还快，让人连吃苦头，防不胜防。更加令人感到恐怖的事情是，即便是外来的人在两面国待得久了，也会不可逆转地被同化成两面人，无法再回归正常的生活中去。这种设定，自然足以让少不更事的我大为恐慌，唯恐哪一天不听话被扔到这种地方，变成类似的可怕生物。

巧合的是，《镜花缘》故事发生的历史大背景正是唐代前期，而那位不幸变异的外国人恰好是李世勣的孙子。

李世民所处的那个时代是不是有过这样一个奇特的国家，我不知道，我能确定的是，李世民本人应该就是一个真正的"两面人"。他的杀兄逼父、欺儿灭侄是事实，和蔼可亲、爱民如子也同样是事实。前者代表了李世民残暴阴暗的一面，后者代表了李世民守正光明的一面。跟动画中的情况一样，李世民的这两副不同的面孔不会同时出现，是因人而异、因事而异的。

他用仁慈和善的面孔面对那些支持和服从他的人，用凶恶嗜血的面孔面对那些反对和敌视他的人。

换句话说，无论是哪一张面孔，本质上都是一种手段，是李世民用来达成自己目的的一种方式。所以，一切看似矛盾，其实并不矛盾。正如一位老师曾告诉我的，人都是极度复杂的，不复杂的就不叫人了。

常人都不止一面，况帝王乎！

李世民用他慈善的面孔团结了所有他认定可以团结的人，接下来，是该用冷酷的面孔去打击那些残敌了。

然而，出乎李世民意料的是，他还没出手，残敌就出手了；而且没等到李世民反应过来再出手，残敌已经被手下人弄残了。

这位迅速走向覆灭的残敌是时任幽州大都督的庐江王李瑗，而那位神速搞定李瑗的也不是外人，他正是李瑗的心腹部将（兼亲家）王君廓。

事情是这样的：当初李艺入朝，李渊决意派出一个可靠的亲戚前往幽州镇守，可是鉴于宗室之内靠谱的人不是很多，所以选来选去，李渊最终决定派有过军旅经验的大侄子庐江王李瑗以大都督的身份赴北边坐镇，而且为了弥补李瑗在统军作战方面的能力不足，李渊特地挑选了有勇有谋的王君廓出任李瑗的副手。当然，那时的李渊并不会想到，正是自己的这一决定最后坑苦了这位爱侄。

武德九年（626年）年初，庐江王李瑗正式到幽州上任，带领当地大小官员出城迎接他的，是下属王君廓。

应该说，作为上级，李瑗对手下王君廓的招待真算是下了血本，一来就邀王君廓赴宴吃饭联络感情。等到交流差不多了，李瑗就亮出了拉关系的大杀招："兄弟，咱俩如此投缘，不如结亲吧！"

王君廓愣住了。结啥亲啊？

经过李瑗口沫横飞的讲解，王君廓理解了双方结成亲家的种种好处，当即回复："好啊！"

定亲后，李瑗很高兴，他发现王君廓是实诚人，靠得住。

吃完饭，王君廓也很高兴，他发现李瑗是个傻子，容易骗。

总之，两边都很满意。

自此李瑗把王君廓视作自己的心腹，放心大胆地将军务交付给了他，且但凡遇事必然要找王君廓商量，王君廓说的，他基本都听。

于是就到了那一天。

李世民派来通事舍人崔敦礼召李瑗入朝述职，李瑗这下慌了。因为他跟太子李建成一向关系密切，算是太子党的核心外援之一，这事是个人都知道，如今李建成已垮台，李世民雄起，还派人来叫，这明摆着是来找碴儿的。于是李瑗赶忙找来了王君廓商量对策。

"大王如果入朝，必然不能全身而退！"

王君廓是这样回复李瑗的担忧的。然后，在李瑗不知所措的目光中，王君廓进行了进一步的阐述。

"京师如今虽有变故，但事未可知，大王以皇亲国戚之尊出镇一方，坐拥数万精兵，怎能听从一介使者之言，乖乖束手就擒？况且我听说赵郡王李孝恭已然被捕，而太子、齐王又身首异处，大王倘若草率入京，岂能自保？！"

李瑗热泪盈眶。不愧是心腹亲信，分析得就是透彻周到。既然如此，索性为太子、齐王报仇，反了！

于是李瑗立刻将崔敦礼扣下，开始集结军队，并暗中招呼另一位铁杆——北齐州刺史王铣来幽州商讨具体的行动方案。

事实上，正为造反忙得热火朝天的李瑗并不知道，王君廓不仅仅是他的心腹，同时也是另一个人的亲信，不巧（或者说很巧）的是，那个人的名字叫李世民。

王君廓的计划很简单，就是配合李世民的动作将李瑗逼反，然后再在合适的时机，动用手上的军队将其拿下。

在他看来，以李瑗的智商水平是不可能识破自己的计划的，所以他只需要耐心地等待，等到李瑗把造反的证据都准备得差不多时，他再来一个人赃并获，届时李瑗锒铛入狱，自己功成名就，不亦乐乎？

然而在李瑗身边终究还是有明白人的，兵曹参军王利涉就算一个。

虽然他的官没李瑗大，智商却明显比李瑗高。他找到李瑗，告诉这位不开窍的王爷，这么不奉诏就擅自调动军队属于明显的造反行为，太没有技术含量了。如果下面的诸州刺史稍有怀疑，拒不从命，你的军队就征调不来，到时候长安派兵来打，势必立马完蛋。

李瑗又一次慌了，他马上提出了那个百问不厌的问题：你说该怎么办呢？

"崤山以东之地，之前属于窦建德，各地的豪强首领都曾接受过他的官职，如今这些地方豪强全被罢黜沦为平民百姓，早就心怀不满，我们可以利用这部分人，由大王下令恢复他们的旧职，命其各自在当地招兵，各地州官如有不从，听凭这些豪强就地杀而代之。此计如果施行顺利，河北之地可很快平定。然后大王再派王铣与突厥取得联络，请他们取道太原，兵临蒲坂、绛州；大王则亲率大军攻入洛阳，西叩潼关，两军相互配合，不出一个月的时间，天下可定。"

听完王利涉的规划，李瑗彻底激动了一把，他做梦也想不到造反居然也可以如此大手笔，甚至搞得好还能过把皇帝的瘾。因而激动之后，他马上答应全面落实王利涉的计划，并立刻将具体的实施工作全权委托给了王君廓去办。

差一句没嘱咐到都不行啊！知悉这一情况王利涉赶紧再次拜见李瑗，给出了自己的另一重要判断："王君廓为人反复无常，应该尽早除去，请大王以王铣代替王君廓主持大局。"

要说这位王利涉真是位人才，不但对形势看得一清二楚，看人也是准得要命。诚如他所言，王君廓不但不会忠于他的新领导李瑗，也不会永远忠于他的老领导李世民，在这个世界上唯一能让王君廓效忠的只有权力和利益。

可是决定权在李瑗手里，这位大王又素来缺少判断力，所以在他犹豫不决时，王君廓探知了这一重要情报，率先采取了行动。他先找到了王铣，二话不说，当头就是一刀，砍掉了王铣的脑袋。随即一手拿着血刀，一手提着王铣的人头，来到军营大声喊道："李瑗同王铣密谋造反，禁锢敕使（崔敦礼），擅自调兵。如今王铣已死，只剩李瑗，叛党已经无能为力了。你们是宁愿追随李瑗被灭族呢，还是愿意跟随我讨平叛党、求取富贵？"

这还用说？大兵们当即异口同声地表示愿意跟随王君廓为国讨贼（顺便求个富贵）。

就这样，在王君廓的率领下，一千余士兵卷起袖子，憋足力气，向西城冲去。众人先翻墙潜入城内，然后突然发起攻势，攻入了监狱，救出了崔敦礼。直到此时，李瑗才得知大事不妙，立刻率领左右亲兵披甲而出，前来救急。然而在行军的路上，他遇见了那个自己曾经无比信任的人。

李瑗出离愤怒了，他狠狠地瞪着王君廓，一时间不知如何发泄自己的满腔怒火。

倒是王君廓并不感到尴尬，看到李瑗，他立即打起了招呼："李瑗作乱，你们为何要跟着他一起自取灭亡呢？"

庐江王是在作乱，那还打什么？李瑗身边的数百士兵就此一哄而散。成为光杆司令的李瑗自然毫无悬念地被王君廓当场擒获，随即缢杀，传首京师。王君廓出色地完成了自己的任务，由此升任左领军大将军兼幽州都督，李瑗的家眷也被当作赏赐给他做了奴仆。王君廓看似功德圆满，名利双收。但真的就此结束了吗？

据说，李瑗临死之前曾对王君廓大呼，痛斥对方背信弃义，卖友求荣，并做出了最后的反击：一个诅咒。

"你也会轮到同样的下场的！"

对于李瑗的这句话，王君廓当时并不在意，其后估计也很快抛之脑后，因为对于王君廓这样过着刀尖舔血生活的人，啥样死的人都见过，所以他从不相信报应这一套玩意儿。所谓因果循环在他看来不过是一个笑话而已。

当年白起笑了，项羽也笑了。至于后来的事情，大家都知道了。

做人还是需要条底线的。

李瑗死了，最不安的人是李艺。同样是太子党骨干，同样是拥兵一方的大将，更何况李艺和李世民间的梁子结得更深，以上种种好像无时无刻不在提醒着李艺：下一个就是你。

就在李艺惶惶不可终日的时候，他终于等到了来自长安的圣旨：着晋燕王李艺为开府仪同三司，食实封一千两百户。

应该说，这是一个还算不错的预兆。因为开府仪同三司意味着一品待遇，而一千两百户的封户在新皇帝李世民的功臣封赏等级中排在第三阶，也不算很低。无论怎么看，李艺都没有持续不安的理由，可李艺还是终日寝食难安。究其原因，还是他太了解李世民这个人了，他知道李世民属于那种有恩必报、有仇必复的主儿。这种人看起来可能人畜无害，但那是他还没等到老拳相向的好时机，一旦他觉得时机成熟，必然会立即出手，且一出手就是杀招，那怎是一个"狠"字了得。

所以李艺觉得自己就如同猫爪中的老鼠，随时随地有被吃掉的危险。就这样李艺度过了备受煎熬的半年，终于忍无可忍。

不得不反了！再这样下去，即使不被李世民下令处死，也会在家里憋屈死。等死？还是拼了吧！

贞观元年（627年）正月，李艺借阅兵之名集结部队，随即谎称接到密诏入朝，带领大军直趋豳州。豳州治中赵慈皓是一个比较负责的官员，听说李艺的部队路过，立即带人出来迎接。见到赵治中如此客气，李艺就不客气了，干净利落地把他绑了起来，顺手接管了豳州城，作为自己的根据地。

消息传来，李世民立刻予以高度重视，他派遣长孙无忌、尉迟恭担任平叛军统帅，火速开赴豳州痛击李艺。可是二人赶到豳州的时候，却惊奇地发现，李艺竟然已经被打败了！

原来赵慈皓被捕后暗中联系了城中统军杨岌密谋袭击李艺，夺回城池，没想到行事不秘，李艺得到了风声，把赵慈皓由软禁改为了下狱。好在当时杨岌人在城外，反应也比较快，发觉形势有变立即挥兵发起了突击，打了李艺一个措手不及，李艺的部队就此崩溃，除其本人在几百名骑兵的掩护下北投突厥外，他的老婆孩子全部当场就擒。

李艺虽说趁乱成功跑路，但他却没有刘黑闼那样幸运能到达避难地，走到宁州境内其左右就造了反，他死在了逃命的路上。

作为叛国逆臣，李艺虽然死了，可也要加以惩戒，以警示后人。于是李艺先被从皇室族谱中剔除，恢复了罗艺的本名，接着被剥夺生前一切职务，其妻孟氏、其弟利州都督罗寿坐诛。至此，太子李建成留存在地方上的残余势力被一扫而空，李世民终于达到了号令天下、莫敢不从的状态。

这一年，是李世民登基坐殿的第一年。这一年，李世民二十九岁。

历史是要修改的

武德九年（626 年）十月，一场极其隆重的葬礼在大唐的首都长安城举行。参加这场葬礼的人员级别可谓非常之高，当时朝中的重臣如魏征等人无一例外地前来为逝者送行，甚至刚刚即位的皇帝李世民也亲自出现在现场，不仅走在送行队伍的最前端，据说还哭得异常悲伤。应该说，这是继几年前平阳公主出殡之后规模最大、参与人数最多、最为轰动的国葬，但有趣的是，参加者除了失声痛哭之外，并不敢直接抒发对逝去者的深切怀念，这是因为这次葬礼的主角身份过于特殊（或者说是敏感）：他的名字叫李建成。

虽然帝位已经在手，玄武门的血迹也早已洗净，但李世民悲哀地发现，自己这辈子无论如何也绕不过李建成这个坎儿了。平民百姓或许并不了解李建成的为人，但当时朝中的大臣们都是知根知底的，他们很清楚李建成是一位仁善的储君，是一名忠厚的长者，是李渊实至名归的继承人。而宝座上的那个人则是一个残忍的篡位者，他亲手杀死了自己的亲哥哥，只为了获得权力！

每次居高临下之时，底下的大臣们虽说个个都不开口，但李世民似乎总能从这些人的眼神中发现类似的信息——

你不是合法的皇帝，而是可耻的反贼！

李世民并不打算公然惩治那些实际上对他夺得帝位抱有鄙夷态度的人，因为他足够聪明。李世民清楚地知道舆情、民意这种东西一味靠堵是不成的，最佳的应对方式应该是疏导，所以继承皇位不过两个月，李世民就立即着手为太子李建成和齐王李元吉部分恢复名誉。他下诏追封李建成为息王，赠谥号为隐；李元吉为海陵王，谥号为刺，以亲王之礼进行改葬，同时命令东宫、齐王府的旧有官员务必悉数到场，为二人送葬。

事实证明，这一招相当有效，不但东宫、齐王府故人压抑已久的情绪得到了释放，就连李世民本人在举办完这一仪式后，心理压力也得以减轻，睡眠质量和工作效率都大有改善。可是，李世民依旧不放心，因为他对自己的历史定位是名垂千古的明君，而这就意味着在历史上"李世民"这个名字不能与任何污点有丝毫联系，所以他必须修改历史，删订那些对自己不利的记录，只有这样，他才能安心地指点江山，让自己的子孙堂堂正正地做皇帝。为了达到这一目的，李世民找来了负责编修实录的史官，委婉地表示自己希望御览下高祖（李渊，当时已驾崩）的实录。

然而令李世民没有想到的是，他找来谈话的史官竟然无一例外地以"恕难从命"四个字干脆利落地否决了这一无理要求。

这倒不是史官不给皇帝面子，而是职业传统要求如此。

要知道，我们这个国家自古以来就非常重视对自己民族、国家历史的记录，因此史官这一职业自诞生以来就是一个非常受人尊敬的职业，所以历代的史官在这样一个备受瞩目的重要岗位上也逐渐形成了自己的光荣传统：秉笔直书。

关于这一点，还有个著名的先例。

话说春秋时期，齐国的国君齐庄公同大臣崔杼的老婆东郭姜私通，崔杼知道后气不过，找了个机会把齐庄公堵在了家里，干掉了，然后改立庄公的异母弟弟继任国君，自己由此自认相国，专断朝政。

有一天，崔杼突然心血来潮，就找到了当时的太史索要史书来看，于是崔大人就在史书上看到了那五个让他当场吐血的大字：崔杼弑其君。

崔杼勃然大怒，当即处死了当时的太史，然后让他的弟弟重新书写这段历史。没承想，崔大人又一次吐血了，因为这位兄台在竹简上写下的是五个相同的字：崔杼弑其君。

崔杼二话不说，也处死了这位不上道的史官，又找来了他的弟弟来写。然后相同的状况再次重演。在杀死了太史家三位兄弟后，崔杼凶恶地告诫太史一门最后的太史季，如果他再固执下去，那么他们整个家族将面临灭门之祸。

太史季平静地点点头，随即在史书上写下了同样的字。

崔杼无话可说了，他终于意识到这一家人是不怕死的，在史官尊严和自身性命的抉择前，他们会义无反顾地选择前者。

一声叹息，崔杼认输了，他默默地示意太史季退下，呆坐当场。而在那位勇敢坚持原则的太史季离开宫殿的路上，他惊讶地碰上了齐国的另一位史官——南宫氏。

南宫先生更惊讶：你怎么没死？！

原来这位南宫先生听说此事，以为太史兄弟皆被杀害，这才匆匆赶来候补，而在他预先写好的竹简上留下的是与他们一模一样的几个字：崔杼弑其君。

这就是中国古代史官的气节，虽刀刃加身，亦不得损其节，毁其志！

有这些宁可不要性命也要忠实记录事实真相的史官在，唐朝以前的皇帝们也就形成了一个良好的传统——不干预史官工作。历史上无论多昏庸独断的皇帝，也不敢修改国史，特别是皇帝的实录（起居注）。所以在朝堂之上经常出现这样的一幕：底下的大臣把皇帝批驳得一无是处，一点儿面子也不给，而高高在上的皇帝看着身旁史官匆忙记录的毛笔，只能生生地把即将脱口而出的一大段不文明用语压回肚子里。

就是这么一手，搞得许多皇帝痛不欲生，在公开场合像小媳妇儿似的，不敢信口开河、随意乱讲，不然弄个"青史留名"、遗臭万年那真是糟糕了。

然而这个优良传统最终被打破了，打破他的正是青史流芳的李世民。

在再三被恪守职责的史官婉拒后，李世民并不死心。消停了几年后，他找到了负责记录起居注的褚遂良，万分客气加小心地问道："先生主管起居注一般都记些什么事情？我能够看看吗？"

褚遂良老实地回答道："起居注就是用来记录君主言行的，无论国君为善、作恶都必须忠实记载下来，如此才能督促君主不去做坏事。但是观看相关记录的君主我倒是没有听说过。"

"我有做得不对的地方，爱卿一定会记下来吗？"

褚遂良当即予以确认。

就在李世民准备更进一步提出要求时，他听到了另一个人的声音：

"假使褚遂良不记，天下人也会记录下来的。"

接茬儿的是黄门侍郎刘洎，此人素以敢于直谏著称，而他之所以在这个时候插话，言下之意也很明白：我知道你想干吗，但这事不能干，虽说褚遂良是你亲信，但他也不敢擅自做主替你回护，所以你趁早断了这个心，该干啥干啥去。

这一次，刘洎错了，他低估了李世民的毅力，更何况，如果李世民是肯向传统低头的那类人，他也不能坐在现在的位子上。

所以虽然又一次碰了钉子，李世民依旧不气馁，他相信坚持就是胜利：老子就跟你们这群老中青顽固杠上了！

事实上，为了在同史官们的交锋中占据优势，达成自己的愿望，李世民早就暗中玩了一个花招。

贞观三年（629年）十二月，李世民突然下达谕旨，将原在秘书省下的史馆从中独立出来置于禁中，取代著作局的修史之职，成为直属于皇帝的独立机构。与此同时，下令让亲信房玄龄以尚书左仆射的身份监修国史。

这在当时的史学工作者看来是一个值得放鞭炮庆祝的利好消息。此举体现了领导对史书修撰事业的高度重视，同时大大提高了史官、史馆的地位，简直是送来了修史业界的新春天。

然而史官大人们很快就会发觉，春天总是短暂的，而春天之后即是漫长的寒冬。

贞观十七年（643年），寒冬来临。

一天，李世民突然找来了监修国史的房玄龄老调重弹，询问史官不让皇帝看国史的原因。李世民的心思房玄龄自然懂得，但众目睽睽之下他也不好迎合，只好回答说是怕史书中的某些记录影响到皇帝的心情，故而不方便拿出来看。

听到房玄龄这样回复，李世民立刻抢白：我的用意和以往的帝王不同，现在想要看国史是为了对自己之前的错误有一定的了解，以免再犯啊！爱卿可将国史按时间顺序整理完毕，呈送上来。

事已至此，房玄龄也不好说就不给看，只好将修好的国史本子略作删节，随即送交李世民过目。

果然如房玄龄所言，李世民在翻完国史后整个脸都黑了，他对这套国史史稿表现出极度地不满，特别是对于武德九年（626年）六月四日那一天的记录，更是很有意见。于是皇帝当即叫来房玄龄语重心长地嘱咐道："当年周公诛杀管叔、蔡叔，周王室才稳定，季友毒死叔牙，鲁国方得以安宁。朕所做的是为了安定社稷，造福万民。史官执笔时为什么要有隐讳呢？你们应当删改一下内容，直书其事嘛。"

这是中国权谋宝库中博大精深的一招：正话反说。其真实的含义是认为房玄龄等人编修的关于玄武门之变的记述还不够完美，没能做到自圆其说。

所以皇帝这才亲自出马，明确指示了修改方向："周公诛管蔡。"

对于最高领导定下的这一调子，很多史官坚持了原则，顶住了压力，尽可能地留下了可供推断事实真相的蛛丝马迹。可问题是，担任主修的许宗敬是一个典型的除了脸什么都要的人，此君为了逢迎李世民，亲自操刀对高祖、太宗两朝的实录进行了全方位（好在有死角）删节与修饰，同时加入了大量低劣至极的小说级别的内容，如李世民是晋阳起兵到一统天下几乎所有大事件的主要策划人，因之李渊一直很欣赏李世民，对长子李建成并不满意，屡次三番强烈要求把皇位传给李世民，但都被高尚的秦王殿下义正词严地拒绝了；又如李建成、李元吉居心不良，始终对能力超群的李世民保持羡慕嫉妒恨的心理不平衡状态，为此曾故意送劣马给李世民骑，希望李世民落马不治；等等。

这些内容"相映生辉"，成功地将李世民塑造成一身正气、仁者无敌的英主形象，同时也让昏庸无能的李渊、嫉贤妒能的太子和残暴嗜杀的齐王等反面角色变得栩栩如生、深入人心。

然而历史已经证明，无论是有心骗人的李世民还是用心骗人的许宗敬都不可挽回地失败了。近代以来，在陈寅恪、章太炎等宗师级历史大家的研究下，史学界对武德年间的历史事实有了更清晰的认识，遮盖在这段历史上的面纱正在被层层揭开。即便连普通人也开始逐渐意识到李世民虽为明君却绝非完人，李渊老头的精明实在不亚于深山里的老狐狸，而李建成、李元吉也并不是一无是处、一事无成的两个废柴。一切正在慢慢地走上正轨，真相大白、水落石出的一天即将到来。

所谓真相可以掩盖，但永远无法掩埋。对此，我坚信不疑。

李世民歪曲历史的行为没能取得圆满成功，不过他创立的以政府为主导的宰相级别人物领衔监修的史馆制度却就此流传了下来并成为定制，直至清末亦未曾断绝。话说回来，虽然官修史书的确存在钳制思想、乱改史实等弊端，但相对于之前的私家著史之风，它还是具备若干优势的，比如可以集思广益，方便史官交流，提升史书撰写的质量；直接取用国家一手档案（皇帝实录、起居注等），保证了史料主体内容的可靠性。当然最重要的还是它从制度的层面保证了此后历朝历代都养成了一个好习惯：无论多穷都必然修好前朝的史书。这无疑对于中国历史的保留颇有助力。

唐朝的第一届官方史馆及其史学工作者们也以其踏实肯干的精神，为后代做出了榜样，交出了一份傲人的答卷。

自开馆修史以来，在史书编纂人员的不懈努力下，经过七年奋战，史馆完成了对北周、北齐、梁、陈、隋五个朝代（国家）史书的编订。此后大家又再接再厉，耗时两年完成了对《晋书》的编写工作。如果再考虑史馆工作者李延寿根据馆中官方资料私下撰写成的《南史》和《北史》，那么唐代的史馆就为后世正统的"二十四史"贡献出了多达三分之一的史籍（后世统称为"唐八史"），可谓成绩斐然。

该除的除掉了，该改的也在改着，李世民的皇帝位子看似坐稳了。其实不然，因为还有一个强大的敌人一直在虎视眈眈，威胁着李世民乃至整个帝国的安全，这一强敌正是北方的突厥人。而雄才大略的李世民早就十分清楚，若想实现大唐真正的繁荣发展，和这个敌人注定将有一战。

第二章
明君的隐患

　　在介绍那场对大唐的国运有着决定性影响的战争之前，我们要先介绍一下李世民的对手——突厥。

　　突厥是一个极为古老的民族，而所谓"古老"，有时候就意味着不太容易说清楚。比如，关于这一民族的起源，向来就是众说纷纭，莫衷一是。即便是同他们有过频繁接触的唐朝人，对于这些强悍对手的来历也并不清楚，所以当时史馆所编的几部史书中基本上是分别采用了匈奴别种说（《北史》）、平凉杂胡说（《隋书》）、漠北索国后裔（《周书》）等说法，意思似乎是告诉后世：虽然我们也搞不清楚，但出不了这个圈子，我们这里大胆假设，你们日后小心求证吧。

　　虽然突厥的起源不确凿，但可以肯定的是，这是一个极为崇拜狼的民族。因为涉及他们起源的传说，无论是哪个版本都与狼这种动物密切相关。

　　有个传说是这样的：很久以前（估计至少在晋代以前），突厥人的先民作为匈奴的一支被邻近部落灭掉了，只有一个年仅十岁的男孩侥幸活了下来。但以当时的情况看来，这个男孩估计并不认为这是件好事，因为他被敌人砍去了双脚抛弃在了茫茫的大草原上，如无意外，他将在几天后因饥饿或干渴而死。但是意外却奇迹般地发生了，就在他将要离开人世之时，一只母狼出现，救了他的性命并把他养大。这个男孩长成之后就此与狼结合，相依为命。然而好景不长，敌人部落的首领得知当年的那个男孩未死，立即派人来斩草除根，那个大男孩力不能敌，当场被杀，好在母狼反应快，及时溜走，逃得了性命。按理说，事情到此就该结束了。可是，没有。母狼逃到高昌北边的山洞后不久，居然生下了十个男孩（传说而已，请不要在意那些细节），后来他们逐渐长大，各自成家，其中姓阿史那的一支迁到了阿尔泰山一带，他们就繁衍成了日后的突厥人。

虽说这个传说很传奇，但事实上突厥之所以能在短时间内走向强大，称雄一时，并非由于他们是狼的后代，而是因为他们掌握着一项当时许多游牧民族并不具备的重要技术——冶铁。

自五世纪起，突厥人就开始为当时威震漠北的柔然汗国锻造铁器，而在近一个世纪的依附后，突厥人渐渐发觉以自己部族的英勇善战和对炼铁技术的熟练掌握，完全没有必要再屈居人下。于是，在 550 年，突厥首领阿史那土门开始率部四出征伐，在短短五年之内，骁勇善战的突厥人便先后打败高车、柔然、高昌等国，统一了整个蒙古高原并将势力成功扩展至西域，建立起了幅员辽阔的突厥汗国。

突厥的迅速崛起很快就引发了在中原对峙的东魏、西魏（后来是北齐、北周）的关注，两国为消灭对方各自分别提供各种优惠条件以寻求突厥的军事支持，突厥方面自然乐享其成，借助两国的斗争大获其利，得以有足够的国力进一步扩张。所以在接下来的二十五年时间里，突厥人如虎添翼，大军一路向西，先降伏了吐谷浑，然后同波斯结盟灭掉了嚈哒（白匈奴），最后又联合东罗马帝国同波斯搞对抗。借此种种，突厥成功获得六世纪亚欧大陆舞台"最受关注新人"的称号，很是风光了一把。

可惜，好景不长，随着隋朝对突厥的侵扰开始采取强硬政策，以及突厥贵族内部的连续内讧，隋开皇三年（583 年），突厥汗国正式分裂为由沙钵略可汗领导的东突厥和由达头可汗统率的西突厥两部分，并很快刀兵相见（当然隋朝的煽风点火起了极其重要的作用）。

然而出乎当时的皇帝杨坚意料的是，虽然统一的突厥汗国在自己的积极掺和下被整分裂了，可留在东部的突厥依旧有着强大的军事实力，还会时不时地突破边境线来抢上一把。既然如此难搞，杨坚只好再度祭出离间计，趁东突厥的都蓝可汗即位之机支持其弟突利（突厥语东部之意）可汗自立，并在突利可汗战败后隆重迎接了对方，帮他在河套地区建国，册封其为启民可汗，作为隋朝的藩篱。自此，由启民可汗统率的突厥一部成为隋朝的忠实盟友，共同对抗都蓝可汗和西突厥的达头（突厥语西部之意）可汗部。最终，在隋朝的鼎力支持下，启民可汗逐渐占有整个东突厥故地，实现了多年的夙愿。鉴于隋朝方面在自己创业过程中给予的友好援助，终启民可汗一生，他领导下的突厥都保持着同隋朝的友好往来。

可是继承启民可汗位置的始毕可汗似乎并没有像他老爹那样对隋朝好感爆棚，在始毕可汗时期突厥的实力再次逐渐壮大，而这也就意味着昨日的朋友慢慢变为了潜在的敌人。

隋朝政府终于发现那个听话的小兄弟已经成长得膀大腰圆，大有一统突厥各部当带头大哥的意思了。于是在双方一连串的磕磕绊绊后，终于发生了震惊天下的"雁门之围"。

大业十一年（615年）三月（一说五月），当时的皇帝杨广突然下达命令：即日启程北巡边塞。

消息传来，朝廷上下一片哗然，反对之声此起彼伏。要知道隋末的农民起义已成风起云涌之势，高句丽那边的战事也刚刚结束不久，国内民生凋敝，正是传说中的危急存亡之秋也，您一不休养生息缓和社会矛盾，二不清剿叛乱重安天下，出哪门子远门？所以在很多大臣们看来，杨广是脑子里麻烦事太多，长期超负荷运转，终于烧糊涂了。

但事情真的如此吗？

经过在综合各种史料的基础上进行推敲，我的答案是否定的。杨广从来不会做没有深远目的的事情，这一次也不例外。

在杨广的坚持下，北巡最终成行。八月五日，一行人抵达并州，稍事休整后即出雁门关。当时的雁门关外早已不是杨坚时代的样子，突厥骑兵时常出没，皇帝亲自出关是一件极其冒险的事情。但杨广没有丝毫犹豫与顾虑，大胆地往前走。因为他还没有实现自己此行的目标，尚未见到该见的人。

几天后，盼望已久的消息终于到来了，始毕可汗听闻杨广北巡的消息后，正策马向雁门关方向赶来。但有一件事还是超出了杨广的预判，那就是始毕此来带的随行人员有点多，据传有数十万人。

杨广闻讯立即做出了准确的判断：始毕此来不是为了会盟，而是别有所图，比如劫持自己的车驾。皇帝由此当机立断，下令火速撤回雁门关内。

八月十二日，杨广安全进入雁门关，大家都松了一口气。

不过第二天，这口气又上来了，因为八月十三日，突厥大军完成了对雁门关的包围。紧接着，除了杨广所在的雁门郡城和其子齐王杨暕所守的崞县（今山西省原平市北），雁门郡所辖的其余县城全部被突厥以迅雷不及掩耳之势攻占。更为严峻的是，此时此刻雁门城内存储的粮食只可支持二十天而已。

这下子真是火烧眉毛了。

面对突厥大军对雁门关的迅猛攻势，杨广被迫听取了随行大臣们的建议，下诏宣布无限期停止辽东之役，与此同时又紧急诏令四方勤王，许诺重赏退敌将士，于是隋军立时士气大振，顽强抵御住了敌人的进攻。再加上杨广采纳了妻舅萧瑀的计策，暗中派人联系当时嫁给始毕可汗做可贺敦（可汗正妻，地位相当于皇后）的义成公主寻求帮助，最终在义成公主的忽悠和屯卫将军云定兴巧用的疑兵法的干扰下，始毕可汗做出了错误的判断，于九月十五日解围而去。大隋天子和大隋天下由此转危为安。

此即许多史籍上大书特书的雁门之围事件的全过程，十分紧张，十分刺激，十分艰险，还有我要说的，十分诡异。

诡异之处总结起来共有三点：

其一，如果真的按照史书所记，始毕是带着几十万骑兵千里迢迢赶来劫驾，那应该说是倾国出动了，其捉拿杨广的决心无疑是极为坚定的。而且事实已经证明始毕的水准绝非其称号的首字母缩写，他早就知道老婆义成公主会帮着娘家人，所以之前他才会借着外出打猎的名义出来，继而突然在地图上画了段优美的弧线，到达的雁门关。那么何以在雁门关底下待了数日，始毕的智商指数即大幅下降，以至于在掌握绝对优势的情况下轻而易举地被媳妇忽悠，就这么乖乖地走了，连军费也没找人报销？

其二，应该属于纯粹的逻辑性问题。既然突厥人兵势骇人，能迅速拿下雁门郡下的三十九县，甚至连地理位置在雁门后方的五台等县城都相继搞定，为什么在长达一个多月的时间里突厥大军始终无法攻克由齐王杨暕镇守的崞县？众所周知，杨广的这个儿子能力一般，军事天才、个人威望什么的更是谈不上（此前他曾被杨广废黜长达七年之久），面对强悍的突厥骑兵，连固守雁门的杨广都不得不学习刘邦好榜样，终于走夫人路线解围，那么杨暕是凭什么创造十万大军兵临城下却保县城安然无恙的奇迹的呢？

其三，值得注意的还是研究历史的关键问题：时间线索。史载雁门关内所存粮草只够城中军民二十日的需求，但根据记录，守军却一直硬撑到了九月十五日突厥撤军，坚持了整整一个月零三天。那么问题来了，杨广一行八月十三日被围，八月二十四日才下诏勤王，此时按说粮食即将用尽，杨广难道不知道救兵如救火的道理，居然敢在粮尽援绝的状态下拖上十二天的时间来慢慢商议退敌救命之策？

这绝对不可能。

于是基于以上三大疑惑，我研究并最终得出了一个结论：杨广是有备而来，虽然遇到了许多意外，但一切基本都在他的掌握中。

下面是我自己对雁门之围全过程的分析和还原，当然，不一定就是真相，只能说供大家参考。

首先引起我注意的是史书上一个记载不甚清晰的细节——杨广北巡之行的总人数。我翻了很多资料，发现关于这一重要内容，史籍上无一例外地都没有提及，唯一可以明确的是：雁门关被围时城中军民的总人数，有十五万人。

好了，好歹有这么个数字，虽说要做出定量实测指定没谱，但做个大致推测还是足够的。

依据相关资料记载，隋时雁门郡下辖五个县级单位（有完整城池等基础设施的），总计有四万二千五百二十户人家，我们以每户有五口人的标准计算，平均每座城池约有四万人。考虑当时城市化的水平，假定有一半的人口居住在城内（这个比例已经很高了），再加上因突厥来袭政府可能事先有计划地将城外部分百姓转入关内，即便往最高里算，雁门关的平民也应该不会超过三万人。这样做个减法可知，雁门被围时，城内军队至少有十万人。而且这不过是杨广北巡团队的一部分，因为史书上还明确写到杨广车驾退入雁门关的同时，"齐王暕以后军保崞县"。从这句话我们可以很清楚地了解到另一个事实，那就是齐王杨暕统领的是杨广禁卫军的后军部分，而所谓后续大部队，人数一般相比于前军是只会多不会少，因此这位压后阵的齐王身边我估计应该有十万到十五万人。

如此一来，似乎可以解释上面的部分疑问了。比如，之所以起用废黜已久的杨暕，让他随行统领后军，很可能是因为此次出兵人数过多，杨广对一般将领不放心，且长子早逝，幼子年纪太小无法掌兵，不得已只好找来这位次子坐镇。而突厥人难以攻下小小的崞县自然是因为隋军同样人多势众，且可依托城池固守，所以打了一个月也没能打动。

不是突厥不给力，实乃隋军也不孬啊！

如果对于隋军总兵力的这一基本假设无误的话，那么当时真实的现状应该是：杨广预感到北方的突厥已经成长为国家的潜在隐患，所以他决意先攘外，再安内，于是就打着北巡的旗号统领大军来到了边境，准备找个机会收拾下不太听话的始毕。可是此时却发生了第一个意外，突厥的这位首领也有收拾杨广的打算，并同样开始琢磨着出手。在成功麻痹妻子义成公主的情况下，始毕可汗尽起倾国之师突袭北巡的杨广，义成公主察觉此事后，立刻派人通报了这一紧要消息。此时杨广才真正了解到突厥所隐藏的强大军事实力，并为此吓了一跳，但心跳加速只是暂时的，杨广很快意识到这或许是一个击败敌人的好机会。于是他一边有序率军退入雁门关，一边密令齐王杨暕领后军跟进，意图趁突厥久攻雁门关而不下之际同后军里应外合，大破突厥。谁知在这关键时刻，第二个意外发生了，齐王杨暕不知出于什么考虑选择了按兵不动，在等待了十二天后，眼见战局日益严峻（史载，其间杨广有意挑选精锐骑兵突围而出），杨广不得不临时变更计划，一面下诏勤王，一面向义成公主求助。

也只有在占不到明显便宜、探知隋军确有大部队就在附近的情况下，云定兴虚设旗帜假装援军大至的疑兵计策才能成功施展，始毕可汗才会相信义成公主所说的突厥本部出现骚动的虚假情报，最终选择退军。

我相信，这就是雁门之围的真相。因为只有这样的经过才能合理解释史料中显露出的种种明显的矛盾，才能让野心勃勃的始毕在有生之年不敢再次以强大的军队大举深入中原，而是选择了更加稳妥的扶植代理人打内战的方式，来反对杨广的统治。

所以我的结论是：杨广被人抹黑了，对杨广而言，有惊无险的雁门之围也被人为抹黑了。

抹黑他的人我们不难猜测，因为他也有幸亲身参与了这次雁门之围，而且这应该是他第一次真正走上历史的舞台。

当然了，他是谁我不说你也能猜到——李世民。

据说，正是他在云定兴将军为被围之事急得抓耳挠腮的时候不远万里前来投军，并及时献上了虚张声势的计策，最终以一己之力解了雁门之围。而这一年，李世民不过十六岁。至于立此大功后杨广给予李世民的赏赐，很遗憾，史书上没有写。为什么没有写，我也不知道。

虽然在雁门之围的相关记述中，杨广是一个看到敌军射到自己跟前的箭，当即吓得抱紧小儿子失声痛哭，以致眼睛哭肿（上大惧，抱赵王杲而泣，目尽肿）的软蛋，而李世民则是一个孤身赴难、临危不乱且深谙兵法、聪慧过人的少年英雄，但可以肯定的是，在对突厥的看法上两位历史形象完全不同的君主有着高度的一致性：这个狼一样的民族势必会威胁自己国家的安危，如不趁早采取措施，他们将成为帝国的沉重包袱（每次来都要给人、给钱的）。

然而有趣的是，和杨广的遭遇一样，在李世民准备着手解决长久困扰朝廷的边患问题之前，问题的制造者就自己主动来了。当然，这一次对于李世民而言是场更大的危机。

武德九年（626年）八月，颉利、突利二可汗在老牌汉奸梁师都的引导下合兵，以十余万骑兵进攻泾州，而在抢掠一番后，突厥大军并未就此返回，反倒是继续深入进至武功。

这是一个极为危险的信号，京师接到军报后立即宣布戒严，而刚刚接手皇位的李世民也敏锐地觉察到，颉利可汗此来的真正目标正是自己。

果然不出所料，在武功做短暂休息后，突厥大军继续向长安方向挺进，于八月下旬到达高陵，打了一下，紧接着来到了泾阳，被打了一下——因为担任泾州道行军总管的，是尉迟恭。这位老兄作战之勇猛相信不用我多说了。面对彪悍的突厥骑兵，别人不敢轻举妄动，尉迟恭则偏不，在泾阳与敌人激战了一场，赢了。且战绩还算不俗：斩首千余级，还生擒了对方的俟斤（领兵官）阿史那乌没啜。

但我认为尉迟恭赢不赢，不是问题的关键，问题的关键是要阻止突厥大军前进的脚步。

李世民也是这样想的。

事实证明，尉迟恭虽说打仗很猛，但这位未来的首席门神显然并不具备御敌于国门之外的能力，更何况打不打是政治家的事情，怎么打才是尉迟恭这种人的事情。而当时唐朝唯一说话算数的政治家只有李世民。

李世民是一位伟大的政治家，至少我是这样认为的。

因为这位兄台不但具备政治家低级形态（政客）心黑手狠、脸皮厚的素质，还早早具备了一个成熟政治家的特长：能屈能伸、能无赖。所以在屯兵于渭水桥头的颉利可汗向长安城中的李世民派出心腹执失思力的那刻起，突厥入主中原的美梦就已经宣告终结。

奉命入京窥探唐朝虚实的执失思力见到李世民，致礼完毕，上来的第一句就是狠话：

"颉利、突利二位可汗将兵百万，今天已经到了！"

这看似是在陈述一件事实，但事实上是在恐吓，意思是大爷来了，赶紧洗洗干净，准备挨宰吧。

"朕知道了。"李世民从容不迫地回答。

"我与你家可汗面结和亲，馈赠金帛，前后花费无算。你家可汗却自负盟约，引兵深入我国境内，难道对我就不感到羞愧吗？"

执失思力还没回话，即被打断。

"你虽身为戎狄，也该有颗仁心，怎么能够忘记我国大恩，自夸强盛？我今天就先将你斩了再说！"

眼见下马威没使成，自己却快要下地府了，执失思力当即慌了，赶忙大叫饶命。

在场的萧瑀、封德彝等大臣也连忙出列以不斩来使为由，恳请饶恕执失思力的不敬之罪，放他返回。

但李世民似乎是真的被执失思力激怒了，他虽然同意不杀执失思力，却不许把人放走，当场下令将这位可汗特使囚禁起来，等候发落。

就这样在死亡阴影的笼罩下，声嘶力竭的执失思力被拖下了朝堂，扔进了阴冷的地牢。至此，李世民退兵计划的第一步宣告圆满走出。

正在颉利苦苦等待执失思力的消息时，他突然得到了一个更为惊人的消息：唐朝新皇帝李世民竟然亲自来到渭水桥边，并指明要同自己单独谈话！

听到这一消息，颉利的脑子有点乱了，他虽然担任领导很多年，但玩政治还是水准欠佳，他思前想后也没能猜明白李世民的葫芦里卖的是什么药。但他最终还是答应了同李世民单独会晤的邀请。毕竟上回单挑没去，这次如果面谈再不赴约，是会被人耻笑的。于是八月二十八日，李世民同颉利在长安城外的渭水便桥上实现了历史性的会晤。但鉴于两位最高领导人是面对面非正式的会见，身旁按照约定没有任何多余人员在场，因而李世民和颉利交谈了什么，没有人知道。大家唯一知道的是他们见证了奇迹。

当天回去后颉利可汗处就再次派出了使者来请和，也带来了颉利的友好招呼：明天举行完盟誓仪式，我们就走了。

李世民微微一笑，点点头表示自己知道了。颉利的特使随即安静地退了下去。

次日，按照约定，李世民再次来到城西便桥之上，在这里他与突厥的颉利可汗斩白马向天盟誓（盟誓仪式的最高级形式），宣布双方自此结为盟友，相互扶助。而颉利可汗果然没有忽悠，办完仪式后随即引军撤退，径直返回草原。

敌兵就这么退了？事情就这么了结了？几乎所有大臣的嘴都合不上了，大伙儿集思广益，挠破脑袋也没整明白到底发生了什么。

待突厥人完全退去，萧瑀怀揣着大家的疑惑跑来向李世民求教：

"未与突厥和解时诸将争相请战，陛下都没有允许，臣等也是满腹疑惑，但是敌人不久真的主动退去了，这是什么缘故？"

李世民微笑着为萧瑀揭晓了答案。他告诉萧瑀，自己探知颉利本人并没有入主中原的意图，此来不过是借机索要更多的钱财，自己掌握了颉利的这一底牌，所以很轻松地和对方谈好了价钱，由此把突厥骑兵送回了老家。

至于能掌握如此核心情报的自然不是一般人，他正是颉利可汗的心腹执失思力。

这一历史事实向我们生动地证明了这样的一个真理，心腹也是分种类的。有一种是像李世民手下的张亮那样，即便打死什么也不说；还有一种则是像颉利手下的执失思力那样，只要不打什么都好说。这当然和领导的个人眼光有关，但不可否认的是，一般情况下还是应了古人的那句老话：物以类聚，人以群分。

在执失思力的"无私"帮助下，李世民暂时驱走了强敌，但是他很清楚，大唐同突厥必然将有一战，而这一战将会直接关系到整个帝国的兴衰。然而正如其后他对萧瑀所说的那样，自己即位日浅，国家未安，百姓未富，尚不具备同突厥决战的实力，当务之急是与民休息，积蓄力量，用金钱麻痹强敌，加强自己，再伺机一举破敌。

要么不做，做就要做到极致。这就是李世民的处事理念。

所以再忍耐一段时间吧。我终将讨回失去的一切，一定。

颉利撤军不久，李世民便开始加快对部队的训练，为此他特意集合兵将在宫中的显德殿前庭练习射箭，而每次开练之前，李教官都会照例进行一番训话。当然，作为千古明君李世民的训话是比较有特点的，故而译录如下，以供相关部门的相关工作者参考学习，借鉴提高。

"戎狄入侵，自古有之。但值得我们忧虑的是：边境稍稍安定下来，做君主的就沉湎于游乐之中，忘记了军备，所以等到敌人卷土重来时就难以招架了。今天，朕不让你们去挖池塘、建花园，只令你们专门练习弓矢，平常无事的时候，我就是你们的老师，等到突厥来侵时，我就是你们的将帅，我这么做就是希望我们的百姓能够得到少许的安宁！"

其实这番话虽长，但主题思想却很明确，用一句话就能概括：人民子弟兵，为兵为人民。

当然了，皇帝很清楚，在加强思想政治教育的同时，适当的物质鼓励也是必不可少的。所以在每日练习的最后，李世民都会为受训的几百名士兵安排一场测试，现场考核。那些中靶率高的学员将有幸接受皇帝亲自赠送的惊喜纪念品一份（有弓箭、宝刀、布帛等不同种类，通过即赠），甚至其所属部队的长官也可以获得相应的奖励。

李世民的这一培训方法很快得到了战士们的高度评价，与此同时却遭到了朝中群臣的强烈反对。

大臣们之所以反对是因为他们有着充足的理由：做皇帝就该有做皇帝的样子，您已经不再是领兵的大将了，成天跟着一帮大老粗比比画画，拉低了自身文化素质不说，万一哪天闪出个丧心病狂的，行刺您老人家，有个三长两短，江山社稷怎么办？

有些大臣（估计是从事司法相关工作的）为了让皇帝停止瞎闹，甚至不惜诉诸法律手段，从《武德律》里找到这么一条：私持刀剑兵刃出现在皇帝所在场所者，依律绞。

出乎李世民意料的是，自己办的这件事不仅朝中大臣不赞成，某些地方官员也来凑了回热闹。最绝的是韩州刺史封同人，他诈称有急事要入朝面圣，从驿站取了马（速度快，不要钱），一骑绝尘跑入长安，见到皇帝，纳头便拜，然后就开始喋喋不休，死缠着李世民非要他当场下旨暂停弓箭练习，大有您不答应我就不走了的意思。

面对众臣的反对，李世民是这样回答包括封同人在内的所有人的：王者视四海如一家，封域之内，皆朕赤子，朕一一推心置其腹中，奈何宿卫之士亦加猜忌乎！

此话传来，反对者不吭声了，战士们热泪盈眶了，因为人们看到了李世民自卫反击的决心和那份富国强兵的真心。

就这样，唐军将士在皇帝的激励下冬练三九，夏练三伏，"数年之间，悉为精锐"。

经过几年的闷声大发展，唐朝逐渐具备了同突厥摊牌的国力，做好了开战的准备，如今李世民缺少的不过是一个借口和机会而已。

幸运的是，上天没有让李世民等待太久，贞观二年（628年），它给李世民送来了那个关键的人——突利可汗。

贞观二年（628年）四月，突厥的突利可汗秘密向长安上表请求入朝。应该说这是一个超出所有人预料的举动，所以得到突利的这份密信后，连平日办事果断的李世民也有点犹豫，唯恐钻进突厥人设好的圈套，提前暴露了自己的行动意图。因而在同亲信近臣交流过意见后，李世民做出了一个最为合适的决定：再等等看。

于是李世民等来了一个新的消息：颉利可汗近日发兵攻打突利，突利可汗特遣使臣前来求救。

不是试探，亦非陷阱，是真的闹起了内讧。李世民和大臣们很激动，同时也很疑惑，这是为什么呢？

从突利的使者那里，大家终于了解到了叔侄反目的全过程，归根结底，这是一个哪里有压迫，哪里就有反抗的故事。

突利可汗，姓阿史那，名什钵苾，是东突厥始毕可汗的嫡长子，照中原王朝的那一套传统按理说是要名正言顺继位的。可是由于突厥毕竟不比中原，人家比较实在，讲究的是谁能打，谁能带领大家迅速致富（主要靠抢），谁就是老大，因而武德二年（619年）始毕病逝时，即便在突厥部落中可汗的嫡妻有一定的发言权，又是隋朝的公主（什钵苾属上任产物，非亲生），那也不成，所以最后在众位酋长级领导的商议下，始毕的弟弟、什钵苾的叔叔俟利弗设接了班，即后来的处罗可汗。

当然了，不得不说明的是，当年身为嫡长子的什钵苾本人也有一个明显的劣势——年幼。未成年，自然没有出去抢掠的经验，没经验，自然就没有号召力。这一点，大家心知肚明，年纪轻轻的什钵苾也不否认，所以当时虽未能继承汗位，什钵苾也多次公开表示自己能够理解。

那就等吧，再等等，等到长大成人，一身疙瘩肉练出来了，经验也比较丰富的时候，那个位子就会到手的。

什钵苾由此开始了安心的等待。

不过，值得欣慰的是继位的处罗可汗是一个比较有自知之明的人，他知道自己属于插了队的，因而上位之后大手一挥，对自己的侄子进行了关照，封为泥步设（一作尼步设，一说什钵苾早年便任该职），把他和他的部众安置在突厥的东部（幽州一带）生活，并为什钵苾安排了一门亲事，对方来头也不小，是隋朝的淮南公主，据说不但知书达理，人还长得贼漂亮，所以虽然同汗位失之交臂，但小伙子一天到晚都乐呵呵的，小日子过得很是惬意。

似乎是什钵苾好好学习、天天向上的进取精神感动了上天，处罗上台后不过两年就去找老哥汇报工作去了，如此，突厥的汗位再次空了下来。这下应该轮到什钵苾了。

然而在开会商议新可汗人选的那一天，什钵苾才发现自己真的很傻很天真。因为主持会议的处罗可汗的可贺敦义成公主是这样表态的：处罗可汗的儿子奥射设见识粗浅，我们还是立他的弟弟咄苾为汗吧。

得，连入围名单都没进，完全不在高层的候选范围内啊！什钵苾顿时大受打击，他感觉自己已经被边缘化了，似乎终生将与汗位无缘，然而就在这时，一个人给什钵苾送来了希望的火种，那个人就是新即位的颉利可汗。

估计是内心对这位大侄子同样怀有愧疚，颉利可汗一继位就任命什钵苾为小可汗，主管当时臣服于突厥的契丹、靺鞨等东边部族，并给予了什钵苾在幽州建立牙帐的特权。自此，什钵苾号称突利可汗，成了突厥两人之下（颉利和义成公主）、万人之上的人物。

但是随着阅历见识的增长，突利渐渐发现他之所以连续两次落选，很可能同自己那个来自隋朝的后妈义成公主有着很大的关系。在同中原人的交往过程中，突利第一次知道了原来在汉地是不存在像突厥那样接管遗产同时续娶后母或嫂子这样的习俗的。不仅如此，中原人对这样的风俗还颇有微词，他们特别指出儿子娶后母，哪怕只是名义上的，那也是有违伦理的表现，而且根据突利的观察，社会地位越高的人对这一习俗持抵触态度越是明显。于是乎突利恍然大悟，长幼三兄弟勉强可以，祖孙三代人绝对不行，这才是义成公主一再反对下一代人做可汗的真正原因。

突利彻底愤怒了，由此他开始有意无意地和义成公主唱对台戏，时不时地表露出对这位后妈兼婶婶的不满。

面对侄子同老婆的对立，颉利义无反顾地站在了老婆大人的一边。在颉利看来，自己对突利已经是仁至义尽，不仅让你享受了可汗的名号、待遇，还每次出门发财都叫上你，地位、财富能给的都给了，你还要闹事，那就对不起了。

恰好当时唐朝拉拢突厥附属民族的外交取得了突破，薛延陀、回纥等部叛离突厥，颉利可汗恰好派突利去征讨，突利又恰好打了个败仗回来，这下作为一把手的颉利终于有的放矢了。

据载，败仗归来后，突利立刻受到了颉利叔叔的召见，但这一次他等来的并不是亲切的言语安慰，而是一场真正的狂风暴雨。

见到突利的面，颉利叔叔充分表现了自己的质朴本性，什么累不累、饿不饿的客气话是一句都没有讲，上来就是不客气——直接用鞭子抽向突利侄子，当场打得突利惊声尖叫，四处乱跑。

打完了，还没完，颉利可汗又下令将突利关了十几天的禁闭，这才算结束了对突利的惩罚。

那边颉利的火气是消了，这边突利却是恨得咬牙切齿，不就是打了个败仗吗？居然差点要了我的命，真是岂有此理！

可是又能怎么办呢？他叔叔是部落首领，兵马部众无论是数量还是质量都不是突利能够企及的，想要造反没那个实力，但要等待这个颉利叔叔死掉却也貌似不很靠谱，突利突然想到自己在遥远的西方还有一个把兄弟在，而这个人或许愿意帮把手。于是，在突利的委托下，他的使者在黑夜中从帐篷里悄悄走出，然后向着敌人的营垒策马奔驰而去。

李世民热情接见了突利可汗的特使，在了解了相关情况后，他表示自己极为珍视同突利可汗的兄弟情谊，并希望特使能够向突利转达自己的衷心祝愿和深切慰问。当然，对突利最为关心的援助问题，唐朝方面也做出了初步的表态，譬如命大将秦武通以并州兵马为主力，做好随时接应突利的准备，下令将军周范加强太原防务，预备开战，等等。

然而说实话，突利对李世民的这些举动并不那么满意，因为此时他正在遭受颉利可汗的直接武力打击。

就在突利向唐朝派出使者后不久，颉利可汗方面似乎是探知了一些情报，便开始屡屡向突利所在的东部地区征兵，突利为求自保，硬是顶住了压力，任颉利的使者怎么催，愣是不派人。终于，颉利的使者不再来了，因为颉利本人来了。

贞观二年（628年）四月十一日，颉利亲统大军讨伐突利，突利果然无力抵挡，只得立即向李世民求援。决战的时机终于到来了。

接到突利的求救，李世民召集群臣商议对策。

时任兵部尚书的杜如晦作为直接关系人首先表达了意见：打。

李世民表示完全同意杜如晦的意见，随即下令全军做好出征准备，目标朔方城！

因为朔方城里有一个人，他的名字叫梁师都。

隋末唐初是一个英雄辈出的时代，但不可否认的是，英雄多，小人也不少。而在这些小人中坚持出卖同胞年头最长、行径最为恶劣、最具破坏力的，非梁师都莫属。

梁师都，夏州朔方人，出生年月不详（死期倒是很明确）。在投靠突厥人，成为一名臭名昭著的叛徒前，他是隋军中的一名中下级军官。大业末年估计是犯了事，梁师都被朝廷罢了官，被赶回家种白菜。可是出身地方豪族的梁师都对种地的行当明显业务不精，于是回乡之后怀着对官府的不满，一不做，二不休，索性勾结地方上的大批地痞无赖，趁着隋末乱世造了反，在成功袭杀郡丞唐世宗（人名，非皇帝庙号），拿下老家后，梁师都便主动同附近的突厥人建立了联系，变成了由始毕可汗支持的众多反隋代理中的一员。

由于之前参加过国家正规军，对行军打仗的那一套多少有些了解，再加上熟悉隋军的作战套路和布防情况，梁师都没过多久就在突厥人的众多初级代理中脱颖而出，当上了高级代理，并将隋朝的雕阴、弘化、延安等郡收入囊中，即皇帝位，称国号为梁，正式同隋朝分庭抗礼。

梁师都发达了。但必须说明的是，成了皇帝的梁师都依然是突厥人的走狗，他没有刘武周那样的实力，只能纯粹靠突厥人吃饭。

梁师都生存的方式十分类似于新中国成立前的地方军阀，占据几个据点，借突厥强大的军力为后盾，每次引导突厥南下后，主子拿大头，他拿小头；主子吃肉，他喝汤。他起初是以朔方为圆心、一千里为半径活动，专打隋朝在黄河中上游的军事要塞，后来被始毕可汗赠送了狼头纛（绣着突厥狼图腾的大战旗），并加了大度毗伽可汗的称号，开始越玩越大，哪里富裕就打哪里，对基本完成统一的新政府（唐朝）也不给面子，继续抢。坚持不懈地抢，锲而不舍地抢，十年如一日地抢。唐朝好意派人来招降，他居然死硬着不投降，看上去真是当汉奸当到了中了邪。

不过李渊向来不信邪。因而每次梁师都领突厥人来侵扰，李渊总会严令边境将领把来犯之敌狠狠地打回去，可是几场仗打完，李渊回回都会惊奇地发现被好好教训过的梁师都又回来了。

更令李渊感到不安的是，梁师都还经常劝说突厥的领导人效法北魏孝文帝南下，直接统治中原地区，其破坏性比后世"量中华之物力，结与国之欢心"的那位还大。搞得得到这一消息的李渊好几天都睡不好觉。好在，被梁师都说动心的处罗可汗死在了行动的半道上，其后的颉利可汗人品也还算不错，为人极为耿直，只要钱，不要地，偏爱刷卡取现金，却无心执掌银行业。

其实颉利可汗并不知道，再高级的银行卡也有被冻结的时候，而如果手上握有整个行业，那才能有取之不尽的钱。

不过，李世民似乎没打算留给颉利可汗想清楚的时间，因为他已经把握住了这个彻底消灭梁师都的机会，并派出了右卫大将军柴绍和殿中少监薛万均这两员大将担任正、副统帅率军北上，向梁师都所在的朔方城发起了最后的进攻。

贞观二年（628年）四月二十六日，走投无路的梁师都众叛亲离为其堂弟梁洛仁杀死，为祸中国十二年之久的梁师都终于得到了他应有的结局。

历史不厌其烦地为我们证明，那些背叛自己祖国的人终将落得被众人唾弃的下场。因为心中没有国家的人，心中自然更装不下别人，对于这一点，大家都心知肚明。

梁师都死了，唐朝终于削平了最后一个地方军阀，真正完成了国家的统一。按说事情到了这里应该皆大欢喜地结束了，但事实并非如此。因为梁师都覆灭前照例向突厥人发出求援，而颉利可汗似乎对梁师都这个服务多年的奴才颇有些感情了，竟然亲自领军放弃了追击突利，赶来解围。于是接下来如何应对颉利的突厥大军就成了唐朝方面亟须解决的问题，而说得再具体一点，是带队的柴绍和薛万均需要面对的问题。

柴绍等人是在距离朔方城还有几十里路的地方遭遇突厥人的大军的（此时梁师都尚未被杀，但被唐将刘兰成围困在城中）。应该说，这时候的柴绍至少有两个选择，第一个选择是假装没看见继续执行包围歼灭梁师都的作战任务，毕竟双方此时还是盟军关系，尚未撕破脸，对方没有先动手，自己也不好意思带头违约不是？第二个选择则是不管那些鸟盟约，趁突厥军初来乍到，反应不及，突然出兵，击退对方，再乘胜围城，消灭梁师都。这样做的好处很明显：可以断绝朔方城中残敌的顽抗信念，保证战略计划的有效落实。

但柴绍很快就意识到自己的选择是没有选择，因为就在这位主帅进行激烈的心理斗争的时候，担任副将的薛万均、薛万彻兄弟已经率兵投入了激烈的实际战斗当中了。

柴绍不是李神通，没有在部下拼命的关键时刻鸣金收兵的习惯。既然两军已然短兵相接，柴绍很清楚，自己唯一需要做的就是全力保证此次交手的胜利。于是，圣上亲姐夫、唐军统帅柴绍抽出了腰间的佩刀，面对全军发出了一声低吼：

"全军进攻！不胜即死，如有畏敌者，斩！"

言毕，驱马冲锋。

军中的三位主将都冲锋上前了，底下的小兵们再不动起来就实在说不过去了。

将无贪生之念，士有必死之心！

在柴绍和薛氏兄弟的模范带头下，唐军奋勇出击，最终大破强敌。

颉利见救援受阻，也就不再坚持，毕竟正赶上家里在闹雪灾，部众的战意本不是很高，梁师都要被灭了，那就被灭了吧。

对梁师都的事，颉利不打算多废话，但唐朝却有话要说：盟约墨迹未干，可汗就干这种事，有点过分了吧！

颉利可汗没有回话。不是因为不打算回，而是实在没空回，至于原因，我透露了，正在应对雪灾。

贞观元年（627年）到贞观三年（629年），亚洲东部的大部分地区气候极为异常。突厥境内接连遭遇了几场较大的雪灾、霜灾，平地雪深达数尺。这在今天看似还不算特别严重，但对当时的突厥人而言则是真正意义上的灭顶之灾。因为大雪完全遮盖住了草原，这就意味着羊、马等大牲口会缺草吃，羊、马等牲畜吃不饱就容易冻饿死，而这就意味着突厥的普通百姓会处于饥寒交迫的状态，百姓缺衣少食，闹饥荒，突厥贵族自然也就没好日子过，于是只好加强对附属部族的剥削，紧接着就是契丹等族不堪压迫或起兵反抗，或南下降唐，突厥的实力由此大为削弱。

应该说，这对于李世民来说是发动进攻的绝佳机会，但李世民迟迟没有动手。至于原因，很简单，唐朝也遭了灾。一开始是关东地区发生了大旱，紧接着是蝗灾，受到影响的州县几乎颗粒无收。第二年，蝗灾是有所缓解，可旱情却扩展到了关中地区，结果是"民多卖子以接衣食"，好不容易熬到八月份（农历），河南、河北又降下了大霜，第三年又接着旱……

唐与突厥虽同时经历了饥荒，但此时农耕的相对优势就显露了出来。由于唐朝国家有粮食储备做后盾，因而虽说旱情一直在持续，百姓倒还能勉强维持生活。可突厥那边实在是活不下去了，于是突厥的最高领袖颉利可汗为了解决粮食问题，决定去唐朝抢粮。事后的发展表明，颉利的这一举动实在是损人不利己。

得知突厥骑兵再度大规模南下，朝廷再次一片震动，有大臣建议立即征发百姓去修缮古长城和沿边军事堡垒，以阻挡突厥人的侵袭。

个人以为，出这个主意的大臣脑子一定是坏掉了，敌人是骑兵，机动性极强，除非你能在国家的整个北部边境上筑起一道不断的长城，否则，突厥迟早能找到突破口打进来的。

这是我的看法，幸好，也是李世民的看法。

李世民当即驳斥了这位大人不切实际的想法，与此同时给出自己的解决思路：扫清沙漠。

国家正在遭灾，百姓生活困苦，这点陛下不知道吗？

李世民当然知道，但长年以来的军事直觉告诉他，这是战胜强敌的唯一机会。虽说一旦开战，双方的处境都会很艰难，不过李世民相信取得最终胜利的一方一定会是大唐。

管不了那么多了，发兵扫北！

贞观三年（629年）八月，李世民下诏以兵部尚书李靖为行军总管、代州都督张公谨为副总管，以颉利可汗结盟期间救援梁师都为由出兵迎击突厥大军。

李靖是平定唐朝大半个江山的名将，而张公谨是玄武门之变中秦王党的重要功臣，这一阵容看似很豪华了，但实际上并非仅止于此，因为就在李靖统军到达前线时，李世民才完全亮出了他的底牌。

十一月二十三日，李世民公布了征伐突厥的唐军将领的完整阵容——真正的阵容。

第一军，指挥官并州都督李世勣，出通漠道，自云中（今山西省大同市）北上。

第二军，指挥官灵州大都督、任城王李道宗，出大同道，由灵武（今宁夏回族自治区灵武市）出击。

第三军，指挥官左武卫大将军柴绍，出金河道，取道金河（今内蒙古自治区清水河县）。

第四军，幽州都督卫孝节，出恒安道，自幽州（今北京市）进击。

第五军，营州都督薛万淑，出畅武道，出于营州（今辽宁省朝阳市）。

第六军，李靖出定襄道（今山西省朔州市平鲁区）。

以上六道大军，十余万兵马，皆受李靖节度，以讨突厥。

这几路的指战员基本都是老相识了，就不必一一介绍了，在此只提两件事。

第一件要特别说明的是，包括《资治通鉴》《旧唐书·突厥传》在内的很多材料记载此次担任畅武道行军总管一职的是薛万彻，这是不对的。从这之后的战况记录来看，虽说薛万彻也参与了这场惊天动地的战争，但真正领兵的应该是薛万彻的兄长薛万淑。这位大哥虽说在历史上的名气一般，但水平并不一般，据载早在贞观初年就因战功被封为梁郡公，估计是其后薛万彻的名气实在是太大，所以史官书写时出现了手抖，摆了薛万淑一道。在此特为这位同样能打的猛人兄正名。

第二个要特别说到的事是，在李世民执政的中后期，这位历经各种考验的君主曾同左右畅谈天下名将，在这位皇帝看来，自大唐开国以来，武将堪称杰出者唯三人而已：李世勣、李道宗及薛万彻，其余的皆是泛泛之辈，或有名无实，或有勇无谋，并不堪用（不知道为什么没有提李靖）。

巧合的是，这三位李世民心中的名将恰好都参加了这次对突厥的战争，所以现在看来，颉利可汗的失败不是没有原因的。

第一个与突厥军队遭遇的是唐军的大同道行军总管李道宗。

李道宗，字承范，陇西成纪（今甘肃省秦安县）人，李道玄从父弟，唐高祖李渊的堂侄。应该说，这是一个在民间极有名气的人，当然，不是啥好名。

因为在后世李道宗先被写进了著名的通俗演义《说唐》《薛家将》里，后被各出戏曲争相引用，并长期在这些小说、戏曲中担任主角，反面男一号。

在评书、演义等故事中，李道宗可谓头号奸人，屡屡陷害绝世名将薛仁贵，其手段无所不用其极，令人发指，但好在既然是演绎的故事，其流程自然还是那些思路，好人主角是"千磨万击还坚劲，任尔东西南北风"，挺到最后就"好人总有好梦"了。至于作为大坏蛋的李道宗必然是自食其果、自取其辱，最后自作自受、自取灭亡了。

结局很美满，过程很艰险，行为很励志，事实很扯淡。所谓写书的很毒、很腹黑，看书的很纯、很天真，只要是翻过那几本套路极度神似的"家将系列"小说的，基本都有相同的感受。

李道宗在历史上被黑的程度个人以为是能排进初唐前三的。纵观这位宗室名将兄的一生，我想说的是，前半生丰富多彩，后半生真是凄惨。

当然了，由于我们现在才说到唐朝初年，这里就先简述一下李道宗真实的前半生经历，至于他之后的传奇，我们后面再说。

作为李唐宗室名副其实的第一名将，李道宗"出道"很早。第一次上上万人对砍的大战场的那一年，他只有十七岁。不过幸运的是，他在那场激烈的战斗中没有像李道玄那样英年早逝，因为带他的师父叫李世民。

李道宗的经历向我们证明了，刚步入社会时找对带路的人那是很重要的，其重要程度实不亚于找一个好老婆。因为如果说老婆（或丈母娘）是你未来人生的主要驱动力的话，那么第一个领路人将会帮你决定是先上省级高速，还是先从土坷垃道走起。

李道宗无疑是运气极佳的代表，在李世民的带领下，他从十七岁起就步入了人生的正轨，紧接着就是随大军上阵，长见识，学本领，练胆量。宋金刚、王世充、窦建德、刘黑闼，一路下来，李道宗亲眼见到了刀来枪往、你死我活的拼杀和尸横遍野、流血漂杵的惨烈，同时也慢慢领会到了布阵行军、设伏用计的奥妙和诀窍。在经历了无数惨烈的战役后，他成长了，从一个主帅的跟班成长为一名足以独当一面的主帅。

武德五年（622年），二十岁的李道宗离开了李世民，前往帝国的西北担任灵州总管，这是他第一次独立地以最高级将领的身份统领唐军一部。很快，初出茅庐的李道宗就遇到了他的第一个敌人，那个人叫梁师都。

当年十一月，梁师都派遣其弟梁洛仁领兵数万来攻灵州。值得一提的是，这数万人事实上并非梁师都的部下，而是梁师都的合伙人，因为他们全部是突厥兵。

消息传来，灵州震动，李道宗却很激动：建功立业的机会到了！

因为之前在征讨刘黑闼时，李道宗就认识到了十分重要的一点，突厥人的可怕之处在于精于骑射，轻装简行，因而在野战中神出鬼没，机动性极强。但若论攻城攻坚，那水平就差一些了，毕竟有护城河、壕沟在前，坚固的城墙在后，突厥人的马匹再优良也不是两栖型的，更不会爬墙，冲锋到了城下还不是要一样地填深沟、架云梯、砸城墙。李道宗的反击计划正是基于这一基础谋划出来的。

李道宗的战术说起来很简单，用八个字就可以概括："闭门拒守，伺隙而战"。

眼见城下的敌人墙爬累了，弓箭射完了，开始喘，李道宗突然领兵出战，对敌发起总攻。

在李道宗的带领下，唐军以雷霆万钧之势冲向城外之敌，而突厥士兵实在是过于疲惫，甚至有的士兵看到唐军奔到了身前也无力逃跑，乖乖地做了俘虏。此战，李道宗有勇有谋大破梁洛仁，引起了身在长安的李渊的密切关注。

平心而论，李渊虽说常用屡战屡败的李神通之流，但他并不是傻子，并非不知道李神通、李瑗那几位宗室将领在军事上水平基本等同于白痴，只不过生逢乱世，人心不古，不得已而为之罢了。如今听说皇族中居然有李道宗这么一号能顶起个儿来的亲戚在，他自然心花怒放。兴奋之余，李渊对朝中重臣左仆射裴寂、中书令萧瑀说了这样的一句话：

"道宗今能守边，以寡制众。昔魏任城王彰临戎却敌，道宗勇敢，有同于彼。"

所谓魏任城王彰，就是曹操那个有名的"黄须儿"曹彰。

因之李道宗被封为任城王。

李渊能给以李道宗任城王的封号，说明他对这位族内后生晚辈的评价和期望不是一般的高，而事实上，情况可能还不仅仅如此。考虑到当时的宗室头号名将李孝恭已经有些居功自傲，李世民又备受李渊提防猜疑，李渊授予李道宗任城王头衔的这一举动很可能是一个非同小可的政治预选。他有意在不久的将来把李道宗扶持为唐军中的一号人物，以替代李孝恭、李神通乃至危险的李世民。

然而李道宗最终没能等到李渊的重用，不过取而代之的却是老上级李世民的任用。由于自武德年间李道宗就坚持奋战在对抗突厥的最前线，于是等到贞观三年（629年），李世民决意同突厥决战时，他突然想起了这位驻守西北的小兄弟，随即下了一道圣旨，命令李道宗以本部兵马为主力，参与了这次作战。

事实证明，李世民的这一决定堪称英明。

在同梁师都及突厥人周旋多年后，李道宗对付突厥人可谓已经得心应手。

十一月二十九日，刚出门的李道宗就在灵州遇到了老冤家，随即主动发起进攻，击破突厥军队，为这场征战博得了一个开门红。

唐军旗开得胜，六路出击的消息很快就随着凛冽的北风传遍了突厥全境。

十二月二日，小可汗突利抵达长安，亲自朝拜李世民。

这在唐朝看来是一个划时代的标志。

接见完突利，李世民难掩激动，他一脸兴奋地对侍臣说了这样的话："过去太上皇为了百姓被迫向突厥称臣，朕常感心痛，如今突利向我投降，多少也可以说是一雪前耻了吧！"

当然，在李世民看来，一雪前耻是远远不够的，以前投入的本钱不但要全部收回，而且还要索取利息！

于是在李世民这一精神的指导下，前线的各路唐军开始积极寻找突厥主力，以便给予敌人那致命的一击。

贞观四年（630年）正月，在从马邑出发经过长途跋涉后，唐军的主帅李靖亲自率领三千精锐骑兵，进驻恶阳岭（今内蒙古自治区和林格尔县南），他们的前方即是颉利可汗牙帐的所在地定襄（今内蒙古自治区和林格尔县）。不过到达了预定地点后，李靖出人意料地没有发动进攻，而是下令全军就地休整，埋锅造饭。

"兵贵神速，将军何以不突然发起攻势，打敌人个措手不及呢？"

李靖笑了："我就是为了打颉利一个措手不及啊！"

借助骑兵的灵活劲儿长途奔袭，趁敌无备，见人就打，打完就跑，这一战术的确有效，当年的骑兵之神霍去病就是凭借这一招威震匈奴，打得单于和各位贤王叫苦不迭。不过李靖却不打算那样做，因为他明白，突厥部队虽整体实力缩水，但颉利可汗的扈从部队还是很强悍，自己手上只有三千人，大白天冲出去了，起初能占便宜，可到底是干不动的，只能等晚上人家正吃饭、马卸鞍时摸黑上，这才好办。

于是当天夜里，唐军喂好马，磨亮刀，突然杀入颉利可汗的牙帐中。估计当时的夜很黑，所以突遭夜袭的颉利可汗混乱之际也没顾得上弄清对方的人数，误以为是唐军的大部队到了，便立刻组织卫队寻了条路，杀了出去，而且跑得比较彻底，彻底放弃了定襄，把突厥的牙帐北迁到了相对安全的碛口。

然而，到了碛口颉利才意识到，这个地方也是不安全的，因为这里虽然离李靖比较远，但离唐朝另一位威猛的李将军却不太远，那位猛人兄正是李世勣。

自出云中后，李世勣只在白道遇到了突厥的小股部队并随即将其击败。打赢后，全军上下都很高兴，但李世勣是个例外。因为长期以来的军事经验告诉他，从目前的种种迹象看，突厥军队是在有意识地保存实力，意图度过这段艰苦岁月后，再卷土重来。所以当李靖来到白道同他会合时，李世勣将自己的这一看法告知了李靖。

李靖完全同意李世勣对目前局势做出的判断，他也认定颉利虽然战败，但主力并未受损，而依据目前各路传来的战报分析，颉利的确是有意避战，在打拖延时间的主意，所以这次战争的关键已经不再是如何打败敌人，而是如何找到敌人。

李世勣同样当即认可了李靖的主张，但他更清楚地知道，决定事情成败的，不是"不能这么做"，而是"应该怎样做"。于是他向主帅李靖请教了那个关键的问题：茫茫草原、大漠，我们要到哪里去找人？

李靖耸耸肩，一脸无奈地告诉李世勣他也不知道，但他相信，任何行动必有破绽，只要继续耐心等待下去，敌人必将露出破绽。

贞观四年（630 年）二月，破绽来了。

为了免于在天灾之时死于人祸，颉利可汗决定服软。他躲进铁山（在今阴山北部）后，立即向长安派出了心腹执失思力觐见李世民，主动谢罪，并请求举部内附唐朝，自此成为大唐的藩属，至于颉利自己则表示将心甘情愿地入朝，留在京师，就此陪伴在圣天子身边，效犬马之劳。

得到昔日不可一世的颉利可汗这样的承诺，李世民很满意，于是他下诏派遣鸿胪卿唐俭、将军安修仁为特使前往边境地区安抚颉利，同时又命李靖等将率军迎接颉利可汗入朝。

事情看似陷入了矛盾之中。李靖和李世勣知道这是颉利的缓兵之计，但是不便于说破。颉利知道李靖和李世勣看出这是缓兵之计，但由于有了李世民的圣旨及特使唐俭在手，他可以完全不在乎。

然而有一点颉利可汗并不知道，那就是李靖、李世勣之所以能够并称绝世名将，是因为他们对兵法及所有的用兵原则的掌握已经达到了炉火纯青的地步，而在这些条条框框中，对于一个优秀的将领来说，排第一的那条叫作"将在外，君命有所不受"。

碰头后，李靖、李世勣很快达成了两点共识：第一，颉利可汗虽然战败，但主力尚存，一旦他逃归漠北，依靠当地部众，道路曲折悠远，唐军必定很难追及。第二，如今皇帝的特使已经到达了颉利身边，突厥上下必然会放松警惕，如果此时挑选一万精锐骑兵，携带二十天的口粮，实施长途奔袭战术，颉利可汗可不战而擒。

接下来的事实证明，两位李将军在军事上是天才，在政治上也绝非白痴。因为两人达成一致后立马去找了张公谨。

在将星璀璨的北伐大军中，张公谨看似不过是一个普通的副手，可实际上却并非如此。此人是秦王党的骨干、玄武门事件的功臣，皇帝不让这种心腹大将单领一军而是把他派到主帅李靖的军队里当个副将，这用脚指头想都知道是别有用意的。

所以想要确保奔袭计划得以顺利实施，张公谨是必须过的一关。

听说了二李的计划，张公谨表现得很吃惊："陛下已经下诏书接受颉利的投降了，更何况我方的使者又在那里，怎能发兵攻击呢？"

李靖只说了一句话就完成了对张公谨的说服工作。这句话也告诉了我们，看似单纯的李靖其实也是懂权谋的，而且貌似还很精通。

"兵不厌诈！当年韩信就是这样击破齐国的，一个唐俭有什么值得可惜的！"

慈不掌兵，古人果然不忽悠人啊！

于是就在当夜，李靖统兵先发，李世勣引军跟进，千里奔袭，直捣虏庭！

很快，唐军骑兵抵达了阴山，在这里，他们发现了多达一千余顶毡帐。

很显然，这里面住的是突厥的部众，而他们的首领颉利可汗估计也就在这附近。

终于找到你了！

欣喜之余，李靖率军发动了突袭，干净利落地将这部分突厥人全部俘获。紧接着他下令将俘虏暂时押在军中，大军继续搜索前进。

离目标越来越近了，士兵们都感到既兴奋又紧张，因为下一步他们就可能与敌人遭遇，下一秒或许就要投入战斗，而这会是光荣的起点吗？突袭会一帆风顺吗？没有人知道。

就在唐军悄悄地前进时，他们遇到了一点小麻烦——起雾了。

冬季的北国，特别是山里，这种情况较为普遍，所以李靖对此并不觉得意外，于是他立刻做出了相应部署，命匡道府折冲苏定方率领二百骑兵作为大军探路先锋，趁着大雾，细心搜索颉利牙帐所在。

苏定方领命而去，并很快反馈了一个好消息：颉利的牙帐的确就在前方不远处。

苏定方的回报确实极为准确。此时颉利可汗正待在自己的牙帐里，且完全没有料到李靖居然会公然违抗皇命领兵来捉拿自己。但马上他就会知道了，因为在李靖的统领下，唐军士兵已经向他的牙帐方向拼死冲来。

要说颉利可汗不愧是生长在草原上的男人，临场反应果然超出常人。听得帐外大乱，他立刻做出了叫人、抢马、辨位、冲出等一连串的敏捷动作，整个过程如行云流水，竟然在大雾之下一举跑路成功，真是让人不服不行。

不过，剩下的突厥人就没有那么好的运气了，在唐军的猛击之下，猝不及防的突厥大军几乎瞬间崩溃，这些天生的战士就这样在完全的混乱中或被擒，或被杀，曾经纵横天下的突厥骑兵在此全军覆没。

此战，李靖斩首万余级，俘获男女十余万，获得牲畜数十万头，颉利可汗的翻盘本钱这回是彻底赔光了。

更惨的是，颉利可汗不仅折了兵，还赔了夫人，隋朝的义成公主死于乱军之中，其子叠罗施被擒，真是说多了都是泪。

幸好，自己是跑出来了，而且当时的那一嗓子还足够给力，喊来了万把来人。如此看来，上天还并不打算抛弃自己。

颉利暗自庆幸着。

的确，颉利实在不需要绝望的理由，因为再往前跑上一段路，通过了碛口，往后就是一片真正的不毛之地。在那里，除了熟悉地形的突厥人等马背上的民族能够坚强地生存下去，其他人都是不行的。一旦进入了沙漠，这场游戏就彻底结束了，在那片死地，他们将会得到新生。

颉利带领着自己残存的部众向碛口快步进发，然后他们在那里遇到了另一位熟人——李世勣。

此时，李世勣和他的部下们在碛口恭候颉利的大驾已经有一段时间了，因而在见到风尘仆仆赶来的颉利一行时，所有唐军士兵几乎同时露出了欣喜的表情，同时眼睛在发亮。

终于等到你们了。

看到对面阵容齐整，现场的突厥部众当即做出了两种截然不同的反应：颉利可汗立即掉转马头，率领卫士向西逃去；颉利可汗身边的大酋长们则纷纷下马当场向李世勣宣布投降。就这样，李世勣带着成群的俘虏和牛羊，同样胜利班师。

且慢，李世勣似乎忘记了那件最为重要的事：下令追击颉利可汗。

那怎么会？李世勣之所以没有出兵，是因为不需要出兵。因为他很清楚，颉利会往哪里去，也知道谁会完成对颉利的最后一击。

颉利再次成功跑路，这一次是一路向西。事到如今，只有投靠那个人了，只有那个人还一直忠于自己，那个人的名字叫苏尼失。

苏尼失是启民可汗的弟弟，始毕可汗时被封为沙钵罗设，统辖部落五万多家，以灵州西北作为大本营。苏尼失可以说是一个地道的老实人，比如突厥受灾闹内乱的时候，突利可汗、郁射设都反颉利，只有苏尼失不反，不但不反，他还一直对颉利可汗尊敬有加，于是突利可汗降唐后，颉利就任命苏尼失为小可汗。通过这次风波，颉利做出了自己的判断：苏尼失是个好人，是靠得住的。

也就是基于这个判断，在失去部众的时候，颉利几乎毫不犹豫地选择了前往灵州依附苏尼失。

可是，颉利明显还是犯了一个错误——逻辑错误，他忽视了那个重要的问题：好人就一定靠得住吗？

不过不要紧，颉利很快就会得到答案。

苏尼失热情地迎接了一无所有的颉利，为他安排了住处，并指派了专门人员负责颉利的饮食起居。这让颉利非常感动，于是他决定在此地好好休息一段时间后，再转道投奔吐谷浑。

然而颉利并不知道，上天留给他的时间已经不多了。因为大同道行军总管李道宗正在率军包抄苏尼失部的路上。

熟悉地形的李道宗很快便在不知不觉中完成了对苏尼失部的军事包围，不过他并未立即发起进攻，而是派人去给苏尼失带了句话：送来颉利可汗。

苏尼失回复：好的。

所谓老好人，就是这么好说话。

还算颉利可汗机灵，发觉情况有异，当即率领数名亲信骑兵趁夜逃跑，但这一次是真没辙了，真正的众叛亲离、走投无路，被逼无奈的颉利咬咬牙只好带着几个人就往荒凉的山谷里钻。这下苏尼失害怕了，不过他怕的不是颉利钻进山沟里会遇到什么豺狼野兽，或一个不小心跌落深谷之中，他唯一担心的是，颉利真的进了山，一时半会儿不好给李道宗一个满意的交代。于是苏尼失当机立断，派出精锐骑兵乘快马急追颉利等人。颉利可汗就这样被抓住了，这次是真的被抓住了。

三月十五日，大同道行军副总管张宝相率军突然包围了苏尼失的大营，苏尼失心领神会，当场交出生擒了的颉利可汗，并率众投降，至此漠南、漠北突厥各部全部归附唐朝，李世民终于获得了他期待已久的全面胜利，唐朝的百姓们也终于得到了他们期待已久的和平安宁。

终于，胜利了！

胜利了，终于！

第三章
所谓明君

李世民很难称得上一个好人，他为人冷酷残忍，从兄弟到老爹，凡是挡路的基本都被废掉了，可谓六亲不认。不仅如此，李世民还很奸诈狡猾，为达目的不择手段。比如，他听说王羲之的后人收藏了《兰亭序》的真迹，居然想方设法设了一个圈套，把人家的宝物骗了过来，还自私地埋到了自己的墓里（昭陵）。

如此人性，不要说是在今天看来，相信就是再过一百年，也算不上一个好人。

可不得不承认的是，李世民是个好皇帝，是史上公认的不世出的千古明君。

如此皇帝，不要说是在我们看来，相信就是再过一千年，也算得上一位明君。

在探讨何谓明君及李世民算不算明君这一话题前，我们有必要先了解一下皇帝，特别是从事这一职业的人群的生存状态。

关于皇帝生存状态的调研报告

在许多小说、电影和电视剧里，皇帝都是高高在上的形象，说一不二，想怎么着就怎么着，威风得紧。我不敢说真实的历史中没有这样子的皇帝，但我敢说真是这样的皇帝也是做不了多长时间的皇帝。

平心而论，皇帝应该算是个特殊工种，真不是一般人能当的。首先是风险高，不要说已经当上皇帝的，就算是预备皇帝（监国或太子），也时常处于各种明枪暗箭之下，远的不提，就说隋唐之交这五十年间，就有三位太子倒在了接班的半道上，且都是非正常死亡。至于皇帝，更惨。有学者为此做过统计发现，中国历代王朝（包括大一统型和偏安型），一共有帝王611人，其中，属于正常死亡的（含病死和老死的）是339人，而非正常死亡的为272人。其暴亡率高达44%，远超其他社会群体。而在自然离世的帝王中（以生卒年月可考的209人为标准计算），平均寿命仅为39岁，更是超乎寻常地低。更何况，病死的不一定是真的病死，如隋文帝杨坚；老了的也不一定安享了晚年，如唐高祖李渊。

所以说句不中听的，坐到皇帝的那个位置上，基本等同于坐在了炸药包上，与此同时还放着高音喇叭大喊"向我开炮"。那才真叫惊心动魄每一天。

但不要以为风险高就意味着皇帝们可以把每天都当成最后一天过，整日享受人生。那绝对是做梦。因为根据权利与义务统一的原则，既然您坐在了这个宝座上，那就要干活。

虽说历朝皇帝都有自己的一套助理班子（名称繁多，依据时代不同有内朝、中书门下、内阁、军机处等称呼，不一而足），不必亲自处理所有国家事务，但为保证天下在自己的掌握中，不至于大权旁落，大多数皇帝会选择尽可能多地批阅奏章，努力做到事无巨细都要过问。以此行业的开山祖师爷嬴政为例，据传这位始皇帝给自己宫中放了杆秤，规定自己每天看完足够斤秤（一百二十斤）的文件才能休息（提示：那时候书写载体是竹简），于是常常批阅文件到半夜，累得半死。更猛的可能是后来的朱元璋，据专家（吴晗）考证，此人在没有助理帮手的情况下（他把丞相制度废掉了），曾创下八天之内审阅一千六百六十六件公文，处理总计三千三百九十一件事务的辉煌纪录。说是劳模，一点也不夸张。

不过与现在的劳模不同的是，劳模干得多，不但有物质奖励（加班费），还有精神奖励（荣誉称号），可皇帝却什么也拿不到。（天下都是您的，还想要啥？）而且玩命干有时候可能不仅无功，反而有过。其中最著名的应该非杨广莫属了，辛辛苦苦一辈子，创制度、开运河、扩疆域，功在千秋，到头来却得了个暴君、臭流氓的恶名，被当作反面典型骂了几百年。

事实上，若单论公休待遇，皇帝的确不如底下的官员。早在汉代，这些国家的公职人员就争取到了相关的福利，可以每干五天休一天（专有名词：休沐）。到了隋唐，虽然五天改成了十天，大家却又争取到了带薪假期七天乐（新年、冬至）和节庆休假

（端午、中秋等），生活质量可谓芝麻开花节节高。反观皇帝，除了那些不着调的，可以公开休息的时间也就是一年三天：过年、冬至以及皇帝本人的生日（此假期时有变动，请以当事皇帝为准）。而如果考虑到这三天里，皇帝需要接受大臣们的祝贺，完事还要回宫拜见老娘，看望诸位老婆大人，这样看来，说他是休息了，估计皇帝本人都不认可。

工作繁忙，业务繁多，休息不得，还可能整天被人骂（谏官、言官），如此生活想想都让人头痛不已。可是最令皇帝痛苦的还不是这个，而是孤独，真正的孤独。

要知道，中国的君主们自古被冠以孤家寡人的称呼不是没有来由的。一个人自戴上那顶沉重的皇冠（可达三公斤，确实很重）时起，他就注定要过上一种与世斗争的生活。因为如无意外，在他的生活中虽然可能有很多亲戚、很多老婆、很多老婆的亲戚、很多下属，但这之中几乎没有一个是皇帝可以完全信赖的。换句话说，皇帝很可能终其一生没有友情、没有爱情，甚至是没有亲情的。以今天社会学和心理学的视角看，假如一个人的一生中缺少友情、爱情、亲情中的任何一种，他的人生都可以称得上不幸，而缺两种的，通常状况下会产生严重的心理问题（至少有心理阴影），至于三种俱缺的，只能是阿弥陀佛、上帝保佑了。

不能相信任何人，不能让外人探知自己的真实想法，要时刻隐藏真情实感，刻意压制一切喜怒哀乐，要让大家猜不透，这就是处于权力巅峰的皇帝生存下去的基本法则。而即便皇帝做得足够好，已经可以保证自己不被周围人打主意的情况下，在他目力所及的范围内依旧满是斗争的身影。

在朝堂上有大臣们斗（学名：党争），在家里有老婆们斗（学名：宫斗），看仆人（太监）仆人在斗，看儿子儿子在斗（夺嫡），每天都不得安宁。更为残酷的是，无论当皇帝的是谁，他们也休想且无力解决这种不和谐的状态。想要重归平静的话，唯一的方式估计也只有驾崩了。

这就是皇帝的生存状态，真实而悲惨。所谓高处不胜寒，叫天天不应，叫地地不灵，打落牙齿和血吞，对从事皇帝这一行当的人而言并不只是玩笑而已。

所以说，在巨大的压力下当皇帝的能平平安安地混下来已属不易，工作、生活都能应付下来的就算是名副其实的守成之君了，至于所谓明君，指的则是个把能以工作促生活、以生活带工作的异类。

说是异类并没有丝毫贬低的意思，因为那种状态下还能以个人的辛勤劳动促成百姓的富足生活，以个人的朴素生活带动百姓的努力工作的帝王实在是凤毛麟角。而在我看来，在中国的这几千年的历史里，有资格享有这一殊荣的，不会超过二十人。

李世民之所以能够入选明君之列，事实上并非因为他特别精明、特别圣明，而是因为他自始至终都是一个明白人，仅此而已。

身为一个明白人，或者说是一个明白的君主，李世民最突出的表现在于他明白一个人在这个世界上生存下去的艰辛，尊重所有人生存下去的权利。

我们前面提到过，李世民刚刚接过皇帝的位子，换上自己"贞观"的招牌，国家就开始闹天灾——第一年旱，第二年闹蝗灾，第三年发大水。虽说这三年困难时期毫无人为因素的影子，但拜董仲舒"天人感应"的教育所赐，大家一致认为作为国家最高领导人的李世民无疑是要负主要责任的。于是，在相关部门的安排下，李世民亲临蝗灾第一现场，去实地查看灾情，慰问受灾群众。

要说这也是老传统了，大灾降临，领导出面，先慷慨陈词一番，鼓励大家稳住挺住，再同几个群众代表亲切握手交谈，温言安慰，最后指示下后面的工作，这一套走完也就算完成既定任务，可以起驾回宫了。一直以来，一贯如此，毫无例外。

然而，例外从李世民这里开启。

李世民抵达畿内受灾地区的那一刻，他完全被眼前的景象震惊了：蝗虫成群结伙，漫天而来，可谓遮天蔽日，所到之处尽是一片狼藉。老百姓们有气无力地站在田边，眼睁睁地看着自己辛苦一年的成果被如此糟蹋却无能为力（实在太多）。

这时，李世民走了过去，只见他默默从地上拾起几只尚在啃食稻谷的蝗虫，随即开始虔诚地祈祷：老百姓靠庄稼活命，你们却把庄稼吃掉了，与其这样，我宁愿你们来吃我的肺腑（民以谷为命，而汝食之，宁食吾之肺肠）。

说完，皇帝拿起一只蝗虫就往自己的嘴里塞去。

李世民身边的随行官员都要疯了，这要是让皇帝吃出来个身体不适，那可要命了，大伙赶忙出言阻止："这些脏东西吃不得啊！会引发疾病的，请陛下三思！"

若是政治作秀、收买民心的话，到这种程度也就可以了，然而李世民却用实际行动表明，他绝非一个博头条的政客。

"朕为民受灾，何疾之避！"

遂吞之。

史载：是岁，虽遍地有饥荒，而天下不反，蝗虫自此亦不为灾。

虽然本人并不是十分相信蝗虫的安生与李世民嚼了它们的同类有任何直接性的因果联系，但不得不承认，李世民这一次活吞蝗虫的举动，无论是其历史意义还是现实影响力，都将荒野求生的贝爷远远地抛在了后面。因为，他让黎民百姓们真切感受到了一种前所未有的体验，那就是共同承担、爱与尊重。

> 君之视臣如手足，则臣视君如腹心；君之视臣如犬马，则臣视君如国人；
> 君之视臣如土芥，则臣视君如寇仇。
>
> ——孟轲

中国的老百姓从来要求并不高。

李世民之所以能超过他之前的许多君主，正是因为他知道穷人也是人，而他作为一国之君有责任更有义务以悲悯之心去关怀所有不幸的人，无论他们是老是幼，是来自中原内地还是来自塞北草原。

所谓来自塞北草原的，这里主要指的是突厥人。

据户部报告，自皇帝即任以来，出于气候巨变等种种原因，国家吸纳的外来人口正在呈加速上升的态势，仅贞观三年（629 年），从突厥境内逃回的汉人加上归降的各少数民族人口就多达一百二十多万。到了贞观四年（630 年），唐朝大军平定东突厥之后，突厥部落虽说有的向北归附了薛延陀，有的进入了西域投奔了西突厥汗国，但投降唐朝的也不算少，尚有十万多人。那么该如何在确保不影响社会安定团结的前提下安置这些人呢？朝中大臣们就这一问题展开了激烈的争论。

多数大臣的意见是把这些部众全部内迁到黄河以南的兖州、豫州等地，打乱其原有的组织结构，以家庭为单位让他们散居在各个州县，由当地政府教导他们熟习农业生产，化牧民为农民。这样一来，不仅可以增加国家的劳动力，还能防止各部阴谋作乱，保证塞北地带的干干净净、安安静静，可以说是一举多得。

中书侍郎颜师古并不这么看，他认为将突厥、铁勒等部族进行拆分会引起各部的恐慌情绪，造成不必要的麻烦，所以不如保持其原有部落形态，且不改变其原有的生活方式，还把他们安置在黄河以北，唯一要做的只有分而治之，各部分设酋长，各领所落，这样各部首领感念皇帝大恩，国家便可永无后患了。

作为相关事务的部门负责人（礼部侍郎）李百药比较支持颜师古的观点，不过李副部长认为在颜师古的原有方案基础上应该再做出一些修改。比如说，由各个部落推举各自的酋长，否定阿史那氏的宗主地位；在安置突厥部众的北方地区设立都护府进行管理等。

客观地看，这两种主意似乎都不错，有其可行性，可两套方案一经提出就立即招致了强烈的反对。

反对的一派带头的是夏州都督窦静，他是李世民母亲窦太后的族侄，算起来是李世民的表兄弟，历任并州大总管府长史、检校并州大总管等职。换句话说，窦静是长年奋战在对抗突厥人最前线的边将，突厥问题的专家级人物，因此对这一议题，他很有发言权。

估计考虑到自己是武将出身，嘴皮子不比读书人灵活，所以窦静提出反对意见的方式比较不同，人家用嘴，他用笔。为了表明态度，亮明立场，窦静特意写就一篇历史上颇为有名的奏疏：《论颉利部众不便处南河封事》。

光看名字，可能大家不觉得怎么厉害，但事实上绝非如此。几年前，本人曾有幸拜读过窦先生的这篇大作，不过五秒钟的时间就倍感提神醒脑，且自此刷新了对武将骂人话术的基本认识。因为文章正文的前两句是这样写的："臣闻夷狄者，同夫禽兽，穷则搏噬，群则聚尘，不可以刑法威，不可以仁义教。衣食仰给，不务耕桑，徒损有为之民，以资无知之虏。"

窦静的意思很明确，这帮不懂法律、不讲道德的人软硬不吃，还啥活儿不会干，只能白白浪费粮食。总而言之，留在国内迟早是个祸害，不如一上来就采取强制措施，将其大的化小、小的化无。

果然，窦静此疏一出，立马便引来了反对的声音。

发声的是另一位突厥事务专家：温彦博。

如果说窦静对突厥的了解来自他同突厥骑兵多年铁与血的对抗，那么温彦博对突厥的了解则来自他同突厥百姓的长时间近距离接触。

五年前，在一次随军作战中，时任并州道行军长史的温彦博因部队战败，为突厥所俘虏。颉利可汗知道他是皇帝近臣，即向他逼问唐朝虚实。温长史坚贞不屈，不肯吐露，最终被扔到阴山苦寒之地搞求生训练。直到李世民即位后，才被朝廷通过外交努力救了回来。一个四体不勤、五谷不分、手无缚鸡之力的读书人被扔到了天寒地冻的塞北，一没给羊（当然也省得等一群公羊下小羊的工夫了），二没李陵那样的旧相识接济，温彦博无论怎么看都应该是一个结局：死定了。但在被流放一年后，这位兄台居然还活着，后来竟又回到了长安，这不能不说是出乎颉利的预料。

于是，我得出了一个结论：他得到了帮助。而帮助他的人一定是住在附近的人——突厥的普通百姓。

经过那一年时间的接触，温彦博发现，原来突厥人并非洪水猛兽，虽然大家言语不通、习俗各异，但还是可以沟通、互相帮助的。特别是广大的突厥普通牧民，他们同中原内地百姓一样心地善良、质朴淳厚，同样厌恶无休止的战争，同样追求平静和谐的生活。所以此时此刻，温彦博站了出来，说出了自己的看法：

"将突厥降众迁往中原内地实在有违他们的本愿。希望陛下效法汉光武建武年间的做法，保全他们的部落，尊重他们的风俗习惯，让他们充实塞北空虚之地，成为中国的屏障吧！"

"此言差矣！"

打断温彦博的，是魏征。

"突厥世代侵扰中原，百姓们对其恨之入骨，如今幸而败亡，陛下不忍妄加屠戮，这已经是天恩浩荡了。"（摆事实，拍马屁）

"为今之计，应该将他们放还故土，切不可让他们留居内地。此辈戎狄，人面兽心（史书原话），弱小时即臣服，强盛时就背叛，欺软怕硬是他们的本性。现在突厥降众将近十万人，数年之后，其人口可以翻倍，那时这些突厥人将成为我们的心腹之患，再后悔就来不及了。"（讲道理，做预测）

"晋朝初年，各族杂居中原，大臣郭钦、江统都劝说晋武帝把异族驱赶到塞外，以防患于未然，可是晋武帝没有听从，二十余年后，果然天下大乱，中原成了各蛮族纵横厮杀的战场，生灵涂炭，这是前车之鉴啊！"（引史例，点主题）

针对"国家到底该不该保留突厥"这一辩论题目，反方辩手魏征做出了有理有据、思路清晰、主题鲜明的论述，现在又回到了正方辩手温彦博的发言时间。不知温彦博辩手将如何作答呢？

"王者对待天下万物，应该像天地一样无所不包，如今突厥穷途末路，前来归附我们，我们怎能将他们抛弃，拒不接受呢！孔子教导我们'有教无类'，如果将他们从死亡的边缘拯救出来，让他们得以生存下去，再进行适度的教化，数年之后，这些降众全都能变成我国的臣民，届时再从中挑选出他们的酋长，令他们入宫宿卫，他们感恩戴德，又畏惧于天威，会有什么后患呢？"

差不多了，主持人兼评委李世民宣布了辩论结果：反方温彦博获胜。

是啊，虽然突厥与中原积怨颇深，虽然他们确实不够守信，但既然这些人愿意归附我大唐，那他们就应该享有普通大唐子民一样的待遇，按照自己的意愿去过自己的生活。父母赋予了他们生命，上天则赋予了他们自由，身为天子，有什么理由不顺应天意呢？不应该对任何人不公啊！

就在这一刻，李世民做出了一个伟大的决定：既来之，则安之。

他下诏在突利可汗所统故地设置顺、祐、化、长四州都督府，以突利等突厥贵族担任州都督，各自统属所部；又分颉利之地为六州，设置定襄都督府、云中都督府，以阿史那苏尼失为怀德郡王，阿史那思摩为怀化郡王、北开州都督统御颉利旧日部众。

至于颉利可汗本人和那些不愿再回到草原上的酋长们，朝廷则为他们在长安城内安排了住处，让他们以将军、中郎将的身份在朝中为官，由此定居京城。

应该说，自这一刻起，李世民才真正完成了对突厥的征服。因为真正的征服不是来自对肉体的控制，而是源于对人心的安置。当堂堂一国之君能够诚心实意地将百姓的心意置于自己的梦想之上，百川归海、万民拥戴的盛世才会真的到来。

李世民一直在努力。

作为一个明白事理的皇帝，李世民另一突出的表现在于他善于纳谏。

李世民深知只要是人就会犯错误，但由于自己职业的特殊性，即便犯了错误，底下的人也很可能因为畏惧等原因而不敢提醒。这在李世民看来无疑是极度危险的。毕竟隋炀帝杨广自以为是的教训就在那里，如果这样一味放任自己犯错，自己早晚会像杨广一样输掉一切。所以自登基以来，李世民就明确要求臣子们给他本人提意见，且提前打好了预防针，确立了进谏的基本原则"言者无罪，闻者足戒"。这意思就是说，只要提意见即可，无论对错都不追究进谏一方的责任，而即使对听取意见的人来说，没有所提的缺点错误，也应当引以为戒，避免犯相同的错误。

就这样，李世民亲手开启了一个口水横飞的美好时代。当然，从事后的发展来看，李世民也曾一度为自己当初开放言路这一决定而后悔过，但综合利弊，李世民到底还是赚到了。

提及"李世民"和"纳谏"这两个关键词，相信大家脑海中自然而然想到的就是那位魏征兄。

但我要告诉大家的是，贞观初年经常在朝堂之上当众折皇帝面子，跟李世民争得面红耳赤的大臣其实另有其人，他不叫魏征，而叫裴矩。

关于这位传奇的人物，之前已经有过介绍，这里只提两件事，其他就不多提了。第一件事是杨广在世时曾对宇文述等大臣说过，在众多朝臣中裴矩是最了解他心意的人，许多事情他刚想到还没吩咐办，裴矩就上奏请求要办了。第二件事是当李世民即位任命裴矩为民部尚书时，裴矩已经年近八十，但眼不花、头不昏，且精力充沛、神采奕奕，对相关典制故事了若指掌，张口就来，着实让人钦佩得紧。

从这两件事上，我们可以得到三点认识。第一点是此人对人（特别是领导）的心理的把握已经达到了登峰造极的程度，他简直比杨广还要了解杨广，所以能够未卜先知，保证工作零失误，让皇帝高度满意。第二点是隐藏得比较深，到李世民当政时，裴矩已经是朝中的国宝级人物，成了李世民不可或缺的重臣。要知道，此时的裴矩年纪一大把，早就过了退休的年龄，且之前名声不太好，还担任过太子李建成的僚属，身份敏感。但就是这么个人，李世民还坚持把他留在身边，唯一合理的解释只可能是李世民知道此人必须留在自己身边。结合以上两点，第三点结论性的认识就呼之欲出：裴矩是一个超级厉害的人物，是传说中水一般的智者，他厉害到可以提前预测到君主和大形势的变化，并根据这些变化及时调整自己的定位与行为，以保证自己始终紧跟时代潮流。如此与时俱进、能力通天，且深受历任主公重视的人，纵观二十四史，我没听说过，也没再看到过。

事实证明，裴矩奸佞的时候是真奸佞，耿直的时候是真耿直。

李世民上台之初，为开创政治新风气，非常注重廉政建设，致力于打击贪腐。不过下面做官的也不傻，知道新官上任三把火，新皇帝自然也不例外，于是为防被抓典型，大家纷纷偃旗息鼓，把业务转入地下，若非熟门熟路，没把握的事儿绝不接。这下可难为了李世民，本欲敲山震虎，人家却主动移了山，这可咋办？左思右想之后，李世民想出了一个绝妙的好主意：自己派人假扮成办事者一个个去上门送礼、试探一番不就知道谁贪谁不贪了吗？

就这样在李世民的亲自操作下，最终有一个刑部的官员放松了自己世界观和价值观的改造，没能禁得住金钱的诱惑被逮了个正着。

对于这名倒霉的官员，李世民的处理意见很明确，拖出去杀了，以儆效尤。但此时裴矩阻止了皇帝，不是因为他认为这名刑部干部拿得少，罪不至死，而是因为他认为李世民取证的程序不正确，因此不能如此简单地定罪判刑。

如此看来，裴先生果真是奇人，他的理念恰好与"正义不仅应得到实现，而且要以人们看得见的方式加以实现"这一今日法律界名言不谋而合。而以我们今天的视角看，李世民的反贪手段的确不符合程序正义的要求，有钓鱼执法之嫌。

最终，李世民被说服了，他为此召集百官当众致歉，并表达了对裴矩行为的高度赞赏："裴矩能够廷争面折直言君主之过，假如日后事事皆能如此，天下何愁不治！"

然而可惜的是，"佞于隋而忠于唐"（司马光评语）的裴矩没能看到天下大治的那一天。

贞观元年（627年），裴矩结束了他无比传奇的一生。

追赠绛州刺史，谥曰敬。谥法有云：陈善闭邪曰敬，廉直劲正曰敬。

如此谥号，个人以为，可谓得之。

裴矩死了，接过他净谏主攻手位置的是与之共事了八年的老同事魏征。

据魏征自己说，在与裴矩一同工作的那段时间里，自己学到了不少东西，这位老而弥坚的老臣曾反复教导自己要忠直敢谏，不计虚名。

事后的发展表明，魏征没有辜负裴老前辈的厚望——仅限于第一点。

其实一开始李世民之所以任用魏征，主要还是为了拉拢安抚太子李建成的旧部。而事实证明，李世民的确没看错人。

在奉命前往河北地区落实安抚工作的路上，魏征正巧遇到了要被地方政府扭送京师的前太子千牛李志安和前齐王护军李思行。于是魏征当即出手下令释放了二人，至于这么做的理由，魏征不但给了，且分量十足：陛下派我等前来时曾嘱咐说前东宫齐府的旧部一概赦免，不予追究。如今你们却把李思行等人押送上京，如此行止，地方上怎能不人人自疑，惊惶不安？到时候我们到了地方，还会有人再信朝廷的赦令吗？

这就是传说中的"苟利国家生死以，岂因祸福避趋之"，魏征知道一旦李思行的囚车成行，消息传开，河北地区必定如刘黑闼时再度因惧致乱，所以他勇敢地背起了私放要犯的大黑锅，以免局面变得不可挽回，使国家蒙受更大的利益损失。

先国后己，因公废私。

以天下为己任者，是然也。

魏征私释囚犯的消息很快传到了京师，李世民知悉此事立马激动了。不是因为愤怒，而是因为喜悦，他很欣赏魏征当机立断的行为和背黑锅的勇气，所以魏征出差回来后，李世民决意重用此人，时不时把魏征叫到自己的卧室里谈事。令李世民倍感欣慰的是，魏征确有治国之才，且性格直爽，知无不言，言无不尽，所以每次同魏征倡议国事，李世民都深觉神清气爽。

当然，也有不爽的时候。

一次，皇帝下令落实当年的新兵入伍工作，并采纳了封德彝的提议，准备征召那些年纪未满十八但体格壮硕魁梧的（专有称呼：中男）一并入伍，诏书拟好了，送下去批，一切顺利，到尚书左丞那里，卡住了。因为担任尚书左丞的是魏征。

魏征认为此事不妥，坚决拒绝在诏书上署名。而按照当时的惯例，如果诏书上没有尚书左丞大人的签字确认，即使是皇帝敕令，下面也是有权不予执行的。于是事情就僵在这儿了。皇帝想要这么办，魏征不想要皇帝这么办，如此折腾了三四趟，李世民急了：把魏征给我叫过来！

见到魏征到场，李世民废话不说，直抒胸臆：那些身材魁梧的中男都是一些谎报年龄逃避兵役的刁民，把他们征召入伍并无不妥，你为何如此固执？

看来火气不小，没关系，魏征早有准备。

"据臣所知，军队是否强大关键在于能否御之得道，而不在数量多少。陛下选取精壮之兵，合理统御自然足以无敌于天下，何必招那么多年幼的来充数呢？"

"况且陛下您总是说'我以诚信来统御天下，要使臣民们都不再互相欺诈'，可是陛下自即位以来，已经失信过好几次了！"

聊到这里，李世民估计是有点蒙了，便随口问了一句："朕怎么就失信了？"

刚说完，李世民就后悔了。因为他意识到自己被魏征成功转移了话题。但聪明的魏征自然不可能给皇帝扳回局面的机会，他立即接过皇帝的话茬儿继续滔滔不绝地说起来。

"陛下您刚即位的时候，曾经下诏说：'拖欠朝廷财物的，一律不需归还了。'但有关部门却对此理解说，拖欠秦王府的财物，不属于朝廷财物，照样继续追索。陛下以秦王升为天子，秦王府的财物不是朝廷的财物，又是什么？"

这是经济信誉方面的问题，还有：

"陛下还曾下诏说：'关中免除两年税赋，关外免除一年税赋。'但不久，陛下又下诏说：'已经服过劳役或者已缴了赋税的，从第二年开始计算。'第一个诏书下发后，已上缴的赋税本已退还了百姓，接到第二个诏书，官员们又从百姓那里把退税征收了上来，这本来就已经让百姓们感到奇怪了，如今既征物又征兵，还说什么从第二年开始计算啊！

"再者说来，帮助陛下一起治理天下的是地方官员，平时陛下把地方行政都全权委托给他们处理，现在却唯独在检验兵源方面认为他们可能心怀鬼胎，这难道就是所谓的以诚信治国吗？"

环环相扣，针针见血。高，实在是高啊！

李世民这下子真算是彻彻底底服气了。

"之前我见你固执己见，还担心你是不通晓政事所致，如今听你讨论国家大事，才发现你真是掌握了治国的精要所在啊！朝廷的命令如果失去了公信力，百姓们就会不知所从了，如此怎能治理好国家？朕犯的错误太大了！"

就这样，皇帝道了歉，停止了对中男的征召，还特意赏赐给了魏征一个金瓮。但是，假如李世民能预知下一回魏征的激情表现，我相信他会选择直接举起金瓮扣在魏征的脑袋上。

贞观六年（632年）三月的一天，魏征再次因一件公事同皇帝在朝堂之上当着文武百官的面儿呛了起来，虽说事发的具体起因如今已不得而知，但可以肯定的是双方都很激动。据说皇帝是怒发冲冠，魏征大人是面红耳赤，双方各不相让。不过，李世民毕竟是军旅出身，在弓马骑射方面是优等生，但在引经据典方面也就是个初级水平。单论吵架，两人实在就不是一个级别的。人家魏征的战斗力远在李世民之上，所以你来我往、几轮交锋后，李世民很快败下阵来，沦为哑口无言的被虐方。

说不过你了，不跟你掰扯了还不行吗？不等魏征把话讲完，李世民当即拂袖准备入宫。

这个时候估计魏征已经说得过于兴奋以致丧失了理智，发觉李世民作势要溜，赶忙三步并作两步，上去一把就抓住了皇帝的衣角。那意思很明白：是非即将见分晓，您跑了这算什么情况？

在魏征的强行拦阻下，皇帝终究还是停下了脚步。紧接着，魏征看到了一双充满杀意的眼睛。

失态了，真的失态了。看着怒气冲冲离去的李世民，魏征意识到这事儿玩大了。

好吧，事已至此，就等着您那一刀了。

但是这一刀到底没有砍下来，因为一个厚道人的救场。

话说李世民带着一肚子的怒火回到后宫，直接就奔着爱妻长孙皇后那边去了，目的只有一个：诉苦。

"这次一定要杀了这个乡巴佬（终须杀此田舍奴）！"

李世民就是这样为自己的诉苦大会致开幕词的。

长孙皇后很吃惊："是哪个触怒陛下了？"

"就是那个魏征老兵（当年老兵是骂人的话，详例可参见《三国演义》关羽骂黄忠、彭羕损刘备选段），每次都在朝堂上当众羞辱我，让我整日不得自在。"

"陛下在此稍坐片刻消消火气，臣妾去去就来。"

还是老婆大人善解人意啊！然后李世民见到了让他难以理解的一幕：长孙皇后身着参加大型朝会时才会用到的大礼服出现在了自己的面前。

李世民有些晕："皇后为何做此装扮？"

"臣妾尝闻主明臣直，如今魏征忠直敢言足以说明陛下是开明之君。如此，臣妾怎敢不向您道贺呢？"

李世民一边全神贯注地听，一边连连点头：还是老婆大人水平高啊！

就这样，魏征的命保住了，他继续活跃在朝堂之上，继续口沫横飞，因为在他看来，拼死诤谏是职责，更是本分，是承诺。

生命不息，建议不止。

当然了，魏征虽说直，可人不傻，所以像这样的蛮干只是极少数，大部分的时间里，魏征进谏都是很讲究方式方法的。因为作死不是目的，帮助皇帝改正错误才是，要是一味紧逼死磕，哪一天让李世民现场做掉那就不能实现天下大治的理想了不是？

劝不劝是态度问题，怎么劝却是一个纯技术问题，个人以为，魏征之所以能成为史上最强（也是著名的）谏臣，青史流芳，是由于他不仅有态度而且有技术。而在我看来，最能体现出魏征劝谏技术水平的就是"鹞鹰事件"。

有一回皇帝正在宫中玩耍自己所养的鹞鹰，突然远远见到魏征向自己这边走来了，情急之下，就赶忙把鹞鹰揣进了怀里。

然而，事实证明，李世民的视力好，魏征的也不赖。魏大人早就瞅见李世民在玩鹞鹰，但他见皇帝主动把鹞鹰藏起来了，就知道这是害怕被自己指责为玩物丧志。于是，魏征与皇帝碰面后，压根儿不提及此事，照旧按部就班地汇报工作，只不过汇报时候的状态与往常稍稍有所不同。

"陛……下，臣……有……一……事……启……奏……"

时间就这样一分一秒地过去了，好不容易把啰里啰唆的魏征打发走，皇帝发现他心爱的鹞鹰也走了——被闷死了。

这就是魏征，不但有"谏"言，而且有"谏"行，不但明里"谏"，有时也搞暗"谏"。

防不胜防啊！

而且事实上除了裴矩、魏征之外，李世民身边敢于直言的大臣还有许多，比如魏征的另一位老同事王珪、老牌谏臣萧瑀、"当代苏武"温彦博等，正是在这些勇于直言、忠于职守的大臣们的帮助和辅佐下，大唐帝国才得以一步步地走向治世。

当老一辈的能臣在各自的岗位上刷新业绩的时候，新一代的栋梁也在这治世的门槛前渐渐崭露出了头角。

贞观五年（631年），李世民下诏令朝中百官各上一书言明朝政得失，并提出相关解决建议。应该说这是官员们常常遇见的事情，所以不算难事，不痛不痒地写上两句，看似涉及主要问题，但事实上一笔带过，末了再喊几句口号，如此谁也不得罪，皇帝那里还能交差，简单！

但有一个人却不这么认为。这个人名叫常何，也即玄武门之变中起到了关键的开门关门作用的那位守门将领。虽说此时的常何已经因功升做了中郎将（四品武官），成了唐军中的高级将领，但早年落下的文化课岂是短时间内补得回来的？作为一个职业文盲，举笔如扛鼎基本就是常何日常文化生活的生动写照，平时签个文件、写个报告还要费半天劲，如今却让他对国家大事发表深刻意见，且要在第二天交上去，这真比杀了他还痛苦。

可无论内心如何煎熬，领导交代下来的任务那是必须完成的，毕竟军人以服从命令为天职嘛。于是，虽说着急上火，常何还是安静地回到了家里，找出了笔墨纸砚，准备挥毫泼墨。但这笔终究还是没落下去——实在不知要写啥。

就在常何焦头烂额、提笔发抖的时候，常何家中的一名门客见状，主动走了上来，对抓耳挠腮的常老粗说了这样的一句话："愿报将军食宿之恩，代为此文。"

常何如获大赦，当即十分高兴地同意了这位门客的请求，让他给自己代写奏疏。

可是到了次日上朝交"作业"的时候，常何一琢磨才感到不对劲：这要是写得不好，可是会影响前途的啊！

此时此刻也没辙了，箭在弦上，好歹就是它了。于是常何硬着头皮交上了那篇被称为《陈时政疏》的文章。

忐忑不安中，常何受到了皇帝李世民的召见。

果不其然，皇帝一见面就极为激动地问了这么一句话："这篇文章可是你写的？"

没等回复，常何就听到了紧跟着的另一句话："写得实在是太好了！"

常何擦干了冷汗，老老实实地答道："此文非臣所能作，实乃臣家中门客马周所为。"

"奇才，奇才啊！"

李世民马上命人去召这位马周入宫来见，且创纪录地一连四次遣使催促，其焦急等待的程度实在堪比今日守候在医院产房门口的那些准爸爸。

如果你认为李世民如此有些小题大做了，那你就错了，因为马周的这篇文章你看了也会拍案惊奇，直呼妙哉。还别不相信。就在此文诞生的一千多年后，有一个人偶然读到了这篇文章就是如此表现的，而且他还挥笔留下了这么一句评语（批注）："贾生《治安策》以后第一奇文。宋人万言书，如苏轼之流所为者，纸上空谈耳！"

所谓贾生，指的是西汉著名的政论家贾谊，而在这位批注者看来，贾谊的《治安策》之所以排在马周此文之前，不是因为马周文章相对较差，而是因为他生得较晚。

顺便一提，这位评论者的名字叫毛泽东。

唐宪宗元和元年（806年），不世出的鬼才诗人李贺入京参加科举考试，不幸遭奸人暗算被剥夺了考试资格，只得黯然返乡。还家路上，惆怅之余，诗人酒入愁肠，即兴作诗一首，以抒愤懑，以酬壮志，十分有名——《致酒行》：

零落栖迟一杯酒，主人奉觞客长寿。主父西游困不归，家人折断门前柳。

吾闻马周昔作新丰客，天荒地老无人识。空将笺上两行书，直犯龙颜请恩泽。

我有迷魂招不得，雄鸡一声天下白。少年心事当拏云，谁念幽寒坐呜呃。

李贺所在的元和年间，一百五十余年前开创贞观治世的唐太宗李世民及其臣子们都早已成了传说中的人物，成了后人顶礼膜拜的偶像。但是在此时，在年纪轻轻即遭受沉重打击的李贺看来，苦痛之中足以慰藉心灵的不是这杯中残酒，而是那曾饮残酒之人——马周。

因为马周在获得唐太宗赏识之前，也同样落魄过，同样借酒浇愁，但他最终凭借自己难以掩盖的才华，放射出了耀眼的光芒，为整个国家照亮了前行的道路，并成了大唐开国以来首位平民出身的宰相，其人生际遇不可不谓传奇，不可不谓励志。而以我们今天的视角看，似乎马周更适合另一个称呼——唐代第一京漂。

在一千多年前的唐代，长安城对有志青年的吸引力绝不亚于今天的北上广深，无数有才华（或自以为有才华）的青年纷纷不远万里，满怀希望跑到伟大首都来奔自己的前程。但他们中的大部分人注定将会极为失望，因为在科举考试刚刚萌芽的唐初，决定一切的并不是一个人的才学能力，而是一个人的出身，要想功成名就、施展抱负，一般说来不是出身世家贵族（萧瑀），就是和出身世家贵族的人建立了密切的关系（裴寂），再不然就是敢拼命的（秦琼）。除此之外，别无他途。

纵观以上三种出人头地的方式：第一种人力难以干预，如非相信来世之说的可以直接过滤掉；第二种可遇不可求，撞到的概率比中亿元彩票还要低，因而也可不予考虑；这样看来，唯一看似靠谱的只有第三条路——军功起家。

所谓看似靠谱，意思就是实际上不太靠谱。从小兵起步，年年打仗年年升，等别人都被打死了，你还活着，你就成功了。这实在是说起来容易，做起来难。因为此种创业途径技术含量极高，且需要本人运气特好，既是勇将又是福将，这样你才能熬出来，普通人还真没这种命。而更残酷的一点在于，即使你挺过来了，你也不一定有条件品尝自己的胜利果实。就拿刚刚提到过的秦琼来讲，他在大业年间出道，由一个新兵蛋子做起，先后在来护儿、张须陀、裴仁基帐下效力，打了若干年、若干仗，"勇气闻于远近"了，才混得了一个正六品尉官待遇（建节尉）。之后大海寺一战惨败，之前奋斗基本白干，于是改换新东家，又先后跟了李密、王世充、李世民，紧接着又是若干年、若干仗、若干次玩命，这才封了上柱国、翼国公享受了一品待遇。接下来赶上了政府领导班子大变动，玄武门之变好歹参与了一把，武德九年（626年）这才因功拜左武卫大将军，食实封七百户，算是修成正果。

秦琼秦二哥艰苦奋斗数十载，走到了这一步实在是不容易啊！但功成名就之日亦是猛人报废之时。

自打武德年后，秦琼算是基本废掉了，他直到贞观十二年（638年）去世，整个晚年几乎都是在病痛中度过的。其个人总结多病原因云：吾少长戎马间，历二百余战，数重创，出血且数斛，安得不病乎？

让人读后不禁凄然。

相较而言，马周的出人头地大概是唯一的例外，他是真正的草根出身，关系没有，后裔也不是，且没有参军意向，估计也不能打，甚至在家乡不出名，出来后也不出名，每到一个新岗位工作都被上级欺负，折腾得要死要活，最终流落帝都寄人篱下。然而，正是这样一个看起来比路人还要路人的人却一朝之内平步青云当到了宰相，还得到了两位著名国家领导人跨世纪的共同认可，对此，我只能说，这是个奇迹啊！

隋文帝仁寿元年（601年），马周出生在博州茌平（今山东省茌平县）的一个贫困家庭。当年虽说隋朝已经建立，但各地并不安生，所以老百姓们为了生存四处奔走，日子过得很是辛苦，而他马周则更苦，因为这位兄弟要论阶级成分是绝对的赤贫，更惨的是，他自幼父母双亡，孤苦伶仃，基本上是靠乡亲邻里接济，吃百家饭长大的。

但难能可贵的是，马周家里虽然穷得叮当响，可此人却生性酷爱读书，且极其好学，可是逢书必看、无书不读。特别是对于《诗经》《春秋》这两部极其耗费脑力的儒家经典巨作，马周居然在没有接受正规教育的情况下，完成了自主学习，还达到了熟练掌握的程度。

一般说来，像马周这种一路读圣贤之书出来的书生少年，表现不外乎两种：一种是温文尔雅、循规蹈矩，特讲礼数，特别谦逊；另一种是狂放不羁、恃才傲物，怎么彰显个性怎么来，好像整个地球村就他最不同。不幸的是，马周属于后面的那一种读书人。

正是由于举止豪放，成年后的马周在乡里并不招人待见，大家都觉得此人不事生产，性格很古怪，于是总有意无意地疏远他，可马周并不以为意，在他看来，燕雀安知鸿鹄之志哉？既然此地不被人理解，那就索性出去闯荡一番，寻找那些能够理解自己、欣赏自己才能的人。

就这样，马周离开了家乡茌平县城，进入了博州城，凭借着自己扎实的史学、经学功底被保举为博州助教，随即很快得到了州里领导（博州刺史）达奚恕的关注——因为整日饮酒，不好好上课。很快，马周被州里接连通报批评，还记了处分，达奚大人为此又特意放出话来：不想干，就走人。

按理说一般人遇到这种情况，为保住饭碗，应该会低头认错，洗心革面，然后重新作怪，至少中间要消停个四五六天，但马周偏不。被刺史大人骂完后，人家连辞职报告都没送，直接撂下教鞭走人了，美其名曰挂职游学，把达奚恕气得半死。

不过要说关注马周的人中没有注意到这位狂生不羁外表下的才华的，那也是不正确的。有一位叫赵仁本的兄台就对马周很是欣赏，所以他找到马周告诉对方自己愿意提供一笔钱以资助他入关游学。

事实证明，就是赵仁本的这一决定彻底改变了马周的命运，因为马周将在汴州遇到那个影响自己终生的关键人物。当然了，在马周心中，这人绝对不是啥好货。

影响了马周人生的关键人物叫崔贤，至于他影响马周人生的方式则比较简单：他羞辱了马周。具体是怎么羞辱的，史书上没写，但可以肯定的是，这次羞辱对马周的刺激极大，以至于马周头也不回就直奔首都的方向而去（为浚仪令崔贤所辱，遂感激西游长安）。

要说首都就是首都，首善之区，果然大不一样，哪怕是远郊区县也是如此。在这里，马周第一次露面就得到了众人的称奇与关注，只不过方式方法上有些……

事情是这样子的。马周来到距离长安不远的新丰镇的时候，曾在一家旅馆落脚休息，店主人见这是个普通书生装扮的人就没急着接待，而是先招呼那些过往的商贩（有钱，打赏多），但就在此时，在场的所有人都听到了一声让他们瞠目结舌的招呼：主人家，给我打上一斗八升的酒来！

唐代一斗八升酒换算成今天的量，约为两公斤。

所以马周此话一出，原本熙熙攘攘的现场当即鸦雀无声，大家纷纷以不可思议的目光瞧向这个看似弱不禁风的读书人。

寻死的方式有很多种，年轻人，你就不要糟践粮食了好不？

在众人或怀疑或看笑话的眼光下，马周开始独酌（貌似还没有下酒菜）。

一杯、两杯，大家表情各异地看着。

十杯、二十杯，四周已然鸦雀无声。

一百杯、两百杯，所有人目瞪口呆。

喝完了，马周摸了摸鼓鼓的肚子，示意店主收走酒具，结账。

算账时头脑清晰，告辞时彬彬有礼。

在短暂的沉寂后，围观的客人突然发出了震天的欢呼声，他们佩服眼前的这个奇人。没有人能想到，这个看似弱不禁风、貌不惊人的青年书生竟然如此海量。

马周就这么在众人的注目礼下扬长而去，似乎之前就没有过豪饮的事儿。

不久，马周终于来到了伟大的首都长安城，在这里，他立志要实现自己的理想，以自己的才能帮助这个国家解决一些正在面临的重点难题。

不过，在此之前，马周有必要先解决一个自己正在面临的重点难题：在京的食宿问题。

要知道，帝都的物价从古至今都是比较高的，而马周在京一没正当工作，二没故友至交，荷包里的那点钱也就够一趟京城即日游的，打持久战根本耗不起。这可如何是好？

思来想去，只有一条路了：给京中官员们做门客。

高官显贵食养门客，这大致也可以算是中国历史上的老传统，但凡混得好的大人，必定会有这样的举动，如战国著名的"四公子"、秦初的吕不韦，都是这一风尚的引领者兼代言人。

礼贤下士、乐善好施，这大概就是身居高位的人们最期待的名声吧。所以虽说百家争鸣的辉煌已经过去，招来的门客难免良莠不齐，可养门客的传统却一直得到了传承（其后向招收幕僚演化），甚至可以说同整个封建社会相始终。唐初自然也不例外，长安的中高级官员们蓄养门客的规模虽远不及春秋战国，但每一家至少有一两个。特别是军中武将们，由于早期忽视了文化学习的重要性，后来发达了又忙于各种军中、朝中事务，抽不出时间充电，未免同文臣打交道时为人所鄙视，或者在应付骂人不带脏字的言官时吃亏，大伙儿只好在家中请上几位先生，以备不时之需。

下定决心之后，马周就这样以门客的身份开始了自己的京漂生涯，至于他如何与常何搭上关系的，实在不得而知，但可以肯定的是，常何对这个门客比较满意。而在某些时刻，马周也是懂得低下高傲的头的。

凭着一封奏疏，马周实现了自己人生的大逆转，在学习诸葛亮前辈的矜持，三次婉言谢绝皇帝的召见后，他随着第四位皇帝特使进入了帝国的宫廷，见到了那高高在上的李世民。

接下来的事情顺理成章，草根书生与帝国君主进行了亲切而深入的交流，并就共同感兴趣的话题交换了意见。

谈话结束后，李世民极为满意，提出希望马周能在一个适当的时候到门下省去上班。

马周愉快地接受了皇帝的邀请，表示自己需要先跟雇主打声招呼再说。李世民这才想起，把老常给忘了。于是皇帝当即下令以推荐贤才有功的名义赏赐中郎将常何帛三百匹。

解约、跳槽的工序就此补办完成。马周的能力终于得到了肯定。

正如历史屡次告诉我们的一样，你永远不需要得到所有人的认可，只需要得到那个必要的人的认可，那就够了。因为很多时候某些人的价值不是由卖方决定的，而是由极少数买方决定的。

不得不承认，由于出身草根，长期忍受贫穷的生活且受到压抑，马周发达后的某些举动是很有问题的。比如，刚当御史时马周每到下面巡视都要向地方政府索取鸡吃，因为当时国家有规定禁止地方接待铺张浪费，且特别点明了禁止御史吃肉，于是有人就把马御史要鸡吃、打擦边球的事给捅到了皇帝那里。没想到，李世民不以为意，还公然替马周辩护："我是担心州县浪费，下令禁止御史吃肉，但吃鸡没有关系啊！"

后来马周看上了一套值二百万的房，没钱买，居然主动找李世民报销，而更令人震惊的是，李世民不但大笔一挥给报了，还顺便赏赐了马周许多奴婢和家具等用品！

李世民对马周好得简直令人发指。

众所周知，历经战火熏陶的李世民是个比较严肃的人，平时在朝中威风八面，除了魏征等几个顶级刺儿头，基本无人敢惹，可那马周自从来了之后，似乎就真不把自己当外人，不拿皇帝当干部，见鸡要鸡吃，买房要报销。照这么个节奏来，估计李世民就快成马周的自动提款机了。

出人意料的是，对于马周的要这要那，李世民似乎从不介意，不但不介意，而且还强力支持。

大家都很不理解，就那么二十余条整改建议而已，至于吗？他马周虽自比傅说、吕望（姜子牙），但到底不是人家先贤，他真能做到面面俱到、奇谋百出吗？

真能。

贞观六年（632年），李世民想去九成宫避暑，马周出来说，九成宫距京城有三百余里，太上皇（李渊）要是思念陛下，陛下怎能立即赶回来？再者说了，陛下此行是为避暑，可太上皇尚留在热处，这样好吗？但是考虑到陛下诏书已下，不容更改，您看可否再发一道诏旨，让天下人知道您会很快回来，以解除大家的误解。

一语惊醒梦中人。

要知道，自从李世民开放言论自由后，他收到的建议很多，有讨论法治建设的，有关乎百姓生活的，有事关廉政反腐的，只有一种题材始终无人涉及——协调他家父子关系的。

因为大家都知道，这是深水区，浪大礁多，搞不好就会翻船，比老虎的屁股难摸得多，而且无数事实已经证明，李世民绝对要比老虎恐怖得多。所以即便是长期冲在谏诤第一线的魏征也绝口不提及此事。也就是说，在马周这封奏疏横空出世前，这一领域一直以来都是空白。

现在马周不揣冒昧地跳了出来，填补了这块空白，不是因为他够傻，而是因为他够精，还精到了极点。

前面说过，李世民夺位在当时是披着合法的外衣的，坊间虽说有小道消息指称李世民是杀兄逼父，但信的人并不多，所以李世民和李渊的关系一直以来都是市井小民茶余饭后关注的八卦焦点。无论怎么说，李世民想要堵住别人的嘴，如果不厚待退休了的老爹，那是很不明智的，可李世民显然有很长一段时间被胜利冲昏了头脑，竟然冷落了李渊，因而加重了民间的议论与猜疑。如今来自基层的马周委婉地为李世民敲响了警钟：您的牌坊要倒了！

那怎么修缮一下呢？没等李世民发问，他就在马周的上疏中找到了答案。

"太安宫在宫城之西，殿宇狭小，希望陛下能够下令整修此处，扩大规模，这样朝廷内外就不会有人再说什么了（宜增修高大，以称中外之望）。"

"太上皇春秋已高，陛下应当早晚关注一下太上皇的用饭情况，如此陛下的孝行必将感动天下，为万民传颂。"

马周实在是了不起啊！他早就摸透了李世民的心理，也看透了遮羞布下权力斗争的真相，他知道李世民与老爹始终心存隔阂，但更知道李世民若想达成他千古明君的愿望，这是不得不直面的难关。于是他看准时机，以义正词严却又不乏委婉动听的笔触点拨了李世民，告诉皇帝如此办事的不妥之处，并利用自己的遭遇（幼年失怙）来唤起李世民内心深处沉睡的亲情，真可谓惨淡经营，用心良苦。

同样精于世故的李世民自然一点即透，他立马醒悟过来，下令改善太上皇的居住条件，并屡次过问太上皇的健康情况，还不时抽出时间前往探望，在李世民的主动出击下，原本僵冷的父子关系开始慢慢解冻，民间对于李世民的质疑由此大大减少，好评则与日俱增。

有效解决了第一家庭纠葛多年的家务事后，马周把目光投向了社会领域。

当时像首都长安这样的大城市，为保证治安，除每年正月十五上元节的那几天，城中早晚的活动时间都是有严格限制的，可不能到了深夜还在长安城的主要街道上闲逛，否则会被当作危险分子抓起来的，且无论是官是民，先抽一顿没商量。所以每逢清晨朝阳初现和傍晚日落之时都会有专人来往传呼，告知大家可以出门办事或应该回家休息了，不要犯了夜禁。不过这样做，一是费嗓子，二是耽误事，个把耳朵不好使、行动迟缓的常会被当作盲流被误捕入狱，搞得抓人的和被抓的彼此都很麻烦。有鉴于此，马周提出在京城的街道上设置警夜鼓（俗称冬冬鼓），一到时间，击鼓为号（一般是五波八百下），听到鼓响，大家就赶紧往家跑，等鼓声停了，还在街上晃荡的才由执法者上前依律查处。至此，困扰群众多时的夜禁报时问题得到了一定的缓解，城市安保人员的工作负担也有所减轻，可以说是一举两便。

除此以外，马周在其他细节规定上也提出了许多创造性的意见。比如，那个时候的官员的官服不是黄的就是紫的，两个并不熟悉的官员互相见了面，要先自我介绍后才能分辨出各自职务的大小，这在平常状况下还好，但遇到急事时往往会造成许多不必要的麻烦，于是马周提出按官员的品级不同发给不同颜色的官服，三品的还穿紫色，四、五品的红色，六、七品的绿色，八、九品的青色，级别高低一目了然。又如，以前的城门因人员来往频繁，有要进城的，还有要出城的，往往会形成人潮的"对流"，导致拥堵，经马周建议后，一律统一规定为左门进，右门出，进进出出自此通畅。至于宿卫大小番直、截驿马尾、飞驿警报等制度也在马周的参与下得到了规范完善，并对后世产生了极为积极深远的影响。

事实证明，马周虽狂，但的确是有狂的资本，而李世民果然没看错人，更没做亏本生意。在马周的督促和帮助下，这个帝国越来越有大国的样子了。可是，随着国家的发展日益步入正轨，李世民逐渐发现这个新政权下的国家遗留的问题也着实不少，它们正在随着自己的一路前行而慢慢展现在自己的眼前。

第四章
闹事者必拍之

亲信不靠谱

李世民登基时虽然不过二十余岁，但说起阅历，他实在比四十多岁的人还丰富。他看过沙场上的刀光剑影，也见过朝堂的明枪暗箭，坐过金銮大殿的龙椅宝座，也踏过荒山破庙的枯枝野草。至于人嘛，更是见识得多了，什么文人、武人、猛人、神人、怪人、奇人，一应俱全，但说句实在话，他就是看不明白那个人，那个叫李神通的人。

想当初同李建成做斗争那会儿，宗室诸王们大都站在太子那边，怎么拉也不过来，而李神通没怎么拉自己就过来了。这倒不是李神通的政治眼光过人，认定李世民会最终取胜，而是自那次争田事件后，李神通就被李渊认定了是李世民的人，实在是混不下去了。因而被逼无奈之下，李神通只好真的站到了李世民的那一边，却没承想，运气爆好，押中了宝。所以在武德九年（626 年）十一月李世民针对宗室实施的那次大规模报复性打击中，李神通和他的弟弟成了硕果仅存的几个未被降级为郡公的王爷。

按理说，这一形势下，稍微正常点的就应该像李孝恭那样夹起尾巴做王爷，除了吃喝玩乐外，对政事不闻不问，但李神通显然缺乏这个觉悟，不但不在家里好好待着，还四处乱晃，常常以功臣自居。有一次，李世民出面评定各位功臣的爵位和采邑的等级，让陈叔达在殿上唱名公示，等宣布完了，为表现得有些帝王风度，李世民特意说了这么一句话："朕评定各位爱卿的功劳未必适当，诸位如果觉得有什么不合适的地方，尽管当面提！"

李神通哪里知道，皇帝是跟大家客气而已，他当场就出列了："当年臣在关西起兵最先响应义旗，而房玄龄、杜如晦等不过是刀笔吏，却功居臣上，臣心中实在难服！"

李世民当即火冒三丈，别人跳出来反对还情有可原，老叔你那两下子我都不稀得说你，居然还觍着脸来邀功！那就不好意思了。

"义旗初起，叔父虽是首先举兵响应的，但据我了解那也是为了避祸自救吧？

"窦建德横扫关东之时，叔父全军覆没；刘黑闼纠集残部反叛之日，叔父望风逃奔；这些难道不是事实吗？

"房玄龄等人实有运筹帷幄、坐安社稷之功，论功行赏，本就应位列叔父之前。叔父是国家至亲，朕也并不吝惜财物，只是不可因私恩而滥赏啊！"

"啪啪啪"打脸结束。李神通彻底消停了，剩下几个原不想消停的武将也消停了。

"陛下大公无私，虽对淮安王亦无所偏私，我们又怎敢不各安其分。"

谁说李神通一无长物，是饭桶，什么用没有？从这件事情上看，李神通也是有点用处的，这次友情出演儆猴之鸡的角色，真是立竿见影，功德无量！

安抚完自己这边的功臣，李世民即着手清理老爹李渊留在朝中的旧臣。首当其冲的自然是李渊的铁哥们儿——裴寂。

历史多次告诉我们，没了后台的宠臣顺理成章地和泄了气的皮球一样，空剩一身臭皮囊，可以扔进垃圾箱了。

然而，李世民不愧为一个早熟的政治家，他在李渊退位后，并没有立刻出手处理裴寂，不是因为没能力，而是考虑到了如下两点：第一，做新皇帝的刚刚上场，总要有前朝老臣摆在朝中凑个数；更重要的是第二点，裴寂作为武德年间的头号大臣，太上皇的面子必须得给。事实证明，裴寂加李渊，两个人的面子在李世民那里值三年半。

贞观三年（629 年），裴寂因事涉妖僧法雅妖言惑众一案，被免去了一切职务，打发回家，所得封邑也因此被削去了一半，虽说没被请客喝饮料约谈，但裴寂明白，好日子已经到头了。面对这一明显的政治迫害，裴寂深知多说无益，于是沮丧之余，他只提出了一个要求。

裴寂表示因为自己年老力衰，不堪远行，所以希望能够留在京城的家中，就不要回老家了。

李世民想了一下，给出了他的回答：

"你的功劳本就称不上你的地位，天下尽知你不过是凭着太上皇的恩典才功居第一的，而武德年间朝纲紊乱不堪，很大程度上就是因为你在。如今让你回乡去扫扫墓，你有什么可推辞的呢？"

从李世民的这番话中，我看到了愤怒，许多人的愤怒——刘文静、姜宝谊和虞、秦二州的百姓，以及那些长年屈居裴寂之下的文官武将，还有那个曾一度孤立无援的秦王李二郎。

裴寂黯然归去，踏上了漫漫的返乡长路。其实他大可不必那么着急，因为不久他就会回来的。

说到底，裴寂还是高估了李世民的道德水平，他忘记了李世民的一贯风格是斩草除根，不将敌人轰成渣，那是绝对不罢休的，于是裴寂很快中了第二枪。

返乡不久，有一个来自汾阴的男子找到了裴寂家的家仆，说了这么五个字："裴公有天分"。

所谓裴公有天分，不是裴寂在某一领域有潜力，它的正确解释是：裴寂有做天子的福分。

这要是赶上别人估计还有可能窃喜一番，可惜的是，这个人是裴寂。

裴寂真要崩溃了，这都什么时候了，开这种要命的玩笑，是嫌老夫活得太长吗？！退一万步讲，快奔六十的人了，即使真的如此，这皇帝还能干几年？于是，惊慌之下，裴寂做出了一个错误的决定，他派家仆去暗杀那个来历不明的汾阴人。紧接着，一连串超出裴寂预料的事发生了。那个家仆居然私自放走了那个男子，然后私自把奉命从裴寂封邑收取的几百万铜钱全部花光，再然后他跑去告发了裴寂的所作所为。就这样，裴寂惹怒了皇帝，先被下令流放到当时还颇为荒凉的交州（今越南），后被改判为流放静州（今广西壮族自治区昭平县）。

起初裴寂本以为有贵人出手，暗中帮了自己一把，可到了静州地方一看才发现情况完全不是这样的。之所以被改放到这里，是因为这里的山羌部落在闹事，且闹得比较凶，更重要的是，这些人得知有个叫裴寂的朝廷前高官被送到这里，有意劫持他作为反军的名义首领。

明白了。但裴寂却不打算死得不明不白。于是裴老头做出了一个惊人的决定：率领家童奋力破贼。

裴寂的这一举动打动了远在长安的李世民，他决意原谅裴寂，并把裴寂召回朝中，然而同山羌的作战已经消耗了这位六十岁老人最后的生命力，裴寂最终死在了流放之地。

荣华富贵，恩宠荣辱，不过尘土。再见了，我的朋友！又要再见了，我的朋友。

老臣很彪悍

裴寂的落马在朝中大臣们看来毫无悬念，也就是个时间问题，所以得到消息时大家并不吃惊，至少没有得知萧瑀落马的消息时那样吃惊。

萧瑀我们前面曾介绍过，此人乃梁朝皇族后裔，同李渊的关系极好，武德年间在朝中所受礼遇可直逼裴寂，深受倚重，而且更为重要的是他本人是秦王党的地下党员，在玄武门之变最终的逼宫环节中起了关键的劝解作用，可以说是为李世民的成功夺位扫清了道路。所以无论怎么看，这位背景硬、人脉广、功绩高的萧瑀都没有被废的理由，但他还是被废了，因为他有个同事叫封德彝。

武德九年（626年），李世民即位时，尚书省的尚书令的职务被荣誉性空置，所以尚书省实质上的最高长官是两位仆射，此时担任尚书左仆射的是萧瑀，而担任尚书右仆射的正是封德彝。

封德彝这个人，史书上的评价大多是八个字：貌忠实奸，深不可测。

本人完全同意以上评语，却也要补充一点：封德彝不可预测的是奸的程度，而绝非是否奸。因为即便是萧瑀那样直性子的人都能发现封德彝是个奸人。

据说，封德彝为人奸险集中表现在每次他同萧瑀议定好公事准备上报时，到了李世民那里，封德彝往往会临时变卦，一改前言，甚至全盘推翻萧瑀奏闻的一切意见，搞得萧大人在皇帝面前跟傻子一样，十分被动。

时间长了，萧瑀不爽了，明明说好的事，你却总是临阵倒戈、出尔反尔，真想拿我当傻子耍吗？！

对此封德彝则不以为然，明明一眼就能看出皇帝不甚满意，你还死守成议，不知变通，不是傻子是什么？

理念不同，性格不合，如果是夫妻的话，还好说，可以选择和平分手，协议离婚，但如果是从政的，最终只有一个选择——你死我活。

于是，武德年间几位老牌政治家的斗争就此开始。

出人意料的是，最先向对方发起攻击的居然不是狡猾奸诈的封德彝，而是一向被认为直率本分的萧瑀。

估计是一直以来总被封德彝阴，萧瑀的怒火已经被彻底点燃了，所以暴怒关头，这位萧瑀兄再也不顾及啥贵族风度，直接撸袖子上阵，写下了一封饱含杀气、言辞激烈的奏疏来揭露封德彝的阳奉阴违、首鼠两端。

李世民顺利地接到了萧瑀这封弹劾封德彝的奏疏，并仔细地读了一遍，随即，皇帝下达了他的处理意见：萧瑀妄议朝政，诽谤重臣，今着免去一应官职！

萧瑀得到这一结果，差点晕了过去。

到底是为什么呢？萧瑀想破了脑袋也没搞明白，为什么自己的参劾不但没搞倒封德彝，反而把自己给搭进去了。

其实答案很简单，因为他触及了李世民心底的两大忌讳。

萧瑀并不知道，作为新皇帝，李世民第一忌讳的是前朝重臣对自己的决策指手画脚，第二忌讳的则是老一辈的大臣同自己带上来的新人不能实现和谐团结。

在之前的工作中，萧瑀的强硬态度已经隐隐违反了做臣子的规制，侵犯了李世民的权威。而这一次，萧瑀千不该万不该在弹劾封德彝的同时，扯上了同封大人关系很好的房玄龄、杜如晦一起骂，还骂得很难听。

皇帝得罪了，皇帝的心腹也得罪了。啥也别说了，下课吧。

纵横政坛几十年，连李渊都要礼让三分的萧瑀就这样"光荣"被辞。

但毕竟萧瑀是为秦王党工作多年的老哥们儿了，湖边的那句话还是没白说的，更何况他是李世民的表姑夫，血浓于水。所以在赶走了萧瑀之后，李世民便感到了一种愧疚，于是他很快下令返聘在家歇业的萧瑀，先让他回朝上班出任太子少师，不久又让他官复原职再次担任尚书左仆射。

回归之后，萧瑀好歹是长了点记性，没有再同封德彝、房玄龄等人公开对峙。当然，更重要的是，他也不用再对峙，因为贞观元年这会儿，老狐狸封德彝已经病倒在工作岗位上，且不久就病重不治，不幸身亡了。对于一个将死（后来是已死）之人，还要怎么整治呢？就这样吧。

封德彝彻底退出了斗争舞台，而新来的房玄龄、杜如晦尚处于新手上台，请多关照的状态，不便多有动作，所以一时间萧瑀俨然成了朝中资历最深且能量最大的大臣，几乎难逢敌手。但以他老人家的气性，要这么平平安安地混下去那是绝对不可能的。

所以萧瑀很快就找到了一个能与之匹敌的新对手，重新投入了轰轰烈烈的斗争中，而那个被萧瑀锁定为对手的人的确来头也不小，他的名字叫陈叔达。

陈叔达，字子聪，吴兴（今浙江省长兴县）人。论家世出身，萧瑀是梁朝皇族，金枝玉叶。陈叔达也不差，甚至可以说是更强，因为他是陈宣帝陈顼的第十六子，著名的陈后主陈叔宝的弟弟，爵封义阳王。而如果大家对高中历史还有印象的话，应该还记得，灭掉梁朝的正是陈。论相貌才学，萧瑀是温文尔雅，颇具贵族气质，陈叔达则是容止出众，颇有才学，据载他十余岁时便能即兴赋诗、下笔成文，虽然称不上不世出的文学天才，但水平还不错，他有首《自君出之矣》曾传诵一时。论资历功绩，两个人都是李渊入主长安前后来归附的，且均为秦王党秘密成员，都参与了湖边逼宫，情况大抵相当。不过据陈叔达在两唐书中的本人传记反映，陈叔达曾在玄武门之变前出面为李世民说情，打消了李渊进一步惩治李世民的想法，如果该记录无误，那么陈叔达的层次又比萧瑀稍稍高出了一头。

能与自己并驾齐驱的人是最讨厌的了。萧瑀连刚出道的房玄龄、杜如晦这样的小辈新人都容不得，对于陈叔达这么个存在自然更加厌恶。于是趁着一次朝堂议事的机会，萧瑀找了个由头将矛头对准陈叔达，发起了言语进攻。没承想，陈叔达也不是吃素的，立即据理力争，防守反击，很快，辩论演化成了争吵，双方的愤怒指数开始急剧飙升，就在斗殴一触即发之时，皇帝抢先发难了。

"尚书左仆射萧瑀，坐御前不恭，免官！"

"光禄大夫陈叔达，同罪，免官！"

跟我这儿闹，不拍平了你们！

应该说，这是一个极不寻常的举动，因为这两个人都是李世民的亲信，陈叔达很有能力，明辨是非，办事极有条理（史称：叔达明辩，善容止，每有敷奏，搢绅莫不属目）；而萧瑀虽说心眼小了点，可敢说话，是谏臣的主力之一，朝中的武德旧臣基本以这两位为代表。但这一次李世民竟然一下把两个人都裁掉了，不得不承认李世民对于这帮老家伙的忍耐已经到达了极限。

留着你们是让你们办事的，而不是闹事，既然毫无觉悟，还整天互相看不顺眼，斗来斗去，那就全滚蛋，三条腿的蛤蟆不好找，想当官的人有的是，家里蹲去吧，让朕清净点！

萧瑀和陈叔达走了，虽说几年后李世民追念旧功，又先后召回了二人，不过那时他们的时代早已结束。

被赶出了中枢决策圈的萧瑀、陈叔达等武德朝旧臣看似是不幸的，但事实上他们很幸运，因为他们亲手点燃了贞观朝斗争的战火，却没有落得引火烧身的下场，实在是得到先祖保佑了。接下来，朝廷的斗争才要真正稳步进入一种高水准的态势，届时无数官员将落马，无数人头将落地，而其间的权谋诡计、斗智斗勇将完全不是萧瑀们所能理解的。不能不说，走得真是及时啊！

在李世民看来，相对于镇守地方的不法武将们，闹事的中央文官其实是很可爱的，因为对于后者，李世民动动嘴就能解决，而对付前者，往往只能用刀了。

最先倒在李世民刀下的是他的堂叔——凉州都督、长乐郡王李幼良。这位李皇叔是赫赫有名的镇边大将，曾在抵御突厥入侵时立有大功，但是此人有一个致命的缺点：头脑容易发热。

一次，他捉拿到了一个偷自己马的盗马贼，脾气一上来，竟然连个招呼都不打，当场就把犯罪嫌疑人给砍了，刀挥下去的时候，那哥们儿还在痛哭流涕告饶，信誓旦旦要坦白。

事情很快被相关部门反映到了当时的皇帝李渊处，李渊闻知当即大怒，他严词斥责了李幼良的擅杀行为。而为示以惩戒，他特意诏令礼部尚书李纲召集宗室诸王在朝堂上会合，当众杖责李幼良一百下，然后才下令放人。

但后续的事情发展证明，"江山易改，本性难移"这句话是极具真理性的。事后李幼良在凉州都督任上虽未再随意杀人，却一点也不安生，除了打仗外就是成天带着一帮不良青年在城中闲逛，四处惹是生非，就这样折腾到李世民继位了。李幼良被折腾的时候到了。

有人向朝廷告发李幼良暗养死士，勾结境外势力，图谋不轨。这罪名可大了，所以此案一经立案，李世民立即予以高度的关注，一边下令宇文士及空降凉州接替李幼良的职务，一边准备将李幼良召入朝中了解案情真相。

其实平心而论，李幼良顶上这个罪名是很冤枉的。虽说他手下是有一帮流氓地痞在，但顶多就是个打手水平，平时欺男霸女还可以，要指望着这些人替李幼良攻城略地，太阳得从南边出来才可以。不过事实证明这帮人也不可以被低估，他们虽然不具备办大事的能力，却具备闹大事情的能力。

宇文士及人才到凉州，刚亮出绳子，也没说要办李幼良，李幼良身边的马仔就急了，谋划着劫持李幼良本人走小道到京城上访自辩，或者干脆带着李皇叔北投突厥（当时还存在），又或者干掉宇文士及占据河西自立。但还没等这伙人商量出个所以然来，宇文士及其兵就冲了进来，将密谋者一网打尽。而这些马仔的这一手也直接坑苦了做大哥的，李幼良本来可以不用死的，这么一搞一下子死定了。贞观元年（627年）四月，长乐郡王李幼良被李世民下令赐死，党羽享受同等待遇。脑袋热了一辈子的李幼良这回终于冷了，彻底冷了。

李幼良伏法后不过半年，很快就有后继者跟上，这位后继者还是我们的一个熟人——王君廓。

自从阴死了上级李瑗后，王君廓的日子过得很是舒坦，首先他继承了李瑗幽州都督的位子，其次他又得到了李瑗的家里人做下人使唤，最后他还获得了李瑗梦寐以求的左领军大将军、左光禄大夫、食邑一千三百户的优厚待遇，堪称超级大赢家。然而所谓报应，有时候似乎还真不好说没有，就在王君廓乐享生活时，他等来了那个送他上路的人——李玄道。

李玄道是朝廷新委派的幽州长史，换句话说，他是王君廓的下级。不过这个下级来头有点不一般，他有个舅舅在中央工作，叫房玄龄。

有这么一个后台在，李玄道在执行监督辅佐长官的任务时自然可以放手干，而事实证明，他也的确是这样干的。

王君廓的好日子彻底到头了，自打李玄道上任以来，原本为所欲为、畅行无阻的王都督经常会挨李玄道的批，时间久了，王君廓的人已经有些疑神疑鬼，举止失常。于是，他终于迎来了那一天，并犯下了那个致命的错误。

贞观元年（627年）九月，王君廓奉诏入朝汇报工作。临行前，长史李玄道找到了他，托他给自己的舅舅房玄龄捎去一封信。王君廓没有多问，他接过信，就上路了。

到了路上的渭南驿站，王君廓拿出了信动手打开来看，因为他怀疑李玄道在信中告发自己在幽州的不法行为，此次是要借自己入京之机，让自己来个自投罗网。然而令王君廓哭笑不得的事情发生了。

王君廓顺利地拿出了信，顺利地打开通读了全文，但他却没能搞清楚李玄道到底在信中说了什么。这倒不是其中有什么密码暗语，而是他发现李玄道写信时用的是一种特殊的字体——草书。

王君廓这种山中强盗出身的粗人，能认得个把字本来已经算是很了不起了，像草书这种艺术性与个性兼具的字体，那真的是无能为力：它认得自己，自己不认得它。

一个大活人就这样被一篇认不出的字逼疯了。

王君廓中邪般杀死了驿站的工作人员，随即上马向突厥境内狂奔，然后他遇到了传说中的叛将终结者——野人，被终结，结束了自己荣耀与罪恶并存的一生。

对这个人，我已无话可说。

王君廓谋叛而死的消息很快传到了京城，不过李世民却没有过度关注，因为他有更在乎的事情：此时在帝国的南部边境，一场战争正在发酵中。而在李世民看来，岭南地区那个叫冯盎的土财主（酋长）比王君廓的破坏性更大。

土豪够强势

作为天下第一号大地主，历朝历代的皇帝从来不喜欢土豪，从来都不，李世民自然也不例外。但现实是残酷的，生活是现实的，虽说身为执掌生杀大权的皇帝，也不能随心所欲地打土豪。这里面的原因其实很简单，正如《三国演义》中的诸葛亮告诉刘备不能杀曹操那样，杀了对方，他掌控下的地方会乱得很彻底，再打理起来重建秩序将很麻烦。说到底，这是个关联成本效率的问题。所以大多数情况下，朝廷对西南边陲和岭南一带的少数民族聚居区采取的都是，利用当地土豪家族（地方实力派）来管理当地事务的羁縻政策。

在唐初，岭南地区的最大土豪就是这次闹事的冯盎所在的冯家。

据相关史料反映，冯家是十六国时期北燕皇族后裔，北燕被灭国时其祖先南下投奔当时的刘宋，自此留居南朝为官。到冯盎曾祖父冯融这一辈，由于被派往俚、獠等少数民族占优势的高凉地区为官，因而开始主动同当地俚人大首领联姻，为儿子冯宝（冯盎的爷爷）娶了冼家的姑娘过门，也就是后来的冼夫人。

当时的冯宝少年得志、风流倜傥，年纪轻轻已经是高凉太守，但他老婆的家世更为厉害，家族世代为地方首领。这个厉害就厉害在"世代"这两个字上，别人家"世代"一般也就是几十年的历史，而冼家的"世代"可不一般，几十年不过是个零头，一百年才是基数！

据说她家从秦末汉初起就在当地小有势力，后来汉末三国、两晋南北朝这一大段乱世经历下来，趁着中原打得天昏地暗无暇顾及的机会，慢慢发展壮大了起来，到了杨坚统一南方的时候，冼家已经成为南越各部族的首领，"跨据山洞，部落十余万家"，而冼夫人由于自幼聪慧，多谋善断，更是被地方各郡共奉为"圣母"，堪称岭南的无冕女王。

此时，冯宝已经去世，陈朝刚刚灭亡，各部唯冼家马首是瞻，只要冼夫人点个头，不再打冯氏的旗号，学习赵佗好榜样，再建个南越国也不是不可能的。但是冼夫人没有这样做，她力排众议，带着几个年幼的孙子（其子冯仆在此期间去世）宣布服从隋朝中央政府的领导，并主动迎接隋将韦洸接管了岭南，促成了国家的统一。

冼夫人的这一举动导致了以下几个重要的结果：第一，往过了说，结束了中国历时三百余年的大分裂局面，帮助隋朝实现了统一；第二，实质上完成岭南第一豪族头衔由冼家向冯家的过渡，使冯家接过了母系一族的主要政治遗产，变成了新的南越首领；第三，冼家（后来是冯家）同隋朝皇室建立了深厚的友谊，成为隋朝在地方最忠诚、最强力的支持者。

基于以上几点，冼夫人挑选出的新当家冯盎在岭南一带极有威望，且对隋朝感情极深，所以虽说早在武德五年（622年）就接受了李靖的檄文表示愿意率部归顺唐朝，但同长安方面却始终处于一种若即若离的状态。这种不自立也不入朝的态度，搞得朝廷一直很被动，要出兵没有充足的理由，要安抚，人家又没有互动的态度。就这样，事情就一直僵持着，直到李世民上台。

贞观元年（627年），冯盎和当地的另一土豪谈殿因地盘问题突然大打出手，出于某些未知的原因，邻近的各州地方政府几乎口径一致，奏称冯盎起兵谋反。

事情闹大了，冯盎之前的拒不入朝本就被视为对中央政府的严重挑衅，如今又真刀真枪地打了起来，且被一堆人揭发举报，倘若再不出兵收拾，朝廷的面子往哪儿搁？于是检举信件一到，文臣武将个个摩拳擦掌，打算派兵岭南去收拾这帮不上道的野蛮人。皇帝初来乍到就遇上这么个事，为保证不丢面子，自然也顺应众官呼声，力主出兵。

领导拍板，舆论支持，战火即将点燃。然而这个时候，魏征站了出来，对李世民说："冯盎谋反证据不足，尚不宜兴师动众。"

李世民听到这句话时，差点直接传御医来给魏征看眼病。进京告发冯盎的人络绎不绝，你竟说他谋反证据不足，你是白内障不成？

事实证明，魏征不但没有白内障，反而比普通人看得更清楚。他告诉皇帝，如果冯盎真的有意谋反，他必会分兵把守各处要道，然后攻略邻近州县。但就目前的奏报来看，冯盎的人马并未越境，这就足以证明冯盎没有造反。

不过魏征同时指出冯盎虽说现在尚未谋反，可却处于反叛的边缘。因为各州都宣称他反叛，且朝中又没有派出使者前去安抚，冯盎本人担心被杀必不敢入朝，假如听任事态继续发展下去，或贸然开战，那么冯盎必反。

有鉴于此，魏征提议向冯盎处派出一名使臣，转达朝廷对他的信任，化干戈为玉帛，让某些打算浑水摸鱼的人一边玩去。

李世民认可了魏征的意见，同意罢兵遣使。

当年十月，朝廷特使散骑常侍韦叔谐、员外散骑侍郎李公掩持节来到岭南战区，不出魏征所料，在了解了皇帝的态度后，冯盎立刻做出了友好的表示，他特地派遣其子冯智戴跟随使者入朝面圣，澄清事实，并告诉朝廷自己忠于国家，没有异心。

就这样不用大动干戈，不费一兵一卒，在魏征的帮助下，朝廷轻而易举地解决了岭南事件，恢复了边境的和平，并获得了冯盎的真心拥戴。

贞观五年（631年），冯盎本人亲赴京城朝见李世民，在长安他得到了皇帝的隆重接待、盛宴款待以及非常丰厚的赏赐。冯盎万没想到，此次迟来的觐见会这么有面子，因而十分感动。

不久，罗、窦诸洞的獠人反叛，李世民诏令冯盎出兵平叛，冯盎二话不说，领着人就上去了，一顿乒乒五四，叛军被击败，冯盎挥军追击，斩首千余级，獠人之乱由此平定。

消息传回京城，李世民大喜，特地派遣冯盎之子冯智戴为使者，一来慰问平叛有功将士，二来回家省亲，当然，大批赏赐是少不了的。冯盎见到了自己的儿子和礼物，更坚定了忠于唐室之心，并将之内化为家训，用来教训自己的子孙。

事实证明，冯盎的家教是卓有成效的，他确实培养出了既忠诚又有能力的下一代来。

其子三十人中，最知名的叫冯智戴，史称"勇而有谋"，官至左武卫将军，追赠洪州都督。

其孙子辈虽说相对差些，但也是若干的将军、都督、刺史，由于人数更多，就不再一一介绍，只说其中一个——冯君衡。

名不见经传的冯君衡之所以值得一提，一是因为他老婆是隋朝名将麦铁杖的曾孙女，二是因为他儿子是影响了后来中国历史的冯元一。当然，这位冯元一还有一个另外的、更广为人知的名字——高力士。

邻居也疯狂

自贞观元年（627年）至贞观四年（630年），李世民南安岭表，北征朔漠，心战、野战双管齐下，百越、突厥纷纷拿下，因此唐朝周边活动的各民族争相向唐朝皇帝进贡。而李世民也来者不拒，恩威并施，给心悦诚服的以胡萝卜，给窥探虚实的以大棒子，可谓"因材施教"，有的放矢。所以贞观四年（630年）的九月十四日，在各族首领、各部酋长一致拥戴下，李世民接受了天可汗的尊号，自此之后，再给北方各族首领下诏时，李世民一律使用了这一新的落款：天可汗。

普天之下莫非王土，率土之滨莫非王臣！天可汗的这一称号显然让李世民倍感喜悦，但是更显然的事情是，在某些部族看来，天可汗不过是一个虚名而已，没啥实际效用，所以该跪的时候可以跪，该抢的时候必须抢，只有实实在在的利益才是王道。所以面对唐朝奉行的睦邻友好政策，某些邻居是一边露笑脸，要钱，要好处，一边磨爪牙，还抢，还杀人。

这个不大友好的邻居，人称吐谷浑。

所谓吐谷浑，是人称，即对某人的称呼。再说得具体点，它是一个名字——吐谷浑民族国家开创者的名字。

话说西晋年间，天下初乱，一个青年率领着他的部众和马群一路西行，他的名字叫慕容吐谷浑，是鲜卑慕容部落首领慕容涉归的长子，但由于是庶出，加之和刚刚同嫡出的弟弟若洛廆因牧马而发生了矛盾，他便主动率领所部牧民向西迁徙。

据说在离开祖先生息繁衍的辽东故土前，首领慕容吐谷浑曾放言如下：

"我兄弟子孙，并应昌盛，廆当传子及曾孙玄孙，其间可百余年，我乃玄孙间始当显耳。"

后来的历史告诉我们，慕容吐谷浑的这一预言实在是准到惊人！

一切正如他所说的那样发展着：慕容吐谷浑西去不久，他的弟弟慕容廆夺回了被叔父篡取的部落首领的位子，随即开始四处征战，经过十几年如一日的扩张，终于称霸于辽东。

慕容廆死后，其子慕容跳继任，子承父业，更进一步扩大势力，最终自立为王，国号为燕，史称"前燕"。

其后，慕容皝之子慕容儁（一名慕容俊），接过父祖衣钵，再接再厉，正式称帝，灭冉魏，入主中原，迁都邺城，同江南东晋、关中前秦鼎足而三。

不久，慕容儁死，其子慕容暐继立，因国内政局不稳，亡于前秦。

以慕容廆继任慕容部首领为前燕立国之始，至慕容暐为前秦军队所俘为终，慕容廆一系共计兴盛八十六年。

现在看来，慕容吐谷浑预言的水平已经接近专家级的水准，预言的前半部分基本成为现实，但更神的还在后面。

慕容吐谷浑率部一路西迁，先至阴山，再达陇西，最终在枹罕（今甘肃省临夏市）一带落脚，经过吐谷浑的儿子吐延、孙子叶延、曾孙辟奚的发展壮大，果真到了吐谷浑玄孙视连的那一代，吐谷浑一族开始得到周围政权的关注同重视，被在陇西建国的西秦封为白兰王，开始逐步走向历史的主舞台。

不能不服，慕容吐谷浑的预言不但知彼而且知己，时间间隔超过百年却竟然一一得到了印证，真乃神人也。

慕容视连之后，吐谷浑一直在发展，东晋十六国时期控制了今青海、甘肃大部，南北朝时期兼并邻近氐羌部落，雄于西北，隋朝时虽被杨广灭过一回国，但趁隋末大乱很快又实现了复兴，其坚韧程度堪比大草原上烧不尽的野草。不过更值得称道的应该是吐谷浑当时的首领慕容伏允，他有一项独门绝技——跑路。这不是在开玩笑，跑路的确是个技术活儿，不但反应要快，跑起来不能含糊，还得逃得准，专往敌人的接合部钻，做到一眨眼就没影，这才叫高手。

慕容伏允就是具备这些素质的人，并很早就凸显了相关的天赋。当年吐谷浑闹内乱，他当首领的老哥世伏被乱党乱刀干掉，慕容伏允却顺利跑路，其后由此得福，继承了首领的位子。再之后，大业四年（608年）遇上杨广派出的四路大军的全力围剿，重重包围下，竟然还是逃了出去，可见实在是天赋异禀，非常人所能及。

总而言之，吐谷浑的这位领导人手段灵活，善于取巧，加之应变经验丰富，可算是一位出色的首领。但事后证明，就是这么个特质，这位领导最终把吐谷浑领到了邪道上。

由于刚刚复国成功，考虑到干放牧的老本行实在难以满足群众日益增长的物质生活需要，于是吐谷浑十分注重加强同唐朝的交往，时常派使者到唐朝首都长安进贡，而中原王朝又向来讲究厚往薄来，要的很少，给的很多，所以每次吐谷浑使者出行，基本都是稳赚不赔。此外，在吐谷浑的请求下，双方还开了互市，搞大边境贸易的规模，买卖做得是热火朝天。

同样是由于刚刚复国成功，考虑到干放牧的老本行实在难以满足群众日益增长的物质生活需要，于是吐谷浑十分注重加强同唐朝的交往，时常派骑兵向唐朝西部州县进攻，而中原王朝又向来讲究强干弱枝，西边兵少，东边兵多，所以每次吐谷浑骑兵出行，基本都是满载而归。此外，在吐谷浑的骚扰下，双方便开始互殴，搞小规模边境战争，边境作战旷日持久。

大唐不是后来的两宋，没有一边挨着打，一边还送着礼的毛病。更何况当政的是千古一帝李世民。既然两面三刀，那咱们就亮亮真刀。

贞观八年（634年）六月，李世民从鄯州刺史李玄运处获知了一个重要情报：吐谷浑人将部落中的良马全部驱赶至青海湖一带放牧，可轻兵掩袭之。

良机已至。

皇帝当机立断，任命左骁卫大将军段志玄为西海道行军总管，左骁卫将军樊兴为赤水道行军总管，率领唐朝西部边防军以及契苾、党项等部，向吐谷浑发起进攻。

十月二日，唐军段志玄部击败吐谷浑军队，乘胜追击八百多里，一直追到距离青海湖三十里的地方才撤回。

吐谷浑人终于得以喘息，他们赶忙跑到青海湖边，换马再逃。然而没走多久，这些自以为幸运脱逃的吐谷浑人就遇到了段志玄的副将李君羡。原来李君羡奉命率领精锐骑兵从小路穿插包抄，已经在青海湖南的悬水镇等候许久。

没有犹豫，也不需激动，李君羡向对面的吐谷浑人发动了新一轮的打击，吐谷浑军再次大败，两万多头牛羊被唐朝军队俘获，损失惨重。

从单纯的军事角度来看，这是一次漂亮的穿插迂回作战，生动地展现了唐军骑兵部队的机动与强大。但在不单纯的慕容伏允看来，这是吐谷浑部的一次奇耻大辱，所以一定要尽快发起报复性反击。于是在段志玄率领唐军退去不久，吐谷浑以唐朝西部重镇凉州为目标，发起了大举进攻。

接到战报，李世民清楚地意识到，吐谷浑已经撕下了小猫的温和伪装，露出了凶猛老虎的真面目。现在，虎大要伤人了。为了免除后患，恢复西部边地的和平，李世民决意以一场真正的战争结束这一切。

不再容忍，不再打压，这一次要一举彻底消灭顽敌，一次性解决问题。

十一月二十一日，即吐谷浑进攻凉州的第二天，李世民下令全军总动员，准备大举讨伐吐谷浑。可是在指挥官人选这个最重要的问题上，李世民犹豫了。皇帝的本意原是以平定突厥的名将李靖为主帅出这趟差的，可是考虑到李靖年纪有些大了（时年六十四），且半个月前刚刚称病辞去了尚书右仆射的职务，担心出意外，因而迟迟没有开口。谁知，李靖不知从哪里打听到了消息，居然主动来找李世民，请命领兵出征。

看着这位已然满头白发的老将军，李世民考虑了一下，高兴地答应了李靖的请求。

但李靖想不到的是，这次西征吐谷浑将是自己指挥的最后一场大战。

十二月三日，经过近一个月的准备，大唐的战争机器再次启动。

唐军兵分七路，由李靖总统，目标吐谷浑。

这一次，唐军的将领阵容同样堪称豪华，其主要情况如下：

第一军，由西海道行军大总管、主帅李靖亲自统领；

第二军，由积石道行军总管、兵部尚书侯君集负责统率；

第三军，由鄯善行道军总管、刑部尚书、任城王李道宗统率；

第四军，由且末道行军总管、凉州都督李大亮统率；

第五军，由赤水道行军总管、岷州都督李道彦统率；

第六军，由盐泽道行军总管、利州刺史高甑生统率；

第七军为突厥、契苾部众组成的协同作战部队，其中，突厥军队由突厥酋长、左领军将军执失思力率领，契苾部众则由契苾酋长、左领军将军契苾何力率领。

参与这次远征的如李道宗、高甑生、执失思力都是老朋友了，而剩下的侯君集等人之前虽未提及，但看他们的朝中职务你就可以知道，这几位也绝非等闲之辈。

有经验的将领，外加兵分数路的大军，估计瞎子都能看出来，这是要动真格的了。

慕容伏允其人虽然越老越疯狂，但事实上却并不傻，自从决定攻击凉州的那一刻起，他就知道唐朝一定会采取相应行动的，因此在李世民集结部队的时候，慕容伏允也没有闲着，他同样在集聚力量。

慕容伏允集聚力量的主要方式叫作招降纳叛。在他的煽动下，原本归附唐朝的党项各部纷纷叛降吐谷浑，贞观九年（635年）三月，更是发生了定居洮州（今甘肃省临潭县）的羌族部众突然叛乱，杀害了洮州刺史孔长秀的事件。幸亏当时盐泽道行军总管高甑生正率军经过此地，发兵击败了预谋叛入吐谷浑的羌人，这才避免了事态的进一步恶化。

不过相较而言，高甑生遇到的问题其实并不能算是难题，真正的难题在于寻找到敌人吐谷浑的踪迹。

慕容伏允战前应该有做过功课，至少是吸取了突厥败亡的经验教训，所以在派出小股部队同李道宗部在库山一带进行了试探性的交手，被唐军轻易击败后，慕容伏允调整了应对策略，下令烧掉境内野草，轻装遁入戈壁，以避锋芒。

事实证明，慕容伏允的这一计策的确够毒，给进兵的唐军带来了很大的麻烦。因为此次出征的唐军主力是骑兵，主要工具是马，现在吐谷浑几把大火把附近的草木都变成了草木灰，唐军的骑兵优势自然就受到了限制，再加上吐谷浑军的主力已经深入沙漠，欲速战而不得，于是各路唐军统帅对于现状大都感到十分焦虑。

作为唐军主帅，李靖自然了解目前形势的严峻，但他更担忧的是另一个问题：这支军队在这一局面下还能坚持多久？

思虑再三，李靖决定召集军中主要将领开个会，听取他们的意见。

不出所料，在会场上大部分将领认为，慕容伏允的除草计划，已经在事实上造成了军中战马的羸弱，如果再让战士们骑着这种状态的战马进入沙漠追击敌人，这无疑过于冒险，更何况说，此行还不一定能遭遇敌人。

千言万语化成一句话：撤退吧，安全第一！

"末将以为不然！"

独唱反调的这位是副统帅侯君集。

在众将诧异的目光中，侯君集继续他的分析：

"我大军已至此地，敌人尚未逃入大漠深处，为今之计，应当拣选精锐，长驱直入，如此出其不意，我军一定能取得大胜；否则，敌人远遁荒漠，依托山险，负隅顽抗，再想清剿就会非常困难了。"

对于侯君集的这一分析，李道宗首先表示了赞成。紧接着，主帅李靖跟着拍了板：侯总管言之有理！

前进！敌人就在前方，敌人就在附近，只要向前进击，胜利唾手可得！

这就是我的判断！

"传我将令，大军在此分作两路。薛万均、李大亮部随我走北道，侯君集与任城王走南道，轻装简行，南北并进！"

事实证明，李靖虽然年过六旬，但他的军事直觉仍同年轻时一样敏锐，判断依旧准确无误。由李靖统领的北路军进入沙漠不久，就发现了吐谷浑大军的踪迹，李靖的部将薛孤儿适时发动进攻击败了前方的对手，斩杀其统部名王，并缴获了大量牲畜，一举解决了困扰大军多时的军粮问题。

闰四月，癸巳。大军于牛心堆再次遭遇吐谷浑军队，击破之。紧接着，两军又于赤水原相遇，唐军又一次击败了敌人。

自出击以来，一切进行得很顺利，但似乎有些太顺利了，不是吗？李靖仔细分析了敌情，开始怀疑自己是否已经步入了吐谷浑人设计好的陷阱中；但还没等到李靖做出最后的判断，他就得到了一个震惊不已的战报：薛万均、薛万彻兄弟为吐谷浑军包围于赤水。

几天前，薛万均、薛万彻兄弟在寺海遇到了吐谷浑的部队，经过打探，薛家兄弟得到了一个让他们大喜过望的消息：统领这路吐谷浑军的是天柱王。

天柱王是当时慕容伏允最信任的大臣，而根据情报显示，吐谷浑之所以敢于屡次入侵唐境，正是受此人怂恿所致，因而在国仇外加大功的潜意识引导下，薛氏兄弟带领所部唐军立刻向天柱王军发动了攻势，并一举击溃了对方。

可是打胜仗、击溃对手并非薛家兄弟的最终目的，他们的最终目的是生擒慕容伏允的那位头号宠臣，于是寺海一战后，薛万均不肯罢休，追着败退的天柱王部一路深入。而问题也就是这样搞出来的。

要知道，吐谷浑军的表现虽说一直以来过于疲软，但那是因为人家有命在身，务求保存实力，现在你摆明了有意把人家赶尽杀绝，往死路上逼，对方再不反击，那就没天理了。

于是搞清状况的天柱王一边跑，一边联络附近吐谷浑部队向自己这里集结，并在赤水为前来的唐军设好了圈套。

在赤水，天柱王以实际行动证明了，他能够长期作为慕容伏允最信任的大臣，只因为他能够被信任。

与此同时，薛氏兄弟也以实际行动证明了，他们能够长期作为唐军先锋级大将是因为他们虽然智商不是一直很高，但一直很猛。

当哥儿俩领军杀入敌阵，杀完一拨又来一拨时，这才明白大事不好，但他们的心态却很好，自知可能不免一死，却没有丝毫的慌张恐惧，开始本着杀一个够本、杀两个赚一个的觉悟，带领士兵们同吐谷浑人拼死血战。

兄弟二人先后中枪，不要紧，裹伤，再战。

兄弟二人先后失马，不要紧，站着，再战。

兄弟二人身边的士兵战死了十分之六七，不要命，继续拼。

这种玩命的战斗意志最终救了薛家兄弟的性命。

在被围唐军全军覆没、薛氏哥儿俩光荣捐躯的前夕，救兵及时赶到。领兵的，是左领军将军契苾何力。虽说他只带了数百名骑兵来援救，但他们以实际行动印证了一个历史真理：他们在玩命时是有优越性的。

契苾何力和他的骑兵们抱着"不成功便成仁"的信念奋勇杀入包围圈，所向之处，尽皆披靡。本来两个玩命的已经让天柱王叫苦不迭了，关键时刻又杀出来一批亡命的，这实在是够了。于是天柱王只能率军撤退，脱离战场，薛万均、薛万彻兄弟由此得以死里逃生。

就在薛万均等人庆贺自己安然脱险的同时，北路军的另一主将李大亮也在庆贺着，因为他在蜀浑山击败了自己的对手，且顺便抓获了一批俘虏，后经身份验证，李大亮差点乐得晕过去，这里面居然有二十个吐谷浑王级的人物！真是赚大发了！

由此可见，"有心栽花花不开，无心插柳柳成荫"这句俗语的确准得惊人，果真，凡事不可强求啊！

有了赤水一战的教训，北路军加强了各部之间的联络，开始更加谨慎地前行，不久，将军执失思力在居茹川发现敌情，在确认并无埋伏的情况下果断击败了这支吐谷浑部队，就这样吐谷浑在北部地区的最后一支武装力量被唐军消灭。李靖所率的北路军历经积石山河源，抵达且末，由东向西地打穿了吐谷浑的国境。而在这里，李靖等人也终于探知了慕容伏允的下落：此人现在突伦川，正预谋投奔于阗。

得知此信，契苾何力当即向主帅李靖请令追袭慕容伏允。然而此时，出人意料的一幕发生了，一向积极肯战的薛万均突然站了出来表示反对。

应该说，这种状态是可以理解的，毕竟不久前才吃亏，还险些把命丢掉，如今提议谨慎些本无可厚非。

但是，契苾何力对此却有话要说。

"敌人不在城池居住，而是随水草迁徙，如果不趁其聚居之机袭取，一旦他们分散开来，还怎么直捣敌人巢穴？！"

薛万均被完全说服了，契苾何力则不再多说，亲自挑选骁骑千余人后，如风般疾驰而去，直趋突伦川。

薛万均别无选择，只得率军紧随契苾何力而去。

需要说明的是，薛万均并不是被契苾何力的勇敢所打动，而是为了保住面子才出兵的；所以有鉴于此，这位兄弟日后还要闹出更大的事来。当然了，这事儿我们后面再说。

戈壁滩中的情况比想象中要恶劣得多，阳光刺眼，风沙漫天，白天冷死，晚上冻死，极不便于行军。更要命的是这里一滴水都没有，最后在水源殆尽的情况下，没办法，只能靠饮马血解渴。就这样，这支唐军也依旧在前进，只为了那最终的目标——生擒敌酋。

契苾何力、薛万均统领的唐军到达慕容伏允牙帐所在的突伦川时，这位吐谷浑的最高领导者毫无预警，于是他的牙帐很快便被唐军袭破，除其本人施展绝技率领千余骑兵逃入沙漠的更深处外，牛马、部众、老婆、孩子通通都留给了唐军。不过慕容伏允似乎并不灰心，因为类似的事情他已经历不止一两次了，他相信只要自己还活着，就一定可以从头再来。可惜的是，这一次，幸运女神没有再站在他的那一边。

十几天后，慕容伏允得到了那个要命的消息：他那位原本被废掉的嫡子慕容顺响应部众呼声，擒获并斩杀了民怨颇深的天柱王，随即举国向唐军请降。

大势已去，人心尽失。慕容伏允终于被逼到了真正的绝境，这回他再也无处可逃，最终自杀身亡（一说为部下所杀）。

如果说北路军是有惊无险，以艰苦拼出辉煌的话，那么由李道宗、侯君集统领的南路军应该说是有险无惊，以坚持铸就荣光。

南路军的进军路线是先过破逻真谷（约在今青海东南大非川东部），再翻越汉哭山，继而转战星宿川（今青海省星宿海），直到柏海。

在这段路上有多达两千余里的无人区，而在经过破逻真谷时，南路军的将士们遭遇了同契苾何力相似的问题：缺水。

之所以说是相似而不是相同，这是由于破逻真谷事实上是有水的，只不过那里的水是处于另一种状态——冰雪的状态。但为了实现作战目标，消灭敌人，大家也管不了那么多了。人吃冰，马吃雪，没有人惊讶于盛夏降霜的景象，也没有人感叹了无生迹的荒凉，所有人都沉默着前行。

这一场景看似无趣、单调，毫无人情味，但在我看来，这才是一支真正强大的军队所应具备的素质。因为心中存有共同的信念，所以无须过多的交流和多余的声响。

万众一心，齐心合力，这才是沉默背后的真谛。

事实证明，李道宗、侯君集所统领的这支沉默之军，正是他们的制胜之本。

五月，行至乌海的南路军发现了隐藏在荒漠中的慕容伏允及其主力部队，双方随即展开大战。

要说吐谷浑不愧是在这一带混的，片儿熟，发现唐军后立即占据各处险要位置，利用地形优势对抗唐军。唐军虽说素质不差，但碍于地形实在不利，打了半天也毫无建树。见此情况，主将李道宗开始活学活用从李世民那儿学来的骑兵包抄战术，密遣一千骑兵绕道山后，发动突袭。果不其然，由于注意力被李道宗一方所吸引，吐谷浑人并未注意到偷偷摸到他们身后的骑兵部队，李道宗的计策得以顺利施行，吐谷浑军前后受敌，立时奔溃。

此后南路军边走边打，连战连胜，一路进击至柏海，北望积玉山，看到了黄河水的源头，这才班师，最后同李靖的北路军在大非川成功会合。

五月十八日，唐军主帅李靖向皇帝报捷，奏称已经削平吐谷浑。

二十一日，李世民下诏：特许吐谷浑复国，以慕容伏允之子慕容顺为西平郡王、趟故吕乌甘豆可汗。而为了帮助这位新可汗稳定住局势，李世民特地命李大亮率领数千精锐唐军驻扎在两国边境地带，作为慕容顺的声援。

兴灭国，继绝世。李世民再次践行了这一古老的美德，为唐赢得了一个忠实的盟友。

贞观十四年（640 年），唐朝以弘化公主下嫁继承汗位的慕容顺之子慕容诺曷钵，封之为青海国王。此后吐谷浑的历代国王继位后都要派使臣至唐朝，得到唐朝皇帝的确认和赐予的封号，而他们中的大多数都娶了唐朝的公主做老婆，并立下了双方世代互助的誓言。后来的历史证明，无论是李唐还是吐谷浑，他们都遵守了自己的承诺。在今天看来，不得不说，这是一个了不起的成就。

第五章
明君的荣耀

　　吐谷浑的彻底平定，是一个具有划时代历史意义的伟大胜利，在强汉之后，经历长达五百年的战乱，中原政权终于再次叩开了通往西域的大门，呈现在李世民等人眼前的是一片既熟悉又陌生的土地，一块书写了张骞、班超等英雄不朽功业与传说的土地。不过，在重新入主西域、重现昔日的辉煌前，李世民必须先处理一些吐谷浑一战后的后续问题。而其中最要紧的是唐军主帅李靖涉嫌谋反的问题。

　　就在李世民收到李靖的告捷文书不久，皇帝即收到了揭发李靖有意谋反的密奏，这个检举者不是别人，正是李靖的部下——盐泽道行军总管高甑生。

　　前面说过，李世民与李靖的私交并不是很深，当年玄武门之变前，李世民曾请李靖为自己出谋划策，却遭到了拒绝，其后李靖虽然帮助李世民实现了击破突厥的夙愿，但因紧接着就有人举报其在作战期间存在治军不严的情况，而被李世民当面痛斥了一顿，以至于后来李靖虽升为尚书右仆射，但在君臣讨论军国大事时，却常常是一言不发，保持沉默（恂恂然似不能言）。难不成李靖此次主动请缨出兵，真的是另有所图？

　　这下皇帝头痛了，他干阴谋诡计是好手没错，可李靖却是能力、智商和自己在同一水平线上的高手，李靖的心思，李世民还真难猜测出来。想来想去，这个判断始终无法做出，于是皇帝做出了一个极为英明的决定：相信司法。

　　在李世民的命令下，司法部门开始彻查此事，经过一番暗查走访，多方取证，相关部门递交了最终的调查结论：谋反一事，查无实据。

李世民随即做出批示：调查高甑生。

这一查不要紧，很快就查出问题来了。据知情人士反映，高甑生和李靖是有矛盾的。具体说来，事情的起因是身为盐泽道行军总管的高甑生不遵李靖将令，没有如期到达指定地点，而李靖作为主帅自然要按军法从事，于是他派人问责了高甑生，并表示将对此事予以追究。

高甑生害怕了，为掩盖自己的错误，他决定先下手为强，先解决李靖。于是他找到了自己的死党广州都督府长史唐奉义，在商量之后，两人决定一同出面诬告李靖谋反。

这是一个看上去非常愚蠢的举动，但事实上并非如此。高甑生不是不知道李靖谋反并无证据，一查便可真相大白，他之所以敢冒险诬告，是因为他相信李靖已经达到了功高震主的程度，只要能够挑起李世民这根敏感的神经，他即可获得胜利。但高甑生最终还是无可挽回地失败了，因为他不懂李世民，或者说他把李世民看得过于简单了。

李世民虽然同所有的君主一样猜疑心很重，但他却具备之前的许多君主所不具备的一个重要特点——自信。出于对自己的信任，李世民相信自己的选择和眼光没有错，相信自己手下的司法机关能够查明事情的真相，所以接到高甑生、唐奉义的联署举报信后，李世民没有鲁莽行事，而是不做声张，暗做调查，最终顺藤摸瓜，抓到幕后的真凶。

事情败露了，真相大白了。

八月十七日，高甑生等人因诬告罪依律被判处死刑，不过考虑其之前功绩，减轻一等，最终裁决结果：流放边地。

就这样，这位曾随同尉迟恭杀入王世充大军，劫持其侄王琬安然返回的猛将为自己的错误买了单。李世民也借由此事向天下昭示了这样的一个重要信息：国法面前，人人平等。

当然了，李世民的这一先进的法律思想绝非凭空而来，实事求是地说，那真是在无数人的口水、汗水乃至血泪的基础上得来的。

促成李世民法制观念成形和成熟的，是这样两件事。

贞观二年（628年），交州都督、遂安公李寿因贪污罪被免职，李世民觉得瀛州刺史卢祖尚文武全才，为人又清廉正直，于是乎他一道命令将卢祖尚从地方征召入朝，然后明白无误地告诉卢祖尚：朝廷在交趾地区长期找不到合格的地方长官进行管理，如今认为你卢祖尚是个好人，有安抚边疆的才能，打算派你去当地任职。

当时卢祖尚没有多想，拜谢皇恩后就径直出了宫，但没过多久，卢祖尚就后悔了。这是因为那个时候的岭南地区瘴气很重，如要在当地生活，人必须每天饮酒才能保证身体不受损害，可卢祖尚偏偏不会喝酒，也不愿喝。这就麻烦了。工作、领导都要求喝，本人却是滴酒不沾，这职场是混不下去了。不过，好在卢祖尚比较机灵，马上就想到了正当的推辞理由：旧疾复发，不便领命。

卢祖尚不傻，李世民当然也不糊涂，一看就明白卢祖尚在耍赖拖延，立即下令派遣杜如晦等人组了个探病团，跑到卢祖尚那里亲切探望，致以慰问，顺便带个话："一介平民尚且讲究诚信，你既然答应了朕，又怎可反悔？！最好早早上路，三年之后朝廷一定会召唤你，你就不要推辞了，我也定将守信。"

这话已经说得很到位了，可是，卢祖尚估计是对喝酒什么的深恶痛绝，坚决不从。

没办法了，李世民只好亲自上阵，接着劝。十月十五日，他再次召见卢祖尚，语重心长地进行了耐心劝说，没承想，卢祖尚实在是条硬汉，硬是扛住了来自皇帝的巨大压力，还是不干。

就这样，李世民坚持让卢祖尚去，卢祖尚坚持不去。

李世民终于勃然大怒："我连个人都指挥不动，将如何治理天下？！"

李世民当即下令将抗旨不遵的卢祖尚斩于朝堂之上。

卢祖尚，光州乐安人，乐善好施，勇力过人，从赵郡王李孝恭讨辅公祏，为前军总管，立有大功，后历任蒋州刺史、寿州都督、瀛州刺史，多有能名。贞观二年（628年），受任交州都督，不屈，死，太宗寻悔之。

学生在学校做错了事，有老师教育；职员在企业办错了事，有经理教训；皇帝在朝堂做错了事，按理是没人能教育。好在这是贞观年间，好在此时有个叫魏征的人。

卢祖尚事件发生后的一天，李世民同大臣们探讨起"北齐文宣帝高洋是个什么样的人"这一话题。讨论历代兴亡得失、历史人物，这是李世民登基以来的老传统了，当皇帝的可以吸取前人治乱经验，做臣下的可以展示自身见识才华，可以说是双赢。不过在魏征看来这是几日一次的给李世民敲警钟的日子。

魏征是这样回答李世民提出的问题的：

"高洋为人狂暴，然而他与人争论事情，理屈后就会听从对方的意见。当时有个叫魏恺的前青州长史从梁国出使还朝，被委任为光州长史却拒绝上任，因此遭到大臣的弹劾。高洋大怒之下将魏恺召去问话，魏恺告知皇帝，自己此前担任的是大州的长史，出使回国后，有功无过，却被派去小州做长史，这就是他不上任的原因。高洋听后觉得有理，就饶恕了魏恺的抗旨之罪，这在臣看来就是高洋的长处啊！"

李世民默然。

"的确，此前卢祖尚虽失人臣之义，朕杀死他也确实太过粗暴。这样看来，朕真是不如高洋了！"

于是李世民下令恢复了卢祖尚的官职及其子孙的荫职。

简单说一下这个荫职。所谓荫职就是因为一个人有功而授予其子孙的职务，不用等老爹百年或退休，直接就能上任，可以看作朝廷对功臣们的一种变相奖赏。所以李世民虽未正式给卢祖尚平反，但这一举动事实上表明了李世民的悔过与歉意。

事后的发展证明，李世民在卢祖尚事件中了解了慎杀的重要性，可却尚未达到尊重法律客观性与公正性的高度，所以几年之后，他又犯下了一个严重的错误。

贞观五年（631年）八月，有一个叫李好德的人在街头传播"妖言"，被群众举报，因此被逮捕入狱。皇帝下令将此人送交大理寺严加审讯。

几天后，大理丞张蕴古向李世民上交了一份审讯报告：妄为妖言者李好德，河内人，得心疾，经查，此人被疾有征，法不当坐。

这个意思就是说，这个叫李好德的患有精神类疾病，是疯的，依据相关法律，不应当担负任何法律责任，可以免予处罚，当场释放。

皇帝看完报告还没说什么，治书侍御史权万纪的弹劾就来了。

"张蕴古籍贯在相州，李好德的兄长李厚德是他家乡的父母官，这一定是张蕴古徇私枉法，审查不实！"

李世民头脑一热，不假思索地就下令斩杀了张蕴古。

和之前处死卢祖尚时的情况一样，那边刚下完刀，皇帝就后悔了。

但人死不能复生，李世民所能做的只有防止类似因冲动造成的悲剧再次发生。为此，李世民下达了这样一个命令：自今有死罪，虽令即决，仍三覆奏乃行刑。

没错，用我们今天的话说，这叫死刑复奏制度。后来经过整合，朝廷明确规定，凡是在京师执行死刑的案件，在行刑前两天之内要向皇帝汇报五次，经过批准后，方可行刑；由各州处决的犯人，则要经过三次汇报，才可执行。行刑当天，皇宫主管膳食的不得安排酒肉，内教坊和太常不得演奏音乐，以上规定一律由门下省监督。依法当死者，但凡情有可原，要专门向上级汇报。

此规定在张蕴古被杀当年予以执行，众多囚犯因之重获新生。

善莫大焉。

想必张蕴古九泉之下，可瞑目矣。

奇迹再现

贞观六年（632年）的一天，李世民亲自点验一群即将被处以死刑的囚犯，看着这些即将逝去的生命，李世民心中不禁涌起了一阵悲悯：他们也曾娶妻生子吧？家中也有年迈的父母、吃奶的孩子在为他们伤心吧？只因一时的冲动就这样错失了整个美好的人生，这些人估计此时此刻已满是悔恨和自责吧？那就给他们一个再与家人重逢的机会。李世民下定了决心。

于是他和这些死刑犯做了一个约定，李世民将允许他们回家探亲，但唯一的条件是第二年的秋天他们要如期赴京就死。在场的死刑犯们无一例外地答应了这个条件，各自离开京城，返回家乡。

贞观七年（633年），秋。去年由朝廷释放的死刑犯先后回到长安，总计三百九十人，无人不到，无人迟到，而更难能可贵的是，这些人全部是自愿返京，即便他们知道这将意味着自己生命的终结。

我再重复一遍，这些人是来自动送死的，但无一缺席。

李世民很高兴，同时也很感动，他送出了信任，最终如期收获了信任，这实在极为可贵。于是欣慰之余，皇帝做出了一个决定：赦免在场所有的犯人。因为他知道这些人已经完成了救赎，所以无须再死。

法律处罚的意义并不在于以眼还眼、以牙还牙，而是为了让人们永远不再犯相同的错误。

去恶存善，是谓法也。

这是在经历了卢祖尚、张蕴古那两件事后，李世民对国家的法治产生的新认识。不过，对于贞观七年（633年）这一奇迹的出现，李世民还要感谢另一个人，那个帮他真正开创贞观时代开明法制风气的男人——戴胄。

戴胄，字玄胤，相州安阳人，唐代法治制度的奠基人之一。

说来真是凑巧，同为法律事业献身的张蕴古一样，他也是相州人，看来当年的中原真是忠直明法之人辈出，令人敬佩得很。

在被李世民委以构建大唐法治社会的重任前，戴胄主要是做军事工作的。李世民还是秦王时，他是秦府士曹参军（掌土功、公廨）；李世民即位初，他是兵部郎中。虽说军队里也有所谓的军法、军规甚至军事法庭，不过那一套同日常社会生活中所使用的法律法规基本上属于两个体系，戴胄虽非科班出身，竟然能够做到"明习律令，尤晓文簿"，实在是匪夷所思。但更为匪夷所思的事是，当李世民得知大理少卿（大理寺副长官）一职空缺时，竟然当天就把戴胄从兵部调来担当此职。

当然，事情的发展证明，李世民的眼光的确很毒，而戴胄也实在没辜负领导的厚望，其表现甚至远远超出了皇帝的预期。

一次，长孙无忌受召入宫，不知道是由于事情过于紧急，还是国舅大人没睡醒，居然在没有解下佩刀的情况下就进入了太极殿。这可是一个极其严重的失误，因为按照国家的相关法律，携带兵器接近皇帝是要判处死刑的（贴身卫士除外）。当然，顾及长孙无忌的功绩和身份，时任尚书右仆射的封德彝给出的处理意见是，当事人之一监门校尉没有发现佩刀，属于玩忽职守，罪该处死；当事人之二长孙无忌没有发现佩刀，属于意外事故，但考虑到其行为及后果，也应予以惩戒，故罚铜二十斤，以儆效尤。

对于这种明显存在身份歧视的判案结果，皇帝的批示是：完全同意。

此事传到戴胄耳朵里，他立马坐不住了。不等皇帝咨询意见，戴胄立即进言，对老油条封德彝操纵司法的行径进行了严词批驳。

"校尉与无忌所犯的是相同的错误。在皇帝面前，臣子不得以失误为借口开脱自己的罪责，按照法律规定：'为皇帝进奉汤药、饮食、船只，出现了失误且未能发觉的，也要处死。'陛下如果是考虑到长孙无忌的功劳而赦免他的话，我们执法部门即不必过问；但如果只依法追究了校尉的失误，而仅罚长孙无忌以铜赎罪，这就不能说是施行过刑罚了。"

戴胄可谓十分机灵，半字不提"徇私枉法"，却句句都围绕这四个字展开，半点话把儿不留，搞得皇帝十分尴尬，不得不当场宣布将此案发回重审。

但事实上，这就是传说中的以退为进，新瓶装旧酒。因为处理此事的依旧是封德彝，封德彝自然知道皇帝的意思，所以他仍然坚持原判，李世民也不打算真拿长孙无忌当典型，有意就这么结案。

可惜，戴胄还在持续关注此案的进展。

他再次勇敢地站出来表示，校尉是由于长孙无忌的疏忽而获罪的，理应酌情减轻处罚。而假如单论过失，两个人是一样一样的。总而言之，戴胄的态度也很明确，要么二人同生，要么二人同死；如若一死一生，他戴胄绝不赞同。

李世民被震动了，他感受到了来自戴胄的那份执着和职守，于是李世民决定让步，特别下旨赦免了那个倒霉的校尉。

戴胄以自己的坚持维护了法律的公正，挽救了一条无辜的性命，不过下一次，他将直面最大的挑战，因为那个对手叫作皇权。

贞观初年，朝廷以家世门第为依据选举官员（恩荫），有些人为得到公职，便伪造了自己的家庭身份，前往应选。一开始本没什么，毕竟当年没有身份证制度，一个人是谁这事儿基本靠自我介绍，自我介绍的真实性基本靠自觉。但鉴于出身越高给的官越高，所以不自觉的人就越来越多了。搞到最后，几个自称是一家子的居然互相不认识，搞得人事部门都哭笑不得。眼看大家发疯般造假，自抬身价，朝廷只好下令严打，要求弄虚作假者立即自首，否则一旦发现就要处死。

事实证明，在巨大的利益面前，不怕死的人是不会少的。打假令发布不久，有关部门就查处了一个伪造了身世的人，并将其扭送到了司法机关。

按理说，这人是死定了。

按法理，戴胄做出的判决是流放。

皇帝不干了："朕才下令说不自首的便处死，你却判为流放，这岂非向天下人表明朕说话不算数吗？"

戴胄从容不迫地回答道："陛下如果当时就杀了此人，那臣绝对毫无异议；但您既然已经把他交给了司法部门，臣便不敢有违国法。"

"你是守法了，难道就要让朕失信吗？"

皇帝已经有些激动了。

戴胄毫无畏惧："法者，国家所以布大信于天下；言者，当时喜怒之所发耳。陛下发一朝之忿而许杀之，既知不可而置之于法，此乃忍小忿而存大信也。若顺忿违信，臣窃为陛下惜之。"

戴胄的这番话看似有些绕，其实一句话就能概括：法律不因领导人的变化而变化，不因领导人看法和注意力的改变而改变！

可以肯定的是，这在当时是句相当犯忌讳的话，因为历代王朝的君主爱的是法家而非法律，在这些君主眼中法律不过是自己约束臣民、治理国家的工具，而在至高无上的皇权前，那些法典不过是一摞摞废纸，拿去茅房都还嫌硬。想要反过来用这些条条框框来制约天子？真是白日做梦！

但此时，戴胄告诉他面前的皇帝，梦想是时候成真了。

是为一时喜怒而废国法，还是存国法以取信天下，就看陛下的抉择了。

戴胄的倔强深深地震慑了李世民，他意识到，自己已经别无选择。

"朝廷执法有失，爱卿却能及时纠正，朕还有什么可担忧的呢！"

这次争执，李世民看上去输了，实际上却赢了。因为他失去的是脾气，收获的却是公信。

于是便有了我们开头提及的那感人一幕。

然而长期夜以继日地工作和一丝不苟地问案业已彻底拖垮了戴胄的身体，贞观七年（633年），这照亮了大唐法制之路的烛光不可避免地暗淡了，最终归于黑暗。

尚书左丞、民部尚书、太子左庶子、谏议大夫、武昌郡公戴胄卒，谥曰忠。

戴胄死了，李世民很悲痛，他又失去了一位好下属。为此，皇帝下令罢朝三日，示以追悼，并命著名的书法、文学大家虞世南为戴胄撰写碑文，表彰其对国家的突出贡献。不久，又以戴胄住宅简陋，不宜祭祀，特命相关部门为戴胄立庙供奉。

立身以廉，执法守正，功在当世，惠及千秋。

王公勋贵众千万，何及此间一书生！

自继任皇帝以来，李世民一直锐意进取，推动历史车轮的前进，但事实上，就今天保存下来的诸多史料可知，李世民本人却是一个相当保守的人。

在李世民即位之初，他就曾有分封自己子孙及各位亲信功臣后代世袭担任地方官员的想法，甚至公开将此事提上朝廷议事日程，同大臣们展开了讨论。朝臣之中除了特立独行的萧瑀外，几乎全部对这一议案投了反对票。考虑到大臣不支持，且自己的儿子们年纪尚小，所以皇帝就暂时将此事搁置了。直到十年之后。

贞观十年（636年），李世民旧事重提，先变动诸王封号，然后依据子弟们的新封号下诏诸王去相应的地段做地方官，比如六弟李元景为荆王，李世民就任命李元景为荆州都督；十弟李元礼为徐王，李世民就以李元礼为徐州都督。

虽然无数官员上书或口头反对，无数人表示此举不妥，恐贻害后世，争得天翻地覆，李世民要办的事还是办了。

第二年，李世民再接再厉，开始安顿功臣及其后人，大笔一挥：以长孙无忌为赵州刺史，以赵为其公国；房玄龄为宋州刺史，国于梁；杜如晦已死，赠密州刺史，国于莱；李靖为濮州刺史，国于卫；高士廉为申州刺史，国于申；侯君集为陈州刺史，国于陈；李道宗为鄂州刺史，王江夏；李孝恭为观州刺史，王河间；尉迟恭为宣州刺史，国于鄂；李世勣为蕲州刺史，国于英；段志玄为金州刺史，国于褒；程咬金为普州刺史，国于卢；刘弘基为朗州刺史，国于夔；张亮为澧州刺史，国于郧。

以上诸王及诸位国公，其地方都督、刺史之职均由其子孙世袭之，若无大过，不得罢免。

面对李世民几近疯狂的裂地封王之举，连他的头号亲信大臣长孙无忌都看不下去了，因为他们很清楚，如此胡搞乱搞，不出百年，国家必将分崩离析，重现西晋八王之乱乃至春秋战国的乱局。于是，大臣们在长孙无忌、房玄龄等重臣的带领下，以不怕降级、撤职、流放、发配的战斗精神同任性的皇帝展开了艰苦卓绝的反封建斗争。

经过数年的持久作战，贞观十三年（639年），李世民终于一声长叹，停止了世封刺史的行为。

按照李世民的既定想法，割地分封子弟、功臣之后，是让他们世代为藩国，成为帝国最坚定的后援，但他做梦也想不到，五十年后，正是因为自己的这一作为给自己的后代们带来了灭顶之灾，届时无数王子皇孙将因分散各地被各个击破，死于屠刀之下，而讽刺的是，组织这场针对李唐皇室屠杀的人，恰巧是李世民的后宫中人——武则天。

在热心封建事业、关注子孙后代待遇问题的同时，李世民也在暗中为自己安排一件大事，一件证明自己历史地位、光耀千古的大事，此事在中国的历史上有个专有名词，称为"封禅"。

所谓封禅，是一种具有鲜明中国封建王朝特色的大型祭祀典礼，据传最早可以追溯至夏、商、周三代，意即人间的天子前往高山之巅，登"封"祭天，下到山脚之下，降"禅"祭地，这才算受命于天。依据司马迁的记录，舜、禹以后，举行过封禅大典的只有两人，一位是一统天下的"千古一帝"嬴政，另一位则是威服四海的雄略之君刘彻。估计是秦皇、汉武这两位做过封禅的前辈资质格调太高，所以自汉代以后，到泰山去封禅就成了无数君主梦寐以求的最高荣誉，特别是在有中兴汉朝之功的刘秀斗胆上去了一次，还被人奚落了一顿后，情况更是如此。君主们不是在读史书时悠然神往畅想下（很多），就是起作儿子的名讳激励下自己和下一代（刘备），在敢于再次付诸实践的光武帝之后，李世民之前，纪录还是零。

李世民很有信心打破这个纪录，而他似乎也具备封禅泰山，向天地申请福泽的条件，因为他有一张堪称优异的成绩单。

在历经贞观元年（627 年）的关中饥荒、贞观二年（628 年）的天下飞蝗、贞观三年（629 年）的遍地大水后，到了贞观四年（630 年），全国各地各族在李世民正确、坚强的领导下都取得了骄人业绩，借用另一位司马先生（司马光）的史书原话是："是岁，天下大稔，流散者咸归乡里，米斗不过三四钱，终岁断死刑才二十九人。东至于海，南及五岭，皆外户不闭，行旅不赍粮，取给于道路焉。"

这是一段被引用频次极高的史料，后世无数人都对贞观四年的这段岁月心怀激荡、津津乐道，因为它展示的正是千百年来帝王将相、黎民百姓所共同追求的理想——富强、自主、文明、和谐的大同社会。

所以治世再现的第二年，即贞观五年（631 年）正月，以赵郡王李孝恭为首的一群大臣即上表李世民，恳请圣驾临幸泰山，行封禅。

皇帝没有同意。

同年十二月，以利州都督武士彟为首的一帮大臣再次上书，请求皇帝进行封禅，再次被拒绝。

转眼过了新年，文武百官又纷纷上书，强烈要求皇帝启动封禅大典，李世民一如既往，第三次谢绝，还叫人传了这么一段话：卿等都以封禅泰山作为帝王的一件盛事，可我却不这样认为。如果天下安宁，百姓富足，即使不去封禅，又有什么关系？昔日，秦始皇封禅了，汉文帝没封禅，难道后世就认为汉文帝不如秦始皇贤明吗？况且，祭祀天地这档子事在长安就可办，何必一定要登泰山，封那数尺之土来展现诚意呢？"

话虽是这么说，但从李世民的这番话里大臣们都看出了另外一个关键的隐含信息：再坚持一下下，我就答应去。

"三让乃受"，这也是老传统了。我们就再来一把吧。于是群臣依然苦苦请求，李世民则露出了十分无奈的表情，准备顺应民心，"勉为其难"地答应下来。

关键时刻到了，梦想即将实现，一个熟悉的讨厌声音却横空出世：

"陛下不宜封禅！"

发言者，魏征也。

"你不想让朕封禅，是因为觉得我的功绩还不够高吗？"

"够高了。"

"那是德行不够深厚？"

"够深厚。"

"国家尚未安定？"

"安定了。"

"四夷并未服从？"

"全服了。"

"连年的收成不算好？"

"挺好的。"

"祥瑞还没有出现？"

"出现啦。"

李世民终于忍无可忍："那你究竟为什么要阻止朕去封禅？！"

魏征闻言立刻告诉皇帝，虽然近年来国家取得了不少成就，但是，经历隋末大乱后，面临的问题也不少，比如人口不足、国库空虚，等等。总之，成绩是显著的，问题是突出的。这么个形势下如果还大费周章地东巡封禅，一则劳师动众，二则加重地方上的负担，是不太明智的选择。更重要的是，按照要求，皇帝前去封禅，从属大唐的附属各国国君都须随驾扈从，而现状是从洛阳往东一直到东海，战后的疮痍尚未抚平，沿途的人烟还很稀少，这要让少数民族的首领们看在眼中，只能适得其反，反倒是在向他们示弱！

魏征喘了口气，以三个连续的问题彻底终结了皇帝的封禅意向。

"各国君长到来，我们给他们的赏赐可以让他们满意而归吗？

"减免百姓几年的赋税，足以弥补他们的损失吗？

"这种崇虚名而受实害的事情，陛下真的打算做吗？"

绝杀完成，无懈可击。

我每看到此处都不由得打心底佩服魏征，不但勇于直谏，还如此精通谈话技巧，实在不简单。

计划取消。恰好此时黄河又闹将起来，淹了河南等地，朝廷上下忙于抗洪抢险、救助灾民，封禅一事就此无人提起。可李世民怎么都不会想到，这件自己没办成的事情最终竟然让他儿子办成了，而且还创造了一个空前绝后的新纪录。

这件事得等到三十三年之后了，目前还是赶紧安排西域的诸位国王出场吧，毕竟他们已经在人们的视野中消失了几百年了。

西域风云录

自伟大的张骞进行了凿空之旅，将汉帝国的声威播及中亚后，西域地区的历史即不可逆转地同中原各大一统王朝交织在了一起，并一道书写了众多英雄人物的华彩篇章，特别是在班超父子彻底驱逐了控制西域各国的匈奴残余势力后，西域各国凭借一条丝绸之路，更加强了同中原内地的联系和交往，双边政府间到民间的往来络绎不绝，那真是打不断的亲、骂不断的邻。可是，虽然紧密的关系不可打断，但建立关系的却可能被打残，且是自己把自己打残。在三国鼎立、五胡乱华、南北对峙接连不断、热火朝天、聚精会神、锲而不舍地折腾下，中原政权同西域的联系终于彻底中断了，而这一断就是长达数百年的时间。

好不容易中原重新实现了大一统，国力得到恢复，重新走向繁荣富强，可接班的杨广是个急性子，上了强国的快车道就紧踩油门不撒脚了，所以不世出的天才战略家裴矩才帮国家制定好重新经营西域的国策，大隋朝就高唱朋友再见了。于是紧接着又是一次重新洗牌、群雄逐鹿、你死我活，中原王朝回归西域的步伐就此又被延误了十多年，直到贞观四年（630年）那个震惊西域的消息传来。

"突厥人被唐将李靖击破，颉利可汗被唐军俘虏了！"

伴随着这样的喊叫，整个西域轰动了。

反应最快的是当时的伊吾城主。突厥的颉利可汗是四月份被送到长安的，这位兄台九月初就主动入朝面圣来了，而且还带来了一份大礼——伊吾所属七城的版籍。

当然，来得如此积极迅速，自然是有原因的，因为二十年前伊吾曾归属过隋朝，且被设立为国家正式的郡级单位，不过之后由于隋末大乱，就主动改抱了突厥人的大腿。如今得知唐朝大军平定了突厥，当朝皇帝还同隋朝皇帝是亲戚，要是某天让唐朝皇帝想起了这事，派兵来打那就大大不妙了。于是机灵的伊吾城主便主动赴京请罪，但求从轻发落。谁知唐朝的皇帝颇为大度，不计前嫌（其实是不知道），同意了归入大唐版图的提议，在伊吾地区设置了伊西州，使之成为唐帝国的一部分。

伊吾城主一身轻松地返回了西域，同时也带去了他的沿途见闻和面圣经历，这在西域各国迅速引起了连锁反应，高昌王麹文泰亲身东入长安觐见李世民，焉耆王龙突骑支遣使入贡，而在西域游牧的铁勒别部酋长契苾何力、突厥处罗可汗之子阿史那社尔也先后率部众归附唐朝。

就这样，唐朝迎来了两个捣乱的敌人，外加两位忠勇的大将。其中最先引起唐朝关注的正是那位一直同长安方面保持着密切联系的高昌国王麹文泰。

虽然自即位以来麹文泰一直延续着老一辈领导人（他爹前高昌王麹伯雅）奉行的对唐友好政策，贞观四年（630年）的那次入朝他得到了李世民的亲切接见与大量礼物，老婆宇文氏还加入了唐朝皇族，受封为常乐公主，但是，麹文泰确实有许多不喜欢唐朝的理由。

理由一：唐朝批准了焉耆王龙突骑支重开沙漠通道（碛路）的请求。

这真是奇了怪了，人家两国主动改善交通情况，又不打你那儿过，关你何事？别说，还真关麹文泰的事，而且还事关重大。因为自打楼兰古国神秘消失后，西域诸国进入河西走廊的通道就只剩下了所谓的北道，即过高昌、经伊吾再到玉门关这一条。如今焉耆提议恢复的正是以前被废弃的南道。所谓南道，其路线为穿越白龙堆沙漠，途经楼兰古国，再到玉门关，其间不必经过高昌的国境。这也就是说，一旦南道得以恢复，高昌就会丧失丝绸之路上独一无二的黄金通道的地位，进而完全失去在西域与中原贸易中的垄断地位。

所以对于西南边邻居焉耆提出的要想富、先修路的主张，麹文泰的态度是：打！

贞观六年（632年）七月，高昌军队突然向焉耆发动突袭，一举夺取了焉耆三座城池，并抢走了大量财物。焉耆路没修成反丢城，只能去向唐朝政府哭诉，虽说当时李世民在筹划着收拾吐谷浑，不便出兵干预，但他还是派出了虞部郎中李道裕前去调查此事。

对于唐朝来使的调查质问，高昌方面似乎并没有当回事，甚至还有够嚣张的，身为国王的麹文泰摇头晃脑地同李世民的特使打起了哑谜：

"鹰飞于天，雉窜于蒿，猫游于堂，鼠安于穴。你可知道是什么意思？

"明白告诉你，这意思就是说，万物各得其所，照样可以自行生存下去！"

狂到这个地步，也是快活到头了。可是，麹文泰却并不在乎，因为他有不必在乎的理由。

麹文泰反感唐朝暨不惧征讨的理由就是，他不是一个人在战斗。

实际上一直以来，在高昌国背后都有一双眼睛在死死地关注着西域各国乃至长安的一举一动，这双眼睛的主人叫西突厥。

虽然在东方的突厥本部被唐朝消灭，但西突厥始终并未受到战争的波及，他们一直称雄于西域，暗中操纵或影响西域各国的国政，而位于丝路咽喉位置的高昌正是西突厥遏制唐朝西进的一颗极为重要的棋子。

有西突厥那样一个庞然大物在背后撑腰支持，麹文泰自然有恃无恐，于是贞观十二年（638年）年底，麹文泰联合处月、处密两部落再次发动了针对焉耆的军事行动，攻克焉耆城池五座，掠得百姓一千五百人而去，并沿途焚毁了所有民居。同时还联合西突厥攻打已经归属唐朝的伊吾，阻截其他西域国家朝贡唐朝的使臣，挑拨唐朝盟友薛延陀同唐的关系……

是可忍，孰不可忍！

阳奉阴违也就罢了，竟敢擅阻贡使，背后捅刀！

此仇不报，大唐国威何存？！

贞观十三年（639年）二月，大唐天子李世民面对高昌国的使臣正式放出话来：明年当发兵击汝！

但所谓世事难料，一个突发事件的发生将完全打乱李世民的所有战争布局。

贞观十三年（639年）四月十一日，夜近四更。

茫茫夜色中，中郎将结社率和他的部下簇拥着一个人来到了宫门之外的阴暗角落，开始静静地等待，等待那个关键人物走出宫门的那一刻。

这个晚上，风刮得超乎想象的大，结社率等了很久也没有看到那个人出现，于是一个清晰的结论立刻闪现在结社率的脑海里：计划已经泄露了。

眼看天就快亮了，结社率迅速做出了决断：不等了，杀进去。

四十余人发出一声喊，强行破门而入。由于这一切发生得相当突然，闯入者又都是使用弓箭的好手，见到人就是一招乱箭齐发。这群闯关者很快突破了最初的防线，紧接着，是第二重、第三重、第四重，一切相当顺利。目标，就在前方的不远处了。

在最后的一段距离上，他们遇到了阻碍——折冲都尉孙武开和闻声赶来的其他卫士。

结社率仗着箭术高超，孙武开仗着人多善躲，战斗随即陷入了僵持。

随着时间的推移，结社率终于发觉大事不好，天色开始转亮，于是他急忙下了第二道命令：撤。

剩下的二十余人互相掩护着退到了御马厩，紧接着干净利落地上马，向北方飞驰而去。

结社率失败了，他不但没有杀掉他想杀的人，反而在渡过渭水后不久便被追上，同行的二十余人除那个疑似受胁迫的外，通通被干净利落地干掉，死无全尸。

这看似是一次不成功的谋杀，但实际上事情远没那么简单。因为此事牵涉的所有人，身份都极为特殊。

首先，带头的那位结社率就不是个一般人。结社率，不过是一个简称，他的全名应该叫阿史那结社率。你猜得没错，他正是突厥可汗家族里的人，准确地说，他是突利可汗的弟弟。至于那位先被簇拥着到宫门外蹲守，后幸免被杀的也不是外人，他正是突利可汗的儿子贺逻鹘（此时突利可汗已死，由贺逻鹘继任为可汗）。而他们要等待的人叫李治，是李世民的儿子，时为晋王，也就是日后的唐高宗。不过值得注意的是，结社率计划谋杀的人并非晋王李治，而是当时的皇帝李世民。

有点混乱了是吧？不要着急，我们从头说起，这应该是个典型的由恨生恨的故事。

贞观四年（630年），结社率跟随哥哥突利可汗归唐入京，自此定居于京城。不过由于结社率个性比较野，人也比较无赖，因而进城之后经常闯祸，且常被哥哥突利训斥。终于有一天，结社率决定结束这种局面，不是靠自律，而是靠诬陷。他给哥哥突利送了一顶谋反的帽子，意图借朝廷之手除掉管闲事的突利。可惜，大唐是讲法治的，李世民也不糊涂，相关部门一经调查就确定了一点：纯属诬告。本来按照当时的法律规定，诬告他人者将适用其所诬罪名行刑，但考虑到结社率的身份，为维护安定团结，李世民便没有再加追究，只是停止了对结社率的晋升作为处罚。但结社率对此并不买账，于是他对哥哥突利的怨恨开始逐渐转移到了李世民的身上，并自此伺机报复。终于，他等到了李世民巡幸九成宫的机会。

按照结社率的既定计划，他将趁晋王李治四更出宫的时机突袭宫门，然后挟持着李治和贺逻鹘攻入行宫，直扑李世民的御帐，完成一系列复杂的易主工作，最终确定自己的实际权威。可是没想到，晋王李治竟然迟迟不出，使得结社率认定计划曝光，不得不临时改变计划，选择强攻，终至失败。

其实后来大家发现，实际上并没有人事先知晓结社率的政变计划，晋王李治不出宫的原因事实上特别单纯——外面在刮风，且风还很大。

恐怕结社率知道事情的真相会气得活过来吧。

应该说，结社率的政变并未造成特别严重的直接后果，但此事造成的一系列连锁的间接后果却是特别严重。

首先是突厥领导人的更迭。由于亲身参与了结社率的谋反，所以无论贺逻鹘是否出于本心，都不能继续坐在突厥可汗的位子上了。于是朝廷将被赦免的贺逻鹘流放到了岭南地区，改立颉利可汗的族叔、忠厚的怀化郡王阿史那思摩为突厥的新可汗（乙弥泥孰俟利苾可汗），并赐以国姓李，安排他带领他的族人们返回突厥故地生活。

迁徙令下达了，李思摩和他的部众们却不愿意走。这倒也不难理解，在中原内地生活得好好的，羊不用放，马不必管，吃的是油，住的是楼，穿的是绸，封的是侯，换我我也不走。但不走真不行，由于结社率发动的宫变社会影响极大，舆论压力极大，朝堂之上大臣们都为此骂了好几个月了，骂得李世民一上班就头疼，实在不得不送李思摩等人还乡。

不是我不留，是真的不能留啊！李世民一脸无奈地拍了拍新上任的李思摩可汗。

李思摩点头表示能够理解，不过他也提出了一个请求，最后的请求：

"恳请陛下保证我们出塞后各部可各守疆土。"

这里所说的各部指的不是突厥各部，而是突厥和薛延陀两部。李思摩的意思是，我们回去了，劳烦大哥提前跟薛延陀打个招呼，让他们让出漠南的地方，还有，别来打我们。

李世民同意了。

他派司农卿郭嗣本为特使，前往薛延陀传了话，其大意是：之前我曾答应突厥人，等他们恢复元气后即送他们还乡，君无戏言，所以今年秋天突厥人就要回去了，自此以后，你们在漠北，突厥在漠南，要好好相处，各守疆界。

当然大家都看得明白，以现有的力量对比，突厥要打薛延陀是绝无可能，但薛延陀要打突厥却是一打一个准。所以天可汗末了撂下句狠话："若其逾越，故相抄掠，我即将兵各问其罪。"

谁闹事我就抽谁，懂得？

薛延陀懂，但是不服。

你说一句话就让我把吞下的肉吐出来，你觉得合适吗？

唐朝觉得很合适，毕竟没有我大军扫平大漠，你薛延陀不可能翻身得解放，更不要说占据前老大突厥汗国的土地了。

无论如何，薛延陀最终勉强接受了唐朝皇帝的旨意，但此时双方的关系开始出现了明显的裂痕，各领域的合作也暂时止步，其中的一个重要项目即是合击高昌国。

好了，再回头审视一下这几件事，你就会发现，事情变得多么复杂了。结社率干了一件不地道的事，把突厥可汗和整个部族通通拉下了水，皇帝被迫将突厥遣返故地，回归故地的突厥人又直接损害了薛延陀部的既得利益，以至于薛延陀同唐朝出现了分歧，临时洗手不干了，留下唐朝独家远征高昌。

蝴蝶效应，真正的蝴蝶效应。

李世民遭遇了执政以来最大的考验，拍档跑路，变为潜在威胁；部队数年未曾大战，实力未知；敌人远在万里，军费支出庞大；再加上朝中很多大臣不予支持，南方獠人叛乱再起，李世民有些犹豫了。

因为对高昌的这一战已经成了一场不能不胜的战争，四夷的首脑都在关注，大唐威严系于此间，一旦唐军失利，后果将不堪设想。

但过了不久，李世民就释然了，因为他相信凭那个人的能力一定足以力挽狂澜，全胜而归。

那个人不是李靖。自高甑生一事后，李靖已经阖门自守，杜绝宾客很久了。

不是李孝恭。李孝恭不当统帅好多年，况且名声大于实力。

不是李道宗。李道宗两年前因贪污入狱，如今被罢去官职，赶回家里反省。

也不是李世勣。这位军事天才倒是个好人选，可惜国家需要他坐镇并州，防御北边各族，走不开。

当然，更不是薛万彻。此人勇则勇矣，可惜并非帅才，命他为帅，那是拿大军的命在赌（对于薛万彻，皇帝的点评是"万彻非大胜，即大败"）。

那个人是侯君集。

玄武门之变中现场军队总指挥，李世民登基表彰的五大一等功臣之一（其余的四位是长孙无忌、房玄龄、杜如晦和尉迟恭），凌烟阁第十七把交椅，李靖兵法的继承者，朝廷第二位实现出将入相的高人（第一位正是李靖）。

然而，在获得上述荣誉之前，他是一个弓箭用不好、没有文化基础、文武俱疏的十足废材。

侯君集出身于豳州三水（今陕西省咸阳市旬邑县）一个基层家庭。童年经历不明，但可以肯定的是，这是一个比较有特点的人，他的特点是能吹、敢吹。正如刚刚提到过的箭法问题，明明没玩转，却敢对外宣称自己很猛很能打（玩弓矢而不能成其艺，乃以武勇自称），实在很让人无语。

这个世界上，吹过牛的人很多，正在吹牛的人也不少，本人相信在我敲下这行字，和你读到这行字的这段时间里，至少有一个人在从事这项古老的工作。在我看来，侯君集之所以能在无数的吹牛者中脱颖而出，青史留名，是因为在他的身上具有一般吹牛者不具备的一个特点——说到做到。

普通人吹完牛，拍拍屁股就走了，该干啥还干啥，侯君集吹完牛，拍拍脸蛋就上了，说干啥就干啥。吹牛说自己武勇，这就去秦王府报名参军，跟着南征北战下来居然从小兵做起，当上了将军（车骑将军）；吹牛说自己鬼点子多，这就被找去做参谋，别人想半天，他就想一天，整日殚精竭虑琢磨事，找办法，最后统计下来，就他提供的计策多；吹牛说自己文武双全，这就被安排理政，大老粗一个居然投身书海，折节向学，后来国防部长（兵部尚书）、人事部长（吏部尚书）一路文职坐下来，时人竟交口称赞（并有时誉）。

侯君集就是这么一点一点把自己由一根废柴逼成国之栋梁的。每每想到侯君集的这一生，本人都要感叹一声：成功者还真都是逼出来的！

侯君集的上进与自信给李世民留下了极为深刻的印象，于是皇帝亲自出面给好学的侯君集请来了李靖当老师，专门辅导侯君集的兵法。

事实证明，侯君集没有辜负李世民的期望，也没有辜负李靖的培养，虽然学习期间出现过一些小问题，但经过集训侯君集已然成长为一位当之无愧的帅才，并在贞观九年（635年）讨平吐谷浑的那次远征中以出色的表现证明了自己的能力。

现在，李世民决定真正委侯君集以重任，因为目下正是用人之际，磨砺多年的这把好刀是该出鞘的时候了。

经过长时间的准备，唐军将领先后到位，部队集结完毕，可以随时出征，不过作为礼仪之邦，唐朝还是要把程序都走一遍，在大军出发前，长安给高昌发出了最后通牒，表示只要麹文泰入朝请罪，朝廷愿既往不咎。麹文泰乐了，他借口有病在身，拒绝了入朝的要求，同时也拒绝了触手可及的和平。因为在他看来，这是李世民的空口恐吓，只能吓吓神经衰弱的人而已，而他麴文泰是知情的，因而是无所畏惧的。

麴文泰的确可以乐观一下，事实上他确实发现了唐军此次出征的一大弱点，且还不是唯一的弱点。

得知唐军出兵的消息，麴文泰向本国军民揭开了他之所以能保持自信的答案：

"唐与我国相距七千里，中间还隔着两千里没有水草的沙漠，那里寒风如刀，热风如烧，敌人怎能派大部队来？

"我往年入朝，见秦陇以北地区城邑萧条，与隋时不可同日而语。如今唐军前来讨伐我们，出动的军队多了，那么粮食就供应不上；假如来的人在三万以下，凭我们的力量则足以抵挡。届时我们只要以逸待劳，便可轻松取胜。"

分析完了，麴文泰还整了个总结陈词：

"唐军长途跋涉，远来疲惫，如果驻兵于我坚城之下，不出二十日，必定粮尽退走，到时候我们趁机追击，定能大获全胜！何足忧虑！"

应该说，麴文泰的这番话确实言中了唐军存在的问题，而且如我所说，事实上，唐军的问题不止这些。

除长途远征、运输困难外，唐军内部还存在着另一重要问题：将领不睦。

因为在李世民公布的远征军将领名单上有这两个名字：契苾何力和薛万均。

契苾何力和薛万均曾一同千里奔袭，擒拿吐谷浑首领慕容伏允，前者更是后者的救命恩人，用今天的话说，这叫作鲜血浇筑出来的友谊，两位一道出生入死的战友感情应该极好才对。但事实并非如此，契苾何力和薛万均的关系不是一般的僵，而是非一般的僵。个人以为，对于这种关系的形成，薛万均要负主要责任，而说到底还是由于此人太要面子。

导致契苾何力和薛万均关系跌至冰点的，是击破吐谷浑不久发生的那场大斗拔谷之争。

按照当时的规矩，每当战事结束，皇帝都会派出使臣代表自己前往前线劳军慰问，讨平吐谷浑战后自然也不能例外。

于是特使便在大斗拔谷奉诏代表皇帝亲切问候了各位劳苦功高的将领。

客气完了，该说点实惠的了。使臣开始发问："诸位将军此次出战各自功绩如何？"

众将开始——陈述自己的功劳，很快到了薛万均。

作为此战的主要将领之一，吐谷浑可汗牙帐突袭战的指挥官，薛万均自然很有发言权，于是他开始讲述自己艰苦卓绝的作战经过。

随着薛万均声情并茂的叙述，现场听众的表情也开始急剧变化——实在是太精彩刺激了。

但只有一个听众越听脸色越难看，不用说大家也知道，那个人叫契苾何力。

终于，契苾何力忍不住了，他怒发冲冠，一跃而起，二话不说，三步并做两步就抽刀向薛万均砍去。好在薛万均长年从事该项互动，经验丰富，躲刀已经修炼成了身体本能，没被砍到，周围的将领也反应很快，迅速架开了两人，这才没有酿成流血事故。

可这事毕竟发生了，李世民也很快知情，于是他找来了当事人契苾何力询问动手的原因。

契苾何力开始说了，还说得特别彻底，薛万均是如何自卖自夸包揽功劳的，又是怎样诋毁自己、歪曲事实真相的，契苾何力都给曝光了。

了解到实情，皇帝顿时火冒三丈，准备将薛万均的一切职务剥夺，转授契苾何力。

契苾何力当即顿首叩拜，不为谢恩，而为求情。

他告诉皇帝此事万万不可。如果因他而解除了薛万均的官职，各族头头脑脑听说了会认为朝廷重夷轻汉，会加剧诬告之风，且让番将们以为汉将都如薛万均那样，产生轻视之心。总而言之，这不利于军队和谐。

契苾何力的这一表态使得李世民很感动，于是他听从了契苾何力的建议，没有处罚薛万均，然而契苾何力和薛万均的恩怨并未就此完全解开，毕竟想让薛万均道歉是比较困难的，所以如何处理手下各位将领间的关系，这将成为对侯君集的一大考验。

就这样，顶着巨大的压力，侯君集踏上了征途，他如以往一样告知自己：此行必将胜利，载誉而归。

高昌平定战

实事求是地讲，有人比初任大军主师的侯君集心理压力更大。这个人正是高昌国王麹文泰。

一直以来，麹文泰是位比较乐观的人，因为他实在找不出悲观的理由。可是就在贞观十四年（640年）的那个夏天，麹文泰有幸（或者说是不幸）找到了，而且还不止一个。

第一个消息是，靠山西突厥国内爆发了严重的内讧，西突厥西部部落拥护的乙毗咄陆可汗和弩失毕部落迎立的乙毗沙钵罗叶护可汗大打出手，经过几个回合的较量，双方基本势均力敌，于是西突厥汗国自此正式分裂为南、北二部，国力大为削弱，不愿再向高昌提供军事援助。

第二个消息则更为致命：据前方探马探知，兵临碛口的唐军总兵力约为三十万人！

顺便说一句，关于此次征伐高昌的唐军兵力总人数的记载，正史上一直记得比较含糊，《新唐书》中《高昌传》说的是"率突厥、契苾骑数万讨之"，而《册府元龟》也就是一句"太宗乃命吏部尚书侯君集为交河道大总管，率左屯卫大将军薛万均及突厥契苾之众，步骑数万众以击之"，实在没有个确切的数字。我们这里三十万的数字源自我所查到的时任唐军行军副总管的姜行本的勒石纪功碑碑文。要知道，唐史的问题在于正史不太靠谱而野史很多，加之年代久远，所以难以辨证真伪，有人是这么说的，还有人那么说，基本上能把清楚的人都搅糊涂了。

在上述的这篇文章里，但凡遇到此种自相矛盾的问题，大事件一般是根据目前史学界的主流看法记述，至于细节到人数这样的事，则一致遵循顾颉刚的古史辨套路来做采选确定，故而在此采用姜行本碑文上的说法（当然，麹文泰其后的表现似乎也验证了碑文记载的准确性）。

值得夸奖的是，麹文泰听到这个数字的时候并没有晕过去，只是手一直在抖，不停地抖，活像得了帕金森病。

但其实麹文泰也就抖了那么几天就不抖了——死了。

估计是得到那两个消息后心理压力过大，导致精神衰弱，麹文泰很快就病倒了，倒了后就没再起来。

侯君集是在行军至柳谷时得到高昌国王麹文泰的死讯的，当然，还有另外一个重要情报：麹文泰葬礼之日，高昌全国军民将齐聚现场为国王送行。

这是偷袭敌国、一举取胜的良机啊！军中众将纷纷劝说主帅侯君集乘机发兵袭击麹文泰葬礼现场，毕其功于一役。

可是侯君集拒绝了。

事实证明，侯君集是有底线的，他认为在人家办白事的时候出兵攻击，那是龌龊的行为，非正义之师可为，就算要开战，起码也得等人家把老国王埋好。

贞观十四年（640年）闰六月二十五日，高昌国葬结束，侯君集正式下令大军进攻。

唐军进攻的目标是田地城，此城防御坚固，是高昌都城的门户，可谓重兵集结之所。那么唐军拿下这里大约用了几天的时间呢？答案是一天也没用，就花了一上午。

侯君集攻克田地城的流程非常简单。部队开到了城下，先派人上前喊话。

唐军："投降吧！"

城内："不投降！"

"快投降吧！"

"绝不投降！"

不能达成共识。好吧！开打！

契苾何力统率骑兵部队迅速压上，左冲右突几个来回后，高昌军队支持不住，收兵退守城池。

这样看来麹文泰虽死，但他的军事指导思想还是流传了下来，高昌军队意图不与唐军正面接触，凭坚城拖垮唐军。

可惜，这一招在李靖高徒的眼中不过是小儿科，更何况侯君集还有那一招。那一招叫撞车、抛石车。

检验高昌国城墙质量和士兵素质的时间到了。

率先得到检验的是田地城的城墙，在飞石的掩护下，唐军士兵伐木填平城壕，紧接着推撞车开始撞墙。经检验，田地城的城墙比较渣，撞了一会儿就撞出了一个数丈的口子。搞得高昌的士兵不得不一边作战，一边砌墙。

相对于不争气的高昌城墙，高昌军队就很值得表扬了。面对唐军来自天空的"礼物"和抛石车"其所当者无不糜碎"的骇人效果，不知道是哪位灵机一动找来了毛毡被披在了身上。这实在是一个极为聪明的举动，毕竟当年的抛石机弹药只是石块，不会爆，主要是靠砸人造成有效杀伤，找来毛毡往身上一裹，虽说不能避免被砸，但可以减缓冲击，减轻损伤，实在是个好主意。

于是城下的唐军目睹了壮观的一幕：为了阻挡石块，城墙上的高昌士兵们不顾身处炎炎夏日，即便汗流浃背也都纷纷张开厚厚的毡被挡在了身前，城上瞬间出现了一环毛茸茸的长围。

高昌人实在聪明啊，不过他们还是忽略了一点，大家都举着毛毡自卫，城墙上越积越多的石块谁来收拾？很快，墙上的石块泛滥成灾，守军连个下脚的地方都没有了。唐军趁着高昌士兵手忙脚乱之际，一举攻占了城池。

侯君集深知兵贵神速的道理，攻下田地城的当夜，他便命令中郎将辛獠儿率领先头部队连夜进发，直奔高昌国的都城。新国王麴智盛闻讯立刻派兵出城迎击唐军，被击败。不久，侯君集统领的主力部队赶到，趁势完成了对高昌都城的包围。

兵临城下，麴智盛终于绝望了，但绝望之余他决定寻找一丝希望，于是他给唐军的主帅侯君集送去了一封亲笔信，内容如下：

"得罪天子的是先王，现在上天已惩罚了他，先王死了，我则是初来乍到，还望尚书明察。"

侯君集是这样回复的："苟能悔过，当束手军门。"这意思是：别整那些没用的，真服了就无条件投降吧。

消息送回去，城内就再也没消息了。

侯君集了解了麴智盛的决定，所以他也做出了他的决定：众将与我攻拔此城！

攻城的过程就不说了，基本是上次作战的翻版，战场上唯一值得一提的是一种叫巢车的装备。所谓巢车并非一种攻城设备，而是一种辅助型攻城设备。这种车高十丈，人站在上面可以俯瞰城中全貌，所以凭借巢车提供的信息，城外的抛石车可以不断调整弹射角度，更有效地轰击城内敌人（有点类似于侦察兵指导炮兵调整射击诸元）。

在巢车观测员的有力配合下，唐军的抛石车大显神威，终于彻底摧毁了高昌军的抵抗意志。八月八日，守军开门投降。此后，侯君集立刻分兵攻取高昌其余城市，各路唐军一路高歌猛进，势如破竹，不久即攻下了高昌国所有城池，高昌就此平定。

高昌平定后，李世民拒绝了魏征保留高昌国作为属国的建议，下令以高昌为西州，以可汗浮图城为庭州。九月二十一日，李世民在交河城设置安西都护府，以乔师望为首任安西都护，留兵镇守。于是自两汉之后，西域东部领土再次归于中央政府的管控。

此时此刻，唐朝的基本疆域已然奠定，东极于海，西至焉耆（今新疆维吾尔自治区焉耆县），南尽林邑（在今越南中部），北抵大漠，"凡东西九千五百一十里，南北一万九百一十八里"。领土之广，远超秦、汉。

开边疆，通丝路，破强敌，威四海。

五百年的风雨后，中原政权再次与这个世界实现了连通。很快，大唐这个名字将随着商旅们的往来远播各个角落，并逐渐成为一种荣耀，而在今后很长的一段时间里，这个伟大的名号也将成为不朽的记忆留存在一代代世人的脑海里，让所有华夏子孙无比骄傲。

　　我，是唐人。

第六章

转折之年

侯君集是一位优秀的统帅，高昌一战证明了这一点。他合理安排了行军作战的节奏与进程，用六个月的时间从关中开到伊吾，用两个月的时间在伊吾休整兼修造攻城器械，最后在一个半月的时间里紧急行军，横穿荒漠（瓜州与伊州之间的莫贺延碛），攻城略地，一举克定顽抗之敌。

侯君集的帅才还体现在他善于整合军队内部，充分发挥部将各自的能力，比如交河道行军副大总管姜行本为人深谋简出，鬼点子多，侯君集就让他负责营造攻具；另一位副手薛万均是个刺儿头，爱惹事，侯君集就尽量把他留在自己身边效力；薛万均的老对头契苾何力善使骑兵，长于奔袭，侯君集就让他做大军先锋，同敌野战。

更重要的是侯君集对这场战争的观察掌控已经达到了高屋建瓴的程度，出兵伊吾之后即又拉又打，边拉边打，一面约上曾受高昌欺负的焉耆配合作战，一面派偏师直趋西突厥军屯驻的可汗浮图城，震慑住了西突厥派来应援的将领叶护，充分保证了对高昌作战的顺利实施。

综合侯君集的上述表现，如果满分是一百的话，侯君集拿上九十多分应该是不成问题的。但事实上侯君集最后连及格成绩都没取得，还险些被取消了考试资格。

说到底，还是纪律问题。

带头违反军纪的正是唐军的统兵大将们。

平定高昌不久，一向精明的主帅侯君集似乎被西域的骄阳烈日晒昏了头，竟然私自将高昌王室内的大批宝物据为己有，只给李世民上报了些零头。而作为副统帅的薛万均更是不甘寂寞，不仅抢钱占地不甘人后，甚至还爆出了绯闻事件，据说战事还未完全结束就发展了个当地妇女做小老婆，整日花前月下，很是滋润。

当官的都这么不靠谱，底下的士兵们自然更不必严守军纪，虽然高昌的老婆不敢现找，但灰色收入还是要的。于是唐军士兵们纷纷结伙客串强盗、路霸，致使当地盗窃案件数量不断攀升，治安状况日益恶化，直到侯君集奉诏班师，情况才逐渐好转。

这两位主将做的这些事让李世民十分恼火。他原本打算将侯君集等违反军纪的官兵下狱严惩，立案交付大理寺公开审理，但两个人的上疏进谏改变了李世民的主意。

上疏为侯君集解围的是中书侍郎岑文本，虽说岑文本和侯君集交情不深，但他比较看重侯君集的能力，深知千军易得，一帅难求的道理，所以他在奏疏引用了汉朝的李广利、陈汤，西晋的王濬，隋朝的韩擒虎等名将的事例，说明了一个浅显的现实问题，手下能打的就这些人，您要是把侯君集、薛万均等都干掉了，谁来干活？

魏征更是高明，只用了一句话就帮李世民解除了思想上的包袱：

"昔日秦穆公赏赐给盗马贼美酒，楚庄王赦免了将领绝缨之罪，陛下德行高过尧舜，难道连秦穆公和楚庄王都赶不上吗？"

西突厥对西域依旧虎视眈眈，时刻可能卷土重来，砍了侯、薛二人实不如让他们戴罪立功，为国捐躯，这样更符合国家利益嘛。

可高昌毕竟遭了抢，国家的民族政策确确实实遭到了破坏，当地群众的反响很不好，影响恶劣，想要含糊遮掩过去是不可能的，所以无论如何要给公众一个交代。

不能伤及群众感情又要帮助犯过错误的下属改过自新，这实在是个难题。

好在，李世民这辈子最常解决的就是难题。

在综合了各方面的信息后，李世民开始以成熟政治家的手腕解决问题。

首先是把大锅分成小锅，找几个不重要的人来背。数个率先聚众抢掠的士兵被拉出来公审干掉。

接着御史出动，弹劾行军总管赵元楷谄媚侯君集，李世民下令贬其为括州刺史。

然后树立守军纪的优秀典型，行军总管阿史那社尔因在混乱局面中统御有度，表现良好，被通报全军表扬，受赐高昌宝刀一柄、丝绸千段。

最后是安抚地方情绪。在高昌进行大赦，以素有廉名、政绩出众的凉州都督郭孝恪行安西都护、西州刺史，接管高昌国故地军政事务。此事到此为止。

高昌战后的烂事被精于世故的李世民带着一帮老滑头上下配合镇了下来，虽然没有严惩侯君集等首犯，但有效地敲打了军中的高级将领，给大家上了一堂深刻的思想教育课，纠正了部队里的种种不正之风，还算是有点积极意义的（至少李世民本人是这样认为的）。

但李世民不知道的是，此时在他的背后，已经有一双眼睛射出了怨毒的光芒。

乱象之始

贞观十三年（639 年）五月，就在李世民力排众议，决意讨伐高昌时，魏征上了一篇名为《十渐不克终疏》的奏疏。

论言辞激烈的程度，这份奏疏在魏征的作品集里是数一数二的。

在这篇文章中，魏征怒斥了皇帝长时间以来的懈怠，不客气地指出李世民已经出现了贪图享受、崇尚奢侈的苗头，且做事越发独断专行，决策一个比一个荒唐。当然，同面谏一样，魏征每骂一面都会在点明骂点之后配上生动的事例，确保工作、生活不留遗漏，面面俱骂，还有理有据。

不得不承认，魏征的这份奏疏虽说通篇都是文字，但是个人拿来读上一遍，似乎都能在字里行间看到魏征那张并不出众却因激动而略显狰狞的脸，感受到那迎面喷来的口水。

李世民读罢奏疏，擦了擦脸，派人给魏征传话道："朕今天知道自己的过失了，我会注意改正的。如违背此言，我也没颜面和你见面了。你放心，你上的这份奏疏我已让人贴在了屏风上，每天早晚都能见到，而且还交付给史官一份副本，后世也会知晓此事。"

按说皇帝这么做已经很给面子了，可魏征还是不放心，因为他敏锐地觉察到李世民的心思已经不完全放在处理国事之上，那个励精图治的热血青年的身影已经慢慢黯淡，取而代之的是一个忧虑满腹的中年大叔的形象。如此转变到底是从什么时候开始的呢？魏征开始搜索尘封已久的记忆，最终他锁定了那个变化初显的年份——贞观十年（636 年）。

是的，所有的转变正是从那一年开始的，因为那个人的去世。

贞观十年（636 年）六月，一个噩耗突然传来。虽然李世民这些年见证了太多的死亡，但这个人的死对于他来说却是几乎致命的，足以让这位坚强的皇帝痛入骨髓，悲恸失声。因为，这个人是长孙皇后。

自从十三岁嫁给李世民以来，她一直陪伴在李世民左右，尽全力辅佐着自己的丈夫。她虽是个女子，却颇有智慧与胆识，武德末年，是她不顾劳累来回奔波于秦王府与皇宫之间，竭力为李世民争取后宫的支持；玄武门之变当天，是她亲自勉励王府众将士，目送他们离开，并祈祷他们平安归来。

即便不久被册封为皇后，执掌后宫，她也保持了简朴低调的生活，不但自己不参与政事，而且还极力要求自己的亲戚保持低调。在她的劝导下，长孙无忌主动避嫌，辞去了左武候大将军、吏部尚书等要职，只保留了一个虚职（开府仪同三司），且直到她去世后才得以重归政治舞台。

更难能可贵的是，她还是一个懂得宽恕的人。面对当年曾将自己和母亲、哥哥赶出家门的异母兄长长孙安业，她不但没有打击报复，以雪前耻，反而在长孙安业犯死罪时叩头流涕，为兄请命。

她这一生救了很多人命，从直言犯谏的魏征到被皇帝迁怒的养马宫人，并不因对方的身份地位而轻视生命的价值。她这一生进了很多良言，在各种政事政务上给予李世民启发，帮他规避错误，并不因为皇帝的急躁脾气而由他任性。

长孙氏正如她的小名观音婢一样，将她的悲悯与慈爱洒向了她能顾及的所有人。

然而天不假年，从贞观八年（634 年）偶染微疾起，长孙皇后的身体每况愈下，终于在两年后，她预感到了自己生命的终结。

是诀别之时了，病榻上的长孙皇后目不转睛地看着沉默中的李世民，在他的眼睛里只有她的影子。

而令在这世上她最不舍、最难放下心的，也只有他了。

"房玄龄侍奉陛下最久，为人小心谨慎，所参与的奇谋秘计从未曾向外泄露，如果他没有犯下大错，请陛下不要轻易抛弃此人（当时房玄龄因事被李世民勒令回家）。

"我家族的人是因我才跻身高位，既然不是出于德行，就会容易栽跟头，为保其安稳，请陛下切勿授予他们要职，只需给他们一个小官闲职糊口就足够了。

"我活着的时候对百姓并无恩德，如今死后也请陛下不要大办丧事，连累百姓。只要借着山势下葬，不需起坟，不用棺椁，所需陪葬器物用些木器、瓦器已可。"

最后，长孙皇后从衣服中取出了一小瓶毒药，说道："陛下还记得这个吗？自陛下重病不愈的那段时间起，我便将它带在身边，以求随时可以追随陛下于九泉，绝不做吕后那样的人。

"现在，观音婢要离开了。"

李世民无法回应妻子的每一句话，此时此刻他已然泣不成声……

贞观十年（636年）七月二十一日，长孙皇后在立政殿去世，享年三十六岁。

李世民就这么失去了他一生中最爱的女人，这个贤惠的妻子与他相随相伴，走过了二十三个春秋冬夏，李世民多想再同她一起走下去，和她一起慢慢变老，可是他不能如愿了。

他唯一能做到的只有完成她的遗愿。

于是他将房玄龄召回，并官复原职。

营山为陵，是为昭陵。

自此"因山为陵，容棺而已"，也成了有唐一代的祖制。

自长孙皇后被送入昭陵长眠，宫中的人们常能看到这个男人登楼远眺昭陵的身影，还有洒在这场景上的那抹晚霞。

李世民和长孙皇后一共育有三子四女。鉴于那哥儿仨是我们后文即将上场大展拳脚的主角，这里主要着重介绍下李世民和长孙皇后的四位公主。

两人的嫡长女名李丽质，封号长乐公主，贞观七年（633年）下嫁长孙无忌的嫡长子、宗正少卿长孙冲。此女颇有其母之风，曾协助群臣进谏，阻止了李世民世封宗室功臣的错误政策。不过，她却同她的母亲一样薄命，在贞观十七年（643年）即因病逝世，年仅二十三岁。

次女城阳公主，下嫁杜如晦次子杜荷，这位公主明显没有她姐姐李丽质那样出名，以至于连名字都不为人知，但是她却有一个大大有名的儿媳妇，即后来权倾一时的太平公主。

二人的三女儿为晋阳公主李明达，这位公主据载是李世民最喜爱的女儿，以至于长孙皇后去世后被李世民带在身边亲自抚养。而晋阳公主显然也继承了父母的良好基因，不但聪慧善良，且通晓父亲心理，屡次劝解发怒的李世民，对大臣们起到了很好的庇护作用。值得一提的是，由于长年跟在李世民身边，晋阳公主的书法颇得老爹真传，特别是一手飞白几乎同李世民的亲笔一模一样。但晋阳公主在十二岁时便因病先李世民而离世，这无疑对于李世民又是一次极为沉重的打击，促使晚年的李世民在偏执的道路上越走越远，直到他生命的尽头。

新城公主系李世民最小的女儿（第二十一女），先被许配给魏征的长子魏叔玉，后婚约因故取消，最终下嫁长孙无忌的堂弟长孙诠，后长孙诠涉案被杀，改嫁于奉冕大夫韦正矩。虽然这位公主同样早逝，但她创造了唐代的唯一特例——享受皇后葬礼规格入葬的公主。个人以为，也算是青史留名了。

四位公主至此介绍完了，下面上场的将是贞观年间那场最为残酷的政治斗争的主角，李世民的嫡子们。

武德二年（619年），随着承乾殿中传来一声响亮的男婴的啼哭，秦王李世民迎来了他的首个儿子。这个嫡长子的降临让李世民欣喜异常，笑逐颜开。他看了看自己所在的宫殿，高高举起这个新生命，乐呵呵地说道："你就叫李承乾吧。"

在许多不明真相的群众看来，能降生于帝王之家是一件极为幸运的事，特别是生来就是嫡长子那更是幸运无比，再加上老爹就是千古明君李世民，运气真是好啊！

对于这种说法，我保留意见，李承乾应该也是如此。

当然了，从一开始来看，李承乾的命还真是不错。

武德三年（620年），尚在襁褓中的李承乾，受封恒山王，时年一岁。

武德九年（626年），裤子还提不利索的李承乾，被册立为太子，年仅七岁。

贞观五年（631年），李承乾生病，皇帝又请道士又建寺观又减免罪犯，给他祈福。

贞观七年（633年），李承乾又病，皇帝特地下旨请天竺高僧波颇为其祈福。

贞观九年（635年），皇帝为李承乾挑选秘书丞苏亶长女苏氏为太子妃并为此大宴群臣。

贞观十年（636年），事情开始起变化。失去母亲的悲痛还未完全散尽，李承乾猛然发现，有人来抢生意啦。

抢生意的是李世民的四儿子李泰。

李泰，字惠褒，小名李青雀。别看是个不起眼的小名（还是鸟名），但据说却是大有来由。这个来由便是皇帝的一个梦。在李泰出生前的一天，李世民梦到有一只青雀飞入他的怀中，口吐人言，说自己即将投胎成为他的儿子，于是第二天李泰就出生了。

或许正是由于这个梦，李世民对他和长孙皇后的这个嫡次子表现出了特别的宠爱。

贞观二年（628年），年仅九岁的越王李泰就被封为扬州大都督兼越州都督，执掌苏、杭、常、海等十六州军事。

三年后，在此基础上兼领左武候大将军一职。

贞观八年（634年），左武候大将军，扬州大都督，使持节大都督夏、胜、北抚、北宁、北开五都督，鄜、坊、延、丹四州诸军事，鄜州刺史，越王李泰又被授予了一个崭新的职务——雍州牧。

所谓雍州即京兆府，也就是帝国国都所在的这一片区域，用现在的话来说，这一任命有着重要的政治意义，但这仅仅是个开始。

贞观十年（636年），李泰眼看已经十六岁，按照规定，他应该带上魏王的新封号，立即收拾好包袱，离开京城去做他的相州都督。然而让人想不通的是，李世民不但没有打发李泰去封地的意思，反倒以李泰喜爱文学为由特许李泰在魏王府设立文学馆，自主招揽读书人充任学士。

这是一个更加危险的信号。相信你还记得，李世民就在十五年前做过相同的事，并且搞出了一个号称"十八学士"的高智商谋士班子，最终在这些人的帮助下，实现由王爷到太子再到皇帝的角色转变。

接下来发生的事情似乎更加印证了人们对皇帝有废立之心的猜测。

贞观十年（636年）十二月的一天，皇帝突然下令召见朝中三品以上的大臣。由于召集命令下发得比较意外，且只叫上了朝廷大员，所以，几乎所有接到此令的大臣都认定，今天将要讨论的一定是极为机密的、关乎国家社稷安危的大事。

于是大家不再多问，就进了宫，看到了气急败坏的皇帝，了解到了这次高层会议的首要且唯一的议题——三品以上官员轻视魏王是否应该。

"隋文帝时，一品以下的官员哪个没有受到过亲王们的折辱？他们难道就不是天子的儿子吗？朕只是没有听任诸子恣意妄为罢了！"

歇口气，接着吼：

"我听人说三品以上的大臣都有轻视魏王之意，我若纵容他不管，看他能不能收拾你们！"

在场以房玄龄为首的大员们听完这几句，无不惊慌不已、汗流浃背。他们从未见过这样的场景，看这架势，给皇帝装副铁牙，他就能当老虎吃人了。

好在，能扮武松的那位也在现场。

魏征思索了一下，开始接招。

"臣窃以为当今群臣无人胆敢轻视魏王。"

为什么这么说呢?

"根据礼法,朝廷大臣和君主之子地位是一样的,何况《春秋》有云:'王人虽微,序于诸侯之上。'朝中三品以上的官员都是陛下所敬重的人,大多不会乱了纲常。而我想有圣君在上,魏王必然也无羞辱群臣之理。"

此时李世民的一脸怒容终于有所缓解,而魏征的最后一棒也敲下来了:

"隋文帝纵容他的儿子们,致使他们胡作非为,多行不义,隋朝即由此灭亡。陛下真认为他足以效法吗?"

要说魏征真不愧是针对李世民的专用资深说客,三言两语下来,李世民就火气尽消。他满意地接受了这个答案,向大家表示了歉意,当然最后还不忘夸奖魏征,感谢魏征的仗义执言。

这件事看似莫名其妙,其实却大有说道。而只要分析当时的局势,关注几个疑点,你就会发现此事很可能是一次带有报复性的政治攻击。

首先,最重要的便是此事的争论焦点:三品以上的官员有没有轻视魏王。答案是:有的。

不过此"轻视"绝非彼"轻视",再怎么说大臣级别再高也不过是为皇帝打工的,对老板的公子自然不敢有不敬,所以这里所谓的"轻视"应该是另一种表现形式——拒绝入伙。

种种迹象显示,李泰在此时已经有了夺取太子之位的心思,因而我们完全有理由相信这位魏王私下里曾找过有着相关经验的房玄龄等人"交流感情",甚至于提出过某些特殊的邀请,不过结合后面的情况来看,秦王府的这些老人们除了个别的几个,大都义正词严地拒绝了李泰的合作提议,于是乎便有了开会的这一幕。

所以,轻视为假,倾覆才是真;开会为假,开刀才是真。在虚虚实实之中,是一个意在重复父亲之路的可怕的李泰。

贞观十年(636年),以长孙皇后的去世为标志,李承乾和李泰兄弟二人的权位大战正式开始。

出人意料的是,两人最初交锋的战场居然是文化战线。

为进一步获得父亲李世民的肯定,李泰听从司马苏勖的意见,主动向皇帝提出申请,表示愿意利用王府配套的文学馆优势为国家编撰一部巨著,李世民很愉快地答应了李泰的请求——反正闲着也是闲着，总比打猎、看歌舞表演啥的要高端点。

得到了父亲的批准，自贞观十二年（638 年）起，李泰开始组织学者并全身心投入了繁重的编写工作中。

事实证明，李泰确实是个极有才华的人，在他的合理安排和亲自监工下，魏王府文学馆编写团队仅用了短短三年的时间就完成了一部开创性大型地理著作——《括地志》（又名《魏王泰坤元录》）。

此书共计五百五十五卷，其中正文五百五十卷，序略五卷。全书按贞观年间所划十道排列全国三百五十八州，再以州为单位，分述所辖各县的沿革、山川、物产、风俗、古迹，乃至神话传说和曾经历的重大历史事件等。可以说，它在吸收《汉书·地理志》和顾野王的《舆地志》两书编纂特点的基础上实现了创新，创立了一种新的地理书体裁"总志体"，为其后著名的《元和郡县图志》树立了规范。

更重要的是此书征引广博，为后世保存了许多六朝时期的地理书资料，给后代留下了一笔弥足珍贵的文化财富。

虽然当时的李世民并不知道这部《括地志》的重要历史意义，但御览过此书，皇帝也表现得非常高兴，他不仅下令将这部著作收藏进了皇家图书馆（秘阁），还对该书的编写人员逐个进行了重赏，特别是增加了主编李泰每个月的零花钱，让他超过了太子李承乾。

当然，看到李泰那边搞得风风火火，太子李承乾自然不会无动于衷。魏王李泰进军书籍编撰领域之时，李承乾正在大办文化论坛、振兴教育事业。

贞观十二年（638 年），大唐首届儒、道、释三教学术交流大会在太子李承乾的组织与主持下举行。此次大会遍邀朝中诸臣及三教专家学者集聚一堂，就各自最新的学术发现和创新进行了充分友好的交流。虽说本次会议以学术探讨为主题，但会议气氛并不显得沉闷，弘文殿上各领域的学者畅所欲言、各抒己见，谈到有趣之处，不仅太子殿下"怡然大笑"，与会嘉宾也是"合坐欢跃"，可谓颇为成功。

次年，经皇帝批准，东宫附属机构崇贤馆正式揭牌成立。这座崇贤馆系帝国首座集图书馆、学堂功能于一身的综合性文教机构，设有学士若干掌管东宫经籍图书，同时招收诸生，成绩优异者可保送弘文馆（皇帝招纳文学英才之地）继续深造。当然了，经由崇贤馆进入弘文馆的文学青年自然就是太子的嫡系，一旦他们得到重用，太子党的实力就会得到进一步的加强。

如此看来，太子李承乾和魏王李泰的这次对决可以说是平分秋色，不分胜败。

不过，政治斗争的残酷之处就在于它不是一般的竞赛，大家在激烈的竞争后，可以本着"友谊第一，比赛第二"的精神握手言和。在政坛上，不是胜，即是死（更惨的是虽生犹死），所以为了活下去只有不断地战斗、战斗，再战斗，直到生命的尽头。

因此魏王李泰知道想要夺过太子的位置还有很长的路要走，而太子李承乾却渐渐发现自己的路走得是越来越痛苦了——他患上了足疾并且日益恶化，最终成了瘸子，出入都需要他人搀扶。

不巧的是，这位生于深宫、长于富贵的太子爷显然不具备身残志坚的心理素质，随着病情的加重，他的心理也开始在潜移默化中走向病态，以致踏上了一条不归路。

一误再误

身患足疾致残后，李承乾似乎变了一个人，变得越发狂躁起来。这其实不难理解，二十一岁的年纪，本应是一个人风华正茂最为精彩的时候，他却生活不能自理，走路都要人扶，简直就是废人一个，不但得不到应有的关照和同情，还要继续时时刻刻承受着被废的压力，日夜都要防备自己亲弟弟突如其来的进击，相信只要是个人面对李承乾这样的处境，情绪都不会太好。

不过，煎熬中的李承乾并未因此完全放弃对生活的希望，因为此时他的生活里出现了一个叫称心的人。

称心是太常寺的一名普通艺人（俳儿），虽说年纪不大，只有十多岁，但"美姿容，善歌舞"，由此深得李承乾的喜爱，从太子殿下那里得到了"称心"这个名字。

相信就在赐名前后，即李承乾最需要人慰藉那段时间里，这个伶人同太子慢慢产生了微妙的感情，他们的关系也发生了特殊的变化。

可是上天似乎并不认可李承乾的这段新感情，不久，李世民知道了此事，这位皇帝显得极其愤怒，他痛骂了李承乾一顿，当场下令处死了称心，而且还斩草除根，一举诛杀了称心身边的几个知情者。

这是一件比较奇怪的事，不就是爱上了一个艺人且在一起吗？何必大动肝火、赶尽杀绝呢？十年前我读到此段时，想破了脑袋也没弄明白李世民如此震怒的原因，直到后来我听到了那个传言。

在我看来，这个传言可以解释发生的一切。

据说（请一定注意这个前提），这个李承乾深爱的称心不是她，而是他。这就是说，称心是个妖媚的纯爷们儿。

这样看来，老爷子不暴怒，那才有鬼。

但无论如何，称心是死了。失去心理寄托的李承乾只好偷偷在东宫搞了一个密室，摆上称心的画像，以日夜祭奠的方式寄托自己的哀思。

就在李承乾肝肠寸断的时候，太子的三位老师——孔颖达、于志宁、张玄素一起走了过来，他们不约而同地向处境凄凉的李承乾伸出了手，把他推向更为绝望的深渊。

当然，他们不全是故意的。

提及太子李承乾的老师，其实孔颖达、于志宁、张玄素这三位还要先靠边站一会儿，因为担任东宫首席导师的那位仅算工龄就要比他们的岁数还大，他就是李纲。

说来实在令人佩服得紧，李纲此时已经年届八旬，居然还奋战在教育第一线，担任太子少师，教导李承乾，真是诲人不倦啊！不过后世的许多人却一致以为，正是李世民的这一任命提前注定了李承乾日后的命运。因为在他们看来，李纲是名副其实的太子克星、东宫终结者。

纵观李纲的一生，这位刚直的老臣教导过两朝的三位太子（杨勇、李建成、李承乾），无一例外都被自己的弟弟废掉了，所以讲时运命数的人认定这绝非诡异的巧合，而是李纲八字太过威武，专治各种太子。这种说法似乎有拿李纲开涮的嫌疑，但事实的确如此。

虽说李纲走在了李承乾的前面，在贞观五年（631年）就安然离世了，但他的影响似乎并未就此消除，而是通过几位活着的同事后辈得到了落实。

李纲死后，东宫中资格最老的老师就数孔颖达了。

孔颖达，字冲远，冀州衡水人，孔子第三十一世孙，唐代经学家，曾奉唐太宗李世民之命编纂《五经正义》，结束了儒学内部各宗派间长达数百年的纷争，可以说是当时最有学问的人。但是事实证明，孔颖达只是一个出色的学者，而不是一个出色的老师，此人完全没有老祖宗因材施教的那一套教学技术，素以严肃认真闻名。这位大名儒似乎并不清楚搞研究较真是十分必要的，搞教育较真是千万不要的，要是以搞学术的劲头去搞学生，学生是要疯掉的。太子李承乾就是一个鲜活的例子。

自太子十四岁时起，孔颖达就出任了太子李承乾的老师，一直教他各种儒家经典，教到李承乾将近二十岁时，他突然发现教出问题来了。以前但凡太子犯了错误，孔颖达等人说两句，太子都会马上认错并当即改正，而现在如有人进谏，李承乾虽然也会立即正襟危坐听取意见，甚至引咎自责，但常常能给自己的错误找出掩饰的借口，反问得进谏者应答不暇。

发觉太子出现了这种文过饰非的迹象，孔颖达立刻采取了应对措施：一有时间就跟在李承乾的身边，李承乾一有错误就直言进谏。要知道，孔老师当年是以文会友、舌战过群儒的人物，搞辩论那是看家的本事，所以李承乾在他面前只有被说的份儿，毫无还嘴之力。弄得后来李承乾见到孔颖达就跑，整日不得安生。

终于，李承乾的乳母遂安夫人看不下去了，她主动找到孔老师探讨了一个至关重要的教育问题：对于一个成年的孩子总是当众批评指责，这样真的好吗？

饱读经书的孔颖达是这样回答的："蒙国厚恩，死无所恨。"

奶妈无语，我也无语。但让李承乾无语的还另有人在。

如果说孔颖达孔老师的劝谏特点是引经据典、以德服人的话，那么于志宁于老师就是言辞如刀，叨叨不休。

那么李承乾到底做了什么伤天害理、不可饶恕的事呢？

原来太子殿下做了这样几件事：他觉察到弟弟李泰心怀不轨后，为与心腹商量对策，谨防泄密，就命人造一间密室。此外，因为平日生活压力太大就找了一支歌舞表演队进驻东宫，以便可以放松一下心情。最后，他在身边集结了一批太监，并经常安排这些人出去办事。

这些事在李承乾眼中并不是什么大事，而且在当时李承乾那个状况下基本上都属于正当防卫。可于志宁却不这么认为，于是他连连上书，对太子进行了尖锐的批评，下笔数落之狠，帽子扣得之准，令人胆战心惊。

猛文共享，摘录如下：

"这东宫是隋朝时修建的，本来够奢侈的了，你又大兴土木做什么？况且施工的工匠、官奴都是犯法亡命之徒，成天拿着钳子、凿子进进出出，出了事情怎么办？"

这是批评修密室的。

"郑、卫之乐，古谓淫声（原文原句）。我听说东宫里多次响起音乐，乐官、乐工们长时间留在东宫，这都是不好的，请殿下绝郑、卫之音，斥群小之辈！"

这是批判观歌舞的。

"宦官身心都不健全，善于阿谀逢迎，凭借主上宠幸作威作福，所以历代都有因宦官招致国家覆灭的情况发生。如今殿下周围任用的全是宦官，他们轻慢高官，欺压朝臣，使得品级混乱，法度废弛，如此景象，是个过路的都能感觉到不对劲了。"

这是讽刺太子用人不当的。

照于志宁的说法，还没正式当皇帝的李承乾已经具备了商纣王的荒淫、秦二世的愚蠢和汉灵帝的昏庸，一旦即位，国家必定秒完。

李承乾愤怒了，自打出娘胎以来他还从没有这么愤怒过，自己以一个残疾人的身体状况每天应对弟弟一伙的各种打压暗算，连个安稳觉都睡不好，平时有空了也就看场歌舞秀舒缓下心情，怎么就有伤风化了？

再说用人问题，如今瞎子都看得清楚李泰那小子图谋不轨，四处拉人，你们几个做老师的不保护学生，教点防身安位之术也就算了，还整天找小爷的碴儿，替李泰制造攻击机会，你们到底是站在哪边的？我身边这帮子太监都比你们靠谱！

于志宁把李承乾气得不行，可李承乾却没有把于老师怎么着，毕竟在太子看来，这个人虽然迂了点，但还算直，到底是为自己好。算了吧，忍了。

不过李承乾实在没有想到，他的老师中有蹬鼻子的就有敢上脸的，下面这位张玄素老师就是一个不太在乎面子的人。

张玄素，蒲州虞乡（今山西省永济市）人。初仕于隋，任景城城县户曹（正七品），后来景城被窦建德攻破，张玄素改仕夏国，受任黄门侍郎（正四品），再然后，窦建德被李世民摆平，张玄素降唐被授予景城都督府录事参军（正七品）。

从地方底层到中央高层再到地方底层，正七品到正四品再到正七品。感言：这几年全白混了。

张玄素很郁闷，但他没有郁闷太久，因为李世民听说了他的名字。

李世民即位不久就给了张玄素一个入京面试的机会，而张玄素也没有让推荐他的领导失望，紧紧地抓住了这次来之不易的机会。就这样，一个底层的芝麻官凭借着出色的面试表现开始平步青云，其后历任侍御史、给事中直到以太子少詹事的身份入职东宫。

要知道，当时李世民的态度还没有那么暧昧，对太子还是颇为重视的，所以能被选入东宫，担任太子属官的那都是百里挑一的精英，而张玄素的名字能出现在东宫的名单上，这证明他终于熬出头了。

事情的发展表明，张玄素这个东宫的属官当得很称职。当他发现太子频繁出门打猎之时，他当即上书进谏，以打了鸡血似的态度力劝太子打猎要有所节制，且还在文章的最后留下了一句比较狠的话，所谓"既有好畋之淫，何以主斯匕鬯"是也。

"畋"即打猎之意，"匕鬯"是祭祀宗庙时用的盛器，代指宗庙祭祀。所以经过解码，这句话的潜在含义是这样的：你如果沉迷于打猎是不配当皇帝的（国家宗庙祭祀一般由皇帝主持）。

话说得很难听了，但李承乾没有听。因为李承乾并非爱打猎而去打猎，他打猎是有特殊用意的。

经过长期的思考与琢磨，太子李承乾终于发现了自己之于魏王李泰的绝对优势——枪杆子。

在唐朝特别是唐初国家实行府兵制之时，太子作为国之储君事实上掌握着部分军权，能调动保卫其安全的直属武装东宫六率等机构的人马，特别是太子所统的东宫十率府中的太子左右监门率府、太子左右内率府，由于他们并不统属于府兵体系而是作为太子的亲兵存在，因而在一定程度上可视为太子的私人武装，由太子本人直接掌握。至于作为亲王的李泰显然是不具备这一配置的。所以认识到这一点后，李承乾开始有意加强同这一部分直属部队的联系，而他联络感情的主要方式正是打猎。在打猎的过程中，通过协调指挥和互相配合，李承乾可以清楚地了解这些属下的能力和特长，同时还能在围猎结束后公开赏赐表现突出的将士，强化双边认同，以此发展培养亲信心腹并强身健体，那真是一举多得的买卖，自然是多多益善。

而且值得注意的是李承乾的打猎场所也比较特殊，他去的不是荒郊野外而是皇家御苑，如此安排不惹人注意，不会落下扰民的话柄成为靶子，还能确保安全、麻痹政敌，在暂时不宜将斗争公开化的情况下，实在是再合适不过的扩充实力之策了。

但是李承乾很快发现自己的这招虽将了魏王李泰一军，可也给自己带来了极大的麻烦。这个麻烦就是张玄素。

张玄素似乎对太子练习骑射、组织围猎之事始终保持着较高的关注度，且持续跟进此事，接连上书或面见李承乾，劝阻他停止相关的一切活动。久而久之，李承乾对过于热心的张玄素做出了一个判断：此人大有问题，很有可能是魏王李泰的人。

事实证明，李承乾的辨识能力是值得称道的，张玄素的确有问题，只不过他并不是魏王李泰的人，而是房玄龄的亲信。

前面介绍过房玄龄自秦王府时期起就一直负责人事的相关工作，远在地方小县城的张玄素之所以能得到一个来自天子的面试通知，正是房玄龄出力推荐的结果。因此基于这层关系，张玄素对房玄龄自是感恩戴德，成了房玄龄手下一个极为听话的亲信。而不巧的是，房玄龄本人正是魏王李泰的重要支持者。

说房玄龄是魏王党绝非空穴来风，虽然史书上没有明确显示房玄龄同魏王李泰有直接联系，但他身边的人都是魏王李泰的亲信，且还都是骨干。比如，他的老搭档杜如晦的弟弟工部尚书杜楚客、其子房遗爱都在后来公布的魏王党成员名单上并名列前茅。这么密切的关系，要说房玄龄没有参与那就太天真了。

太子李承乾毕竟出道时间有限，阴谋诡计见识得不多，所以他虽然猜到了张玄素，却没料到房玄龄。但他老爹李世民就不同了，不但看清了张玄素，而且看清了房玄龄。

贞观十三年（639年）正月十四，皇帝突然下诏加授尚书左仆射房玄龄太子少师一职。房玄龄当即上表予以拒绝。李世民不同意。房玄龄坚持不做太子少师，李世民坚持让房玄龄做，最后房玄龄只好不情愿地前往东宫就职。

于是饶有趣味的一幕发生了：太子李承乾闻讯安排好了接待房老师的仪仗队，准备人一到就行拜师大礼，可是大家等了很久都没见到人影，李承乾派人打听了一下，这才知道原来房玄龄在东宫门口转了一遭就以不敢受太子礼拜为由打道回府了。

无论是不敢受拜还是不愿受拜，反正房玄龄是没再照面。

房玄龄以自己的实际行动表明了不支持李承乾的立场，而李世民也没多说什么，只是在读了张玄素那几份劝谏太子的奏疏后找来了作者本人，展开了一次刨根问底式的对话（以下言语皆出自褚遂良的记录）。

李世民："你在隋朝时做的是什么官？"

张玄素："县尉。"

李世民："那没做县尉以前呢？"

张玄素："流外。"

所谓流外指的是九品以下的官吏，他们虽然也属于政府公务员，但已经是吏的层次，快跟县太爷身边的文书、打板子的一级了，因此多为别人所看不起。所以被问及这段黑历史时，张玄素的回答几不可闻，简直就想找个地缝钻进去。可是皇帝却不打算让他钻，因为还没问完你呢！

"那是在哪个部门当班啊？"

张玄素没有回答，因为他是刑部令史出身，这一职务在唐代正是最令读书人所不屑的，通常状况下，许多文化人（特别是诗人）宁肯不挣这份钱也不愿当这份差，其中的原因很复杂，后面有机会再详细说。

你只用知道的是，李世民当众深扒张玄素的行为不是很过分，而是特别特别过分，这是针对张玄素有预谋的恶意羞辱。

而褚遂良也如实记录下了张玄素对话后备受摧残的样子："将出阁门，殆不能移步，精爽顿尽，色类死灰。"以至于不知情的大臣们见到张玄素这副半死不活的样子都吓了一跳（朝臣见之，多所惊怪）。

俗话说得好，没有无缘无故的爱也没有无缘无故的恨，李世民之所以当众给张玄素找难堪，是因为张玄素欺负了他的儿子，所以趁此机会敲打这位吃里爬外的家伙一下，让他本分工作。然而，李世民没有想到的是，在张玄素那里，皇帝是不如房玄龄管用的，在老实了一段时间后，张玄素又开始明目张胆地写奏疏指责太子的不是，且故意将太子的种种缺点与不足公之于众。当然了，这是李承乾同李泰最后摊牌期间才发生的事，不过考虑到即将出场加入博弈的几位主角牌子更大，这里既然说到了张玄素，就先提前剧透一下这一细节。

东宫的属官中出现了奸细，这让李承乾的处境更为不妙。太子感到自己时刻处于对手的监视与摆布之下，即使待在自己家中也毫无安全可言，事情到了这步田地，也真的是山穷水尽无一路了，李承乾唯一能做的估计也只有大喊一声："神啊，救救我吧！"

李承乾有没有这么喊过我不知道，我知道的是，老天爷确实看不下去了，他给可怜的太子派来了救兵，且不止一个人。

贞观十六年（642年）四月，李世民突然降下一诏，打算让李泰搬到皇宫里的武德殿居住。

武德殿极为靠近太子的东宫建筑群，是当年齐王李元吉的住所，而依据当时朝廷的宣传，齐王李元吉是曾接受太子李建成好意，要在不久的将来继承李建成的皇位的。

于是一时间举朝哗然，大家纷纷猜测皇帝此举的真实意图，受正统观念影响极深的立长派文官更是忧心忡忡，深恐这位不愿按套路出牌的皇帝要玩什么废长立幼，重新洗牌。就在众人或观望形势发展，或揣测皇帝心思时，一个人已经出面表示了坚决的反对。

这个人自然是路见不平就要吼，一吼皇帝抖三抖的魏征。

魏征自始至终都是一个立长观念根深蒂固的人，所以从李建成到李世民再到李承乾，可谓流水的太子，铁打的太子党。无论谁是太子，魏征都会毫不犹豫地站在太子一边。因而在知晓此事后，魏征二话不说，找来纸砚提笔即挥就一道奏疏，毫不避讳地指出了李世民此举的不妥之处，他明确告诉李世民：你是皇帝，魏王虽是你的爱子，但他只是嫡次子而已，如今太子诸王名分已定，不好让魏王住在敏感之所，免得引人闲话。而且在奏疏中，魏征还直言不讳点明了李泰这个人绝非安分老实的主儿，再不注意约束一下，将来是会出大事的。

李世民恍然大悟：我没考虑到这一点，险些犯下大错误！

于是皇帝马上另下一诏，命李泰搬回他自己原本的府第居住。这时大家才恍然大悟，原来皇帝并没有换人的意思。

没错，李世民这个时候的确没有改立李泰的打算，他之所以一直以来不断给李泰加官晋级，只因为他是自己和长孙皇后的儿子，爱屋及乌，如此而已。但他的一系列行动却给了李泰和大臣们错误的信号，让李泰误以为太子之位近在咫尺可以一举夺得，甚至搞出了一个魏王党的庞大秘密组织。现在李世民终于意识到由于自己的过度关怀，李泰已经变成了李承乾的致命威胁，而如若再不采取行动，玄武门兄弟相残的悲剧势必再度上演。

一切应该恢复正常了。

李世民开始亲自出面收拾乱局。

第一招是个信号弹。

贞观十六年（642 年）六月，李世民下诏追复李建成皇太子的身份，与此同时，追封李元吉为巢王。

早不恢复名誉，晚不恢复名誉，偏偏在这时下这样的诏令用意不言自明。

两个月后，在一次朝会中李世民不知怎的，突然抛出了这么一个问题："当今国家何事最急？"

谏议大夫褚遂良当即出列答道："如今四海升平并无大事，最要紧的唯有定下太子和诸王的名分。"

皇帝立马接话："说得不错。"

双簧就此完成，计划进入第三步。

九月四日，李世民任命魏征为太子太师，借着魏征因病推辞的机会，李世民终于亮明了他的态度与打算：

"周幽王、晋献公都因废嫡立庶招致国家危亡。要不是有四皓相助，汉高祖也差点废掉他的太子。如今我信赖并依靠爱卿，正是为此，所以虽然知道你生了病，也相信你足以保护太子。"

魏征很感动，所以感动之余他决定接受李世民的这一重托，守护太子，至死方休。

魏征下定这一决心的日期是贞观十六年（642年）九月初，而他离开这个世界的时间是贞观十七年（643年）的正月。

魏征的病情越来越严重了。李世民虽然屡次派出使者探望并赐以名贵药材救治，但这些最终也未能挽救魏征的性命。

贞观十七年（643年）正月十七日，一代名臣魏征病笃。

得到消息的李世民立即放下手头的工作来到了魏征的家中。魏征的家位于长安永兴坊西门北面，很小却很干净，魏征安静地躺在狭窄卧室中的病榻上，虽然知道皇帝要来，他也已经在家人的帮助下改换了朝服，不过当李世民出现在他眼前时，他已经无力下拜迎接他的君主了。

看到奄奄一息的魏征，李世民的泪水止不住地流了下来，他紧紧握住魏征的手询问这位唠叨了自己半辈子的人，还有什么未了的心愿，或者还想再说些什么。

魏征微微点头，以略带颤抖的声音回答道："嫠不恤纬，而忧宗周之亡！"

说完，就陷入了昏迷。

寡妇担心国家衰亡便没有心思织布。

你魏征担心国事也就无暇顾及家事了是吗？

李世民还想唤醒魏征，让他勉强睁眼看一下未来的儿媳妇（李世民同长孙皇后的幼女衡山公主），可他却发现魏征已经失去了再次审视这个世界的力量。

当夜，皇宫里的李世民梦到了魏征，次日上朝时，他得到了魏征病死于家中的消息。

魏征终于还是死了。关于这个传奇大臣的评价问题，李世民已经做出了最有名的定论，而且许多著名人物也都给出了水平极高的评语，我这一介小卒就不凑这个热闹了。这里只陈述一个事实，一个客观事实，那就是从这一刻起，李世民开始缓步走下明君的神坛，直至回归为一个凡夫俗子，因为，这世间已经再无魏征。

　　熙熙攘攘，来来往往。

　　纵观千古，只此一人。

　　一人，而已。

第七章
明君的隐痛

　　魏征死了，众人的生活看似并没有发生什么明显的变化，但事实却并非如此。最先察觉到这一点的是太子李承乾。

　　贞观十六年（642年）最后的几个月可以说是太子殿下自丧母之后过的最美好的时光，张玄素等人噤声了，魏王一伙不闹了，很好，很惬意。究其原因，正是由于有魏征以太子太师的身份坐镇东宫。其实魏征因为生病没有常到东宫上班，但鉴于这位名嘴声闻万里，且人精爱较真，连皇帝都畏惧有加，倘若在他的眼皮下找事被瞅见了，那后果不堪设想。于是魏王党从上到下很快达成了共识，就现状来看，要拿下太子是不可能的，只能等，等魏征咽气。

　　但是等来等去，冬去春来，李泰得到的却是一个几乎令他绝望的事实。

　　贞观十七年（643年）正月十五，皇帝召集群臣当众训话，大致意思是：自己最近听说坊间议论汹汹，以为太子有足疾，魏王聪颖，会改立魏王继承大统，现在明确告诉大家，这是路边社，不要相信。太子虽然腿脚不好，但尚不妨碍走路，且太子的儿子已经五岁了，太子如有不测，也会按照礼法将立嫡孙为接班人，不会让余子取代嫡长子一脉，开祸乱之源。就此定调，谁都别再折腾。

　　事实证明，魏王李泰不愧是在性格上最像李世民的，听了老爹的警告后不但没有立即收手，反而跟吃了兴奋剂一样更加激动，加紧准备新一轮的进攻。

　　几天后，进攻开始，发起进攻的人不是李泰。

李世民第五子、齐州都督、齐王李祐突然起兵，占据齐州，公然驱民入城，扩编军队，而且还传檄齐鲁诸县，声称自己是被奸人迫害，为求自保不得已才造反，而依据李祐本人的说法，逼他走上这条路的奸人叫权万纪。

权万纪，时任齐王府长史，当然了，他也是在这次齐王造反事件中第一个被杀掉的人。

说起来这又是一次严重的师生纠纷。

原来李世民的这个儿子齐王李祐同前任齐王李元吉一样性格比较偏激暴躁，不仅喜欢打猎还经常结交些不三不四的人物，所以得知这一情况，李世民将吴王李恪的长史即权万纪调到齐王那里工作，意在让此人帮李祐痛改前非，老实生活。但后来的事实发展证明，这一次李世民看走了眼，他看错了权万纪。

李世民这一辈子，看人的眼光一向够毒够准，他老人家这辈子看走眼的人我统计了一下，不超过十个人，而权万纪正是其中之一。

李祐说得没错，权万纪是个不折不扣的奸人，此人之奸就在于无论怎么看，你都会觉得，这是一个正直而有节操的人。

在工作中，身为谏官的权万纪忠于职守，常能犯颜切谏，更难能可贵的是，此人不惧权贵，朝中谁红他就骂谁，比如当时房玄龄和王珪被委以考察内外官员政绩的重任，权万纪对考核结果不服，就上疏弹劾，搞得王珪吃了处分；又如在之前提到的张蕴古一案中，事业处在上升期的张大人本来没什么事，但就是因为权万纪的告发捅事，最终被捅到了刑场上，死了。

告赢两位宰相级大员，告停一高法副院长，有如此业绩在身，权万纪在皇帝眼中就是一个兢兢业业、敢于直言的好下属，而在朝中他也由此一度成为众臣畏惧的对象，几乎无人敢惹。

所谓几乎无人敢惹的意思就是还是有人敢惹，不巧的是，那个人是皇帝心目中最正直敢谏的大臣——魏征。

经过同权万纪的几次接触，魏征对这位直谏领域的后起之秀便有了一个清晰且准确的判断——这是个小人。

魏征不仅心中是这么想的，纸上也是这么写的，为保证权万纪不再以肆意诽谤弹劾大臣博取名声、扰乱朝堂，魏征义无反顾地为官除害，弹劾了权万纪。

就这样，权万纪被赶出了京城，几经辗转后被任命为吴王长史，发挥余热，规劝吴王李恪的不法行为，之后鉴于其教育成果显著，李世民令其接替办事不力的薛大鼎担任齐王长史，受命辅佐屡教不改的齐王李祐。

连房玄龄那样的老狐狸都整服过，我还拗不过你个乳臭未干的黄毛小子？带着这样的自信，怀揣着任命状，权万纪离开了安州（今湖北省安陆市），前往齐州，在那里，他将走向人生的终点。

不得不承认，权万纪很有两把刷子，一到齐王府便找来李祐的亲信壮士昝君谟、梁猛彪等人，致以初见的问候：快滚！

赶走了李祐的狐朋狗友后，权万纪又把李祐蓄养的猎鹰猎犬全部扔掉，严禁李祐本人随意出城。他本以为这几招过后，李祐就能够老实下来，遗憾的是，李祐并非这么容易就可以被降服的。

亲信让权万纪赶走了，就秘密召回来更加厚待；鹰犬被权万纪放走了，就在城里面打点麻雀什么的。总之，李祐这架势很有点要把"生命不息，折腾不止"这句话践行到底的意思。

所以不久，便开始有皇帝的特使接二连三地抵达齐州，为了同一个目的——训斥齐王李祐。

面对皇帝的震怒，李祐表现得很镇定，毕竟只是骂两句而已，还能咋的？但权万纪老师却陷入了恐惧的深渊，毕竟教导李祐是他的本职工作，如此下去丢的就不只是官位了。性命攸关之际，权老师摇身一变成为权忽悠，三言两语就让李祐相信了皇帝有出手整治自己的打算，随即老老实实地在列有自己所有过失的文件上签字画押，并保证务必改正。于是权老师凭着李祐的这份"悔过书"回京面见皇帝，保住了自己的地位。可他并没想到，李世民欣喜之余居然干了一件超出自己原计划的事。

他将李祐悔过的罪名一一抄录在答复的诏书里并坚决要求李祐切实改过自新。

李祐得知此事后气得差点吐了白沫。

居然把私人协议变成了政府公告，你还有没有职业道德？！

李祐同权万纪由此彻底决裂。

自从回到齐州后，权万纪一直处于担惊受怕的状态，因为齐王那边已经对外放了话，说要找个机会给权老师放血。于是恐惧最终转化为了愤怒，权万纪决定先下手为强。在他的安排下，昝君暮、梁猛彪二人被捕入狱，而由他弹劾齐王及其同党为非作歹、意图谋杀的奏疏也顺利通过驿站传到了皇帝的案头。

此事立即引起了李世民的高度关注，司法部部长（刑部尚书）刘德威受命亲往齐州调查此案。经过察访，刘部长确认情况属实。李世民下令：李祐与权万纪一同入朝说明情况。

估计可能是之前被权万纪忽悠得过于彻底，加之对权老师本人又恨得咬牙切齿，李祐居然直接派人将先行出发的权万纪杀掉了。这下不得不反了。

此后的事情，此前已经讲过了，不服从的属官被除掉，齐王及其同党全面掌控齐州各个城门的控制权，李祐大封手下，修葺城池，摆出了同长安势不两立、决一死战的架势。

齐王反叛的消息很快就传到了朝廷，李世民并不吃惊，却很伤感，毕竟被儿子造了反，无论怎么说也不是件露脸的事。李世民决定以最快速度削平叛乱，于是他派出了李世勣。

三月六日，李世民下诏以李世勣为兵部尚书，领怀州、洛州等州地部队前往齐州平叛。在这个时代，这个世界上，论军事能力能跟李世勣一拼的也就是当皇帝的李世民和退居二线的李靖了。皇帝特意以杀鸡用坦克的大手笔来打这仗，这充分说明李世民对于李祐的忍耐已经到达了极限。然而，大家都高估了一点——齐王李祐的掌控力。

李祐本就不读书、不学习，是个不折不扣的纨绔子弟，平时纠集亡命之徒，笼络流氓地痞，发展个把有黑社会性质的组织还可以，但要搞阴谋诡计、推翻老爹李世民，他的那两下子在李世民、李世勣面前简直就是幼儿园的水平。灭顶之灾即将降临在这群造反者的头上，很快。

三月十五日，尚在行军途中的李世勣接到了朝廷的最新命令，命令的内容言简意赅，两个字：撤军。

不必再打了，叛乱已经被平定了。

说起来这李祐的人缘也真是太差，发动群众的工作整了半天愣是没有人愿意响应，而他的部下们听说讨伐军是由李世勣亲自领衔指挥，立即达成了跑路的共识，据说连老婆孩子也不打个招呼就纷纷拴绳夜奔了。于是没等李世勣的人到齐州，齐王李祐就被其手下兵曹杜行敏带人给绑了，其余党也被杜兵曹当场干掉（估计是因为彼此互知根底，顺便灭个口）。齐王李祐玩了一辈子，至此终于玩完了。几天后，他被送至京师，赐死于内侍省，闹剧终于收场。

这场闹剧看上去不过是一个插曲，与朝中日趋白热化的夺位大战并无联系，但其实情况远非如此。正如讲辩证法的政治老师无数次告诉我们的那样，世界是处在各种错综复杂的联系中的。

此时因为此事，形势的发展出现了意想不到的变化。

在审讯李祐的同党时，调查人员得到了一个叫纥干承基的刺客的名字，于是此人很快被请进了大理寺的大牢，判了死刑。为了将功赎罪，纥干承基决意主动交代，他向审讯的官员提供了一个惊人情报：太子将反。

按纥干承基的说法，太子曾指使他刺杀太子詹事于志宁和太子左庶子张玄素，乃至魏王李泰（不过都没有成功），后来闻得齐王造反，太子又把他找过去说了一句意味深长的话：我东宫的西墙距离大内不过二十步，若和你们共谋大事，岂是齐王可比的？

太子李承乾就这样被拉下了水。

像这种天字第一号政治案件自然轮不上法曹御史之类的小角色，甚至档次最高的三司推事（由刑部、大理寺、御史台进行的联合审判）也靠边站了。这一次，专案组的成员由皇帝亲自挑选，上名单的是这么几位：长孙无忌、房玄龄、萧瑀、李世勣、孙伏伽、岑文本、马周、褚遂良。其中，岑文本、马周、褚遂良是比较倾向于太子的，房玄龄是疑似魏王党，剩下的长孙无忌等人立场不明。应该说这么个组合是比较有疑似的，至于审讯结果更有意思：李承乾谋反证据确凿。

调查结果出炉，接下去是量刑定罪，李世民召集群臣，问：

"如何处置李承乾为好？"

没人够胆吱声。

等了很久，终于有胆大的出面回应了。

"陛下不失为一慈父，太子得以尽享天年，如此为最好。"

回应者，名将来护儿之子，通事舍人来济。

虎父无犬子，所言不虚。

在来济的仗义照应下，李承乾的命运确定了下来，活着，但是失去了一切。他先被废为庶人软禁于右领军府中，后被流放到黔州，两年后死于流放地。

接下来是收拾太子李承乾的党羽。

第一个被处理的是李世民的七弟汉王李元昌。说起来李元昌参与谋反的原因比较有趣，据载是因在地方任职期间违法乱纪被李世民痛骂过，于是当弟弟的自此对哥哥李世民有了不满，于是他毅然决然参与了太子党谋反集团，并提出了事成之后的回报条件：我觉得皇帝身边演奏琵琶的那个宫女很不错，届时请您赏赐给我！

估计李世民得知老七的这一参与动机时也是一脸哭笑不得吧。

不过大家毕竟都姓李，有着同一个姓氏、同一个老爹。说到底其实没那么大的仇，更何况太子的计划并未付诸实践，所以李世民一开始也没打算严惩李元昌，只想教训下就完事，谁知李元昌平时得罪的人比较多，皇帝想赦免，但大臣们坚决反对，最后只好将李元昌赐死家中。

不过相比李元昌这个王爷，李世民更关注的是排在第二名的那个人的想法，因为此人才是真正的重量级人物。他叫侯君集。

坠落的将星

李世民不止一次得到过侯君集有意谋反的警告了。第一个向他提及此事的是李靖。之前说到过，李世民曾请李靖教导侯君集学习兵法，不过在学习的过程中，侯君集同学发现李老师有些不地道，每次兵法讲到最精妙的地方时，李靖都会戛然而止，宣布下课。时间久了，侯君集不干了，他向做中介的李世民投诉了李靖老师，并给出了他的判断，李靖将反。于是怀着疑问，李世民特意找来李靖询问原因，李靖的回答让皇帝大吃一惊。

"这是侯君集意图谋反啊！"

"此话怎讲？"

"如今天下太平，臣所教授的兵法已经足以安制四夷了。可侯君集却执意要我倾囊相授，这才是将有不轨的表现。"

史书上并未记录李世民听到此番话后的反应，但我相信并且确信，此时此刻李世民的内心深处应该充满了恐惧。不是对侯君集的，而是对李靖的。

其实只要仔细想想，就会发现李世民的恐惧是很好理解的。因为按照李靖的解释，他教给侯君集的兵法并非自己的精要部分，而就是这点内容即足以搞定四夷，这么说来，倘若李靖兵权在手且发挥全部实力，这天下可能依旧姓李，但绝非属于他李世民。

换了你是皇帝，会不担忧一个具有如此巨大能量的猛人吗？所以这次对话给李世民留下的最深印象估计是危险的李靖，而绝非危险的侯君集。

李靖一生精明谨慎，但也终于犯了糊涂，以一句话将自己束之高阁，送进了危险品存放区。

李靖的提醒并未引起李世民的重视，不过好在对侯君集有所觉察的并非只有李靖一人。

一次，李世民同江夏王李道宗一起吃饭，李道宗突然向皇帝进言道："侯君集才智低下，说话口气却很大，加上举止不合规矩，在臣看来，此人必会作乱。"

李世民被李道宗杀气腾腾的话吓了一跳，他笑了笑，以不置可否的语气询问李道宗做出这一判断的理由。

李道宗想了想，给出了两个理由：第一，侯君集自恃微功，常怀骄傲之色，一直以来耻于屈居房玄龄、李靖之下；第二，侯君集虽然身为吏部尚书，但并不满意，且对部分贤臣颇有微词，多有不平之语。

李世民点点头，给出了李道宗预料之外的答复：

"以侯君集的功勋、才能，有什么职位不能胜任？朕岂能吝惜高位，不委其以重任？只不过当前要论资排辈还没能轮到他罢了。"

末了，还特意加了一句："你不要胡思乱想，平白无故地给人添麻烦。"

完了，完了，有这么两个重量级的人物出面都没能动摇侯君集在李世民心中的地位，看来国家在劫难逃了。

不过，我们知道，这难最终还是躲过了，因为第三个人的警告。这第三个告发侯君集的人正是李世民的铁杆心腹——张亮。

李世民即位后，张亮凭借在狱中的坚贞表现，仅仅用了十五年的时间就从王府属官变成了建设部部长（工部尚书），其升官速度可以说是搭上了火箭。

贞观十七年（643 年），火箭分离。张亮被下放地方，出任洛州都督。就在这时，侯君集上门来了，于是就有了史上著名的一段对话。

"怎么被排挤了？"侯君集看着正在打包的张亮突然问道。

张亮没有停下手上的动作，头也不回地回了侯君集一句：

"就是被你排挤的，还想冤枉谁？"

怪我喽？

"我平定高昌国归来后，惹得天子大发脾气，这你是知道的，哪里还有本事排挤你？"

说完，见张亮并不应声，侯君集捋起袖子，冲他大声吼道："我实在是郁闷得要死，你能造反吗？我跟你一起造反（郁郁不可活，公能反乎？当与公反耳）！"

张亮依然默不作声。

侯君集满怀愤怒地离去了，张亮不久也离开了家，不过他去的方向不是洛州，是皇宫。

张亮出卖了侯君集，他将自己同侯君集的谈话内容密报给了李世民。事实证明，这是压死骆驼的最后一根稻草。

李世民对付政敌的一贯手段是不见兔子不撒鹰，这一次也不例外。此时的李世民虽然对侯君集的心怀异志不再有怀疑，但他还是告诫张亮不得泄露此事，且在这之后带头不露声色、一如既往地对待侯君集。当然，这绝非仅仅是因为李世民爱惜侯君集的才能，更重要的是，以李世民对侯君集的了解，他相信此人必定会帮助自己找出朝中暗伏的隐患。

事实证明，侯君集并未让李世民失望，但是以一种李世民做梦也未曾想到的方式并找来了未曾想到的人。

侯君集是个能够与时俱进的人，具体表现在他经常根据局势的变化，不断改变自己的世界观。高昌一役前，李世民待自己以国士之礼，侯君集即以死报之；高昌战后，李世民将他关进了监狱，侯君集的世界观也渐渐发生了变化：没有李世民，世界将更美好。

于是，当处于被废恐惧中的李承乾向侯君集询问自保之策时，侯君集便有意识地怂恿李承乾学习李世民发动宫廷政变逼老爹退位。

我们这里先不说李承乾是否有他老爹那样杀弟逼父的魄力，单论权谋诡计的水平他就比当年的老爹差出太多。所以，要把《玄武门》这部剧翻拍好，谈何容易。

经过一段时间的接触了解，侯君集导演很快意识到李承乾完全不是搞阴谋的料，但遗憾的是，虽身为导演，侯君集并没有随意更换主演的权利，更够呛的是，侯君集发现做群演的也太差，整个东宫的文武班子很难铸成铁板一块，在他看来，太子手下的那些人随时有反水泄密的可能，所以自从正式加入太子党，受任指导策划以来，侯君集承受了巨大的心理压力，据说常常在半夜惊醒，继而唉声叹气半天。

他很快就不用担心失眠了，真的。

果然不出侯君集所料，太子的逼宫计划被其暗养的刺客纥干承基所暴露，侯君集由此被逮捕入狱。

几天后，侯君集见到了自己的主审，一个熟人——李世民。

"朕不愿让刀笔吏羞辱你，因此你将由朕亲自审讯。"

看到李世民，侯君集很镇静，当即表示绝无此事，自己同太子不过是私交很好，来往频繁了点，但阴谋没有，谋反也不是。

李世民冷笑，他挥挥手招来了一个证人。

在看清证人的脸的一刹那，侯君集的脸白了。

因为那个证人叫贺兰楚石，此人有两个重要的身份：一、东宫千牛；二、侯君集的女婿。

这次赖都赖不掉了。

在人证（贺兰楚石）、物证（侯君集写给太子的密信）前，侯君集承认了意欲谋反的指控。然后他听到了来自老领导的诀别。

侯君集被押赴城中十字路口（四达之衢），行刑。

这个一路把自己逼上高位的吹牛者最终将自己逼上了绝路，然而出人意料的是，在侯君集人生的最后一刻，他并未流露出丝毫的恐惧，只是嘱托监刑的将军为皇帝捎上一句话，随即从容受死。

李世民从回来复命的监斩官那里得知了侯君集最后的请求，他下令特赦了侯君集的老婆和一个儿子，将他们改判流放岭南。

侯君集,你留下一子延续香火的愿望朕已然满足，自此我也不愿再上凌烟阁了啊!

安息吧! 将星不死，只是陨落。

在皇帝的亲自干预下，朝廷上下的太子势力基本被一扫而光，而其清扫的力度，可以不夸张地说超越了以往的历次政治较量，可谓一视同仁、玉石俱焚。比如，太子党的骨干成员中，洋州刺史赵节是李世民五姐长广公主的儿子，李世民没手软，杀了；又如，李承乾的另一心腹杜荷是李世民女儿城阳公主的夫君，也没犹豫，处死。

相信很多人读到这里时都会认为这是李世民因伤心过度，以致丧失了理智。但事实可能并非如此。

譬如，太子的亲信中有个叫李安俨的，被杀后家里留下了个九十多岁的老父亲无人照看，李世民得知这一情况找人来给李安俨的父亲养老送终。按说这个李安俨是最不具备被宽恕资格的，因为此人以前是李建成的人，且同样是太子亲信，在玄武门事件中他曾为李建成力战给李世民一派造成了不小的麻烦,后来李世民觉得他忠勇可嘉,赦免了他,还把掌管宫廷警卫的重任交付给他,可以说是信任有加。可是这一次李安俨再次站到了李世民的对立面上,因此不客气地说是杀得很正当,可李世民却没牵连其家人,反而是予以帮助,仅凭这一点我们便可以知道,李世民在处理太子谋反一案时,头脑是清醒的,状态是冷静的。而除此之外,李世民的另一表现也为我们印证了这一点。

在对待东宫的属官时,皇帝并没有将相关人员一勺烩,全部一棒打死,而是区别对待,有捧有踩。同样是坚持激烈劝谏太子并上了黑名单的于志宁和张玄素,前者得到了李世民的夸奖勉励,后者被免为庶人,赶回家种田。在外人看来,张玄素很冤,明明他和于志宁的表现是一样的,可结局上差别咋就如此大呢? 更奇怪的是张玄素竟未为自己辩护!

其实历史上的许多事情之所以会成为谜团,除了有人不想让外界知道这一原因之外,还有另一个重要的原因,那就是,某些真相往往不必大白于天下,只要当事人心知肚明即可。而张玄素的事就属于第二种情况。

对了,还漏了一个。刺客纥干承基因揭发检举有功被免去死罪,提拔为祐川折冲府都尉(四品),赐爵平棘县公。从某个角度看,可谓是真正的人生赢家了。

当然,说起幸福感爆棚的,纥干承基绝非唯一的一个,事实上有人比他还要兴奋激动,这个人便是魏王李泰。

看到做哥哥的太子自食苦果,李泰没有眼泪,只有欢笑。这听上去很不符合人情,但很符合实情。毕竟在高度集权的中国传统社会,亲情对于那些接近至高权力的人来说从来不是必需品,而是奢侈品。特别对于一心想要效法老爹的李泰而言,如今正是为抢得必需品采取必需的行动的时候。

于是在李承乾被软禁期间,魏王李泰的身影开始频频出现在皇宫中,而朝臣们也大多认为魏王做太子之事已经成为定局,所以无论是魏王党还是前太子党,大家一致统一口径,上书的上书,面奏的面奏,全力支持李泰入主东宫。然而此时蹊跷的事情发生了,一贯对魏王宠爱有加的皇帝居然在这关键的时刻只动口,不动手——当面口头上说得好好的要立魏王,可册立魏王为太子的正式文件(诏书)却迟迟不见发下来。

我相信,在下册立李泰为太子的决心时,有三件事交织在一起最终起到了扭转乾坤的作用。

这三件事具体说来是三次谈话，其发生的具体时间不详，事发地点也不详，唯一可以确定的是这三件事均发生于贞观十七年（643年）四月间的皇宫。

一天，李世民对几个亲信的大臣说，昨天李泰来找过他，向他发誓一旦自己即位，百年之后定会杀死自己的儿子，传位给晋王（后来的唐高宗李治）。转述完李泰的誓言，李世民不由得长叹一声：世人谁不爱自己的孩子，朕见他如此，心里真不是滋味！

眼看李泰的屁股就要挪到太子的那张椅子上去了，挪椅子的人接话了。

"陛下此言大误！希望您好好考虑，不要再犯同样的错误了！"

李世民面带疑惑，看向了发表这一言论的谏议大夫褚遂良。

"陛下万岁后（皇帝驾崩的委婉说法），魏王拥有天下，他岂肯杀死自己的至亲骨肉，传位给晋王？"

李世民愣住了，他终于醒过味儿来，魏王的说辞的确不可相信。没有人会傻到把到嘴边的肉放到别人碗里，性格上极像自己的李泰则更不会如此。

那该如何是好呢？李世民再次看向褚遂良，他知道这个人肯定还有话要说。

"之前陛下既然已经立了高明（李承乾的字）为太子，却又宠信魏王，让他的礼制待遇超过了太子，这才导致了今日之祸。前事不远，足以为鉴。如今陛下将立魏王，希望先妥善处置晋王，这样才能安全。"

褚遂良说完，低下头，静静地等候着皇帝的吩咐。

就在此时，出乎大家预料的一幕发生了，几位大臣没有听到皇帝的答复，反倒听到了哽咽之声。

怎么？皇帝哭了？

确实如此。此时此刻的李世民不再是一个说一不二、威风八面的帝王，他不过是一个父亲，一个因为亲生骨肉手足相残无比痛心却无能为力、不知所措的父亲。

"我不能那样做，我办不到。"

在场的所有人都蒙了，谁也没有想到皇帝竟然还有如此无奈的一面，悲泣难止的情况下，李世民只好匆匆起身入宫，留下了处境尴尬的大臣们面面相觑。

皇帝也是人啊！

说到晋王李治，这位未来的皇帝此时的年龄并不大，仅有十五岁而已，但是身为长孙皇后最小的儿子兼皇位的潜在竞争者，历史的大潮已经无情地将他送到了风口浪尖。

很快，魏王李泰找到了他，以今时今日小混混抢劫中学生的身段把李治堵在了路上。当然，李泰并不缺钱且好歹算个文化人，所以进行威胁的方式基本是比较文明的恐吓："你和李元昌的关系据说不错啊？李元昌如今被赐死了，你难道就不担心吗？"

李治此时本来正是无忧无虑的年龄，经哥哥这么一提醒开始担惊受怕起来。李治魂不守舍的状态不久即为李世民发觉，他开始追问李治神色异常的缘故，李治不敢隐瞒，只得据实相告。李世民听完李治的话怅然若失，他开始有些后悔说出册立李泰的话了。然而，真正让李世民完全打消立李泰为太子的念头的，是接下来要说的这件事。

李世民和李承乾这对父子终于再次见面了。

由于李世民曾对这个儿子寄以厚望，所以见面之后，一顿痛骂在所难免。而作为过错方，李承乾则默默听骂，直到李世民骂完。

"臣身为太子，没有什么不满足的。只不过为李泰所逼迫，向朝臣谋求自保之术时误入歧途。今天假如让李泰做了太子，正好是落入了他的圈套！"

李世民被李承乾的这番话说得呆住了。李泰真的可以相信吗？他继承皇位之后真的能够优待李承乾和李治吗？李世民没有畅想未来的情景，因为在他内心深处，早已有了答案。

就在这一刻，李世民做出了决定。

同年四月的一天，朝会结束后，李世民留下了长孙无忌、房玄龄、李世勣和褚遂良四个人，他有话要对他们说。

"我三个儿子、一个弟弟竟然干出了这等事情，我实在是万念俱灰！"

话刚说完，人已经栽倒在胡床上。长孙无忌等人见状，争相上前搀扶。而就在此时，情况再次发生了意想不到的变化。皇帝突然抽出了佩刀，向自己身上招呼，好在旁边的褚遂良眼疾手快，将刀夺了过去，这才没有出事。不过四位大臣已经被惊出了一身冷汗，为免皇帝再度自残，大家纷纷跪倒在地，恳请皇帝保持淡定。

您有何打算，但说无妨，我们必定支持。何必动刀动枪的呢？

李世民沉默了一会儿，平静地说道："我欲立晋王。"

长孙无忌立刻表示赞成，与此同时也撂下了话："有异议者，臣请斩之。"

李世民至此终于露出了久违的微笑，他当即转头对在旁边候场的晋王李治说："你舅舅答应拥立你了，快去拜谢。"

李治闻言立刻向几位重臣下拜行礼。

大事已定，水到渠成，然而李世民依旧有一丝不安，于是他向四位重臣提出了一个问题。

"公等已同我意，未知外议何如？"

回答："晋王仁厚孝顺，天下人很久就归心了，请陛下试着召集百官询问，一问便知。如果有人不同意，那就是我们欺骗了陛下，罪该万死！"

演得真好，真的，像真的一样。

皇帝主打苦情牌，长孙无忌演白脸，褚遂良唱红脸，晋王李治跑龙套，配合默契，天衣无缝。

这出戏糊弄一下智商值到达二百五的人相信还管用，但房玄龄和李世勣都是智力水平并未超标的聪明人，想赚取眼泪是有难度的。

不过在这种情况下不顺风使舵的人才是傻子。

就这样，魏王党的代言人房玄龄妥协了，军方代表李世勣也没有异议，在群臣的欢呼下，晋王李治被推选为太子。大功告成。

不对，事情还没有了结，贞观年间的这场大戏还差最后一幕才能剧终。

是的，这个人就是魏王李泰，应该给他一个归宿了。

就在晋王李治在太极殿被明确为太子的同时，魏王李泰接到了一个通知，入宫的通知。

李泰大喜过望，他以为这是老爹李世民准备在朝堂上向百官正式宣布册立自己为皇储的消息，于是欣喜之余，魏王李泰带着一大批随从出了门，直奔皇宫而去。

不久李泰到达了永安门门口，护卫告诉他不能再继续骑马前进，且皇帝有旨，只能让魏王单独进去，王府随员不得入内。

李泰没有反对，因为在他看来，胜利就在前方，这点细节就不要争执了，早晚一切将由他做主。就这样，李泰留下了所有手下，满怀兴奋地走入了肃章门。就这样，李泰被一拥而上的卫士们当场摁倒，绑上之后直接送往将作监幽禁。

说好的太子称号呢？你们拿错剧本了吧？！

没拿错，东莱王。本月七日陛下已经亲临承天门楼昭告天下以晋王殿下为皇太子，并大赦天下，而王爷您现在已经是郡王了。

李泰听完当即晕死过去。

李泰没有被忽悠，李世民在册立晋王为太子后的第七天便下诏免去了李泰雍州牧、相州都督、左武候大将军的职务，并把李泰降级为郡王。而他的亲信除杜楚客因其兄的功绩被贬为庶民外，其他的王府官员无一例外地获得了由李世民友情提供的岭南余生游的机会。此外还附有温馨小贴士：本人适用，单程票，可携带全家，不得弃权。

值得一提的是，同李泰关系极近的房遗爱（房玄龄之子）、柴令武（柴绍之子）等人，由于李世民出现了选择性遗忘的症状，因而未受牵连和处罚。他们看似逃过了一劫，但只是看似而已。

废掉李承乾，处理魏王李泰，力挺老实的李治成了新的皇储。此外将长孙无忌、房玄龄、李世勣、褚遂良等重臣先后安排进入东宫，辅佐太子，如此几招下来，李世民终于解决了让他最为痛苦的二子相争难题。然而伤心总是难免的，贞观十七年（643年）似乎是李世民命中注定的苦痛之年，很快李世民就将遭到更大的精神挑战。

作为贞观年间最大规模的政治斗争，无数人因李承乾和李泰的博弈而丢官降级，甚至身首异处，但不得不承认在协调儿子关系这一领域李世民真正超越了其父李渊，至少，相对于玄武门外的血战，这点动静已经算是很小的了。

俗语有云，尺有所短，寸有所长。李世民虽在许多方面高出了一个层次，可他有一点一直未能完胜李渊，这一点就是获得朋友。

李渊一辈子坑过很多人，也被很多人坑过，但在他的生活中一直以来都不缺朋友，哪怕当了皇帝，成了孤家寡人，裴监、萧郎、苏世长都是他的朋友。而反观李世民，由于嗜权如命、城府极深，还喜欢用权谋跟人打交道，所以像他这种人是很难有真正的朋友的。

但我相信，在李世民的内心深处，他应该曾把一个人视为朋友，那个人就是魏征。

魏征为人正直，从不忽悠，更为难能可贵的是此人在圈子里混，从不拉帮结派、搞党同伐异，实在是个好臣属。基于这几点，李世民完全没有不把魏征视为朋友的理由，然而如今有人开始给出李世民理由，还不止一个。

魏征死前，曾向李世民推荐过两个人，说这两人都具备做宰相的才能，希望朝廷加以重用。被魏征给予如此高评价的人分别是侯君集和杜正伦。

侯君集我们前面已经介绍过了，是出将入相式的人物，论能力的确没得说。至于杜正伦，虽然此前一直没有露面，但事实上也不差。因为他曾经中过隋朝的秀才。在隋朝，秀才这个称号是极其难得的，以至于整个隋朝下来，获此殊荣的只有十来个人。不夸张地说，除非文笔极好，学识特丰富，见识很有见地，否则真是想都不要想。杜正伦正是这样一个知识精英，所以他被魏征举荐给皇帝，只用了四年的时间就做到了中书侍郎（中书省副长官）。而出于同样的原因，杜正伦被派往东宫辅导太子李承乾。可是他的运气很不好，去的时候刚巧赶上李承乾闹足疾，不听劝，情急之下，他把领导嘱咐自己随时随事劝诫太子的话透露了出去，没承想李承乾一个激动把杜正伦告诉他的话写了一道表章告诉了皇帝，杜正伦由此获罪被逐出朝廷担任谷州刺史。

不过事实证明杜正伦的霉运还没走到头，他被赶走不久，东宫事发，相关部门追究连带责任，又将杜正伦贬了一次，出为交州都督。又过不久，杜正伦被群众揭发举报曾收受过侯君集的钱，好了，不用多说了，杜正伦就此被免除一切职务，发配处理。

侯君集和杜正伦是一伙的，两人都是太子党，且都是由魏征强力推荐过的，在联系到魏征屡次劝谏自己厚待太子、压制魏王，李世民由此开始怀疑魏征其实是有门派的（上始疑徵阿党）。恰好此时有人向李世民告发魏征此前曾自主结集整理了自己的劝谏语录，还把文本拿给负责做起居注的褚遂良看，至此，李世民终于怒不可遏。

好啊，我把你当朋友，你却当面一套，背后一套，还敢揭朕的短，好青史留名，真是反了你了！

愤怒之后就是算后账了，虽然人已经死了，没事，也能清算。李世民先下令解除魏征儿子魏叔玉同衡山公主的婚约，然后派人到魏征的墓地把由自己亲手给魏征写的墓碑推倒了，而就在李世民考虑是否要把魏征那个大骗子从坟里刨出来示众时，一个人的出现避免了这一切——有趣的是，这个人其实已经死了。

贞观十七年（643 年）十一月，治书侍御史唐临追劾故司空封德彝欺君盗名、阴持两端，请求皇帝剥夺封德彝生前一切职务和荣誉。

封德彝当年暗中支持李建成的秘事至此被曝光。死了十七年才露出破绽，封德彝真无愧"第一人精"的称号。

按照唐临的意见，黜官夺爵只是第一步，下一步应该……

没有下一步了。

民部尚书唐俭向皇帝指出，封德彝虽然为人奸险，但生前的种种成绩还是需要肯定的，所以追夺封德彝的全部官职有些过分，只取消追赠的司空头衔，降赠改谥就可以了。

李世民认可了唐俭的说法，只下诏夺去了封德彝的赠官，改了一个不太好的谥号，并削减了其食封，这就住手了，自此也未再做追究。

就这样吧，人已经死了，更何况他确实对国家有功。

李世民释然了。

我不会再计较那些旧事了，英明也好，暴躁也罢，重要的是我是什么样的人，而非别人认为我是什么样的人；重要的是我要做什么，而非做过什么。

看吧，我会超越前人，在历史上铭刻下一个伟大的名字的。

就在长安的太子和魏王斗争最为激烈的时候，帝国刚刚平定的西域也出现了重大的变故。

经过长期混战，贞观十五（641年）年，西突厥北汗庭的咄陆可汗击败了其最强的竞争对手——南汗庭的沙钵罗叶护可汗，并杀死对方，获得了西突厥的全部地盘。当时唐朝大哥正在用兵教训欺负东突厥的薛延陀部，无暇西顾，于是咄陆可汗由此彻底消灭了所有异己势力，完成了西突厥的统一。

休整了一段时间后，西突厥的咄陆可汗开始尝试着重新控制西域各国。

在忐忑不安中，咄陆可汗进行了第一步的试探，他派兵经略西域各小国，直到进军到与唐朝关系良好的吐火罗边境才罢兵。唐朝对西突厥此举并无任何反应。

不久，咄陆可汗出兵进攻吐火罗并一举攻灭其国家，唐朝对此依旧毫无反应。

咄陆可汗很兴奋，于是他紧接着采取了第三步军事行动，进攻唐朝。

贞观十六年（642年）九月，西突厥突然出兵攻打唐朝的西陲重镇伊州。

唐与西突厥在西域的较量由此正式展开。

对于此次作战咄陆可汗深感信心十足。这也不难理解，当时的西突厥刚刚实现统一，兵强马壮，战斗经验丰富，加之不久前刚刚一举讨平了吐火罗，士气正盛。那真是一提要打仗，部众的眼里就闪金光，连战争动员都不用考虑，随时可以发动一场说打就打的战争。

而根据咄陆可汗所了解的情况，作为他的对手，唐朝在此驻兵不过万人，经营时间还很短，影响力尚未扩展到整个西域，所以只要击破唐朝在西域的这一据点，便可重新号令西域，恢复汗国昔日的荣光。

可惜，他终究未能成功迈出这关键的第一步，因为他有一件事没有考虑到，那就是伊州的守将郭孝恪的能力。

当西突厥的大军杀奔伊州而来时，郭孝恪并不慌张，甚至连救兵都没有找，因为他准确地判断出，西突厥此次出击的目的不在于劫掠金帛、人口，这不过是一次试探性进攻；但是如果他们此战得胜，接踵而来的便会是倾国之师的大举进攻，所以最佳的反制措施是趁西突厥伸出触角之际，果断地斩断它。

于是，郭孝恪亲自带领两千轻骑兵突袭了赶路中的西突厥军队，出其不意地击败了敌人，使其放弃了进攻伊州的计划。不久郭孝恪又赶赴天山县，解除了依附于西突厥的处月、处密二部对县城的包围，并乘胜攻下了处月俟斤（酋长之意）所居住的城池。

处月部可真是遭了殃，本来畅想着进城抢一把的，谁知竟被人破了城，不得不丢下大本营落荒而逃。

相比蚀了老本的处月部，处密部更惨，他们本以为唐军追赶处月部去了，没自己啥事了，谁知就在一行人行至遏索山下时，他们再次遇见了唐军。

好久不见！

处密人还没反应过来，对方的刀离自己的脖子已经只有几厘米的距离了。

想死，还是想活？我只问一次。

不过是为求财而已，不必把命卖出去。想活。

处密部众就此投降。

消息传来，咄陆的嘴巴半天没能合上。他终于意识到自己面对的是一个什么样的对手。

在试探失利后，咄陆可汗再也不敢贸然向唐朝发起进攻，所以他将目标转向了西面的康居。而在出征康居的路上，咄陆的大军经过了一个叫米国的国家，竟然顺道就将米国这样的一个第三国击破了。咄陆的表现充分证明了他是一个只认钱不认人的主。

有道是有什么样的领导就有什么样的部下，咄陆的部将泥孰啜见抢得的战利品很多，而咄陆又一直没有分发的意思，就此认定咄陆意图独吞，于是泥孰啜先下手为强，把战利品强行夺走，但他没走多远就被咄陆的人抓了回来，砍了示众。

对于泥孰啜的所作所为，咄陆可汗感到很愤怒：老子的东西你也敢抢！

对于咄陆可汗的所作所为，他的部众们也很愤怒：看来你是真的不打算分啊！

泥孰啜的部将胡禄屋率先反水，领部袭击咄陆可汗。咄陆被打了个措手不及，部众被突然打散，只好跑路退保白水胡城（在今乌兹别克斯坦境内）。

咄陆逃掉了，其反对势力立刻派人联系唐朝，请求废掉咄陆另立新可汗。

天上掉馅饼当头砸下来的事情还真的有啊！李世民乐呵呵地颁下玺书册封莫贺咄

乙毗可汗的儿子为新可汗，称为乙毗射匮可汗。西域至此再次回归了平静——平静了两年。

贞观十八年（644年），安西都护郭孝恪探知焉耆国王龙突骑支勾结西突厥大臣屈利啜意图叛唐，于是他将此事上报给了朝廷并请求出兵讨伐焉耆。李世民批准了郭孝恪的请求，任命他为西州道行军总管统率所部三千兵马出银山道征讨焉耆。

是的，你没有看错，我也没有写错，郭孝恪的总兵力只有三千人。但他正是凭借这仅有的兵力夜袭焉耆国都，俘获焉耆王龙突骑支，完成了看似不可能的任务。

就这样，龙突骑支被押送到长安交由皇帝发落，其弟龙栗婆准被留下来摄理国政，但是此时的郭孝恪并没有意识到真正的敌人已经在路上。

郭孝恪率军离开焉耆的第三天，屈利啜领兵抵达焉耆。在抓到龙栗婆准后，屈利啜立即统领精锐骑兵前往追击郭孝恪。

两军相遇的地点叫银山，西突厥的总兵力为五千人，唐军有三千，双方大致相等，而这将是唐军与西突厥第一次正面的军事交锋。

交战很快结束，屈利啜快要疯了，五千精骑居然被三千唐军一举击溃，还被敌人追击了几十里地。丢人，真丢人！

所以这一战导致的直接结果是颜面尽失的屈利啜不再干预焉耆国政，改由西突厥派出的一个吐屯（官职名，相当于唐的御史）接管焉耆。

有意思的是，这位吐屯不知道是怎么想的，明明是西突厥派到焉耆的代理人，竟然主动派使者远赴长安向唐朝进贡，这一举动即使是李世民也始料未及，因而当他接见那位所谓的"焉耆国王"使者时，顿时哭笑不得：我发兵打下了焉耆，你是什么人，竟然敢窃据王位？！

那位吐屯是个很自觉的人，听到大唐皇帝的话后便收拾行李回国了。焉耆贵族由此改立龙栗婆准的堂兄龙薛婆阿那支为国王，但依旧依附于西突厥。不过鉴于李世民当时忙于应对高句丽和薛延陀，无暇西顾，新上任的乙毗射匮可汗也忙于巩固地位，安抚部众，大家都很忙，西域由此进入了第二个休战期，为期三年。

贞观二十一年（647年），烽火再起。

这一次战争的导火索既不是焉耆，也非西突厥，而是西域的另一个国家——龟兹（今新疆维吾尔自治区库车市一带）。

龟兹，西域古国之一，其国西接疏勒，东临焉耆，北部为天山，南部为大漠，是丝绸之路北道的重镇，经济、文化极为发达，建国历史特别悠久，所以这样一个龟兹向来不太把唐朝放在眼里，特别是当郭孝恪出兵焉耆时，龟兹国王本着地区性大国的责任感曾一度派出部队支援焉耆，并将龙栗婆准要过来处了死刑，暗中同西突厥一并支持焉耆与唐朝搞对抗，其行为已经严重影响了李世民重开丝绸之路的大计，因而李世民早就有意端掉这块绊脚石。现在机会终于来了，龟兹的老国王病死，新国王白诃黎布失毕继位，他不但没有致力于缓和已经十分紧张的唐龟关系，反而继续奉行其老哥的对抗政策，与唐断绝了关系。更为恶劣的是，龟兹自己不服唐朝，也不许邻居与唐保持联系，自其上台以来多次悍然出兵攻打亲唐的邻国，以此向长安方面示威。龟兹君臣并不知道自己的这一系列举动实在是自讨苦吃，因为在龟兹摩拳擦掌之时，唐朝早已磨刀霍霍。

贞观二十一年（647年）十二月，李世民任命左骁卫大将军阿史那社尔为昆丘道行军大总管，右骁卫大将军契苾何力为副大总管，会同安西都护郭孝恪所部，集结铁勒十三州、突厥、吐蕃、吐谷浑等骑兵部队共计十余万人，联兵进讨龟兹。

细细分析一下就会发现，李世民这一次在出征将领、兵力的安排上别有奥妙。担任正、副主帅的阿史那社尔和契苾何力都曾参加过之前的高昌之役，但都是番将；郭孝恪本是中央驻西域的最高长官，却统领偏师偕同作战。至于远征军本身，唐军并不是主要组成部分，而是由唐朝的各个属国或盟友的骑兵部队作为核心。相信你已经看出来了，李世民想要传达的不仅仅是强大的军力，而是一种秩序。一种由天可汗为主导、唐为宗主、四方诸国参与的，整合东亚、连通世界的新秩序。

在这一秩序下，西域作为帝国联系世界的唯一陆上通道，必须保持畅通无阻。所以当龟兹坚决堵路，同唐朝叫板时，无论是龟兹还是唐朝都再无其他选择，唯有一战。

自重新踏上西域的土地以来，唐军在阿史那社尔统领下所向无敌，连破处月、处密两部，并顺利突入焉耆国境，一路攻击前进直趋焉耆王城，焉耆王龙薛婆阿那支闻讯弃城逃往龟兹，然而龙大王的跑路之旅没能持续太久，他很快便被唐军追上，然后被送交主帅阿史那社尔处理。

阿史那社尔对于劝说龙薛婆阿那支归附唐朝什么的似乎没有信心也缺少耐心，于是他选择了最简单易行的方式来解决焉耆的不服——干掉龙薛婆阿那支，另立一个听话的焉耆国王。

焉耆的败北极大地震动了唐军的对手们，原本支持龟兹的西突厥国相屈利啜见状立刻上书李世民请求率领本部人马配合唐军作战。

小弟让人废掉了，大哥中途翻脸掉转矛头打自己，龟兹欲哭无泪。边地守将听说唐军大举前来，更是闻风丧胆纷纷逃跑。唐军就此推进到沙漠边缘，再向前三百多里即是龟兹的都城了。就在此时，阿史那社尔下令全军暂时停止前进，因为长期的战场经验告诉他，前方可能不会像之前经历的那样简单。

于是认真思索了一阵后，阿史那社尔决意谨慎前进。他派遣伊州刺史韩威率领一千骑兵担任前锋，骁卫将军曹继叔所部随后跟进。事实证明，阿史那社尔的军事直觉很敏锐，龟兹军队并非不堪一击，反倒是颇具实力，他们其实就在前方的不远处等待着唐军的到来。

前方叫作多褐城。

此时龟兹国王白诃黎布失毕、国相那利和大将羯猎颠聚集在多褐城中，在这里他们集结了全国最为强大的五万军队，准备以逸待劳歼灭唐军。

不出龟兹人所料，唐军看到数以万计的龟兹军队时被吓了一跳，领兵的将领立刻下达了撤退的命令，那支千余人的骑兵部队开始向他们开来的方向狂奔。

白诃黎布失毕感到异常兴奋，他当即号令全军追击敌人，意图一口吃掉这部分唐军。当然，对于最基本的战争常识白大王还是知道的，为了避免被对方算计，一路上他命令部队注意周围动向，谨慎追赶。

十里，二十里，三十里，沿途并无异状，白诃黎布失毕放心了，他随即下令部队全速前进，务必追击唐军。

他真的应该再坚持一下的。

曹继叔的后续部队正在三十里外行进中。

不久，先锋韩威所部终于同曹继叔部实现了会合，紧接着龟兹军队也来了。

随即两军接阵，唐军"殊死战"，最终"大破之"。

一般来说，情节发展到这儿，应该是龟兹闻风丧胆、望风归降，唐军势如破竹、高歌猛进。

可这一次是个例外。

不得不佩服一下白诃黎布失毕了。此人虽然站在了历史潮流的对立面上，但单论勇气却是值得称道的。

大败之后，白诃黎布失毕表现出了惊人的心理素质，不慌不忙地收拢败兵退保国都伊逻庐。但白诃黎布失毕在战场上的亮点也就这么多了，毕竟他面对的是身经百战的阿史那·社尔。所以唐军不久即兵临城下，白诃黎布失毕在最后关头抛下了首都的一切，自己先跑了。

龟兹的王城由此被唐军拿下，在留下郭孝恪等将镇守后，阿史那·社尔统领大军继续追赶白诃黎布失毕。

唐军承担追击任务的，准确地说是沙州刺史苏海政和薛万彻的弟弟、尚辇奉御薛万备。二人一路追击白诃黎布失毕，行进六百里，最终成功地将白诃黎布失毕逼进了拨换城里。这里将是两军最终较量的战场。

拨换城险要难攻，唐军主帅阿史那社尔是突厥人，长于骑射野战，不善于攻城拔寨，固守此城耗尽唐军的锐气和军粮，届时趁其撤退再行进攻，翻盘也说不定。

这就是白诃黎布失毕的如意算盘。

白诃黎布失毕是对的，在易守难攻的拨换城下，阿史那社尔和他的部队果然被轻松地挡住了，在长达一个月的时间里，唐军但凡能想到的招儿都使上了，可拨换城依然在那里，岿然不动。

要到极限了吧！白诃黎布失毕窃喜。然而他没能笑到最后，因为他忽略了非常重要的一点，草原民族的性格特性：实在。

十天打不下来就二十天，二十天打不下来就四十天，什么时候打下来了这才算完事。

苦心人，天终不负。

第四十天时，拨换城被唐军攻克。白诃黎布失毕及其大将羯猎颠被俘虏，唯一略显美中不足的是龟兹的国相那利在乱军中脱逃，但总的来看，战绩还是不错的。

国王被俘获，首都被攻克，龟兹按理说该消停了，唐军上下都是这样认为的。所以当有人奉劝驻守伊逻庐的郭孝恪小心那利带人突袭王城时，郭孝恪对此深疑不信。

但他最终还是信了，因为不信不行，他看到城中已然一片混乱。

郭孝恪终于意识到自己犯下了一个极其严重的错误，所以他试图补救。在混乱中集结他所能集结的部队，然后带领这些士兵杀入城中。然而当郭孝恪率兵赶到城下时，他才惊讶地发现大错已然铸成，且无可挽回。此时那利的同党已经占据了城楼，城上箭如雨下，郭孝恪根本无法进入，城中的乱党倒是很"友好"，他们主动地打开了紧闭的城门，然后杀了出来。

面对占据绝对优势的敌人，郭孝恪毫无惧色，他率领唐军拼死作战，直至一支冷箭穿透了他的胸膛。

郭孝恪就这样死了，与他一同战死的还有其子郭待诏以及数百名同样勇敢的士兵。

不过勇士们的血没有白流，他们为驻扎在城外其他方向的唐军争取到了宝贵的时间，在曹继叔、韩威等将领的努力下，经过一夜的奋战，唐军终于将那利和他的手下驱逐出了王城。

十几天后，那利再度统领万余龟兹军队进攻伊逻庐，但这一次他再也没有那么好运了。龟兹军被曹继叔领军击败，那利虽然单骑逃脱，可不久即被龟兹人抓获送交唐军，至此，龟兹终于被平定了。

此战，唐军一共攻破龟兹大城市五座，降服城池七百余，俘虏数万人，史称"西域震骇"。

于是西突厥、于阗、安国争相赠送驼马、军粮慰问唐军。唐军的主帅阿史那社尔在宣讲了朝廷的政策后，改立白诃黎布失毕之弟为新国王，随即撤军。

贞观二十三年（649 年）正月，白诃黎布失毕及那利等人被押送至长安，李世民赦免了白诃黎布失毕等人并任命白诃黎布失毕为左武卫中郎将。不久，李世民下令将安西都护府自西州交河城迁到龟兹王城，并在龟兹、焉耆（今新疆维吾尔自治区焉耆县）、于阗（今新疆维吾尔自治区和田县）、疏勒（今新疆维吾尔自治区喀什市）四城修筑城堡，设置军镇，此即后世著名的安西四镇。

经过近十年的经营，李世民终于实现了他重开丝路的梦想，这条古老的通道至此将在唐朝的庇佑下重获昔日的荣光。

第八章
目标！高句丽！

南定岭表，西平慕容，北破突厥，沟通欧亚，平定天下，安抚四海。

以上就是李世民就职皇帝以来的主要政绩。这十几年的时间里，他从未忘记自己的大国之梦，始终在努力工作着，他耗费了许多心血，用尽了全部精力，领导并见证着这个国家在复兴之路上一步步前行。

正是由于不忘初愿，他做到了许多前任皇帝没能做到的事情。而现在他决定再做一件大事，那就是收复辽东。

我们之前说过历代的中原政权都未曾将高句丽视作外人，而高句丽君臣历来也都自视为中华的一部分，特别是在控制朝鲜半岛大部后，高句丽屡屡出兵东进，大有逐鹿中原、问鼎天下的意思。所以，强大的高句丽很快引起了一个人的重视，这个人就是李世民的表叔——隋炀帝杨广。

敏锐地觉察到高句丽这一潜在的威胁后，杨广不惜一切代价连续三次发兵东征，最终遏制了高句丽的崛起。当然了，蛮干的代价是惨重的，隋朝也由此激起了民变，走向了灭亡。

自从同隋朝死磕后，高句丽意识到了中原政权的彪悍，于是它适时调整了外交政策，同隋朝的后继者唐朝维持着友好往来，其具体表现为：经常遣使来长安朝贡，在唐高祖李渊的要求下送还上万隋军战俘，派人祝贺唐军获得的重大胜利，等等。

然而与此同时，高句丽也做了一些看上去不那么友好的事情，比如切断新罗、百济入唐进贡的道路，暗中同突厥结盟，开始在两国边界修筑长城，等等。

对此，唐朝方面予以了严词谴责，痛斥高句丽影响了该地区的和平稳定，极大地破坏了两国的传统友谊。

话这么说，唐朝方面也没闲着，自武德初年起，唐朝政府便有意暗中扶植半岛上的新罗发展势力，且多次出面制止新罗和百济的冲突，表面上说是为了半岛和平，其实是在煽风点火，制造新罗同高句丽的矛盾。

为此，高句丽王派出使者表达了严正抗议，怒斥唐朝拉偏架，影响了半岛的统一进程，对两国关系的恶化负有不可推卸的责任。

有趣的是，唐朝、高句丽彼此虽然都对对方颇有不满，但谁也没有动手的意思，毕竟都刚刚经历了战争，要缓一缓才行。

当然，大家更没有放手的意思。因为大家心里都清楚，打了那么长时间的仗，死了那么多人，这恩怨一时半会儿是解不开的。更重要的是，高句丽一直不愿放弃入主中原的梦想，而李世民也不肯让自汉代以来就归属中央的辽东落入他人之手。

现在不打不过是元气未复，一旦双方休息够了，互拍一顿那是板上钉钉的事。

然而没等到唐朝动手，高句丽内部就先互拍了起来。

事情是这样子的：当时高句丽国内有位叫渊盖苏文（部分史书为避李渊的讳而改称泉盖苏文）的大臣，此人家里世袭高句丽东部大人、大对卢之职（相当于国家东部军区总司令兼国务总理），加之本人身高马大，相貌不俗，因而在朝中极有权势和威望，是高句丽的实权人物。

一般说来，像渊盖苏文这样的当权大臣，表现不外乎两种：一种是要权力不要权威，明明能量极大却爱装傻、装弱小，为人处世特低调，对待上级特尊敬，其实一切尽在掌握中，拿君主当傀儡玩；另一种则是权力、权威两手都要抓，两手都要硬，时时刻刻鼻孔基本都是冲天的，且见人从不打招呼，国家大事从来就自觉自发处理，一不请示，二不汇报，把君主当收发室的老大爷用，还找对方要薪水。渊盖苏文正属于后面这种人。

据载，渊盖苏文的衣服、帽子都是用金子装饰的，出门在外身上一定要配上五把宝刀，上马必须踩着有身份的人上去，可谓十分贵族、十分个性、十分风光。

所以当高句丽王高建武决意重树王室权威时，第一个想要干掉的就是他。

但是高建武并不清楚，在渊盖苏文粗犷嚣张的外表下其实有颗谨慎精细的心，他早在高建武的身边安排了众多的耳目，因此高建武的计划刚一出炉，渊盖苏文就了解到了一切步骤，并安排好了反击。

贞观十六年（642年）十一月的一天，高句丽的大臣们无一例外地接受了渊盖苏文的邀请，他们受邀参加渊大人在城南举行的盛大阅兵式，并出席之后的午宴。渊大人的面子是不能不给的，于是他们去了，但他们没人再回来。

抹干净刀上的血迹，渊盖苏文就领兵杀入了王宫，亲手杀死了国王高建武。而渊盖苏文的心理明显有些问题，杀掉老板之后居然还不肯罢休，居然骇人听闻地将高建武碎了尸，把尸体丢到了水沟里。

手段如此狠毒，实在骇人听闻。

杀掉了高建武后，渊盖苏文拥立高建武的侄子高藏为新国王，自封为莫离支，身兼国家人事和国防大权，成了高句丽不折不扣的无冕之王。

消息传来，李世民很高兴，因为渊盖苏文一直以来属于主张对唐友好的那一派，由此人主持高句丽国政无论如何要比高建武好得多。于是他派出使者前往高句丽加封高藏为上柱国、辽东郡王、高句丽王，以示对渊盖苏文政变的支持。他相信这位更加成熟的政治家会揭开双边关系的一个新篇章。

事情的后续发展表明，李世民的预料还算准确，只不过不是他想象中的那一章。

贞观十九年（645年）九月，新罗使者来到长安告急，报称百济在高句丽的支持下突然向其发动攻击，此时新罗已经丢失城池四十余座，危在旦夕。

新罗使者来请求支援，但效果并没有想象中那么好，因为大唐皇帝只派了一个人过去。

唐朝派出的人叫相里玄奖，是个文官，他此行是充当使臣给高句丽带去国书的，当然，也可以说是来自李世民的最后通牒："新罗归附我大唐已久，连年进贡，尔与百济宜各自罢兵，如若不然，明年朕将发兵击尔国！"

"昔日隋军入侵，新罗趁机霸占我国五百里土地，如果他们不归还的话，我们恐怕是很难撤军的。"

面对唐朝的质问，渊盖苏文振振有词。

然而，渊盖苏文最终还是沉默了，因为相里玄奖的一句话：

"辽东诸城本皆中国郡县，中国尚且不言，高句丽岂得必求故地？！"

话是这么说没错，但渊盖苏文也不觉得自己有错，所以他的决定是将战争进行到底。

那就没有什么好说的了，相里玄奖就此带着渊盖苏文的答案返回了京师。

贞观十八年（644年）二月一日，听完相里玄奖的汇报，李世民决定发兵讨伐高句丽，收复辽东。

征辽东是件大事，只有皇帝一个人拍板是不成的。于是李世民找来群臣讨论此事。

一上来，皇帝便开门见山："渊盖苏文弑杀其君，残害大臣，虐待百姓，如今又公然违背我的诏命侵犯邻国，不可不讨伐它。"

果然，此言一出，就有许多大臣出面表示反对，为首的谏议大夫褚遂良更是颇有预见性地点出了此战的风险所在：一旦作战失利，伤及皇帝和国家的威望，战事必将由此持续下去，使国家深陷战争的泥潭。要知道，前朝就是这么把自己玩残废的呀！

应该说，李世民比较赞同褚遂良的说法，所以他特意为这次远征挑选了一个最合适的主帅——他自己。

皇帝要御驾亲征了！

消息传来，朝野轰动。上疏反对出战的大臣人数由此再创新高。大家一致认为这是在重蹈隋亡覆辙，万万不可！然而出乎众人预料的是，在这关键时刻，反对派的主将褚遂良却突然一反常态，公开上疏表示支持皇帝出征高句丽。

什么鬼？

褚遂良这是要当叛徒吗？

当然不是。

储遂良的让步是有条件的，我支持您打仗，所以，就请您不要自己上了吧。

李世民没有同意。原因很简单，因为在他看来，这个时候朝廷里已经没有能够保证一定可以取胜的指挥官了。

正当盛年的新一代主帅侯君集因谋反被自己干掉了，屈突通、张公谨、柴绍、秦琼、李孝恭这些当年的开国名将也已经死了，唯一合适的李靖虽然还活着，甚至也有毛遂自荐过，但他毕竟已经七十四岁高龄，且有病在身，李世民实在不放心更不忍心把如此重担交付到他的肩上。想来想去，只有自己上了。

于是阔别战场二十年之际，李世民再次以主帅的身份，披甲悬刀，准备去击败他表叔未能击败的对手。

为了一次性解决辽东问题，李世民整整一年都在为征伐高句丽做着准备工作。

所谓兵马未动，粮草先行。要远征辽东就必须解决好部队的粮食问题，李世民作战多年自然深知这一道理。于是他为此做了下面几项工作：

第一，命令将作大匠阎立德等人前往洪州、江州一带制造四百艘运输船以输送军粮。

第二，以太常卿韦挺为馈运使，民部尚书崔仁师为副使，全权负责黄河以北各州的调度工作。

第三，命令太仆少卿萧锐（萧瑀之子）把黄河以南各州的粮食由海道运往北方。

军粮由此得到了保证。

接下来则需要全面了解敌情。为此，李世民特意在洛阳召见了长期驻守辽西的营州都督张俭，听取了他关于沿途山川形势的汇报，并详细询问了高句丽部队的战力情况。经过与张俭的交流，李世民确信，自己即将面对的是一场难度系数不亚于虎牢关大战的战争。即便如此，李世民也没有打算放弃，当年打洛阳，一挑二还是以少御多他都没有退却，现在手上掌握一个国家的武装，自然更不能退缩。

贞观十九年（645 年）十一月，经过长时间的准备，各地唐军在幽州完成了集结。是时候出征了。

唐军的行动计划是这样的，首先由十余万人组成先头部队，兵分两路，海陆并进。海上的一路以张亮为统帅，从山东半岛出发，横渡黄海在朝鲜半岛登陆，直取平壤。另一路由李世勣带领，出辽西走廊，渡过辽水，直接进攻辽东城。

此外由契丹、奚族、新罗、百济等藩属国家或部落组成偏师，承担疑兵和侵扰的作用。

最后，李世民本人亲率大军从洛阳出发，在李世勣军队同高句丽军决战之时伺机掩击，以达到出其不意、一举歼敌的效果。

可是就在李世民准备落实这一堪称完美的计划时，意外发生了，他接连收到了两个重要人物去世的消息。

第一个去世的重要人物叫李大亮。

在名人辈出的唐初，李大亮是一个并不起眼的人名。但没有名不意味着没能力，事实上，李大亮相当了不起：地方大姓出身，能文能武，胆大心细，更重要的是人品还相当好。所以李世民离开京师前往洛阳前特意点此人做房玄龄的助手留守长安，统掌兵权。然而李世民还没走，李大亮就先走一步了，于是皇帝不得不对国内的部署做出一些调整，以备不测。比如，临行前李世民有意留下房玄龄的老对头萧瑀留守东都洛阳，而出乎人们意料地把太子李治安排到了定州（今河北省定州市）；又如，他挥了挥衣袖带走了尉迟恭（时年六十）等该带走的敏感人员一同远征，等等。

李世民此举的意图很明显是担心有人会趁两都出现权力真空时，挟持太子据城作乱，因而他将具备这一能力的人无一例外地捎走了，并留下了自己的舅舅高士廉、心腹马周等人在定州辅佐太子李治，这样一来，长安、洛阳、定州形成了一个稳定的三角形体系，任何一方都不敢轻举妄动、惹是生非。

精到这个地步，实在是不服不行。

第二个去世的重要人物不是别人，正是废太子李承乾。

贞观十八年（644 年）十二月二日，这位历经坎坷的前太子在贬所郁郁而终，享年二十六岁。

李世民闻讯为其停止朝会，命令以国公的礼制下葬。

从众星捧月到无人问津，从国之储君到山野庶人，是个人都知道他很失落、很郁闷。但这要怪谁呢？只能怪他自己。

面对这个残酷、黑暗的世界，他还不够机智勇敢。

贞观十九年（645 年）二月十二日，李世民终于率领大军从洛阳出发了，当军队经过邺城时，李世民亲笔写下了一篇祭文祭奠魏太祖曹操，要知道当年的曹孟德就是从这里出发出卢龙塞直取乌桓，最终在柳城大获全胜，征服了盘踞辽东的三郡乌桓，彻底消灭了袁家的势力。如今王图霸业不再，但见漳水悠悠，李世民不禁感慨良多。

不过兵贵神速，实在容不得李世民怀古伤今，于是同年三月大军抵达定州，在这里，李世民对身边的大臣说道："辽东原本就是中国的土地，隋朝四次出师却未收复故土，朕如今东征，就是想替死难的中国子弟报仇，替高句丽人洗刷君父被弑的耻辱。"

趁着还能指挥得动，再打上一仗，搞定这最后的一个角落，留给李治一个安稳的江山。这正是李世民执意出征高句丽的一大主要原因。不过他并没有预料到自己的这一任务到死也没能完成，而这件大事最后竟然是由他那个看似软弱不堪的儿子搞定的，这实在是件很有意思的事。

不过就当时的开局来看，大家都不认为这是一次并不成功的出征。

贞观十九年（645 年）四月一日，李世勣在成功将高句丽主力吸引到怀远镇（今辽宁省辽阳市西北）之后，突然引军从通定（今辽宁省法库县南）渡过辽河，出现在玄菟（今辽宁省沈阳市）城下，高句丽一日数惊，急忙下令各城邑关闭城门固守。而几乎就在同时，辽东道副大总管李道宗也突然出现在新城（今辽宁省抚顺市北）城下，其先锋曹三良更是一马当先带领十余名骑兵直击新城城门，声言求战。但城中的高句丽军队很低调，既没有人出来应战，也没人在城头射箭喊话，搞得曹先锋很郁闷，在城下耀武扬威转了几遭后，见实在没人搭理，这才徐徐退走。

然而就在玄菟、新城的高句丽人紧张守城备战之际，他们突然惊喜地发现，一夜之间城外的唐军竟然又都消失无踪了！

这是咋回事呢？答案是，这还是疑兵之计。李世勣和李道宗真正的攻击目标并非玄菟抑或新城，而是盖牟城。此城是高句丽在辽东的军事重镇之一，与辽东城遥相呼应，更为紧要的是，这里拥有唐军最需要的战略资源——粮食。

四月十五日，李世勣、李道宗合兵一处，开始对盖牟城发起进攻。

四月二十六日，盖牟城顺利告破，唐军缴获粮食十余万石，俘获两万余人，初战告捷。

与此同时，张亮率领的舟师也按照皇帝的最新指示由东莱渡过渤海，攻克了位于辽东半岛最南端的沙卑城，并沿着海岸线北上配合辽东前线的李世勣部作战。

赢得开门红的李世勣继续挥兵推进，下一个目标就是辽东城了，而那里才是第一阶段作战的要点和重点，对于这一点，唐军有着清醒的认识，高句丽方面则更清醒。

当年的辽东城就是今日的辽阳市，此城是高句丽在辽东的中心，城墙修得贼厚不说，护城河、碉楼、重兵等配套设施和人员更是一个都不少，且都是高句丽之最的水平，因而它借此接连两次顶住了杨广数十万大军的围攻，并荣获了辽东第一坚城的名号，那抗击打的能力真不是盖的。

所以李世勣领兵抵达辽东城后，并未贸然发起进攻，而是先安营扎寨，继而派兵把辽东城围了起来，但是只围不攻。因为李世勣知道以他手中的兵力是拿不下此城的。这里有必要说明一下，唐朝此次征辽东所动用的军队远不及隋朝，李世勣的辽东道兵力总计有六万余人，而张亮的平壤道则更少，只有四万三千人。至于李世民所统领的部队人数虽没有一个准确的数字，但估计也不会超过十万人。相比杨广动辄数十万作战部队的征辽大手笔，李世民略显小气了。可是这恰恰是李世民的高明所在。出动十余万的军队不会动摇国家根基，同时还能适当给予前线将士们压力，促使他们全力作战，所以这个数字可以说是最合适的了。

不过有人不这么看。具体说来，是李世勣和李道宗不这么看，因为他们遇到了一个很现实的问题——缺兵。

在派出一部分军队驻防攻下的城市，一部分保障粮道安全，再有一部分包围辽东城后，李世勣手中可以动用的人马已经捉襟见肘，这种情况下，只能静候皇帝率领的大军前来会合方可继续开战，然而正如南宋大侠杨过转引东晋名将羊祜原创的那句话说的那样，天下不如意事十有七八，意外总是不期而遇。

正在指挥围城部队的各位将领先后得知了这样一个消息——高句丽已经从新城等地调拨了一支四万人的部队来救援辽东，吃顿饭的工夫就到。

这下麻烦了，如果就此被高句丽军内外夹攻，战局将会非常糟糕。军中的将领们很着急，赶紧找到两位领导请示对策。

副统帅李道宗的对策是率领四千骑兵主动迎战，阻止城内外的敌人发生接触。

大家听完李道宗的意见，很有意见。四千打四万，这个难度系数实在太大，属于不折不扣的军事冒险，实不如坚壁高垒，严防死守，等候皇帝的大军前来会合，稳扎稳打为好。

李道宗当即对这种言论进行了反驳，他仔细分析了当前的情况，指出我军的优势很明显是以逸待劳，敌人远道而来必定疲惫不堪，只要对其发起攻击就一定可以将对方击败！

当然，李道宗也不回避唐军兵力不足的劣势，但他同时指出正是因为如此敌人的援军自恃人多必然会产生轻敌心理，而这正是兵家的大忌。所以在李道宗看来，这一仗是可以打一打的。

不过个人认为真正说服众人的是下面的这句话：

"我们是先头部队，使命就是为天子清除前路，哪有把大敌留给皇帝处理的道理？！"

李世勣严重同意李道宗的发言，不过作为一个典型的谋略型统帅，李世勣是不上战场冲锋的，所以他的点头对于全军士气的提升实质上并没有过多的积极作用。

然而敢于冒险一战的勇者终究是存在的。果毅都尉马文举就是一位。闻知高层有意一战，马文举当即大呼一声："不遇劲敌，何以显壮士？！"

呼毕，即策马直奔敌兵而去。

榜样的力量是无穷的。见到马文举在敌阵中所向披靡，如入无人之境，唐军的其他士兵们也都兴奋了起来，大家纷纷抽出马刀奔上去与敌厮杀起来。

唐军虽然英勇，不过高句丽军毕竟在人数上占据优势，于是拼杀了一段时间后，一些人最初的热血开始消退，对死亡的恐惧则逐渐上升，他们开始掉转方向，向后退却，而在这部分人中，行军总管张君乂更是起了"模范带头"作用，率先抛下士兵们跑路，这货的这一举动顿时给战事造成了极为恶劣的影响，唐军由此出现了行将崩溃的迹象。

眼看唐军即将败退，李道宗顶了上来。

要说李道宗不愧为一代名将，在短暂的惊愕后他很快恢复了平静，先收拢败兵，稳住了阵脚，然后就跑到了一处高地观察敌阵。看了一下，李道宗就有了信心，因为他发现敌人的阵形同样出现了混乱的迹象，只要以骑兵来回冲锋几次，彻底搅乱对方的指挥系统，危局即可挽回。于是他当机立断带上几十名骑兵直冲而下，杀入高句丽的军阵，左冲右突以最大限度地扰乱对手并引起友军的注意。关键时刻，李世勣敏锐地发觉了李道宗的意图，指挥剩余的全部兵力向高句丽军发起了最后的冲锋。

在唐军的拼死一搏下，高句丽军终于败退而去，攻克辽东城即在此一举。

两天后，李世民带领后续部队抵达辽东城附近的马首山并在那里安下大营，随即，皇帝下达了第一串命令：

江夏王李道宗破敌有功，赏奴婢四十人。

果毅都尉马文举身先士卒，破格提升为中郎将。

行军总管张君乂临阵脱逃，斩立决。

人事处理完后，就要处理战事了。遵循长年的军事斗争习惯，李世民带了些扈从的骑兵就奔前线实地考察去了。在那里，他看到一大群人背着土在向辽东城下缓步移动——不填平环城的深坑，云梯没法架，仗也没法开打。

李世民纵马叫住了一个土背得特别多的唐军，从他那里分出了一部分土，放到自己的马上，然后一声不响地加入了填充壕沟的行列。

皇帝都开始填坑了，其他人还等啥？有了大领导率先垂范，全军上下立刻干劲大涨，争相背土往城下运。

就这样，深堑变通途。攻城战役随即正式打响。

唐军的前线总指挥是李世勣，在他的安排下，抛石机、撞车等大型攻城器械纷纷闪亮登场。一时间，三百斤的巨石漫天飞舞，撞车的猛击声不绝于耳，但辽东城内的守军实在很有两下子，在城墙上支起了大型木质掩体防御飞石，并拿出弓箭、礌石招呼下面毁墙的唐军，最终再次打退了唐军的进攻。

刀砍斧剁，大炮撞车，十二天内，唐军几乎用尽了所有的方法，但始终未能打开一个缺口，当年隋军受挫的历史似乎正在重新上演，但终究没有重演，因为，起风了。

贞观十九年（645年）五月十七日，南风急。

一支唐军小部队偷偷爬到冲竿（一种攻城梯）的顶端，点火引燃了位于辽东城西南角的城楼。火借风势，风助火威，熊熊大火很快在城内蔓延开来，辽东城顿时陷入一片火海。

在一片耀眼的红色中，城中乱成一团，城外的李世民则乘机命令军队发起总攻。

又是一番堪称惨烈的搏斗，唐军终于击败了顽抗的高句丽军，占领了辽东全城。

当李世民步入这辽东第一坚城时，他见到了满仓的粮草、成群的俘虏和垂头丧气的高句丽军官，然后，他看到了他的士兵们，士兵们也看到了他。震耳欲聋的欢呼声随之响起。

胜利了，我们胜利了！三百年后，我们最终收回了先民的土地，一雪昔日落败之耻。

战士们的英灵请安息吧！告捷的烽火已然点燃！

城头之上，风还在吹着，似乎要把这个喜讯传向更远的远方，也把战士们的英灵送归故乡。

李世民很快便从胜利的喜悦中走了出来，作为一军统帅他清楚地知道乐极生悲的道理，更何况战争还远未结束，前方到平壤的路依旧很长。因而在短暂休整后，李世民再次率军踏上了征途，大军的前方是白岩城。

白岩城的守将孙伐音是个比较自觉的人，自觉到唐军还没来打他，他即遣使向唐天子请降。李世民得知此事十分高兴，立即派人去接管防务，不过被派去的官员很快就回来了，被赶回来了。因为孙伐音在同手下商议降唐事宜时遭到了绝大部分将领的反对，所以又自觉了一把，单方面撕毁了合同。

这跟说好的不一样，被人涮了。

李世民很生气，后果很严重。

五月二十八日，唐军向白岩城（又名白崖城）猛扑过来，但估计是扑得过猛的缘故，右卫大将军李思摩中了一箭，不幸当场扑街。好在左右反应快，把他及时从火线上拖走，从鬼门关救了回来。

李思摩回来后就直接送医治疗了。不久皇帝闻讯，亲自过来探望。然后就发生了历史上著名的一幕：李世民趁李思摩不备将其推倒，紧接着不等李思摩做出反应，嘴巴就凑上来了，他帮李思摩把伤口中的脓血亲口吸了出来！

皇帝的这一举动很快传遍了全军，将士闻之，莫不感动。

仅有情感上的鼓励是不行的，物质上的支持也要跟上，面对出尔反尔的孙伐音，李世民使出了激励士气的最高奥义——许诺城破之后将城中人、物分赐战士。

听到这句话的一刹那，大兵们原本含泪的双眼都爆射出三丈金光。

发家致富做地主的机会到了！唐军无须再做总动员，纷纷自发地抄起家伙拆墙去也。

在唐军施工队热火朝天挖人墙脚之时，契苾何力率领其属下的八百骑兵在静静等候着自己敌人的到来。

契苾何力的敌人是来自乌骨城的一万余敌兵。八百对阵一万多，听上去很令人担心，但契苾何力本人却一点也不担心，他的自信正来自麾下的这八百骑兵。作为马背上的民族铁勒部骑兵的战斗力极强，据说发起狠来连突厥人都不是对手，而契苾何力手下的这批正是铁勒骑兵中的精华，相关资料显示，这些人除了敢于拼命外还善于拼命，其骑射技术均通过多年实践检验，基本上远射、近砍加猛冲，三板斧下来逢敌必破，那是相当靠谱。所以高句丽的这一万人在契苾何力眼中根本不是个事。

可是战场上的事情有时候是说不准的。一开始，一切确实如契苾何力所料大致是一堂生动的骑兵演练课，冲入敌军队列后的铁勒骑兵基本上是怎么砍怎么有，那架势就是抢人头去的。但古人曾不止一次告诫我们，战场有风险，抢头需谨慎。显然，契苾何力一时大意忘却了这一点，因而当一个高句丽士兵一矛刺过来时，契苾何力竟未能躲过，被戳中了腰部立时落马。生死关头，薛万备单枪匹马杀入阵中救出契苾何力回归本阵，按理说接下来应该是镜头一转，已是医疗场所，一群大兵吵吵嚷嚷地紧急把将军本人送进急救室抢救（具体情境可参考李云龙中枪后的片段），可契苾何力却再次表现了他的勇气与毅力——只见摔得灰头土脸的契苾何力简单包扎了下伤口就又飞身上马，统领部下再度杀回战场。

首领如此生猛，小兵焉能不拼？唐军由此士气大涨，以雷霆之势直插高句丽中军，且在击败对方后还不松劲，直至将敌人追到数十里外，天色全黑方才收兵回营。

回营之后，主将契苾何力因"疮重疾甚"当即昏迷，李世民则再度施展军医技能亲自为勇猛的契苾何力上药。这里插一句，虽然这次契苾何力没有生命危险，可伤得应该着实不轻，以至于相关史料所载后续的战斗中都没能再次出现契苾何力上战场的身影。

不过，他还是上场了，并且让我们看到了一个武将不为人知的一面。

白岩城的战事结束后，唐军抓到了那位将契苾何力刺成重伤的小兵高突勃，随即将其交给契苾何力处置。大家的本意原是让契苾何力将此人亲手干掉解解气，谁知出乎意料的事情居然发生了，差点被阎王大人留下喝酒的契苾何力竟然为这位高突勃求情，而他的说辞也堪称感人至深："我与他素不相识，也无仇怨。此人无疑是为其主公而冒死刺我的，这说明他是个忠勇的人啊！"

李世民被感动了，他特地下令饶过高突勃，放此人回家。而与高突勃同时受惠的还有来自加尸城的七百壮丁。

长于草原的契苾何力应该没有上过德育课，但他却比一些素闻诗书礼仪的人更加尊重人的生命与尊严，所以当一千年以后"契苾何力"这个名字已经不为人知之时，我愿意再提及这件"小事"，因为懂得他人生命可贵的人永远是值得他人铭记的。

契苾何力歇了，可白岩城的战斗一刻也未终止。

六月一日，唐军再度发起总攻。唐军前军主帅李世勣负责发起城西南的攻势，城西北的攻城则由李世民亲自组织指挥。

战斗就这样开始，并且顺利进行了下去。虽然白岩城背山靠水，地势险要，一时撑住了唐军潮水般的围攻，但守城的孙伐音真的撑不住了。于是，他第二次派人来到唐营向李世民请求投降。

"此来何意？"

"特来请降！"

"上一次怎么说？"

"我们是真心实意要归降陛下，怎奈城中有人不服从。"

"是吗？"

李世民让人将唐军的旗帜交给了孙伐音的使者并告知对方："假如你们真心要投降就把这军旗插在城上。"

不久消息传来：旗已立！

要说这旗子立得还真有些效果。城内守军一见唐军旗帜在城头迎风飘扬，斗志立马随风而逝，再加上孙伐音适时忽悠，纷纷同意跟随孙伐音投降。可是投降不是你想降，想降就能降的。这会儿要投降，城外一大堆苦大兵是无论如何不会答应的。

作为大唐好长官，李世勣带领数十名将士代表，来到了李世民面前——他们要上访。

"战士们之所以奋不顾身，冒着矢石攻城，就是为了获取城内的财物罢了，如今，白岩城眼看就要攻下了，陛下为何要接受他的投降，让全军将士寒心呢！"

事实上李世勣这还是往轻里说的，通常情况下，统兵的要玩这一手估计早被砍死了。

如今士兵们之所以没有哗变，不过是因为李世民身份比较特殊，外加李世勣带兵也有一套，这才只把愤怒停留在了跳脚骂娘的阶段。不过以李世勣后面跟着几十人找皇帝讲道理的架势来看，当时唐军基层的形势恐怕已经十分严峻。

乖乖，早忘了这茬儿了。

李世民闻言赶紧下马道歉：

"将军所言极是。"

不过还有不过。

"不过我实在是不忍心纵兵杀人掳掠啊！"

别急，还没说完。

"这样吧，对于将军麾下有功的将士我会拿出国库中的财物奖赏他们，以此向将军赎回此城。"

皇帝把话说到这个份儿上了，李世勣等人自然也不可能再坚持。而当兵的虽然不能进城自己动手发财致富了，但好歹拿到了点补偿，这么个结果总的说来差强人意。

然而白岩城中的上万百姓由此得到了妥善安置，来自其他城市的高句丽士兵由此获得了干粮、路费，足以返还家乡。

所以从这个角度看，李世民的这一举动，似乎倒有些国际人道主义的感觉。

暴力从来不是最为强大的武器，宽容才是。

自出兵以来，唐军在白山黑水间纵横驰骋，所向无敌。按照这个节奏，广袤的辽东大地再次收回中原王朝的版图也就是分分钟的事，所以自信满满的李世民很快将他的目光投向了高句丽在辽东的最后一座军事重镇——安市城（今辽宁省海城市）。

在当时，安市城应该可以说是一个比较特殊的存在。因为此城实际上正处于半独立状态。那年渊盖苏文政变成功，高句丽各地闻风归附，相继承认渊盖苏文的领袖地位，可就是这位安市城的城主不给面儿，拒不服从指挥。对此，渊盖苏文很愤怒，于是数次发兵来打，但均被英勇善战的城主打了回去。搞到最后渊盖苏文本人也没辙了，索性眼不见为净，自动屏蔽了有关安市城的所有消息，让安市城高度自治。

然而这一次渊盖苏文却不能再对安市城不闻不问了，因为辽东境内的其他重要据点已经全陷，如果安市城也保不住的话，唐朝大军就要雄赳赳、气昂昂，跨过鸭绿江了。所以渊盖苏文被迫拿出了老本——十五万大军，前去增援安市城。

得知这一情况李世民一点也不紧张，反倒是站在高句丽军统帅高延寿的角度思考对策。

在李世民看来，高句丽军有三种方法可以选择。其一是率军径直赶到安市城下构筑营垒，然后依托险要的地形和城内的存粮，严防死守，并派靺鞨人劫掠唐军牛马，打持久消耗战。此为上策。

中策是将安市城中的军民全部转移，然后坚壁清野，撤退。

至于下策即是不顾一切跑来同唐军死磕，磕死拉倒。

做完这一系列的推测后，李世民做出了一个极为大胆的断言：高延寿一定会选择下策。

高延寿实在没有让李世民失望，他果断地否决了属下顿兵不战劫粮道的建议，带着大军直接就开到了安市城四十里外的地方。在那里，他撞上了唐军千余人的骑兵部队，并轻而易举地打跑了对手。

"唐军也没什么厉害的嘛（易与耳）！"

高句丽士兵一脸兴奋，追随高延寿赶到了安市城外，在一座山下摆好阵势，随即唐军那里就来人了。

来的不是大兵而是大使，大使是来捎信的。

"我此来是因为你们国家有权臣弑主，特来问罪；至于交战什么的不是我的本意。进入你们的国境以来，粮草不济，这才攻下了你们几座城池维持军需，等到你们国家复修臣礼，这些都会还给你们。"

李世民这辈子说过无数次的谎话，个人以为这次是比较蹩脚的。但是高延寿依旧没有辜负李世民的期望，他信了。

有这么个很傻很天真的人做主帅，军队还不吃败仗，那真是没有天理了。

高句丽大军宿营于城外的当夜，李世民召集文武要员宣布了他的作战计划。

首先，他指示李世勣将兵一万五列阵于西岭在正面吸引敌人的注意。

其次，他命令长孙无忌领精兵一万一千人为奇兵，出山北峡谷包抄敌后。

最后，他本人带着四千人马驻扎在北山，作为全军的指挥中枢。

"此次出战，各军听到鼓角之声时务必一齐出击，全力攻敌！"

对了，差一点就忘了。

"在朝堂旁支起帐篷准备明日受降！"

贞观十九年（645年）六月二十二日，高延寿一大早起来就发现了李世勣在营外布阵。在仔细观察了唐军的队列后，高延寿已有了必胜的把握。根据他的观察，李世勣的人数并不多。所以高先生果断下达了总攻的命令——不占这个便宜实在对不起自己。

十五万大军就此一拥而上，向着势单力薄的李世勣军冲去。

高延寿似乎看到了胜利女神正在向自己招手示意，胜利就在眼前！

不过高延寿估计是误会女神的意思了，那手势不是"你好"而是"拜拜"。

就在高句丽军发起冲锋后不久，潜伏在其后的长孙无忌军业已行动了起来。

在确定长孙无忌进入预定的攻击位置后，李世民下令擂起战鼓，吹响号角，高举军旗！

就这样，隐藏在各处的唐军从不同的地方闪现，几乎在同一时间朝着同一个目标发动了最为凶猛的攻势。

这下高延寿傻眼了，他做梦也没能想到战局会出现这样的发展变化，而他的士兵们更是被突然杀出的唐军搅得惶恐不安、六神无主。但接下来发生的事情更加匪夷所思：原本晴空万里的天忽然变色，雷声滚滚，电闪频频，在一片低压的黑云之下，一个白色的身影出现在高句丽兵的视野中，白影所到之处鲜血飞溅、人仰马翻。如此可怖的场景在今日的惊悚电影中也不常见，所以试想身临其境那该是有多么瘆人。

高句丽的士兵们几乎都被吓得呆掉了，反应快的几个更是撒腿就跑。十五万高句丽军队由此彻底崩溃。

此战唐军大胜，斩首两万余级，基本上粉碎了渊盖苏文的救援计划，史称"驻跸山之战"。然而李世民更为关注的倒是那位电闪雷鸣中所向无敌的白袍人的身份，说句心里话，李世民也不知道在自己的部队里居然有人可以这么能打！

皇帝要找人自然是不难的，很快那个神秘的白衣男子被带到了李世民面前。经过询问，李世民了解到此人姓薛名礼，绛州龙门人，本以种田为业，后经妻子点拨，投军东征，现在将军张士贵幕下为兵。

李世民非常欣赏薛礼，他认定这位彪悍的农夫将来必会成为一个震撼天下的人物，并成就一番伟大的事业。我们知道，这一次李世民没有看走眼，这位爱穿白使戟的小兵确实是一位不可多得的将才。

在十六年后，此人的名字将真正威震东西，千古流芳！当然了，出于敬畏，敌人都是这样称呼他的——薛仁贵（提示：古代直呼对方姓名是不礼貌的，若非父母尊长一般是称呼他人的姓字）。

驻跸山之战后，高延寿率领残余部队逃入了深山，准备据险固守，同唐军打消耗战。可等他进山了才发现消耗战是打不起的，因为李世民早就派长孙无忌把连通这里的所有桥梁毁掉了，高延寿们由此变成了不折不扣的瓮中之鳖。

事到如今还要不要坚持呢？高延寿估摸了一下自己的兵力，回忆了下之前的战事，心里立刻就有了答案。

六月二十三日，高句丽北部褥萨高延寿携南部褥萨高惠贞率高句丽、靺鞨残兵总计三万六千八百人投降唐军。

至此，渊盖苏文精心组织的援军全军覆没，安市城附近的后黄城、银城守军闻讯纷纷弃城跑路，自觉自发地将以安市城为中心的方圆数百里区域搞成了无人区（高丽国振骇，后黄城及银城并自拔，数百里无复人烟）。安市城终于完全暴露在了唐军的面前，孤零零的。

虽然安市城变成了"孤岛"，可李世民却一点也不敢轻敌，因为李世民深知此城地势险要，易守难攻，更重要的是那位城主智勇双全，且久经渊盖苏文考验，守御技能估计已然点满，要拿下此地是要费上不小功夫的。

所以一开始要打安市城时，李世民是拒绝的。李世民的想法是绕过安市先出其不意地进攻兵弱而粮少的建安，等拿下了建安，安市城自然是囊中之物。然而这一意见被李世勣否决了。因为在李世勣看来，大军的粮草全囤积在辽东，如果越过安市打建安，粮道很可能会被敌人切断。因而保险起见，还是先安市再建安这样一路下来为好。

李世民采纳了李世勣的意见，所以接下来他们即将面对一个最为强悍的对手。

领兵东征以来，李世民一直秉承着"以德服人"的原则来进行这场战争，除了两军交战不可避免的伤亡外，李世民和他的士兵们从未随便杀戮过一个高句丽人、随意破坏过一处房屋。不仅如此，历次得胜后，唐军所俘获的高句丽士兵一律被发放口粮、路费，释放回家，而那些归降唐朝的高句丽将领也得到了优待，基本上是当场获得免罪，同时被授予帝国中的一个新官职，摇身一变成为大唐的官员，从某个角度看也可谓因祸得福。

说到厚待高句丽人，就不得不提及李世民义释高竹离的故事了。

有一次，唐军抓获了一个叫高竹离的高句丽间谍，按照规定，此人被送交给皇帝发落。

李世民见到了高竹离，但他似乎并不在乎此人获取了什么重要情报，上来就问了一个看似不着边际的问题：怎么这么瘦啊？

本来决意打死也不张嘴的高竹离被一下子问蒙了：这个问题完全不在设想中啊！这皇帝葫芦里到底卖的什么药？一时间高竹离如坠云雾里，不明所以。不过这个问题无关利害，所以他决定实话实说："急着赶路，好几天没顾得上吃东西了。"

接下来又是超出高竹离预料的一幕，李世民招手吩咐给他准备了饭菜，末了还嘱咐了一句："你身为间谍，应该尽早回去复命。也代我转告渊盖苏文一声，以后想知道我军情报，直接派人来问我就成，不要再走小道偷偷摸摸的了，那样太辛苦！"

高竹离有点要疯的感觉，但他还是下意识地点点头，然后就往营外快步走去。

"等等！"

高竹离被叫住了。他本以为李世民反悔了，要对自己进行严刑审讯，紧接着却听到了这样一句话："你怎么光着脚就走了？来人，找双鞋给他穿。"

高竹离就这样平平安安地离开了唐军的大营，而此人在之后的史料中也再未露面，虽然我们不能确认他有没有完成传递消息的任务，但可以肯定的是他已经在心灵上被李世民彻底征服。

强而不横，盛而不凌，这方是大国的气魄。

李世民能够做到这一点是很不简单的。然而接下来发生的事情却让李世民的既定政策发生了根本性的转折。

我们曾经不止一次说到过，身为一个马上天子，李世民很喜欢亲临战场观察敌情，而时间长了，这也慢慢成了李世民的一个习惯。来到辽东后，这个习惯自然还在，所以围攻安市的唐军经常能在前线看到皇帝的身影，并在这个身影的鼓励下努力作战。

但事实上见到李世民而激动的绝不仅仅只有唐军。

据载，每当看到城外出现了李世民的仪仗，安市人就会兴奋地呼朋唤友，然后一起登上城墙，齐声大骂李世民，个别不厚道的还现场当起了临时指挥，组织大家骂出了节奏感。

在许多人看来，安市人的这一举动除了作死外并无其余意义，但本人认为，这正是安市人集体态度的明确表达：宁死不降。

当然了，李世民是很愤怒的，后果也很严重：他下令同意城破之日将安市城中所有男子全部坑杀。

这道命令的下达意味着无论是进攻的唐军还是防御的安市守军都再无选择，只能战斗到底了。

就这样，在随后的日子里，双方进行了激烈的较量。唐军打得很凶猛顽强，守军防得滴水不漏，以至于两军每天打六七个回合，却始终不分胜负。

直到李道宗发现了那条可能的制胜之路。

经过仔细观察，李道宗发现了唐军毫无建树的一个关键原因——地势。

安市城的城墙太高了，士兵们攻城时不得不长期保持抬头的姿势，以至于时间久了，大大影响了弓箭的精准性与进击的积极性，并极大地加剧了战士们的疲惫感。

为了解决安市城过高、士兵仰攻不方便的问题，李道宗在城东南筑起了一座土山，那意思类似于翻墙头时垫砖头，等土山和敌城的高度差不离了，士兵们就可以直接由此登城，完成攻占安市的任务。

于是唐军开始忙起来了，而安市守军也没闲着。

在城外的唐军加班加点刷新土山高度的同时，城内的守军也在夜以继日地加高城墙，经过长达六十天的竞赛，李道宗一方最终取得了胜利。建成的土山山顶比安市城城墙要高出数丈，唐军站在山顶可以俯瞰全城，了解敌人的一举一动，而且总攻之时还可作为跳板，让士兵们居高临下杀入城中。

这也就意味着，安市男子已经可以为自己入坑开启倒计时了。

但理论和实际是有差距的。

就在土山筑成不久，意外发生了。

山崩了。

土山毕竟是土山，就算夯得再实，终究在高度上有临界值，高到了一定程度那是要倾倒的。不巧的是在攻克安市前，土山倒了。

不过这对于唐军而言其实并不算一件坏事，因为巧合的是土山倒下的方向恰好是安市城的城墙，所以最后土山塌了一半，压垮了安市城的一段城墙。

如果唐军能趁此良机集中兵力攻打城池，安市恐怕很难守住。

但安市最终守住了。

因为对于这一状况，最先做出反应的是安市守军。

在安市城城主的组织下，一支数百人的敢死队很快从城墙的缺口处杀出，唐军方面由于守将傅伏爱当夜开了小差，私自离岗，士兵们失去指挥，因而被轻易击溃。

就这样，安市守军夺占了土山，并在山上挖掘壕沟，以重兵固守，李世民由此失去了攻克安市的最佳机会，也是最后的机会。

在依军法处死了擅离职守的傅伏爱后，唐军曾花费了整整三天的时间试图夺回土山的控制权，然而面对防守水平超群的安市守军，唐军接连铩羽而归。终于，看着一个个疲惫交加、斗志全无的士兵，李世民做出了一个极为准确的判断：这仗不能再打了。

当然了，士气低落只是李世民决定撤军的原因之一。除此之外，北疆薛延陀部的侵扰威胁和军粮的告罄也促成了李世民做出了终战的决定。但在所有原因中最重要的则是，辽东严酷的寒冬即将到来。

"东北的冬天贼冷，那家伙不是一般人能忍受得了的，你要不麻溜躲屋子里在街上瞎溜达，点儿背点的备不住就冻上了。"

记得我上大学时一位来自辽宁的同学在唠嗑介绍自己家乡时如是说。

我虽然没在东北过过冬有过切身体验，但我知道，一千三百七十年前的那个冬天，很冷。

贞观十九年（645 年）九月十八日，李世民下诏班师回朝。

临行前，他在安市城下举行了盛大的阅兵式，各部唐军排列成整齐的方阵依次经过安市城，继而踏上回国的路。

李世民以这样壮观的方式体面地结束了这次不成功的攻城战，并且成功地达成了威慑对手、有序撤退的军事目的。

唐朝皇帝真是个聪明人啊！

站在千疮百孔的城楼上，安市城城主一边感慨着，一边拱手向远处的李世民遥拜告辞。

虽然那个人不是朋友，但他的确值得敬重。

李世民也有类似的感觉，所以退兵之际他派人给安市城城主送去了一百匹绢帛作为礼物，以奖励其无比的忠诚与勇气。

战场上可以你死我活，以命相搏，一旦战争结束，即便曾是敌人，我也依然欣赏你，愿意给予你发自内心深处的敬意，这种情节在西方叫作骑士风度，在东方则叫作英雄相惜。

无论是安市城的城主还是李世民，他们都是当之无愧的英雄。

这里顺便多说几句，在历史上，这位安市城的城主绝对是一个谜一样的存在，按理说，他先抗渊盖苏文后抗大唐皇帝，基本上和当时东亚的大哥级人物都有过联系（更重要的是不落下风），无论如何也算得上是一号人物，但有意思的是，这么个牛人不但战后的事迹不见于中、朝两国正史记载（据学者柏杨推测此人事后被渊盖苏文秘密处决），且居然连个名字都没留下来，直到一千年以后朝鲜人才在野史中提供了一个该城主的疑似名讳——梁万春。

然而，围绕着这位城主的事情还远未就此结束。其后朝鲜语头音发生了音变，本来就很有问题的"梁万春"又被摆了乌龙讹传为"杨万春"，随即被一些不靠谱的人写进了书里广为传播，个别特敢吹的甚至声称唐军撤退的原因是"杨万春"射瞎了李世民的一只眼（左眼）。

我这个人很少跟野史较真，特别是来自朝鲜的野史更是如此，但这个野史的扯淡程度实在有些令人发指。别的暂且不说，以李世民的性格，如果真有这样的事情，不要说再打六十天，就是再打上六十年他也一定会想法把安市城夷为平地。我认为，让成为独眼龙的李世民如此坦然撤军，这绝对是件难办的事。

话说回来，虽然这位安市城城主很可能莫名其妙地得到了一个连他本人都没听说过的名字，但考虑到其身后被捧为了韩国人家喻户晓的民族英雄，地位直追后来的抗日名将李舜臣，想来也可以安息了吧。

还是那句话，纵是敌将也予以其应得的尊重，这才叫真正的自信。

回家

唐军归国的路远比出征时来得辛苦，其中的原因前面已经说过了，冬天来了。特别是在大军途经渤错水（流经辽泽的一条河）时，由于天气突变，暴风雪不期而至，很多衣衫单薄的唐军士兵被当场冻死。

李世民看到这一场景不禁悲从中来，沉默不语，半晌之后才开口叹道："假如魏征还活着，估计不会让我有此一行吧！"

叹罢，他命人以少牢之礼（用羊、猪祭祀逝者，其祭品规格仅次于牛、羊、猪三牲齐备的太牢）祭奠去世的魏征，并下令重竖起魏征墓前被推倒的墓碑，将其家人召到行宫由自己亲自出面致以慰问。

贞观十九年（645年）十月十一日，征辽大军抵达营州。

至此，李世民一征高句丽的战事完全结束。是时候做一次战后总结了。

此次征伐辽东，唐军一共占领了玄菟（今辽宁省沈阳市）、辽东（又名襄平城，今辽宁省辽阳市）等十座城池，由辽、盖、岩三州迁回户口七万人。斩杀敌人四万余，本身阵亡近两千人，战马损失十之七八。

应该说，这样的战果算是相当不错了，但李世民不这么看。用李世民本人的话讲，这次征辽的唯一收获是薛仁贵，仅此而已。

不过，所谓知耻而后勇，知不足而奋进，李世民正是一个懂得在失败中吸取经验教训、实现自身完善的人。回京之后，李世民特意就征辽失利之事向著名军事专家李靖请教原因，然而李靖却表示这件事大可不必问我，李道宗就可以解释。

于是李世民找到了李道宗，李道宗的一番话很快勾起了李世民的回忆。

原来在同高延寿的大军决战之前，李道宗曾向李世民请求亲率五千精锐，趁高句丽倾国而来之机，抄小路突袭兵力相对空虚的平壤，以达釜底抽薪之效。可是这个类似于"子午谷奇谋"（详见《三国演义》）的意见当时被李世民无视了。

现在李世民终于回想起了这件事，这才恍然大悟。皇帝当了太久，以至于丧失了当年为将岁月中敢于拼搏冒险的精神，这正是成败的关键所在啊！

搞清了战略思想层面的问题，李世民开始从兵力、兵种的角度寻找原因。经过长时间的思考，他发现征辽一役中未能充分发挥舟师的作用也是问题的症结所在。

虽然开战之初李世民曾派出张亮统领四万水军渡海打登陆战，但实事求是地讲，张亮军在整场战争中的表现实在有点水。除了前期攻下了沙卑城外，这支部队基本是在各地武装游行（专有名词：耀兵）顺便观光，几乎没有对战局的发展起到任何重要的促进作用。

于是，深刻认识到这一点的李世民下定决心打造一支可以纵横四海的无敌舰队。

贞观二十一年（647年）九月，李世民诏令宋州刺史王波利等，发江南十二州工人造大船数百艘。

贞观二十二年（648年）七月，朝廷又命剑南道"伐木造舟舰"。

虽然李世民做这些的根本目标还是征伐高句丽，且在当时遭到了许多大臣的反对，但李世民依旧坚持了自己的信念，并坚决执行了下来。

这是一个无比伟大的决定。至少十六年后站在白江口战船上的刘仁轨是这样认为的。

第九章
明君的隐忧

薛延陀最近混得比较惨。

自从其首领多弥可汗趁唐军主力东征之际突袭夏州（今陕西省榆林市）反被击退以来，薛延陀部落就一直在被唐军压着打。

起初，与之交手的唐军知名将领不过只有一个执失思力，后来李道宗、阿史那社尔、契苾何力、薛万彻等名将也纷纷加入了对薛延陀作战的将领名单中。当然，这其实不是重点，重点是一开始薛延陀就展示了自己并不匹配的称霸野心同战五渣的实力。当对手仅有执失思力那会儿，薛延陀不是打得大败被追击六百余里，就是以千人为单位进了唐军的战俘营。而在李道宗等重量级将领倾力加盟后，情况更是可想而知。总之，拜多弥可汗所赐，薛延陀各部成了唐军各位猛人发泄征辽以来不爽的对象，在哪里被唐军遇上，就在哪里被唐军击破。

在听说自己在东边的部下阿波设被一支唐军击破的消息时，误以为唐军主力到来的多弥便率先溜号了。多弥可汗的跑路路线是一路向西，其最终的意图是投奔自己的哥们儿——回纥首领阿史德时健，但多弥可汗的运气实在不够好，在赶到哥们儿领地前撞上了时健的政敌吐迷度，"攻而杀之，并其宗族殆尽"。

多弥可汗一家子全灭后，吐迷度一派的回纥部落趁机占据了薛延陀的故地。然而薛延陀毕竟是瘦死的骆驼比马大，虽然接连遭遇唐军和吐迷度的打击，但还有七万余部众顺利逃到了西部，这些人共同拥立了多弥的堂兄弟咄摩支为汗，有意凭借去除可汗名号向唐朝重新称臣，换来李世民对薛延陀势力重返漠北的默许与支持。

薛延陀显然是太天真了。漠北出现的这种各部落互相竞争的混乱局面正是唐朝一直以来所期待的。只有这样帝国的北疆才能保持一个长期和平的局面，为国家的进一步繁荣昌盛打下良好的环境基础。

对于薛延陀提出的允许其在郁督军山（今蒙古国杭爱山）以北居住的请求，李世民自然是哭笑不得，不过昔日的小弟服了软，如果严词拒绝的话，难免显得没有人情味儿。于是唐朝政府经过研究，想出了一个绝妙的主意。

薛延陀部终于等来了唐朝方面派来的办事专员——兵部尚书崔敦礼。按照崔部长的说法，天可汗在认真考虑他们的请求，且正派人前往铁勒部落同其众首领商议此事，相信事情很快就会有结果了。

崔敦礼一点也没说错，只不过事情的结果有些问题。之前曾隶属薛延陀的敕勒九姓酋长十分担心咄摩支回来会对自己进行打击报复，所以他们的态度是：就不要让薛延陀回来了吧。

广大群众的呼声是不能够忽视的。经过天可汗同朝中大臣们的碰头商议，朝廷决定遵从群众的意见，彻底消灭薛延陀。

被选派出任远征军总司令的是李世勣。相信眼尖的朋友已经注意到了，在这里，用的不是唐军，而是远征军的称谓。这是有原因的。原因是这支讨伐薛延陀的部队中唐军并非主力，其所占比例极低，总共只有二百名骑兵参与，真正唱主角的，是来自漠北各个部落的骑士。这也就是说，严格定义的话，攻打薛延陀的不是唐朝而是漠北诸部。

此即唐朝那帮老狐狸的诡计。

在李世勣的带领下，联军突然出现在郁督军山。薛延陀酋长梯真达官见状立刻干净利落地率众归降，而咄摩支则向南逃窜躲进了荒山深谷里。

这可不太好了。漠北诸部的部队无一例外属于骑兵，且性格比较粗，要让他们钻山沟搞侦察实在太过困难。李世勣手下的唐军虽说可以差遣，怎奈人数有限，进了山里搜索估计要等到猴年马月才能有结果，时间上很是个问题。局势一时间变得有些麻烦。然而李世勣不愧是李世勣，总是有办法。他派人打出招抚的旗号入山，基本没费什么功夫就找到了善于躲猫猫的咄摩支。要说咄摩支还是比较实诚，听完了李世勣使者的政策宣讲，当即决定，投降。一些薛延陀的反唐派贵族不干了，好不容易在你们家族找到一个天真的做旗帜号召反唐，现在你要洗手不干，留下我们怎么收场？

不用收场，下场就好。

在将咄摩支送上京师后，李世勣就一直在注视着这些顽固的反唐派贵族的一举一动，当他发现对方迟迟不肯履行投降手续，且其阵形毡帐似乎有异动时，他就敏锐地判断出这些人有意溜号。他们到底要往哪里跑，那不是问题，问题是为了消除国家的隐患，绝不能让他们跑掉。

没有别的办法了。软的不成，就只能来硬的了。于是李世勣纵兵急击敌军，当场干掉五千多人。经过这次打击，薛延陀的实力被大大削弱。

一个月后，江夏王李道宗领兵横渡大漠，同薛延陀阿波达干率领的数万大军进行了一场遭遇战，并成功击破了对手。

就这样，薛延陀的势力彻底瓦解，在李道宗等将领的招谕下，回纥、仆骨等十一个部落的首领纷纷先后遣使入贡，表示愿意顺服于唐朝，帝国的北方边境终于安静了下来。

在收拾薛延陀这一外患的同时，李世民也在强力去除朝中的潜在内乱，具体说来，他整了三个人。

第一个报废的，叫刘洎。

刘洎，字思道，荆州江陵人，被废掉时任侍中、太子左庶子、检校民部尚书，总吏、礼、户部三尚书事。

相信从上面提到的职务大家就可以知道刘洎是个很有能力的人。事实上也确实如此。此人本是萧铣属下，在萧氏政权灭亡后献表归唐。而作为一个降官出身的人，他用了不到二十年的时间就成为宰相一级的大员（门下省副长官黄门侍郎），如此升迁速度也只有马周能赶超了。更为重要的是，刘洎不但业务够强，为人也很直率，从不搞两面三刀那一套，因此一直以来深受李世民器重。

有一次，朝廷邀请三品以上的官员在玄武门（偏偏是这地方）吃饭。酒酣之际，李世民逸兴遄飞，挥毫泼墨写就飞白一幅说要赏赐给在场的大臣。这一下现场气氛被推向了顶点。要知道，李世民的书法是临摹王羲之的，写得很有水平，加之他的身份又是皇帝，如果真要能拿到，那绝对是可以做传家宝的。于是，李世民话一出口，平时温文尔雅的大臣们如同打了鸡血般立刻蜂拥而上，有个跑得快的先赶了上去，将皇帝的最新书法大作拿到了手里，可是他的笑容还没来得及完全绽放，手里的东西就没了。原来刘洎借着酒劲儿登上了皇帝的御座，居高临下将飞白作品顺手牵走了。

货到，哗然，酒醒。

"刘洎擅登御床，其罪当死，请陛下下旨伏法。"

刘洎此时业已完全从最初的兴奋中缓过神来，明白了自己犯下了极为严重的错误。完了，这辈子算是交待了！

出人意料的是，李世民没有对刘洎怎么样，反倒是巧用"班姬辞辇"的典故为刘洎化解了这次危机。

从这件事中我们可以看出刘洎的性格缺陷，即遇事不走脑子，容易冲动。然而李世民的出面维护却给了刘洎一个错误的信号，让他认为，自己是李世民心目中的政坛新星，地位是很重要的。

事后证明，刘洎的认识和李世民的有所接近但不完全相同：

李世民的确十分认可刘洎的能力，且有意着力提拔培养此人，但他的目的是达成众星捧月的效果，为接班的李治储备些靠得住的人才，一旦李世民发现他所注目的人没能按照自己预定的轨道运行，那这些"星星"就是多一颗、少一颗都无所谓了。

刘洎并没能参透这一点，而这也正是他后来悲剧命运的根源所在。

但在当时，刘洎的仕途依旧还是一帆风顺。

特别是贞观十九年（645 年）三月李世民御驾亲征辽东前，曾将刘洎作为辅佐在定州监国的太子李治的文官团队的一员（其他核心成员为高士廉、马周）。由此可见，李世民对刘洎真不是一般的器重。

按照惯例，临行前大领导都要再对属下嘱咐上两句，明确一下工作，这一次也不例外。

李世民一上来就开门见山地告诉刘洎，自己此番远征留下你刘洎辅佐太子是出于对你的信任，这件事实攸关社稷安危，你应该懂的。

刘洎当场回复道："希望陛下不要担心，大臣中有违法犯罪的，我就干掉他（愿陛下无忧，大臣有愆失者，臣谨即行诛）。"

事实证明，正是这句话才让李世民真的担心起来，因为皇帝听到的不是忠于职守、克己奉公，而是另外的两个字：专权。

对，就是专权。

你一高级打工仔，既不提请示最高领导，又没手持尚方宝剑，竟敢擅自诛杀朝中大臣（虽然尚无实际行动），实在太过嚣张了吧！

所以慷慨激昂表忠心的刘洎等来的是李世民一句冷冷的答复："你处事粗心大意又性格刚直，日后恐怕会因此惹祸，要好自为之！"

这句话表明李世民对刘洎已经有了意见，不过考虑到大战在即，刘洎人才难得，要是为此就把他给办了，似乎也有点冤枉，于是李世民耐住性子用几句话点了刘洎一下，希望他能有所收敛，老实办事。

但李世民却没料到，一语已然成谶。刘洎的灭顶之灾很快来了，来得真的很快。

当年年底，李世民征辽归来，在由定州返回长安的路上，皇帝突然患上了痈疽，且被一度下达了病危通知书。身为宰相，皇帝病重，自然需要有所行动，以防万一。于是刘洎和中书令马周便一并前往探视李世民的病情。

君臣进行了一番交谈后，刘洎、马周二人辞别领导，离开行宫，就在这时，他们碰到了褚遂良。

众所周知，褚遂良是掌管起居注的，所以三个人一见面，褚遂良就凑上来询问皇帝的病情。

被问及此事，刘洎一脸哀伤，半天才挤出八个字来："圣体患痈，极可忧惧。"

这意思是皇帝病重，可能要不行了，实在很让人担忧。

不过李世民那里听到的却是这样的一句话："国家之事不足虑，正当傅少主行伊、霍故事，大臣有异志者诛之，自然定矣。"

这句话翻译过来是说国家大事不足忧虑，只要依循当年伊尹、霍光的故事辅佐少主，诛杀不听话的大臣就能搞定了。

伊尹是商朝人物，霍光是汉代大臣，这两位虽然相隔上千年，彼此从未见过面，但常常被后人拿来一起说，这是由于他们二位都干过同样惊天动地的大事——废过天子。

为何事，废了谁，咋废的，之后又如何了，这些是两段漫长的故事，鉴于本文重在说唐，这里就不多讲了。但综合相关典故和朝廷现状，我们可以坚定地点头确认，在当时这是一句相当反动的话。

正值病重之时，自然有气无力，一旦大病初愈，李世民即不再沉默。

刘洎很快就被逮捕，由皇帝亲自审问。审问的重点正是当时刘洎的言辞。应该说，这是一个很容易搞清楚的问题，因为刘洎是有证人的，那个人就是马周。所以在他看来，这个罪名是很容易驳倒的，而依据律法规定，诬陷他人者最终将以诬告对方的罪状得到法律的严惩。总之，刘洎并不害怕。

一切正如刘洎所料。马周被召来做证，马周与刘洎的证词表述基本一致，皇帝下令暂时停审。

眼看就要得到平反光荣出狱了，谁知满怀希望的刘洎等到的却不是他预料中的结果：狱卒带来了皇帝的最终裁决，赐自尽。

冤枉啊！刘洎无比悲愤地要求狱方给他提供纸笔，好让他能够在死前为自己做最后的辩解。可是他最终得到的只有一道道冰冷的目光和一道素白色的绫巾。

刘洎死了。李世民未必不知道他是冤枉的，刘洎本人也未必知道自己为什么会死。但他必须死。因为对于少不更事的太子李治而言，刘洎就像一匹烈马，实在难以驾驭。所以为了保证李治的皇位坐得安稳，能干且有威胁的危险分子需要尽快清理干净。于是有过"诛大臣"言论的刘洎就被处理掉了。这看似是事情发生发展的全过程，实则不然。

在辣手废人的李世民背后其实有两双黑手在推动着一切的进展，换句话说，在某种程度上他们利用了李世民对刘洎的猜忌，狠狠地黑了刘洎一把。现在，是让这两双幕后黑手的主人暴露在阳光下的时候了。现身吧，长孙无忌、褚遂良！

长孙无忌和褚遂良是什么时候结为政治盟友的，这一点如今已经不可考证了。不过可以肯定的是一直以来这两个人都站在李治一边。在李世民众多的儿子中，他们最终选择支持李治的原因主要有两个：其一，李治是长孙皇后的儿子，他同长孙无忌血浓于水，甥舅情深；其二，李治年纪轻轻且性格仁柔，在李世民百年之后会成为一个很好控制的傀儡，届时长孙无忌、褚遂良就可以通过这个能力不济的新皇帝真正掌控这个帝国，说一不二！

这种来自最高权力的诱惑实在是太诱人了！所以包括长孙无忌在内的许多人不惜一切代价也要向它靠拢，品味一下极权的滋味。只不过长孙无忌和褚遂良做梦也没有想到，他们两人的政治生命乃至两条老命最终都将会断送在那个人的手上，当然，这是后话了。

就当时可以预见的情况看，长孙无忌和褚遂良一致认为挡在他们权力道路上的那人名字叫房玄龄。

自贞观三年任左仆射以来，房玄龄一直垄断着首席宰相的位子，总理朝政。而出于长孙皇后的缘故，长孙无忌虽有第一功臣的名号，却长期游离于帝国的核心权力圈之外，直到长孙皇后病逝，这才逐步返回政坛。可当长孙无忌归来，他不得不面对一个残酷的现实：房玄龄已经拥有难以撼动的威望与地位。此人不仅是朝廷名副其实的百官之首，且由于长期掌管人事工作，门生故吏遍布朝野，甚至还搞出了一个魏王党的地下组织。而纵观朝中，唯一足以与之匹敌的则是以魏征、王珪为首的铁杆太子党。这两大派系就如同武林中的少林、武当威震江湖，一呼百应，相较而言，他长孙无忌正如一个被众人遗忘的老前辈，想要重新获得承认，只能从头再来。

所以几年来长孙无忌一直在强势围观。他目睹了太子党同魏王党的殊死搏斗，看到了自己的外甥李承乾被逼疯玩残，无数同事、熟人遭贬官流放，却从不亮明态度，因为长孙无忌很精明，他清楚地知道决定这场大戏的关键角色绝非李承乾、李泰乃至躲在幕后指点的房玄龄，李世民才是。于是在太子党同魏王党斗得不可开交之际，长孙无忌适时推出了他的方案：立晋王。

李世民同意了。

就这样，长孙无忌借此一举翻身，不但再次获得了皇帝的倚重，还一跃成了李治的最大功臣。在长孙无忌看来，下一步就是清除两党异己势力的时刻了。

在他的授意下，褚遂良把魏征送奏章的事找机会捅了出去，顺利激怒了李世民，由此成功搞定了李承乾的支持者与同情者，彻底断送了李承乾的复位之路。

紧接着，长孙无忌将矛头转向了魏王党，具体地说即是房玄龄。

长孙无忌曾尝试过直接借李世民之手除掉房玄龄。不过以李世民之精明，要拿他当枪使谈何容易，那个打小报告声称房玄龄意欲谋反的人当即被干净利落地干掉了。长孙无忌的第一次试攻就此宣告失败。

对于这个结果，长孙无忌有着充分的心理准备，于是在一番观察思考后，他将目标锁定为刘洎。因为刘洎同为魏王李泰的拥护者且城府不深，只要能把他搞倒便可剪除房玄龄的羽翼，甚至有机会把房玄龄那只老狐狸拖下水。

眼看刘洎落马了，只要再加点油搞出个阴谋造反集团什么的，爆炒房玄龄指日可待。可就在这关键的时刻，李世民突然猛踩了刹车。这意味着李世民虽然不再像当年那样对房玄龄信任有加，但他也不打算向昔日的伙伴下手。

没关系，来日方长，总有一天房玄龄会露出破绽，一定会的。

在长孙无忌琢磨着给房玄龄挖坑设套时，一个人已经跌落到了深坑中，这个倒霉蛋叫张亮。

众所周知，张亮是李世民的亲信（还兼职眼线），深得李世民的信任，所以当张亮被人告发随即遭羁押入狱的消息传来，大家无不深感震惊，纷纷发出疑问：张亮何至于此？

答案是两个字：迷信。

当年在张亮代理相州地方长官的时候，当地有这么一个传说，说是相州乃风水宝地，不出数年将有王者现于此地。对于这一说法，张亮表现出了极大的兴趣，为此他私下里找到了一个叫程公颖的亲信术士，向他询问对这一传言的看法。

闻得此言，程公颖立时心知不妙，但他毕竟在靠张亮混饭吃，要是一个不留神惹怒了这位爷，今后就不要想在这片混了。程大师到底是跑江湖的，脑子转得就快，在短暂的紧张思索后，他便给出了一个堪称绝妙的回答：

"您卧姿似龙，必当大贵。"

绝了，真是绝了！

为什么这么说呢？因为程公颖充分运用了我国语言的一大特色——暧昧性。

所谓语言的暧昧性，简单地说就是同样的一句话根据语境或语调的不同可以表达出不同的意思。比如，"什么"这个词依据对话条件的不同便可表达出惊讶、疑惑、愤怒等诸多差异极大的感情，个人以为，这正是汉语博大精深之所在。

结合当时的情况，仔细分析一下程大师的话，我们就会发现程公颖的说法是比较写实的，且堪称无懈可击。此时的张亮官至极品爵封国公，称他是人中龙凤无可厚非，加之大家都知道皇帝对他颇为信任，因此大富大贵的生活前景自也不必再说。所以综合起来，说人中之龙张亮像龙、有大富贵，绝对解释得通。

在这里多说一句，事实上那个所谓相州出王者的传言也是比较准的，只不过时间上有点问题。确切地讲，不是数年，而是数百年，那位王者自然也不是张亮，而是岳飞。

不过当年的张亮当然不会知道将来会有岳飞这么一号猛人，而且他也始终未能领会到程大师言语的精妙之处，他完全沉浸在程大师的忽悠中，自以为是天命所归，并开始在此后积极行动起来，寻找支持这一说法的理论依据，直到被人告发。

讽刺的是张亮这会儿的职务恰好是刑部尚书，于是为了保证案件审理不受干扰，皇帝特派马周担任此案的主审。

经过对举报人及程公颖等相关人员的突击审讯，马周向皇帝呈上了张亮谋反的相关证据。其中最主要的证据是这样的两项：

证据一，张亮拥有一支五百人的私人武装，且该非法武装的所有成员均被张亮认为义子；

证据二为来自张亮亲信程公颖及其好友公孙常（也是术士）证实张亮有意谋反的证词。

应该说仅有这些很难判定张亮有意谋反，而且张亮本人也表示坚决不服，整天在牢房里大声控诉这是程公颖、公孙常怕死而对他进行的诬陷。

一方还没打就什么都招了，一方打死也什么都不招。马周也是第一次遇到这样的状况，长期的官场经验和过人的政治敏锐性告诉他，张亮谋反一事必定没有看上去那么简单。于是在案件有一个确定的结论前，马周做出了一个大胆的决定，将此案呈送皇帝定夺，请最高领导批示处理意见。皇帝，也只有皇帝才能为此案画上一个圆满的句号。

看完马周的报告，李世民直接做出了总结陈词：张亮有义子五百人，养这么多人是打算做什么呢？就是为了造反！

张亮的命运就这样确定了。

斩首，抄家。

百官之中除了时任将作少匠的李道裕提出张亮谋反证据不足、罪不至死外，其他人一致表示坚决支持皇帝的判决。

几天后，张亮被斩于长安西市。与张亮一同被执行死刑的是他的朋友程公颖，不知两人相遇会作何感想。

差点忘了那个替张亮辩护的李道裕。一年多以后，刑部侍郎一职空缺，李世民命宰相挑选合适的人选补缺，可是宰相们提名的几个人都不太符合皇帝的心意。恰在此时，李世民想起了李道裕在讨论张亮一案时的发言，于是便提起笔在任命状上郑重地写下了李道裕的名字。就这样，李道裕正式转入司法系统担任司法部的副部长，如此看来这一结局的确颇有戏剧色彩。

当然了，有些人隐约还记得二十五年前向李世民推荐张亮的人除了他的老首长李世勣外，还有一个房玄龄。

如此背景，一旦下了黑牢，哪怕功劳再大也只能一路走到黑了。

第三个被长孙无忌假皇帝之手除掉的人不是房玄龄的亲信，而是房玄龄的死敌——萧瑀。

萧瑀同房玄龄的矛盾可谓是由来已久，而且经过长达二十年的较量，萧瑀已经养成了一个好习惯：一见皇帝就会打对方小报告。应该说此人对长孙无忌而言是个可以团结的对象，然而他却成了长孙无忌的猎物，因为一次谈话。

在晋王李治刚刚被册立为太子后的某一天，李世民秘密找来长孙无忌，问了他一个问题：

"你劝我立雉奴（李治的小名）为皇储，可雉奴生性懦弱，恐怕不足以守社稷，这可如何是好？"

不等长孙无忌接话，李世民说出了他的解决方案：改立像自己的吴王为太子。

原来在这儿等着我呢，老谋深算的长孙无忌听到这两句话后，立刻意识到决定太子和自己命运的关键时刻到来了。

长孙无忌开始紧张思索组织语言，努力向李世民证明两件事：第一，太子是有一定办事能力的，并非无能的废物，只要给予他适当的权力和锻炼的机会，他会成长为帝国合格的继承人；第二，吴王虽然最像皇帝您，但这与他做不做太子不存在任何因果关系，更何况以现状看吴王是不可做太子的。

李世民默默听完了长孙无忌的精彩论述，但没有报以任何明确的赞同或否定的表示，取而代之的是另一句问话："你不同意是因为吴王李恪不是你的外甥吧？"

李世民的这句话实际上已暗藏杀机，但让长孙无忌真正感到不寒而栗的还是接下来的一句话："李恪那个孩子英武果敢十分像我，他将来如同保护亲舅舅般保护你亦未可知。"

这番话充分表明了李世民的心理天平已经向吴王李恪明显倾斜，李治的太子宝座已经不那么稳当了。

管不了那么多了，与其长痛，不如短痛，长孙无忌决定为自己和李治的前途赌上一把。

"太子仁厚，实乃安邦守成之主；且皇储之事事关国本，岂可一再变更！恳请陛下三思！"

长孙无忌的执着最终打动了李世民，皇帝收回了改立李恪的心思，其后也未再提及废掉太子之事，李治的位子算是保住了。可是李世民却没有料到，自己的这一举动将吴王李恪推向了极为凶险的境地，最终导致了李恪后来的悲剧。

李恪是个潜在的巨大威胁，在同李世民进行过那次谈话后，长孙无忌深深地认识到了这一点。而从某个角度来看，李恪对太子形成的威胁甚至远超废太子李承乾和魏王李泰，这是因为李恪虽然是庶出，但他的来头却也不小。

这位李恪是李世民第三子，其时李世民长子李承乾被废，次子楚王李宽早逝，本是老三的李恪便成了事实上的长子，而且其母杨妃不是别人，正是隋炀帝杨广的女儿，在朝野之间颇有声望又深受皇帝的宠爱。假如李世民将杨妃立为皇后，那么李恪便是名副其实的嫡长子，继承皇位就是名正言顺的事情。再加上吴王李恪"善骑射，有文武才"，论能力不在李泰之下，因此无论怎么看，此人都是李治最为危险的竞争者。所以吴王李恪才是长孙无忌、褚遂良真正最想要除掉的人。

说了这么多，看似同长孙无忌收拾萧瑀并无干系，其实并非如此。

要搞清楚这里面的玄机，我们有必要再回顾一下李恪的背景情况。

一、李恪是李世民和隋炀帝之女的长子，身兼隋、唐两朝皇室的血脉。

二、李恪的曾祖母和外曾祖母都是独孤信的女儿。

三、李恪生母杨氏的嫡母为萧皇后。

四、李恪的王妃姓萧，疑似属梁朝皇室一族。

总结：李恪一身汇集了隋帝、唐皇、梁萧、独孤这百年内最为显赫的四大家族的血脉。

相信你已经明白了，如果李恪想要参与储位之争，发挥出血缘因素下的巨大政治能量，时任同中书门下三品（宰相）的萧瑀将是最为合适的联络者和代理人。

对于这一点，长孙无忌很清楚，李世民也很清楚。虽然种种迹象显示，吴王李恪对于权力的向往远没有其老爹和四弟李泰那样强烈，但为保证国家的长治久安，在长孙无忌的怂恿下，不愿再见兄弟手足相残的悲剧重演的李世民当机立断将李恪放归封地，并下诏以西汉霍光诛除燕王刘旦的故事告诫李恪要谨遵人臣之礼。

吓唬完了李恪及蠢蠢欲动的前朝遗老遗少，就连再迟钝的人也猜得到皇帝要找萧瑀"谈心"了。不过就在李世民找到萧瑀前，他接到了一份来自萧瑀的申请——出家申请。

萧瑀是一位忠实的佛教徒，在他的影响下，他有三个女儿先后出家为尼，与青灯古佛相伴，而李世民也了解这一情况，因此当萧瑀提出要遁入空门时，李世民一点也不意外，且也没打算挽留，而是十分爽快地应允了萧瑀的申请。

事情发展到了这一步，谁知萧瑀却没有先前那么爽快了，在沉默了一会儿他竟然这样答道："臣适才考虑了一下，决定不出家了。"

你这是要猴子呢？！皇帝愤怒了。但鉴于萧瑀毕竟是开国元老，李世民不便于当场发作，只好暂时强压怒火，拂袖而去。

这件事后，萧瑀估计意识到了问题的严重性，为免尴尬，他想出了一个自以为聪明的高招：称病不朝（有时也在朝堂门口晃上两圈，但拒不进去拜见皇帝）。

对于萧瑀的这一连串表现我始终很疑惑，读佛经拜佛祖这么多年，就是这样看破红尘的？

不过李世民那里却没有疑惑而只有愤怒。因此不久之后，萧瑀接到了来自李世民的诏书。

这份诏书由皇帝赤膊亲手撰写，其主要内容为历数萧瑀的过错，我曾有幸拜读过全文，可以说，这篇文章充分体现了李世民骂人不吐脏字的水平，萧瑀爷爷的爷爷、爷爷的叔叔到他本人均未能幸免，被李世民骂得不值一文。但这还不是最重要的，重要的是皇帝不是为骂而骂，他的主要目的是把对李治构成威胁的萧老头赶出朝廷。于是萧瑀很快就得知了他要皇帝的下场：剥夺宋国公爵位，下放为商州刺史。

萧瑀又走了，算起来这已经是他第五次下课了；一年后，他又会回来，最终以七十四岁高龄病死于京城。

对于此人，我真的不知还要怎么说。

见到政敌出丑继而灰溜溜地出城，房玄龄无疑很高兴，但他没能高兴太久。萧瑀十月被轰出了长安，他房玄龄十二月就因事被赶回了家中。然而正是在这里，房玄龄展现出了他与萧瑀的不同之处——人缘与智慧。

在房玄龄的运作下，朝中大臣纷纷出面为房玄龄求情，而让人感到不可思议的是，就连站在长孙无忌一边的褚遂良也上疏一封主动替房玄龄说话。

在这样的舆论大背景下，房玄龄强势回归；但回到朝廷不久，房玄龄却主动离职回家。大家对房玄龄的这一举动都感到大为不解，好不容易才能回来，这是唱的哪一出？

房玄龄没有回答，而是坚定地待在家中闲居。

几天后，房玄龄突然告诉家里人赶快打扫门庭迎接圣驾。大家感到很奇怪，皇帝明明是去芙蓉园体察民情，没有消息说要来这边啊！然后他们看到了一脸认真的房玄龄并再次听到了他的吩咐："快去泼水净尘，陛下将至！"

房玄龄的家人将信将疑地完成了卫生清洁的相关工作，正当大家要擦去额头上的汗珠，就目睹了房玄龄预言的实现：皇帝驾到。

李世民和房玄龄在房府说了些什么，史书上并没有记录，但可以肯定的是君臣二人进行的交谈极为成功，因为皇帝回宫的马车是载着房玄龄一道走的。

至此答案该揭晓了。

房玄龄的一进一退是为了展示一种实力以及态度。

权倾朝野，然甘服一人。

陛下，您可放心了吗？

事后的发展证明，房玄龄的这一招十分有效。此后无论何人如何挑拨、中伤，房玄龄都如同进了保险箱般毫发无伤，而更为重要的是，借此机会李世民和房玄龄获得了一次坦诚交流的机会，重拾了相互间的信任，至此贞观年间围绕储君之位进行的政治斗争终于完全落下了帷幕。

解决了内部纷争后，李世民再次将眼光投向对外领域，因为他还有一个始终未能战胜的敌人——高句丽。

贞观二十一年（647年）二月，李世民就讨伐高句丽一事同朝中大臣进行了深入的讨论。经过集思广益，君臣得出了以下结论：

高句丽依山为城，故而他们的城池在进攻时很难迅速攻下。然而借由上次大军出征的情况可知，出于相同原因，在遭受攻击时其国内的百姓便无法进行正常的耕作，因此最佳的破敌方案莫过于不断派遣偏师轮番骚扰其边境，让对手疲于奔命，难以维持农业生产，最终拖垮高句丽国家的经济。如此一来，数年之间其国内将千里萧条，人心自乱，到时候鸭绿江以北之地即可不战而定。

计划已然敲定，事不宜迟，赶紧行动起来吧！

渊盖苏文的噩梦到来了。自三月以来，唐军来袭的报告屡屡出现在他的桌案上。据了解这拨唐军人数不过两万，但十分狡猾，这些人基本是以战船作为主要交通工具来往各处，且大多熟习水战，每每登陆成功，从不强攻城池，而是把放火、赶人作为行动的第一要务。而一旦高句丽的军队集结兵力发起进攻，一般情况下只有两个结果，一个是设好埋伏等到心焦没人来，一个是反中圈套大败亏输被人埋。野战打不过，海军又没有，高句丽军队是真没办法了。

就这样，半年的仗打下来，高句丽方面损失士兵数千人，丢失城池十余座次，国内经济几近崩溃。作为实际领导人的渊盖苏文终于坐不住了，当年年底，不可一世的高句丽终于认怂，高句丽国王高藏派遣其子莫离支（官名，相当于宰相）高任武为特使前往长安向唐天子谢罪。

然而不久之后，李世民却突然下诏以薛万彻为青丘道行军大总管，率兵三万余人从莱州渡海，进攻高句丽。

实事求是地讲，李世民这么做倒真不是不守信用，实在是迫不得已，因为新年伊始唐在半岛上的盟友、新罗的国王金善德刚刚去世，继承王位的是他的妹子金真德，长安方面担心高句丽会趁新罗国丧政局不稳之际出兵进攻，因此索性来个先发制人。

此次出征的唐军基本沿袭了上一年的作战风格，自进入鸭绿江以来，以野战为主，相继击败泊灼城守军及各路增援部队，阵斩泊灼守将所夫孙，俘获甚众。

前线接连发回的捷报极大地鼓舞了李世民，于是乎李世民决意次年，即贞观二十三年（649 年）发兵三十万，一举消灭高句丽。

如无意外，高句丽将在名将李世民的跃马扬刀下屈服，被并入中原王朝的版图；遗憾的是，这一幕最终并没有出现。

因为年届半百的李世民身体已大不如前，虽说其好勇斗狠的豪情并未衰减，可岁月的侵蚀已然在这位史上少有的雄才大略的皇帝身上展示了效果。此时距离他的死亡还有整整一年的时间。

李世民对自己的身体状况十分清楚，或许这也正是他晚年急着建船造舰，要同占据辽东的劲敌高句丽决一死战的原因所在吧。但不得不说，李世民的观察判断力虽然一如既往地准确，却并不完美，熟悉历史的人都知道，同唐朝几乎相随始终的对手不在东北，而在西南。

贞观八年（634 年），长安，太极殿。

唐天子李世民接见了一个据说来自遥远高原、自称吐蕃国使者的客人。

按照鸿胪寺事先收集的信息，李世民了解到这是个位于帝国西南方的国家，其管理运作方式类似于吐谷浑，至于他们的首领不称王，也不叫可汗，而是称作赞普，目前在位的这位赞普很年轻，只有十八岁。

实话实说，对于当时的吐蕃，李世民是不太看上眼的。不过鉴于李世民那会儿正要攻打吐谷浑，为减轻唐军军事行动的阻力，朝廷还是礼节性地派出一个叫冯德遐的使者前往吐蕃做抚慰工作。

年轻的赞普得知大唐的使者到来，显得十分高兴，在他看来，这是唐朝认可自己的表示，于是激动之余，赞普做出了一个影响深远的决定：娶个唐朝公主做老婆。

在他的指派下，吐蕃使者携带大量财物与求婚信一封，再次踏上了通往长安的路。

然而理想从来很丰满，现实总是很骨感，来到长安后，那位吐蕃使者才知道，在李世民的眼中，称雄高原的吐蕃也就是个蛮夷，而且重要性还远不如刚被唐军打爆的邻居吐谷浑。所以漂亮的公主是没影的，丰厚的嫁妆是没戏的，就这么回去，自己注定是没好果子吃的。

在求生本能的支持下，这位吐蕃使者决定撒一个谎来挽救自己的性命，于是赞普就得到了这样的讯息："起初到达大国（唐朝），对待我们很优厚，也同意嫁来公主，只不过后来吐谷浑王入朝从中作梗，天子就不同意结亲了。"

好啊！居然欺负到了老子的头上！（上当了）

赞普于是立刻发兵攻击吐谷浑。此时的吐谷浑已经被唐军打成了游击队，元气尚未恢复，国力极为空虚，完全不是刚刚实现统一的吐蕃大军的对手，所以甫一交锋便被打得四处乱窜，举族逃到了青海边上躲避兵锋。此战吐蕃大胜，掠得牛羊、财物无数，满载而归。

按理说，拿吐谷浑出过气，也就算了，可赞普到底年轻气盛，一看吐谷浑如此废物，开拓疆土的雄心立即升起，紧接着乘胜攻击了党项、白兰等羌族部落，逐步将战火引向了唐朝的边境。

贞观十二年（638年）七月，吐蕃赞普领兵五万（一说二十万）抵达了唐朝西部城市松州（今四川省松潘县）的远郊。在这里，他向城中派出了使者，表达了此来的目的：给你金帛，给我公主。

原来是来逼婚的。

面对城外情绪激动的吐蕃赞普，松州都督韩威的看法是先出去探探情况。

意外就在韩威踩点之际发生了，一大拨吐蕃士兵突然从隐藏地纷纷现身，张弓搭箭射击以韩威为首的侦察小队。这一下把韩威打蒙了，他原以为吐蕃人都是些未开化的蛮夷，不过仗着人多势众方敢扬威耀武，没承想人家居然通晓军事，还会设置隐蔽哨！

唐军与吐蕃的初次军事交锋就这样以韩威慌乱败逃的方式草草收场了。

平心而论，这是次规模有限的交战，毕竟韩威的目的是观察敌军，带上的士兵不多，损失自也不大。然而此战的影响却着实不小。听闻唐军被吐蕃击败，原本归附唐朝的羌族首领阎州（一说阔州）刺史别丛卧施、诺州刺史把利步利相继叛降吐蕃。至此，年轻的赞普终于向着讨个公主做老婆的终极目标又近了一步，至少，他成功地让长安的李世民牢牢地记住了他的名字：器宗弄赞（音译）。

不过，大家更为熟知的应该是此人后来的称呼——松赞干布。

初战告捷，器宗弄赞的军队随即包围了松州城并开始进攻。但吐蕃人的攻城水平明显是差点，围住松州打了十余天，除了摸到几块墙砖回来，那真是一点便宜也没捞到。眼看攻守双方陷入僵持，这时，打破僵局的人来了。

九月六日，唐朝援兵到达。

统领援军的是个猛人——侯君集。

不过吐蕃军队其实未能领教到侯君集的厉害，因为在此之前他们就败了。那位以夜袭战术击败吐蕃军的先锋也不是外人，他就是昔日同秦琼、程咬金一同临阵跳槽投唐的牛进达。

打仗是要讲究成本的，器宗弄赞发动这场战争的目的本非抢地皮，而是要以武力威胁的方式强迫唐朝赐婚，现在非但没能如愿，反倒是招来了唐军的重兵（五万人）前来迎战，如果双方就此继续厮杀下去，估计娶公主这事这辈子都没戏。于是见识了唐军实力的器宗弄赞果断下令部队撤退，并遣使谢罪。

当然了，器宗弄赞的使者在谢罪之余也没有忘记主要任务——求婚。

这一次李世民答应了器宗弄赞的请求，因为当时的唐朝虽然连破突厥、吐谷浑，但边境仍有隐患，北有薛延陀雄踞草原，西北、东北又有西突厥和高句丽两大势力虎视眈眈，所以在李世民看来，采用和亲政策换一个西南无战事，很值。

此即唐朝在松州一役占据优势后没有乘胜追击，相反同意结亲的主要原因。

好了，解释完这一问题，我们现在就来重点讨论另一重要话题：为什么器宗弄赞会如此坚定不移、锲而不舍，甚至死缠烂打要娶唐朝公主为妻呢？

答案是：为了国家发展。

这是一个看似搞笑却无比真实的答案。说到底还是由于高原地带环境恶劣、发展滞后，有政策，没人来，发展后劲严重不足，所以为了谋生存、求发展，新兴的吐蕃不得不借助文化昌明的邻国资源，以实现由部落联盟向政权国家的转型。而经过长时间的思考与实践，吐蕃高层发现迎娶他国公主入吐是解决问题的最佳途径，特别是娶大唐公主，不但能提高自身在周边势力中的威望，还能将中原的各种先进技术、制度带入高原，实现吐蕃社会的跨越式发展，一举何止两得！

国家利益，这才是古往今来所有政权所尊奉的最高行为准则，唐蕃和亲符合两国各自的现实利益与长远利益，于是就有了唐蕃历史上第一件划时代的大事——文成公主入吐。

器宗弄赞对于迎娶公主一事非常上心，为此他特意派出自己的头号亲信禄东赞（本名噶尔·东赞）为下聘正使前往长安操办相关事宜。

有意思的是，李世民对于这位机智善变的吐蕃使者的兴趣要明显高于他们所办的事，没等禄东赞询问公主的详细情况，李世民便抢先问道："贵使可曾成家？朕欲将琅琊公主外孙女嫁与贵使，未知意下如何？"

在此之前禄东赞刚刚被李世民授予唐朝的右卫大将军一职，现在又主动提出嫁亲戚给自己做老婆，这明显是劝禄东赞跳槽，到唐朝来效力。

禄东赞十分感动，然而他婉言谢绝了皇帝的好意，表示家中已有一妻，不敢奉诏。当然，这不是重点，重点是禄东赞很明白赞普还没见到老婆，如果自己捷足先登，估计下场会比较惨（赞普未谒公主，陪臣安敢辄娶）。

禄东赞真是个聪明人啊！李世民感叹着宣布将文成公主下嫁给器宗弄赞，并派礼部尚书、江夏王李道宗为送亲大使，护送文成公主进入吐蕃。

贞观十五年（641年），器宗弄赞终于实现了他多年的梦想，在黄河河源附近的柏海（扎陵海）迎接到了来自东土的新娘。至此，唐蕃开启了长达二十年的和平共处局面，双方再未发生成规模的战争或冲突。

和平终究实现了，以妥协的方式。

新的预言

剪除桀骜不驯的大臣，废掉轻狂浮躁的太子，东打高句丽，西拉吐谷浑，李世民所做的一切都是为了保证自己辛辛苦苦打下的江山可以传至千秋万代，不被他人篡取。李世民有这样的想法，个人以为，无可厚非。旧社会嘛，又没啥民主选举、代表大会，推选禅让更不知是哪辈子的事了，除非你逃到非洲、美洲去与野兽共舞，不然但凡有人聚居的地方都搞这一套。而且客观地讲，李世民处置良弓走狗的手段在历朝历代的帝王中可以算得上是比较平和的了，相对于汉高帝、明太祖的疾风骤雨、血流成河，唐太宗李世民这几手无疑是毛毛雨。李世民几乎没有因为猜忌挥舞过屠刀，除了那个叫李君羡的人身上发生的那件事外。

李君羡，铭州武安人。此人早年在李密帐下效力，后转为王世充骠骑。不过由于十分厌恶王世充的为人，在亲眼见证了秦琼、程咬金等人的临阵归唐后，李君羡深受启发，不久也率所部投唐。从此李君羡成为秦王李世民麾下的一员猛将，追随李世民先后征讨刘武周、王世充、窦建德和刘黑闼。因为李君羡每次作战都很英勇，常常单骑冲锋陷阵，所以到李世民即位时，李君羡已经累功升为左卫府中郎将，爵封武连县公。

平心而论，李君羡这个人虽说很猛，但在将星云集、猛人辈出的唐初，其实并不十分耀眼，加之他为人比较低调，所以无论怎么看他也不至于让李世民下杀手。然而李君羡还是躺枪了，因为一个流传甚广的预言。

贞观初年，有一段时间太白金星屡屡在白天出现。希望你还记得，当年李世民发动玄武门之变前也出现过一模一样的异常星象。因此皇帝对这一现象表示了严重关切，他赶忙找来当时的专业人士太史询问这预示何事。

这位时任太史是何许人也，史书上没有记录，但可以肯定的是，他真是一个专业人士。因为在算上了一卦后，他说出了一个极为准确的预言：女主昌。

而就在太史做出这一预测不久，长安街头开始流传起一个内容相似的谣言："当有女武王者。"

得知这样的说法，李世民自然很不高兴（史载：太宗恶之），不过预言这种东西向来玄而又玄，不到最后关头大家很难确认说的是谁，说的又是否靠谱，所以李世民虽然想到防患于未然，怎奈找不到对象，没法灭之。

就这样过去了很长的时间，就在大家即将忘却这回事的时候，一个偶然的机会触动了皇帝紧绷的那根神经。

那是在一次宴会上，李世民邀请军中的高级将领们一道喝酒。同今天的酒桌上一样，喝酒时大家总要想点花样助助兴，考虑到在场的都是大老粗，对诗联句什么的估计会冷场，而"哥儿俩好"那样的行酒令实在不太上档次，总不能大家一起玩"小蜜蜂"这种行酒令吧（况且还没出现）？

要说领导就是领导，关键时刻李世民灵机一动提议道："大家各自说说自己的小名吧！"

排行加"郎"字，以"阿"作前缀，带"奴"作后缀，直接采用小动物（含昆虫）的名称，这些基本就是古人小名的主要形式。

所以在诸将纷纷自曝小名的最初，大家还可谓兴致勃勃，但随着相似的名字不断出现，现场的气氛便逐渐冷却了下来，直到李君羡说出了他的小字。

"末将小名叫五娘子。"

等等，好像听到了什么违和的东西。

五娘子？你一个汉子！

现场在瞬间的寂静后突然爆发出一片此起彼伏的笑声。

就连平素一本正经的皇帝李世民也忍俊不禁，按捺不住嘲讽道："哪儿有女子像你这样长得五大三粗的！（何物女子，乃此健邪！）"

李世民恰到好处的点睛之语成功地将会场气氛推向了一个新高潮。

慢着，的确有什么不对的地方。

一个念头突然闪现在笑得险些岔气的李世民的脑海里。

预言传说中的篡唐者莫非就是此人？！

宴会结束后，李世民秘密查了下李君羡的履历，基本印证了自己此前的想法。说来也是极巧，李君羡的档案实在太符合条件了。比如，李君羡家在武安，封邑叫武连，职务是左武卫将军，就连上班的地方都带着个"武"字——玄武门。如此背景，如此巧合，还有什么好说？是你！是你！预言的就是你！

于是，不久皇帝就找了个由头把李君羡调离部队，安排到了地方工作。

李世民诚然老谋深算，因为他授予李君羡的新职位是华州刺史。

我依稀记得我的一位在洛阳工作、家在西安的朋友曾告诉过我，他坐火车回家特别快，过了豫陕交界，先过潼关，再是华县，然后就到家了，全程不过五个小时。选择开汽车的话，如果不堵车，半天也就足矣。

华县就是当年的华州，西安就是当年的长安，虽说名称有变，但两地八十公里的路却无太大变化，如果李君羡真是预言之人，将来不老实，朝廷派兵过去，朝发夕至，立马就能解决问题。

李君羡比谁都清楚，他被皇帝讨厌了，但他并不清楚自己被讨厌的原因。因此前赴华州上任后不久，李君羡便有意识地疏远政治，主动结交一些修行之人，整日谈经论道，大有出世之势。

这一举动充分证明了李君羡是一个还算聪明的人，眼看情势有异立刻交权，向皇帝表示自己人畜无害，绝对不想惹事。

可惜的是，李君羡此举已经惹出事了。

贞观二十二年（648年）七月初，御史弹劾李君羡结交妖人，图谋不轨。十天之后，华州刺史李君羡被皇帝下令诛除，其家籍没。

四十余年后，李君羡的家属向皇帝上访鸣冤，而当时的皇帝正是李君羡帮着挡枪的那位——女皇武曌。有感于李君羡客观上的确起到了为自己打掩护的作用，她便下了一道诏书为李君羡平反，并以礼改葬。

李君羡最终恢复了名誉，得到了应有的认可。也许武则天为李君羡平反的动机并不是那么单纯，但对于依旧活着的李君羡的家人而言，这已经足以让他们激动万分了。

真相总有浮出水面的一天，一定是这样的。

李世民处死了未来颠覆大唐国家的最大嫌疑人李君羡，但故事却远未就此结束。

就在李君羡事件发生的前后脚，一本名叫《秘记》的小册子开始在当时的民间广为流传，这本小册子的核心内容是在讲述一件事，一件未来即将发生的事：唐朝历经三世之后，女主武王会取代李氏拥有天下。

这到底是什么情况？得知这一最新升级版预言的李世民本人此时也陷入了极大的困惑中，有些不知所措。

没办法了，只好找人来咨询下了。

李世民找到的这个人叫李淳风。

李淳风，中国历史上杰出的天文学家、数学家，当然，更多人知道这个名字是因为一本奇书——《推背图》。

《推背图》，坊间公认的中华预言第一奇书，据传此书为当时最为著名的两位阴阳家李淳风和袁天纲合作编写。其中，李淳风负责用周易八卦推算（相当于口述），袁天纲负责以比较巧妙的诗配图方式将之记录下来（相当于整理）。

说起来，两人合力写这部预言书的目的一不是出名，二不是赚钱，而完全是由于某天二位奇人闲极无聊，突然心血来潮，为打发时间展望下不久的未来，没承想负责推演的李淳风一算起来就如同上了发条般，根本停不下来，于是这一望就是上千年，直到袁天纲在他后背推了一把，这才结束了剧透。而这本神奇的预言书也由此得名。

《推背图》六十篇自问世以来一直引得无数代人强势关注，这除了由于此书文言神秘隐晦极其难懂外（虽说有图，但无真相），更重要的是，它说的一直很准，以至于现代科学都无法给出一个合理的解释。用某位专家的话讲，其书思维逻辑之严密，预测应验之神奇狂甩西方的什么诺查丹马斯十几条街，堪称居家外出、交友聚会时聊天吹牛的至高话题。对此有兴趣的朋友可以找来看看猜猜，权当饭后娱乐（温馨提示：该书极玄，切勿痴迷，切莫轻信他人忽悠，特此声明）。

但就当时而言，李世民唯一关心的只是自己有没有彻底铲除后患。于是乎就有了历史上那次著名的谈话。

"《秘记》上所讲的真的会发生吗？"皇帝一上来就赶紧向李大师求证他最为关注的问题。

"臣根据天象推断，这一预兆已经形成了。这个人已经出现在陛下宫中，且和您关系颇为密切，从今天算起，不超过三十年，此人当执掌天下，几乎杀尽皇室子子孙孙，势难阻挡。"

"那我将所有的嫌疑人通通杀掉，你看可以吗？"李世民沉默了一阵，突然如此问道。

"此乃天意，不可违抗。"李淳风平静地回答道，"所谓王者不死，陛下那样做恐怕会枉及无辜。更何况到了三十年后，此人也就老了，人年纪大了难免会变得仁慈起来，他对陛下子孙的迫害便不会过于严重。现在如果找到并杀了这个人，上天就会再降下一人代唐掌权，那样的话那个人就是年纪轻轻掌权，势必会凶狠毒辣，通过大开杀戒报仇，恐怕届时陛下的子孙就会因此被赶尽杀绝啊！"

李世民听完李淳风的话顿感不寒而栗，不得不放弃了追查此事的想法。预言事件才就此彻底宣告完结。

相信很多人都会对于这段故事的真实性产生怀疑。这也难免，毕竟二李的对话实在太像某些神话剧集的桥段了，让人感觉颇为诡异。可在此我必须严肃地告诉大家，这的确是正史资料上的记录，且不仅新旧唐书上有，后来的《资治通鉴》等官修史料上也一直保留着。

虽然不可思议，但却白纸黑字。所以接下来的叙述中，大家将会逐渐发现，许多你本无比熟悉的人其实是另一个人，许多你所了解的事儿其实全然不是那么回事。好了，既然提到神话，那我们就先从一个众所周知的神话人物讲起吧。

玄奘大师，您该正式登场了。

第十章
伟业

大隋开皇二十年（600年），陈祎（也即后日的玄奘）出生（另有一说是生于602年）在距离洛州（今河南省洛阳市）只有三十公里的缑氏。作为东汉名臣陈寔的后代兼家中幼子，陈祎一出生就受到了良好的照顾和教育。再加上小陈祎生来聪颖，极早就显露出了超越同龄孩子的文化素养与见识。如无意外，在经过十余年的寒窗苦读后，陈祎将追随父辈的脚步步入仕途，成为帝国文官群体中的普通一员。而在经历十几年到几十年不等的宦海沉浮，他将完成从基层到中央的跨越，没准儿还能赶超祖先陈寔再度光耀陈氏一族。

怀着家族的荣誉与梦想，年幼的陈祎开始坐在书桌前日复一日地诵读圣贤之言。

事后的发展表明，这段岁月的儒学熏陶对于陈祎未来的人生有着极为重大的意义。我们有理由相信，玄奘扎实的学习理解能力就是由此培养出来的。

隋大业八年（612年），十三岁的陈祎参加了由政府组织的考试，并被破格录取。但值得注意的是，陈祎考取的不是做官的资格而是出家的资格，他考的不是进士，而是洛阳净土寺的度牒（相当于今天的从业资格证）。

对于陈祎的这一举动，很多史书上给出的解释是，陈祎与佛有缘，小小年纪便对佛法十分崇信，于是在心灵的感召下自觉自发地踏上了学佛修道之路。

这种说法无疑有一部分是真的，陈祎确实同佛门颇有渊源，但猫腻在于，陈祎最初投入佛教绝非出于兴趣，其实仅仅是为了活下去。

因为就在陈祎十岁那年，陈家发生了重大的变故，他的父亲陈惠因病医治无效，过早地撒手人寰。而陈惠估计为人比较正派，虽说曾做过江陵县令，但家中并无余财，所以他一死，陈家便迅速败落下去，最后陈祎不得不追随二哥陈素跑到庙里混饭吃。

可是事实证明这个世界不是那么好混的，庙里也不例外。当时正赶上隋唐交替之际，四处兵荒马乱的，民不聊生，寺院香火钱什么的基本是指望不上，于是陈祎很快遇到了人生中的首个难题。

要知道，古时候的寺院虽然经常性客串慈善机构的角色，但毕竟不是非营利性组织，更何况是在那个年头，自然不可能让陈祎这么个拖油瓶在庙里长期白吃白喝下去。所以，当时摆在陈祎面前的只有两个选择：一、打好包袱，离寺；二、剃掉头发，出家。

最终的结果我们已经知道了，陈祎选择了后者，并凭借自身的努力成功地从官方渠道拿到了资格。

陈祎就此不再存在，取而代之的是一个法号玄奘的小沙弥。而真正的传奇，也自此开启。

要说陈家启蒙教育的水平那真不是盖的，玄奘凭借良好的家学根底，不过用了六年的时间就完成了对《涅槃经》《摄大乘论》等佛学经典著作的系统学习。此后，他再接再厉，开始外出游学，四处寻访高僧大德讨教佛法。就这样，在接下来的七年时间里，玄奘的足迹遍及了大半个中国。可是在登山寻庙谈经论道的过程中，敏锐的玄奘慢慢发现了某些不太对劲的地方。比如，当时佛教界分为北方的地论学和南方的摄论学两大流派，二者对同一经典的重要理论往往说法不一而足甚至大相径庭，特别是对于佛的本性是什么、凡人能否成佛等广大人民群众特别关心的关键性问题，当时流传的经书典籍中不是没有确切的记载，就是说得云山雾罩，跟没说一样。

面对这样的现状，在经历了一段时间的迷茫后，玄奘确立了一个自己决意要为之奋斗一生的志向——寻求最正统的佛学。而接下来发生的一件事更是坚定了玄奘的这一理想。

武德九年（626年），二十七岁的玄奘云游到了长安，一个偶然的机会，他碰到了一个叫波罗颇密多罗的外国僧人，这位波罗颇密多罗来自佛教的起源地天竺，当时正在长安讲经说法。于是玄奘借此机会，向波罗颇密多罗提出了自己多年积攒下来的种种疑问。

"贫僧修为尚浅，师兄提出的问题很多我也无法解答。"

听到波罗颇密多罗的这句话时，玄奘几乎陷入了绝望。然而波罗颇密多罗告诉他，虽然自己不成，但知道有个人可以帮助玄奘答疑解惑，那个人叫戒贤法师，乃天竺国宝级的人物，几乎通晓一切佛法经论。

玄奘闻言顿时眼前一亮，随即提出了一个最为紧要的问题：

"师兄，戒贤法师现在何处？"

"法师年事已高，自然不可能长途跋涉到长安来，他老人家现在那烂陀寺。"

决定了，西行天竺！前往那烂陀寺求法取经！

与今天的许多人不同，玄奘是一个想好了就去做的人，丝毫没有拖延症的迹象。辞别了波罗颇密多罗不久，玄奘便寻找到了一批志同道合的僧人联名上书朝廷申请西去求法。

很快，玄奘等人收到了来自皇帝李世民言简意赅的回复，两个字：不准。

一群出家人为了信仰远赴万里之外求取真经，一不用国家报销路费，二不求军队全程保护，三不要政府政策支持；不但如此，这些和尚还能起到沿途免费宣传大唐声威、推动对外文化交流的积极作用，此等利国利民的好事为啥就不批准呢？

关于这个事情，这里很有必要解释一下。

在基础教育还未全面普及的唐代，僧人由于身份特殊，往往可以有机会接触许多普通人难以企及的知识，而像玄奘这种自幼出家的，更是大都学富五车、见多识广，用今天的话讲，简直就是会行走的谷歌！特别值得注意的是，在这些看似不起眼的和尚中还不乏通晓建筑、冶金等专业知识的人（如鉴真），分分钟能把头脑中的信息转化为军事用途！这样的一票僧人集体申请出国，谁知道他们出去后会不会在敌对势力的威逼利诱前屈服，对大唐反戈一击？更何况，那个强大的敌人尚盘踞在北疆虎视眈眈。

说来不巧，玄奘等人申请出境的时间点恰好是贞观元年（627 年），北方的突厥活动最为猖獗的时候，而为了彻底战胜这一强敌，帝国有必要实行最为严厉的禁边政策，防止人口流失（当年人口是极为重要的国家发展资源）和情报外泄，因此在考虑到这批和尚潜在的巨大破坏力的前提下，本对佛教就没有什么好感的李世民顺手将玄奘精心措辞书写的申请表丢进了废纸堆里。

面对如此强硬的态度，原本满怀壮志豪情的僧人先后选择了放弃，只留下了玄奘一人孤零零地守在长安城中等候西行的契机。玄奘并没有等上太久，第二年的秋天，离开长安的机会就降临了。

这一年，长安地区遭受了严重的霜冻灾害，为了应对因霜灾造成的饥荒，官府允许百姓离京逃荒，自寻生路。就这样，一心求道的玄奘借机混入灾民队伍离开长安，踏上了前往天竺的旅程。

玄奘跟随着逃荒的人群一路西行，在晓行夜宿一个月后终于抵达了河西走廊的门户——凉州城。经过对凉州城短暂的观察，玄奘做出了一个极为准确的判断：这城一时半会儿是出不去了。情况的确如玄奘所断定的那样，由于当时大唐与突厥的对峙态势持续升级，突厥骑兵日益频繁地出现在凉州一带，为防备突厥的侵扰，凉州都督李大亮特意下令封锁边关，严禁人员随意出行。

这就真的没有办法了，玄奘只好选择继续等待。不过等待之余，他也没有闲着。来到凉州不久，玄奘就发现这一带的佛门信众很多且大都极为虔诚，因此玄奘在城中设立起了道场，开始一边为僧俗信徒讲解佛经，一边等待时机再次到来。

来自长安的玄奘法师在凉州城开场传道的消息很快传遍了全城，城中僧侣信徒纷纷前来听讲。而玄奘在此也展现了他的出众才华，每次讲授时他都能将高深奥妙的佛法以浅显易懂的语言表达出来，所以无论是出家人还是普通民众都能听得如痴如醉，继而豁然开朗。于是乎一传十，十传百，来聆听玄奘讲经的人越来越多，几乎达到了万人空巷的局面。而在讲座结束后更有不少人慷慨解囊，赠送大量财物给他们心目中的精神导师玄奘。玄奘在留取一部分钱物作为日后的路费外，转身便将剩下的全部捐赠给了当地的寺院。当然了，玄奘并不知道自己的这一系列举动都被别人看在了眼里，而且还不止一双眼睛。

就这样，玄奘在城里讲了一个多月的佛学公开课，他的名字也传到了凉州都督李大亮那里。

对于玄奘这样博学广识的高僧，李大亮是比较敬重的，于是他派出了一个属下向玄奘转达了自己的"诚挚问候"：不许西行取经，请师父即日回京。

要说凉州的情报人员那真不是吃素的，他们对远道而来的玄奘早就有所注意，多方打探之下，最终确认了玄奘西来的真正目的是前往天竺求经——且未经有关部门批准同意！

这样就不太合适了吧！经过商量，凉州地方政府决定请李大亮出面以礼貌的形式送走玄奘。事实证明，他们有些过于轻视宗教信仰的力量了。就在李大亮向玄奘下达逐客令不久，一个叫慧威的和尚向陷入困境的玄奘伸出了援手。

这个慧威和尚虽然学问声望不及玄奘，但也不是个普通人，他是河西一带的佛门领袖，消息灵通，路子很广。在他的帮助下，玄奘终于不声不响地顺利离开了凉州城。眼看凉州渐渐在视野中变得模糊，玄奘的心里却越来越明确这一点：不久之后，自己将会成为朝廷边关通缉的对象，所以接下来的行程务必隐姓埋名，否则后果将不堪设想。

怀着忐忑的心情，玄奘来到了帝国西部边陲的最后一个军事重镇——瓜州城。虽说玄奘已经十分小心谨慎，低调地藏身于一间客栈里，但他还是没能躲过追捕，不久之后玄奘即迎来了缉捕他的人。

"法师法号称作玄奘，应该没有错吧？"

对面官员拿出通缉令的那一刻，玄奘心中无比紧张，但他最终还是恢复了平静，淡定地回答了对方的问题。

"出家人不打诳语，贫僧便是玄奘。"

"这是发自凉州李都督的通缉令，命我等捉拿擅自西行的僧人玄奘，你可看清楚了？"

"文书贫僧已然看过，并无问题，愿随官差起行。"

"法师误会我的意思了……"

官差从玄奘手上接过公文，在玄奘面前将它化为了一堆纸屑。

这下玄奘彻底呆在那里，完全不知道出了什么状况。

"师父不必惊慌，小人李昌也是信佛之人，久仰师父大名，小人不会将您带走邀功。不过如今事态紧急，还望法师尽快离开此地。"

说完李昌拜辞而去。

李昌走了，但玄奘所面临的问题却没能得到实质性的解决。毕竟李昌只是一个普通官员，没有带人出境的权力，所以想要出城玄奘还需要自己想办法。想来想去，玄奘发现自己毫无办法，极度苦闷之下，玄奘来到当地的一处寺庙恳请佛祖保佑助自己渡过难关。就在这时，玄奘发现自己身边不知在什么时候多出了一个身影，那个人一直躲藏在角落中，如影随形般尾随自己。

官府的密探？还是劫道的强盗？管不了那么多了！无论是谁，总要面对。

"贫僧玄奘。施主何人？所为何事？直言无妨！"

听到玄奘的话，黑影自知已被发觉，慢慢从隐蔽处现出身形。玄奘凭借月光渐渐看清了对方的脸。这是个毛发特别浓密的胡人，说句不太好听的，形貌看起来与猴子颇有几分相似。没错，你猜对了，此人正是后来《西游记》中神通广大的孙悟空的历史原型——瓜州胡商石磐陀。

这位孙猴子的原型虽然没被佛祖收拾过，但对佛祖同样敬佩得紧，一直在寻找机会正式受戒投入佛门。而他之所以一路上紧随玄奘，就是希望玄奘为自己摩顶受戒，成为居士，以此拉近自己同佛祖的距离。得知这一答案，玄奘有些哭笑不得。不过鉴于石磐陀的确一心向佛，态度真诚，玄奘最终决定为他实现这一愿望。就这样，受戒后的石磐陀成了玄奘的首位弟子兼西行向导。

"为师想要越过国境西行求取真经，不知有何良策？"

"师父放心，我有办法！"

不久，玄奘见到石磐陀带来了一位须发皆白的老头（不是土地爷），还顺带牵着一匹瘦小的枣红马。

互相介绍行礼后，老人告诉玄奘瓜州以西尽是无边无际的戈壁沙漠，人进入这片区域很容易丢掉性命，如果可以的话，最好不要进去。不过玄奘心意已决，他当即表示此次出行自己早将生死置之度外，不达天竺誓不罢休。

老者叹了一口气："既然如此，法师可与我交换一下马匹。"

据老人介绍，他的这匹枣红马虽貌不惊人却可在紧要关头于大漠之中辨识方向，救人性命。玄奘听从了老者的建议，用自己膘肥体健的大马换取了那匹枣红马。事后的发展表明，这是一个无比英明的决策。

马匹喂好了，干粮和水源也准备充足，玄奘在石磐陀的引领下抵达了戒备森严的玉门关。从这里绕过关外矗立的五座烽火台，再往西经过长达八百里的莫贺延碛大沙漠（现称哈顺戈壁）后就能抵达西域的第一个国家伊吾（今新疆维吾尔自治区哈密市）了。

经过石磐陀的介绍，玄奘对即将面对的险恶自然环境有了较为足够的心理准备，但他此时并没有意识到一个更大的危机已经悄然来到了自己的身边。

戈壁滩的夜晚寒冷而安静，玄奘睡得并不踏实。人们总是会为未知的未来感到不安，经纶满腹的玄奘也不例外。他清楚地知道西去的路凶险万分，他们即将面对的那片大沙漠也确如那老者所言是名副其实的死亡之海，吞噬了太多的生命。此行自己能够顺利地穿越荒漠，还是会成为下一个迷失者，玄奘的心中没有答案。

就这样处在半梦半醒之际，玄奘突然察觉了一丝异动，他正想开口向徒弟石磐陀询问情况，却发觉一把冰冷的匕首已然架在了自己的脖颈上。玄奘瞧得真切，意欲行凶的正是自己的新徒弟石磐陀。

原来风沙之中玄奘并不是唯一难以安眠之人，石磐陀同样辗转反侧。在带着玄奘绕过玉门关、渡过葫芦河后，石磐陀忽然想到一件重要的事情——据说在烽火台取水的偷渡者一旦被那里的守卫发现，便会被不由分说地处死，无一例外。石磐陀开始动摇了，他虽然好佛，但更爱惜自己的生命。

只有那么做了……

看着石磐陀充血的瞳仁和狰狞的表情，玄奘意识到对方有心要杀自己灭口。虽说玄奘并不畏惧死亡，但在实现理想之前玄奘没有立地成佛的打算——那就只好让石磐陀放下屠刀了。

"我在佛祖面前起誓，如果过关时被卫兵抓到，无论如何也不会牵连到你。"

石磐陀沉默了，他放下了手中的匕首，冷冷地说道："你走吧！"

太阳即将升起，玄奘最后检查了一下穿越大漠的必备物品，随即孤身一人继续向西方走去。

路还很长，还有更大的麻烦在等待着你——加油吧，玄奘。

沙海

深入戈壁已经有八十余里，这一路上，玄奘真正领略了此地的恐怖——这里不但了无人迹，就连其他生物的踪影也见不到，有的仅是呼啸的狂风、灼热的骄阳与望不到边际的沙海。为了保证自己不至于迷失方向，玄奘始终提醒自己要仔细辨认前人留下的种种痕迹，然后依迹走下去。经过艰苦的跋涉，玄奘终于来到了唐军设在戈壁滩中的第一座烽火台，为了不被守军发现，他选择等到夜幕降临再去取水。可惜玄奘的运气实在是不好（或者说是很好），取水之际，他被巡逻的守军当场发现。玄奘本以为自己就要像传说中一样直接归西，谁知等待他的不是闪光的钢刀，而是一张笑脸。

笑脸的主人叫王祥，他的身份是这座烽火台的指挥官，同时，他还有另一个公开的身份——佛教徒。

王祥得知玄奘的志愿后十分感动，决定竭尽所能帮助玄奘实现取经的梦想。根据王祥提供的重要信息，玄奘轻易地通过了剩下的四座烽火台，随即来到了真正的死亡之地——莫贺延碛。

莫贺延碛，位于著名的罗布泊与玉门关之间，古称沙河（就是《西游记》中沙悟净根据地流沙河的原型），又称八百里瀚海，素以凶险闻名。后来沙俄著名的探险家兼文物大盗普尔热瓦尔斯基寻找罗布泊时同样徒步走过这里，并很快对这片沙漠留下了极为深刻的印象：可怕。相较而言，一千多年前来到莫贺延碛的玄奘处境则更为严峻。因为普尔热瓦尔斯基是有团队和完备的装备的，而玄奘则只有一个人、一匹马。据史书记载，玄奘在进入莫贺延碛一百余里后就发现自己彻底迷失了方向，惊慌失措之际，他又犯下了另一个致命的错误，一时手滑将盛水的皮囊打翻在地，走出沙漠最为关键的水就此损失殆尽。玄奘绝望了。自长安出发以来，玄奘从未如此绝望过，万念俱灰下，他开始有了东归的打算，而且还采取了行动。但在回头走了十多里路后他最终还是掉转了方向，因为有无与伦比的决心和勇气。

四天五夜后，滴水未进、处于半昏迷状态的玄奘突然发现他身边同样精疲力竭的枣红马变得异常兴奋起来。松开缰绳，只见枣红马一路狂奔冲向了一座沙丘之后，就此不见踪影。玄奘挣扎着翻过了沙丘，展现在他眼前的竟是一片绿洲！

湖水甘洌，芳草萋萋。莫非自己在做梦？

在再次捧起水的那一刻，玄奘清醒地认识到，自己见证了奇迹。

休息了整整两天的时间后，玄奘一鼓作气走出了莫贺延碛。此后，他越过星星峡，途经伊吾、高昌、焉耆、龟兹等西域主要国家，翻越了终年积雪的葱岭（今帕米尔高原）……

虽说地名不同，遇见的人不同，发生的事不同，这一路上的艰难险阻其难度实不亚于进入西域前的那一阶段，但鉴于完全叙述下来会很长很长，很像流水账，所以这里就不详述了。当然了，在这段行程中还是发生了一些不得不说的事，如下：

与高昌国王麴文泰拜了把子，获得徒弟四个，随从二十余人，马匹若干，自此玄奘拥有了一支规模不小的取经团队；

在龟兹瞻仰了闻名遐迩的译经大师鸠摩罗什的生活故地，记录下了龟兹人的特殊风俗（以扁平头型为美）；

成功征服凌山雪峰（今位于阿富汗境内；付出的代价较为惨重，取经团队将近一半葬身于冰天雪地）；

留下了关于世界上最深的高原湖泊伊塞克湖（今位于吉尔吉斯斯坦境内，天山山脉北部。《大唐西域记》中称之为大清池）最早的实地观察记录。

（如此看来，即便最后没到天竺，单凭这些，玄奘也足以在历史上留下一笔了。）

经过玄奘及其团队的团结协作，贞观二年（628年）玄奘终于来到了中亚大草原，这里属于西突厥的领地。而西突厥可汗的王廷就设置在大清池西北五百里外一个叫碎叶（今位于吉尔吉斯斯坦托克马克城西南）的城市。

当时西突厥的势力范围不仅涵盖西域、中亚的大片土地，还远及古印度的边地。如果玄奘得不到西突厥可汗的支持，西行之路便会寸步难行。因此早在高昌时，玄奘的哥们儿麴文泰就特意给可汗写了一封亲笔信，表示玄奘法师是属下的兄弟，希望可汗多多关照，下令西方各国赐予马匹并护送玄奘一行出境云云。

虽说有麴文泰的介绍信在手，但实事求是地讲，玄奘的心里面还是极其紧张的。因为据他所知，突厥人信奉的并非佛教，而是拜火教（此教后来传入中土，被称为明教）。而在丝绸之路上，拜火教同佛教是水火不相容的两大教派，纷争已久，可谓用鲜血凝聚成的恩怨，万古不休。换句话说，对于突厥人而言，玄奘是不折不扣的异教徒，如有必要可以采取非常措施，非常处理。

西突厥的可汗到底会如何对待自己这样的异教徒呢？玄奘心中充满了焦虑。

俗话说得好，丑媳妇难免要见公婆。就在玄奘即将抵达碎叶城的时候，一支突厥骑兵小队传来了消息，他们告诉玄奘等人，可汗游猎将归，三日后会在王廷接见玄奘一行。

至关重要的时刻终于来到了，玄奘小心翼翼地进入了西突厥可汗的大帐。令他意想不到的是，可汗对自己颇为友好，不但言辞亲切、态度和蔼，还主动请玄奘留下来吃饭。紧接着，玄奘发现了可汗如此热情的原因，因为他在接风的宴会上看到了来自大唐的使者。

原来如此。

玄奘的判断没有问题。为了对抗共同的对手东突厥人，大唐和西突厥秘密结成了攻守同盟，以图协力牵制强敌，所以对于这位仪表堂堂的大唐僧人（有画像为证）兼麴文泰的王弟，可汗自然是另眼相看。

人在海外方知背后有一个强大祖国的重要性啊！

由于得到了西突厥可汗的支持与保护，玄奘一行很快穿过了中亚各国，并在离开长安整整一年之际来到了他梦寐以求的圣地——天竺。

同可汗派给自己的护卫们挥手作别不久，玄奘带着他仅存的两个弟子乘舟渡过了印度河，进入了犍陀罗国境内（今巴基斯坦白沙瓦一带）。在这个曾经的佛教最著名的圣地稍事停留，玄奘一行即自犍陀罗南下，一个月后到达了迦湿弥罗（今克什米尔地区）。此地的佛教虽然同之前的犍陀罗一样已然衰落，但佛教依旧保持着相当的势力，特别是由于这里系佛教历史上第四次结集的地点，因而保存下了极为丰富的佛家经典著作。

要知道，玄奘此行的终极目标就是求取真经，整合大唐混乱的佛教理论体系，所以玄奘在迦湿弥罗停留了一年多的时间阅读学习留存下来的典籍，直到第二年的深秋才重新踏上旅途。或许连玄奘本人也没有料到，在这次学习之后，他已经远远超越了当世的许多禅师同行，具备了接触佛理大道的资格。现在，他距离传世高僧的修为仅有一步之遥了。

然而似乎是为了验证玄奘的资格，在玄奘迈向高僧之阶前，上天为他安排了最后一场考验，一场真正的生死考验。

贞观五年（631年）春，恒河河畔，一伙强盗兼印度教狂热分子聚集在岸边准备祭祀他们所信奉的突伽女神。祭祀的过程并不复杂烦琐，具体说来就是找来一个长得还不错的大活人拉到恒河旁当场干掉（学名：血祭），以此祈福。应该说这是一个相当反人类的祭祀方法，理应遭到有识之士的反对，特别是像玄奘这样讲究慈悲的佛门僧人，见到了一定会坚决出面制止。可事实是，玄奘没多说一句话，因为他本人在这次祭祀活动中扮演了极为关键的角色——祭祀品（早被堵住了嘴）。

在那群疯狂的教徒看来，玄奘这个来自异邦的俊美儒雅的和尚非常符合女神的口味，简直就是完美的"人牲"。所以，无论玄奘的弟子、同伴如何哀哭讨饶或是出钱赎命，都无济于事。强盗们铁了心要拿唐僧搁那儿放血祭神。

这回可真是叫天天不应、叫地地不灵了。

出乎强盗们预料的是，自知难免的玄奘在人生的最后关头居然提出了这样的一个要求：

"不要着急，给我一点时间，让我最后吟诵一回佛经吧。"

强盗们答应了玄奘的请求，毕竟事已至此，你这刀下的人还能飞了不成？

玄奘确实飞不了，但强盗们可以。

就在几个人准备拿玄奘开刀的时候，突然间天色大变，"黑风四起，折树飞沙"（史料原文），整个恒河河水随之激荡起来，掀起的汹涌巨浪一下子就吞没了强盗们停在河中的数艘船舶。

目睹了这一场景，在场的人无不大惊失色。劫持玄奘的盗贼们更是如同听到了紧箍咒的孙猴子般，神色大变，纷纷奔逃而去。

说实话，这一场景实在是匪夷所思，这天早不变晚不变，偏偏就在此时风云突变，真是很有《西游记》的既视感了。但无论起因如何，结果很明确，玄奘凭此逃过了一劫，可以向着他的理想继续前进了。

荒漠雪山、盗贼猛兽，自踏上那烂陀寺石阶的那一刻起，玄奘感到以前的一切苦难都已经化作了过眼云烟，先成云，后变烟，最终无影无踪、无形无色。

与此同时，那烂陀寺的住持戒贤法师也在等待着玄奘的到来。

"老僧三年前曾患一病，身如火烧刀砍，苦痛难熬。本来有意绝食了此残生，却夜得一梦——一神人告诉我将有一他国僧人远道来此学习经论，让我等待此人到来，倾囊授之，以销罪业。如今看来，梦中提到的那个人就是你了。"

于是年过百岁的戒贤法师将玄奘收为了自己的关门弟子，开始悉心教导他自己所知晓的一切知识。

自此玄奘开始全身心投入学习生活当中，而百岁高龄的戒贤法师也是倾囊相授，一上来就专门为玄奘开讲瑜伽学派最重要的佛典《瑜伽师地论》。这一下整个天竺轰动了。虽说那烂陀寺是座寺院，但它不仅仅是座寺院，在这座寺中生活的人不仅有在那烂陀寺出家的僧人，还包括来自整个印度半岛各个角落的学者，僧俗长年维持在上万人的水平。他们来到这里不仅要研习大乘佛法，还要通读世俗经典，甚至是数学、医学方面的专业知识。有鉴于此，后世有学者指出那烂陀寺或许是世界上第一所综合性大学，而戒贤法师就是这所大学当之无愧的学术灵魂，是所有人的导师。

正如今天学术泰斗级的人物一样，戒贤法师一般深居简出，极少公开露面，即便是寺内修行已久的禅师，能得戒贤一言两语的指导就已经是莫大的荣幸。但如今他老人家居然拿出了十五个月的时间为玄奘一人讲经，这不能不让大家瞠目结舌。

玄奘没有辜负老师寄予的厚望，在接下来的五年时间里，他将深奥的《瑜伽师地论》从头至尾仔细研读了三遍。为了更好地理解其中的思想，玄奘还特意系统学习了梵语并钻研了古印度的语言学和逻辑学知识，最终完美掌握了那烂陀寺最高深的佛法与究极的智慧。

学成之后，玄奘又做出了一个极其重要的决定：游学天竺各地。

于是玄奘又用了三年的时间走遍了印度半岛，以领略各国的风土人情，并探寻当年释迦牟尼留下的种种遗迹。

贞观十四年（640年），玄奘返回了那烂陀寺，他向师父戒贤提出了回国的请求。然而，令玄奘没有料想到的是，戒贤法师竟然也向他提出了一个请求。

原来，当时有位天竺高僧开设讲坛不断攻击瑜伽派的理论，戒贤法师希望玄奘作为瑜伽派的传人，在那烂陀寺开设讲坛同这位高僧进行公开辩论。

这是一个看似简单，其实无比凶险的任务。因为古印度辩经事实上就等同于僧人间进行的一场生死决斗，虽然用的不过是唇枪舌剑，但结局的惨烈却绝不亚于江湖中人的厮杀。辩经的落败者一般说来不外乎三个后果：其一是就此销声匿迹，学术圈子里自此再也没有这号人，留下的只有失败的传说；其二便是直接改换门庭，投入胜者门下当牛做马，听凭使唤。实事求是地讲，这对于某些成名人物来说还不如直接杀了他来得痛快，所以很多本有一定威望的失败者会选择第三条路——自我了断。

"一切听凭师父安排，徒儿愿为那烂陀寺的荣誉一战。"

玄奘几乎不假思索就接受了师父的委托，在他看来这是一项光荣的使命，更是检验自己多年学习成果的最佳方式。

按照戒贤的安排，玄奘开始设坛开讲，同对方各抒己见、隔空对决。论战的结果是两个讲坛的听众最后都为玄奘的理论深深折服，跑到那烂陀寺听讲。那位高僧见状收起了之前不可一世的嚣张态度，一路绝尘而去。

"弟子此来天竺的目的是寻得正道，为东土苍生解惑，如今我已经完成了学业，请师父准许我回到我的国家，让佛法的光辉普照更多的百姓。"

辩经结束不久，玄奘便开始整理行装及佛经准备返回他阔别多年的大唐。那烂陀寺里的僧人学者闻知此事相继赶来挽留，这些人虽从未到过大唐，但他们听说唐土偏僻，生活在那里的人还并不拿佛学当回事，所以大家强烈要求玄奘留在那烂陀寺。千言万语汇成一句话：像您这样的得道高僧回去简直是白瞎了！

玄奘拒绝了，因为他还记得自己的初衷。

历经宠辱，不忘始初，在我看来这才是玄奘的伟大所在。

大伙着急了，为了留下玄奘，很多人找到了戒贤法师，希望依靠他开导玄奘，为那烂陀寺保住这个人才。出乎众人意料的是，这一次戒贤法师选择支持自己的徒弟。虽然他知道这将是寺院的巨大损失，也会令许多寺内僧众失望，但他还是那样做了，因为他相信在万里之外的东方，那里同样有人需要玄奘。

有了师父戒贤的支持，玄奘本可以就此踏上归途，但恰在此时，一连串意外事件彻底打乱了玄奘的计划。

由于玄奘在之前的辩经中大放异彩，慕名前来挑战他的出家人变得越来越多，实力也越来越强，如此一来，玄奘归国的计划不得不暂时放缓。而这不过是一个开始。

玄奘殚精竭虑，又一次击败了自己的辩经对手。此时，"玄奘法师"这个名字已经响彻了整个印度地区，他俨然成了那烂陀学术新一代的领军人物。于是，有一天寺里收到了一封邀请信，寄信的是当时称雄东印度的迦摩缕波国君主鸠摩罗王，他在信中表示自己久仰玄奘法师大名，希望寺方将玄奘送来讨教一二。那烂陀寺方面以玄奘即将回国为由委婉拒绝了国王的邀请。谁知这位鸠摩罗王被拒绝后当即对外放出话来，扬言见不到玄奘本人，就要出兵踏平那烂陀寺。

鸠摩罗王的话绝非危言耸听，事实上此人的确具备这样的能力，因为在当时处于分裂状态的印度半岛诸国中，他的综合实力是排名第二的，要灭那烂陀寺也就是分分钟的事。面对鸠摩罗王的武力威胁，寺院方面无可奈何（毕竟不是少林寺会武术），只好派出玄奘前去会面。没有人料想到，正是由于这一决定，险些酿成一场波及整个天竺的大战。

就在玄奘离开那烂陀寺前往迦摩缕波后不久，一个人得知了这一消息并表现出了超乎寻常的震怒。这个人叫戒日王，是当时统治北印度的羯若鞠阇国的君主。据记载，这位国王本身也是个文学传记作家，所以比较关注天竺的文化事业发展，而且他十分喜欢同博学雅识之士结交，更为重要的是，他是那烂陀寺最主要的资助者。

"我之前屡次邀请玄奘法师，他都没有来，那他为什么会在鸠摩罗王那里？"

戒日王闻讯立马派出使者向鸠摩罗王要人。

面对戒日王的使者，鸠摩罗王是这样回复的：要人没有，要头可来！（我头可得，法师未可即来。）

鸠摩罗王殿下，你说话前还是先想想为好。

前面说过，鸠摩罗王的迦摩缕波国国力在印度地区排第二。不巧的是，排在第一位的正是戒日王所统治的羯若鞠阇国。

戒日王彻底被激怒了，他感到自己受到了前所未有的蔑视。于是，他下令全军集结前往迦摩缕波，同时派出使者传达了自己的愤怒："既然你说要头可以，那么现在就让能把头交给我的使者带过来吧。"

听君一句话，吓得人冷汗流。

鸠摩罗王发热的脑袋终于就此冷却了下来。说到底，他的迦摩缕波虽是公认的天竺第二强国，但论实力却依旧与羯若鞠阇有着相当大的差距。这样的情况其实并不难理解，就像一场考试中的第一名和第二名，两个人的名次相邻，但分数有时却可以差上一百多分。所以，意识到戒日王打算要动真格的，鸠摩罗王立时下达了命令：全军即日整队向恒河进发！

差点忘了要点，带上玄奘法师！

玄奘就这样以戏剧性的方式见到了天竺的一号人物戒日王。在几次交谈后，戒日王被眼前这个僧人的学问深深折服，赞叹之余，他决定在自己的国都曲女城举办一次全印度规模的宗教学术辩论大会。

贞观十六年（642年），宗教学术辩论大会在曲女城如期开幕。大会开场当日的参加人数和规模再次印证了戒日王的实力和地位。因为除了戒日王和鸠摩罗王外，还有来自五印度的十八位国王、三千名印度高僧和两千余位来自其他宗教教派的饱学善辩之士。作为这次大会的论主，玄奘则破天荒地主动提出：只要有人能够驳斥攻破自己的论点，自己情愿斩首相谢。

第一天很快过去了，玄奘挂在会场门口的论文无人能够予以批判。

第二天也很快过去了，还是没人出面发难。

就这样时间到了第五天，有人行动了。

这天夜里，一伙人悄悄来到会场外，点火焚毁了会场的大门，他们的意图很明显，既然辩不过你，那就恶心死你。

这下子戒日王发火了，他立刻下令相关部门限期捉拿纵火者，同时下发了紧急通知，表示如果有人企图伤害玄奘法师，一经发现将立即斩首示众；如果不是为辩论佛理而诋毁辱骂玄奘法师的，一旦被查证将割舌以惩戒之。

在戒日王的强力干预下，世界清静了。

就这样到了辩论大会的第十八天，依然无人能够发现玄奘论文中的破绽，大会由此宣告圆满落幕。包括戒日王妹妹在内的许多人当场皈依大乘佛教，而玄奘也因此赢得了大乘、小乘佛教信众的共同尊敬，成为当世首屈一指的佛学大师。

是归国的时候了。

贞观十七年（643年）五月，玄奘正式告别戒日王和那烂陀寺的僧众，启程返唐。为表郑重，戒日王亲自率领各国王公大臣为玄奘送行。一路上大家的情绪都很激动，不少人竟不能自已，号啕大哭起来。戒日王更是屡次三番交代负责护送玄奘的北印度王乌地多确保法师的安全。有意思的是，三天后，玄奘居然在路上再次遇到了戒日王、鸠摩罗王等老朋友，原来这几位国王因思念玄奘甚切，忍不住又结伴率领轻骑兵赶来，要再送玄奘一程。

玄奘感动不已，双方都很清楚，此次一别即为永别，那么就再互道一次珍重吧。

珍重，朋友！

朋友，珍重！

按照《西游记》的说法，玄奘回国十分方便快捷，"嗖"的一声驾着祥云就到了。历史上的玄奘返唐虽没有如来座下金刚护送，但也不差，由于有戒日王、西突厥可汗等大人物的关照，玄奘是被沿途几个国家的国王以派遣军队接力护送的方式一路送回大唐的。其实，玄奘本可以选择更舒适的方式回国，比如乘船走海路，这样一来不仅可以避免长途跋涉带来的舟车劳顿，还能节省大量的时间。可玄奘却坚持选择了陆路，为了一个约定。

十七年前，当玄奘途经高昌国时，高昌王麴文泰曾试图迫使才华横溢的玄奘留在自己身边效劳，却被玄奘以绝食的方式拒绝了，无奈之下，麴文泰只得同意玄奘继续西行。而出于对玄奘的欣赏，他更是主动提议同玄奘结为兄弟。当然，作为麴文泰全力支持的回报，玄奘答应学成归来之时先在高昌讲经三年，之后再回大唐。于是为了履行当年的承诺，玄奘再次翻越冰雪覆盖的高山，横穿寥无人烟的荒谷，向高昌进发。然而，他刚刚走出帕米尔高原就获知了一个令他震惊不已的消息：高昌国已经不存在了。

这件事前文已经讲过，由于公开同唐朝叫板，高昌国被李世民派兵灭掉，改为州县并入唐朝；而玄奘的那位王兄则在战前得急症而死，未能等到玄奘学成归来的那一天。

或许这也是一种宿命吧。玄奘听后唏嘘不已。

玄奘不必再往高昌去了，于是他决定改变自己的行程，转而由天山南道回国。不久之后，他便顺利到达了西域著名的佛教国家于阗。在于阗停留之际，玄奘法师托人给皇帝李世民送上了一封信。我个人以为，这实在是一个极其聪明的举动。

相信大家还记得，玄奘大师是以偷渡者的身份私自出境的，这在当时被认为是大逆不道的重罪（等同于叛国），即便之后主动回国，讲究的也是个有死无生。但为了完成自己的夙愿，将正统的佛法带回中土，玄奘还不便领死，因此最好的解决方法就是在入境之前率先获得皇帝的谅解和特赦。怎样才能打动皇帝，使他宽恕自己呢？玄奘完美地解决了这一难题。

在信中，玄奘向李世民汇报说明了自己十七年来西行求学的大致经历，并主动坦承了自己抗命出国的错误行径，然后突然笔锋一转，表示自己虽说取得了种种成绩，但这些都是仰仗大唐的国威和陛下的英武，否则贫僧真的做不到啊！最后，玄奘谨慎地表示现在自己正以戴罪之身滞留于阗等待皇帝的发落，没有朝廷的宽宥许诺，实不敢再违国法。

忐忑不安中，玄奘终于等来了回信。

"闻师访道殊域，今得归还，欢喜无量。可即速来，与朕相见。"

李世民不但没有问罪的意思，反倒为玄奘沿途安排好了接待事宜，只等玄奘到来。

贞观十九年（645年）正月二十五日，玄奘返回长安。然而，当他来到城郊时才发现自己来得太早了：本来说好要迎接他的京城留守房玄龄等官员由于并不知道玄奘日夜兼程赶来，所以尚未到场。可这并不影响玄奘的惊喜程度，因为政府人员没到，群众来了。

留学天竺的高僧玄奘的种种事迹，早就随着来自西域的商人传遍了长安城。得知玄奘今日将到，首都群众早就倾城而动，生意人挂牌歇业了，读书人撂下了书本，庄稼人也不种地了，纷纷扶老携幼跑到城外抢占最佳观赏位置，以便一睹大师风采。

由于群众过于热情，情绪激动，人数更是不少，玄奘一行进退不得，被严严实实地堵在了近郊的漕河上，直到房玄龄闻讯急命右武候大将军侯莫陈寔领兵开道，这才把玄奘大师迎进驿站里歇脚。

第二天一大早，由官方主办组织、弘福寺等宗教机构承办的欢迎仪式正式拉开序幕。当天长安城内外人山人海、花团锦簇，到处洋溢着欢欣鼓舞的热烈气氛。在众人的瞩目下，玄奘由天竺带来的六百五十七部佛经、一百五十粒如来肉身舍利以及七尊珍贵的佛像被迎入弘福寺内收藏。所有的长安居民都为亲眼见证了这一重要时刻而感到热血沸腾，除了一个人外。此时此刻，玄奘正安坐在自己的房间里安静地思考着，因为只有他清楚，自己的事业不过仅完成了前半部分而已，如果不能很好地处理接下来的问题，一切将会前功尽弃。

接下来的问题就是——李世民。

二月的洛阳，天气已经渐渐转暖，行宫中，李世民正在同玄奘法师进行亲切而友好的交谈。

"当年大师离京求法何不通报一声？"

玄奘闻言当即起身合十，不慌不忙地答道："玄奘离去之时曾再三表奏请行，估计是诚微愿浅，并未得到陛下允许，于是只好冒险擅自出关。专擅之罪，恳请陛下体察！"

"大师是出家人，自然要与凡夫俗子区别对待，更何况此去冒着生命危险，志在普度众生，令朕深感钦佩，以后就不必再提此事了！"

紧接着李世民开始向玄奘询问西域诸国及印度各地的风土民情、政教法令等问题，玄奘一一做了详尽的解答说明。见眼前的这位出家人应答如流，且神情自然，不卑不亢，同当年的高昌王一样，李世民被深深地打动了，产生了劝玄奘还俗为官的想法。出乎众人意料的是，玄奘当场委婉谢绝了皇帝授予的高官厚禄，表示自己无德无能，只想长伴古佛青灯。李世民没有再坚持，因为他知道像玄奘那样历经生死考验的人不可以利益诱惑，更无法凭权势威逼。

"不知法师还有什么心愿吗？只要朕能帮上忙的，一定鼎力相助。"

"多谢陛下隆恩，如今玄奘唯愿专心译经，使世人知晓真正的大乘佛法。"

"西京的弘福寺禅院幽静，法师就在那里翻译吧。"

"京城的百姓知道我从西域回来都很好奇，想要见我，如此一来恐会影响译经的工作，还请陛下能派人守门，严禁闲杂人员进入。"

李世民允准了玄奘的要求。

一个月后，玄奘在弘福寺正式开始筹备译经。根据李世民的指示，由房玄龄亲自出面为玄奘提供所需的物品、书籍及办事人员。

不要看玄奘此次西行带回来的经卷数量只有不到七百部，但翻译这些典籍绝对是一个高强度的活儿。为什么这么说呢？这就要从翻译佛经的规矩说起了。自五百多年前两位印度僧人乘白马东渡带来第一部佛经以来，经过数个朝代，无数有名、无名的翻译工作者的探讨传承，到了唐代翻译经文已经有了一套较为完整的操作体系。在这一连串复杂的规定中，有着这样一条万古不变的铁律：翻译梵文佛经，特别是贝叶经时，每篇颂文一律要译成四句。按照这一传统，光是码字就足以让人崩溃。以玄奘最为推崇的《瑜伽师地论》为例，此部经书有梵文四万颂，这也就意味着单只这一部经典，就有十六万句的工作量，至少要写一百万汉字！所以要把全部的六百余部经书译完，这实在是件极为艰巨的任务，没有政府的支持是不可能完成的，没有惊人的毅力也是不可能完成的。因此结合以上现实因素，并考虑到自己也是奔五十的人了（时年四十五岁），为保证译经工作在数十年后还能够有条不紊地继续开展下去，玄奘决定收几个靠谱的弟子。

弟子

提起唐僧的弟子，相信大家会不由自主地想起孙悟空、猪八戒、沙悟净这几个名字。但在真实的历史上，除了玄奘最初收下的向导石磐陀有点猴子兄的身影外，其余的弟子真是同猪八戒、沙僧八竿子的关系也打不着。话虽这么讲，然而玄奘的几个弟子那也是大有来头的，而且来头也不算小。

下面我们就来介绍下玄奘法师的弟子们（排名不分先后）。

法号：窥基（曾用名：尉迟洪道）。籍贯：长安。出家年龄：十七岁。

玄奘提出收窥基为弟子时，窥基是拒绝的。因为这位仁兄出身望族。他的父亲叫尉迟宗，是唐军的高级将领，而他的族父正是我们的老朋友尉迟恭。有这么强劲的父辈在，窥基自出生以来几乎是衣食无忧、悠闲自在，直到那一天他在路上偶遇了玄奘法师。

"小施主，你很有慧根，跟我学佛法吧！"

"你谁啊，大叔？"

"贫僧法号玄奘，现在……"

"不要。"

"喂，前面说不要的小施主，你别走！……"

那年，就是这次短暂的邂逅，玄奘看中了窥基，由此改变了两个人的宿命。

经过多方打探，玄奘得知这个少年叫尉迟洪道，随即亲自登门向其父表达自己收尉迟洪道为徒的想法。大名鼎鼎的玄奘法师主动前往尉迟府收徒弟，此事立即在长安城中引起了轰动，在综合考虑各方意见并同尉迟洪道充分交流了看法后，尉迟宗同意了玄奘的要求。不过鉴于当时尉迟洪道年纪还太小，过早离开父母多有不便，双方最终决定在三年后再正式送尉迟洪道出家。

时光荏苒，三年的时间很快就过去了，约定好的日子终究到了。贞观二十二年（648年），尉迟洪道正式舍家受度成为玄奘的弟子。据说这位仁兄出家之时曾带着一车酒、一车鲜肉、一车美女去落发，因而除了窥基这个法号外，京城的百姓额外授予了这位公子哥出身的和尚"三车法师"的荣誉称号。

然而事后的发展证明，玄奘不愧是玄奘，的确是独具慧眼。在十六年后，正是这个当年对佛祖不感兴趣的少年，亲手接过了玄奘未竟的译经大业，最终竟成为玄奘法师公认的继承人，唯识宗的第二代祖师。

在玄奘的弟子中，有很多日后佛教界知名的人物，其中，窥基凭借着其过人的家庭背景和个人成就，算得上是玄奘门下的顶尖级人物了。但由于玄奘实在是佛门不世出的高人，因此窥基只能说是这位名师培养出的数一数二的高足，而绝非独一无二，因为另有一人可与窥基相媲美。这个人就是圆测。

圆测本名金文雅，乃新罗王族，自幼出家，十五岁时来大唐，随即跟从法常等僧人云游大江南北，后落脚于长安元法寺，埋头经案，苦读经书。这位圆测和尚绝对堪称天才，在不到十年的时间里，此人便通晓了经、律、论三藏，掌握了汉文、梵文、吐蕃文等六种语言，名动京师。然后他遇到了学成归来的玄奘，与之讨论问题，并很快对玄奘的学识理论佩服得五体投地，主动提出拜玄奘为师。玄奘答应了。自此圆测成为玄奘翻译大业最重要的助手和传人。值得一提的是，圆测后来还成了一个风云人物的心灵导师，他的那位学生自称武曌。

窥基悟性超群，圆测博学多才，称作人中之龙凤也不为过，但实事求是地讲，玄奘此生最为看重的弟子还是辩机。

辩机，婺州（今浙江省金华市）人，十五岁出家，师从当时著名高僧道岳法师。贞观十九年（645年）玄奘回国在长安弘福寺开设译场时，二十六岁的辩机和尚凭借其对大、小乘经论的谙熟被推荐入寺。

在译经过程中，辩机以深厚的学识素养较好地完成了工作，由此得到了主持者玄奘的注意，入选为九名缀文大德之一，且还是其中最为年轻的那个。此后不久，玄奘奉皇帝之命撰写一部叙述自己西行沿途见闻事迹的书，负责执笔记录的正是辩机。

无论怎么看，玄奘都觉得辩机是最有资格接受自己衣钵的人，因此在很长一段时间里，译经之余玄奘老师都会给辩机开小灶，向他传授最为高深的佛法，甚至在同政府方面交涉时也带上辩机。可玄奘做梦也没有想到，正是这一举动最终导致了自己的这个爱徒死于非命。

贞观二十三年（649年）的一天，在寺内主持翻译工作的玄奘得到了一个让他震惊不已的消息：爱徒辩机刚刚被朝廷下令处斩。

闻知此事，玄奘表示不可理解，因为据他所知，辩机前往官府是因为不久之前他那里遭了贼，丢了东西。后来贼人被抓住了，这才收到通知前去认领失物，怎么一下子给判了死刑呢？

猜测是不准确的，当务之急是尽快了解情况，尽力把人从刀口下救出来。

抱定这一思想，玄奘开始通过关系多方打听事发经过。但出人意料的是，平时见到玄奘蜂拥而至的官员们此时却无一例外地像遇到瘟神般撒腿就跑，搞得玄奘莫名其妙。最后玄奘好不容易才打听出来，盗贼是被捕了，没错；辩机是去取失物，也没错。唯一的错误在于那位飞贼兄不小心偷了一个他不该偷的物品——宝枕。

这个宝枕有多么特别史书上没有写，但不难猜测此物十分宝贵，能让人一眼就断定这绝非民间之物。所以问题来了，既然这宝枕绝对是宫里的东西，那么辩机和尚是怎么拿到的呢？经过办案人员的突击审讯，他们从奄奄一息的辩机嘴里得到了一个宛如炸雷的答案：高阳公主。

一时间现场异常安静，因为所有人都意识到，这下真的摊上大事了。

众所周知，高阳公主是当今皇帝最为宠爱的女儿之一，且她早已经成婚嫁人，夫君叫房遗爱，正是当朝第一重臣房玄龄的儿子。

这些都是不折不扣的狠角色啊！随便出来一个说上两句话，这里的人估计就交待了。不可不谨慎处置！

紧张地讨论了一番后，不知是哪位仁兄最后想到了一个堪称天才的解决方案：上报领导。

奇怪了，这不是依旧没解决难题吗？

请相信，妙处就在这里。要知道，领导这种存在的最伟大意义就是在属下们不知所措之际为大家指出条明路的。遇事请示领导，坚信领导总是英明的，那才是对领导的最大尊重。于是基于这一官场潜规则，此案被逐级上报，最后递交到了最大的领导李世民的案头。

李世民一看，顿时怒不可遏，当场做出了内部终审判决：

和尚辩机，六根不净，引诱有妇之夫，犯戒行为成立。腰斩。

公主侍婢（若干），服侍不周，知情不报，失职行为成立。绞杀。

高阳公主，有亏妇道，由其父（李世民本人）亲自予以批评教育，勒令反思。

当然了，这些信息都是绝密级别的，除处罚结果外，具体情况并未向社会舆论公开。大家只知道辩机犯了事，被办了，仅此而已。

可惜，世上从没有不透风的墙，高阳公主同辩机和尚的这段不伦之恋最终还是在坊间悄然流传开来，并借助各种艺术形式的加工渲染变得家喻户晓、妇孺皆知。

但这真的是整个事件的真相吗？在我看来，这个问题是可以打上一个问号的。因为仔细阅读相关史料你就会发现，此案真的是迷雾重重。

首先，最大的疑点在于，虽然《新唐书》和《资治通鉴》对辩机一案描述详尽且逻辑清晰，可《旧唐书》中根本没有提及此事，甚至比《新唐书》和《资治通鉴》成书稍早著名类书（古代的百科全书）、《太平御览》也没有记载高阳公主和辩机的这段故事，这样一来就不得不让人对这部分史料来源产生怀疑。更为值得注意的是，种种迹象表明，在李世民驾崩前，高阳公主并没有失宠，而所谓的公主与辩机结缘于辩机草庐的桥段完全不符合当时国家对僧人的管理规定。所以，我们有理由相信，在看似风月无边的辩机案背后有着某些更加不足为外人道的事情发生。

不过遗憾的是，由于大家对辩机身上发生的事都讳莫如深，而辩机本人也没有托梦告诉我事情的来龙去脉，所以那一年这个才华横溢、仪表不俗的青年僧人到底经历了什么，又是什么造就了他的悲剧，这一切的一切很可能将永远不为人知。

我们唯一能够确定的是玄奘失去了一个极为可靠的助手，唐代留下了一个凄美的爱情传说。

根据命运编剧的剧本，玄奘大师还要在长安继续他的译经大业，直到另一个重要支持者离他而去，这期间我们就不赘述了。因为与此同时，一场大戏正在天竺上演，而故事的主角之一恰好是玄奘的老朋友——戒日王。

据说，玄奘在那烂陀寺留学那会儿曾有一晚做过一个怪梦，梦中有一金光闪闪的人催促他赶快回国，并一再告诫他十年后戒日王就将离世，届时整个印度会一片战乱，民不聊生。

对于这类光怪陆离的记载，本人一向是有兴趣剥除其唬人伪装的，于是本着求实的精神，我查了下相关资料。据载，此事发生在贞观十三年（639年），戒日王是贞观二十一年（647年）在恒河突然失足溺亡的。虽说时间上差了两年，但不得不承认，玄奘法师的这个"预言梦"还是比较靠谱的。

按理说，印度那儿打起来，在交通信息尚不发达的七世纪不应该会产生什么连锁反应，可事实上这一次是个例外。因为那一年正好有一路使团奉皇帝之命前往印度，他们的使命恰是代表唐朝促成同戒日王的戒日帝国的友好关系。只不过他们做梦也没有想到，到达印度之时，却是烽火四起之日。

不知道是不是整天忙着搞军事斗争和文化建设的缘故，戒日王没生孩子，再加上这位仁兄走得很意外，没来得及指定继承人，因此他一死，偌大的戒日帝国便迅速陷入了四分五裂的状态，而那些原本归属臣服戒日王的国家也趁此权力真空期重新洗牌，于是整个印度半岛都打得不可开交。

咱们向来不愿管别人家的破事，所以发现印度已经打成一锅粥后，使团也懒得过问，只准备收拾下行李，这就走人。谁知在返程的路上，大唐使团突然遭遇了一股来历不明的武装人员的偷袭，经过一番激烈的战斗，使团一行三十余人终因寡不敌众悉数被擒。那么，是什么人如此大胆敢在光天化日之下公然打劫大唐的使节呢？答案是刚刚夺得中天竺王位的阿罗那顺。

此人原为戒日王的臣子，后来趁天竺大乱之机占据了中天竺一带，自立为王。虽说这位新国王对同唐朝建交不感兴趣，但他却对使团携带的金银珍宝（其中大部分是他国送给唐朝的）很感兴趣。在他看来这是上天送给他的礼物，不要白不要，要了不白要，于是他便策划了那场突袭并出乎意料地、顺利地拿下了大唐使团及其财物。当然了，阿罗那顺做梦也没有想到这会是自己走向灭亡的开始。

因为就在阿罗那顺一脸喜悦地清点抢来的珍宝时，一个人趁着夜色偷偷逃离了阿罗那顺的监狱，向着那里投去了悲愤的一瞥。这个人的名字叫王玄策。

脱离险境的王玄策并没有特别欢喜，原因很简单，他是这个使团的首要负责人。客观来说，这次抢劫是使团一行人谁也没有料到的，而且众人是力战到最后，箭矢用光、精疲力竭这才被俘，无论怎么讲，他们都不应该再被责怪。但作为整个团队的领导，王玄策却不这么看。

一个国家的使团往往就代表着这个国家，祖国受辱，岂可忍气吞声！

王玄策的气节是值得肯定的，不过就目前这个状况，要面圣回京请兵，再来报仇雪恨，一来一回，估计那时弟兄们的坟头上草都一人高了吧。

然而王玄策告诉他的副使蒋师仁（两人是唯二逃出来的）说："我们既不回国，也不赴死，我们的目的是灭掉中天竺。"

完了，王长史疯了（王玄策的职务是右卫率府长史）。副使蒋师仁基本已经在心中对王玄策做出了诊断。但没等他去安慰精神失常的王长使，他就听到了令自己精神为之一振的话。

"我们去吐蕃借兵破贼，定可成功。"

蒋师仁意识到王玄策是清醒的，这的确是眼下唯一可行的办法。

就这样，王玄策、蒋师仁两个人在夜幕的掩护下向着最后的希望之地进发。

身为李世民的女婿，吐蕃赞普松赞干布没有让王玄策失望。在得到消息后，松赞干布迅速做出了援助的决定，调遣吐蕃精锐一千二百人、泥婆罗（今为尼泊尔，当时为吐蕃附属国）骑兵七千人跟从王玄策出击中天竺。当然，出于对王玄策的尊重，松赞干布将这支近万人的部队交给王玄策全权指挥，且还打好了招呼："你先试试，实在不行的话，放着我来。"

平心而论，松赞干布的确有不放心的理由。这是因为王玄策之前一直是从事文职工作的，做过县令、访印副使，在成为"王团长"前，就没怎么打过仗。估计在他以往的军事生涯中，充其量只指挥过一个团的兵力（还是使团）。现在可不一样了，能指挥近万人作战，一下子就提升了几个层次，用今天的话讲，这叫大兵团作战。

然而历史已经无数次告诉我们，这个世界上存在这样一种人，他们可能从没打过仗，也从未杀过人，但他们天生就是此间强手，连盗版的《孙子兵法》都不用读，上来就能所向披靡。

王玄策就是这些军事天才中的一员。接下来，他就将带着临时拼凑起来的外籍军团去迎战他的对手。

阿罗那顺不是没有想过王玄策会回来，可是他真的是没有想到王玄策会带着人马打回来。不过实事求是地讲，阿罗那顺并不担心，因为在他的军队中拥有一种威力强大的秘密武器——大象。

大象可以说是天竺人最为喜闻乐见、最擅长使用的动物了，特别是在坦克诞生之前，大象这种皮糙肉厚的庞然大物所组成的象兵军团，可以说是任何敌对军队的噩梦。不过，这倒不意味着没有克制象兵的方法。想当年南朝刘宋的将领宗悫讨伐南方叛乱的林邑国（在今越南中部）时，就曾用人造的狮子模型吓退了大象兵团，由此取得了战役的决定性胜利。然而这一次王玄策面对的情况却不太如意。首先，他并不知道阿罗那顺拥有一支相当数量的象兵部队；其次，除了王玄策和蒋师仁，这一边全是职业大老粗，总不能指望他们现场做手工吧？

这会儿就是考验王玄策水平的时刻了，此时战斗胜负成败的关键已经变为了能否击败那群大象。而王玄策最终找到了那个方法。

当阿罗那顺指挥着七万象军以排山倒海之势压来时，他惊奇地发现在对手的阵营中同样有一群动物以雷霆万钧之姿向己方狂奔而来。阿罗那顺是头一次目睹这一场景，在目瞪口呆之际，他还是惊呼出了那种动物的名字："牛！牛！"

虽说以牛老实的本性来说，一般是不会招惹其他动物的，特别是面对大象这种不好惹的大块头，更是如此。然而当一群牛的尾巴被点上了火时，那就例外了。

实践证明，在火烧屁股的状态下牛群不要说是面对象群，就是恐龙群挡在道上也敢往前冲。于是战场上出现了极为罕见的一幕：一群天竺兵发疯般跑在最前面，后面跟着一群惊慌不已的大象，再往后是一群紧追不舍、几近疯狂的牛群，最后是一脸坏笑的王玄策和士兵们。

天竺军在被巨象、疯牛一通乱踩损兵折将后只好退守城中，王玄策则乘势挥军进击，连战三日，最终一举攻克了天竺重镇茶博和罗城。不久，事件的始作俑者阿罗那顺被王玄策派出的副使蒋师仁击败生擒。同月，蒋师仁部突破阿罗那顺余众精心布置的乾陀卫江（今喀布尔河）防线，击溃顽抗的敌人，俘获了阿罗那顺的老婆、孩子并一道押解回国。至此，中天竺全境尽为平定。

两个使臣，借了八千骑兵，打了不到半年就取得了击破敌军十多万（人次）、杀敌上万、俘虏上万的战绩，得知这一信息整个天竺都震惊了，恒河、印度河流域近六百城池、部落纷纷遣使前来表示愿意归附，其中也包括玄奘的小伙伴鸠摩罗。这位仁兄本就对玄奘的学识佩服得五体投地，如今又亲眼见证了唐朝人的勇猛无敌，由此更是对远在万里的大唐敬畏有加，所以他不但送来了三万牛马劳军，更提供了相当数量的珍宝和武器，以示友好。

愉快地接纳了鸠摩罗等人的礼物后，王玄策向着祖国的方向前进，贞观二十二年（648年）五月，王玄策回到了京城，向李世民献俘。李世民十分高兴，当场给王玄策连升两级，授予其朝散大夫的官衔。

在许多说法中，扬威异域后的王玄策是很悲催的，战绩无人宣传，也没有得到领导重视，只是拿到了一个从五品下的散官职务就被遗忘在角落，真是英雄无用武之地，凄凉不已。

但可以确定的是，这些言论是接触史料不足的结果，当然也是极其不负责任的。因为按照惯例，唐代的官员一般连续三年考核成绩合格才能升一阶，一次性提升五阶这样的事例在有唐三百年中扳指头都能数得出来（还不用脚趾），绝对属于小概率事件。而依据相关史料推测，这一年的王玄策年龄大约在三十岁。在当年，若非豪门世族，普通家庭出身的人是很难在这个年纪混到这一级别的。所以，这样看来，李世民对于这位外交官的能力还是比较认可的，且有大力培养重用的意思。

那么，为什么在成为朝散大夫后，王玄策却未得到朝廷的重用呢？

关于这个问题，我的结论是：他受到了一件意外事故的牵连，而由于此事件的后果特别严重，国内影响极其恶劣，所以最终直接断送了王玄策的政治前途。至于是什么事，不要急，我们马上就会说到。

王玄策在手无寸铁、身无长物的境地下不等不靠，几乎是凭借一己之力组建了一支军队，他没有花费国家一分钱（没人给），甚至不要国家政策支持（朝廷压根儿不知此事），转眼间杀伤、俘获了数倍于己的敌军，荡平敌国，名震天竺。此等空手套白狼之水平，也只有汉代的班超能与之媲美，堪称不世之奇功。

虽说出于种种原因，这位史上最强大使的名字并不为人所知，但广大人民群众至今还是领受到了王玄策带来的恩惠，至少在餐桌上如此。

一千多年前的唐初，南方已经开始出现了一定规模的甘蔗种植，但由于缺乏成熟高效的制糖技术，全国的糖产量极低，还需要大量依赖进口，所以那个时候除了高官显贵和个把打得过熊的猎手，大多数人是同甜食无缘的。然而自王玄策在贞观二十二年（648年）由天竺带回了"石蜜"的制作方法后，不到三年的时间，全国的糖（主要是红砂糖）已经基本实现了自给。

除此之外，王玄策一行还由泥婆罗国带来了一种中原前所未见的蔬菜，这种蔬菜营养丰富、口感良好，很快就得到了人们的喜爱，而考虑到它是原产于波斯，时人称之为波斯菜，这也就是今天我们餐桌上常见的菠菜。

如此看来，王玄策的功绩还真是不小啊！

最后特别值得一提的是，王玄策不但能打而且能写，在显庆二年（657 年）第三次出使印度后，他决定把自己在西域、天竺的一切经历见闻都记录下来，以便人们更好地了解和认识那远在西面的世界，于是一本叫《中天竺行记》的书就此出世。这本书同玄奘的《大唐西域记》一道成为后人研究印度古代历史的重要参考资料（古印度人自己没有记录历史的传统）。

在天竺功成名就之前，玄奘和王玄策都是十足的小人物，没见过有什么生就不凡的传说（神话小说《西游记》除外），但他们日后却无一例外成就了属于自己的传说。在我看来，这足以说明一个人成功与否同出身背景不存在必然联系，一切只在于这个人是否具备永不动摇的信念和善于应变的智慧，仅此而已。

明君的黄昏

前面已经澄清过了，贞观天子李世民是很欣赏王玄策的，也够意思，一上来就封了五品官，使王玄策获得了上朝开会的资格。当然了，李世民之所以如此高兴，除了因为王玄策是个外交人才外，还有一个重要原因就是王玄策从天竺带来了一个特种人才——婆罗门僧那罗迩娑婆寐。

那罗迩娑婆寐是个老僧，据他本人的介绍，他已经有二百岁高龄了，专业是炼制所谓的"长生丹药"。换作贞观元年（627 年），听到这样的自报家门，李世民的第一反应必然是哭笑不得，然后笑骂着让侍卫们把这老骗子轰走。可惜，可惜，此时的李世民已然今非昔比了，因此他做出了一个会让曾经的自己嗤之以鼻的决定：大师先不要云游四海了，暂且留在长安为朕造延年之药！

后世的许多人一致同意，正是这个决定最终让李世民断送了自己的性命。然而，如果仔细了解下当时的背景，相信更多人会理解李世民这个看似老糊涂的抉择。

自贞观二十一年（647 年）起，辅佐李世民开创治世的贞观名臣们开始如流星般相继陨落。先是文武全才的高士廉老病而亡；紧接着，次年，李世民一下子失去了马周、萧瑀、房玄龄三位重臣。看着这些昔日熟悉的面孔永远消逝，归于尘土，李世民开始感到一种难以言喻的压迫感。更为要紧的是，从辽东征战归来后，李世民也逐渐察觉到自己的身体出了问题，而且是每况愈下的态势。

根据史书的记载，从唐太宗、唐高宗到后面的唐宣宗，李唐皇室的多位男性成员都长期患有一种当时被称为"风疾"的家族遗传病。这种病的临床症状主要表现为持续腹泻、不耐酷暑，间有头晕目眩，病发之时，患者临床反应剧烈，往往难以维持正常的工作和生活。所以我们看到在李世民执政的最后几年，他常常会下诏吩咐将军国机务交由皇太子李治处置，自己基本是处于半退休的状态。而为了摆脱病痛的干扰，大约从贞观二十年（646年）起，李世民开始服食各种药物，并逐渐接触起传说中的金丹。

还别说，金丹这种玩意儿最初真有些奇效，在吃了一段时间后，李世民发觉自己头不晕了，眼不花了，浑身也有力气了，甚至能够再次从事对身体状况要求很高的体育运动围猎了。鉴于这样的用药体验，李世民对金丹的满意度大大提升，所以当他得知王玄策领回了一个外国的养生专家时，李世民会做出那样的第一反应就不奇怪了。

可是，这一次仙丹并没有发挥预想中的效用。贞观二十三年（649年）三月，病魔再一次侵袭了李世民，他不可避免地病倒了。

重病缠身的李世民意识到自己的时日可能不多了。于是四月乙亥，他将皇太子李治召到自己避暑的翠微宫，有话要吩咐。

"李世勣是个人才啊！此人才能非凡，功勋卓著，但你却对他没有过什么恩德，我只怕他不能服你！"

没等李治做出用仁德争取臣下忠心之类的回复，李世民就给出了自己的解决办法。

"这样吧，我现在找个借口将他贬黜外放。如果他接到命令后，立即离京出发，等我死后，你就任命他为尚书仆射，放心信任重用；如果他徘徊观望，就把他杀掉！"

就这么决定了！在不知不觉中，李世勣迎来了人生中最为严峻的考验。

五月戊午，同中书门下三品（宰相的标志）李世勣接到了一份调令，按照皇帝的指示，他将离开繁华热闹的长安和帝国政治中枢的岗位，远赴西北出任叠州都督。叠州就是今天甘肃省的迭部县，此州地处岷山与黄土高原交会处，山大沟深，自然景观壮丽，如今是生态探险游的好去处。当然，这也就意味着在唐代此地基本属于未开发地区，说句不中听的，叠州都督的管辖下猴子比人要多。所以，无论在谁看来，这哪里是外放挂职，简直是有意恶整。

可是李世勣的反应却让诸多为之愤愤不平的人大感意外。

在接到调令后，李世勣毫无怨言，一脸平静地迅速上路赴任了，中间连家都没回一趟，以至于家里面等他吃饭等了半天都没见人影，后来派人去问才知道人早已经在千里之外。这下李世民放心了，他认定，李世勣是值得托付的。

虽然之后发生了很多李世民做梦也想不到的事情，但李世民的这个判断始终是正确的。

就在把李世勣贬出长安后不久，病重的李世民决定去看望一个人，向他做最后的告别。那个人叫李靖。

李靖实在是个聪明人啊，与侯君集、萧瑀不同，他虽然有身份，有功绩，更有能力，但他从不显露锋芒。领略到李世民的权谋和手腕，他早早就主动交出了军政大权，闭门自守，谢绝外客，过起了京中隐士的生活。所以李世民对他虽颇有忌惮，同时也多有崇拜。于是当李世民得知这位昔年奠定了半壁疆土的老将军已经奄奄一息时，便固执地要去见他最后一面。

七十九岁的李靖完全动弹不得了，只能躺在软榻上以目光向李世民行礼致意。看见这样的李靖，李世民的眼睛不知不觉有些湿润，他缓缓移步到李靖的身边，眼泪最终还是流了下来：

"公乃朕生平故人，于国有劳。今疾若此，为公忧之。"

李靖目不转睛地看着悲伤中的李世民，欣慰一笑。这是十余年来李靖最为轻松真诚的一笑。

不久，宫中的李世民得到了来自李靖府第的最新消息，也是最后的消息：辛酉日，开府仪同三司、卫公李靖薨，享年七十九岁。

这位武德、贞观两朝最伟大的军事家终于含笑离开了人世，先南后北，先水后陆，骑兵、舟师，荒原、城池，未尝一败！且出将入相，无党无私，知进知退，善始善终。试问，能立功于乱世、保身于治世、扬名于后世者，千古之内，有几人欤？！

卫公，伟哉！

李靖先走一步，李世民的时日也不多了。这一天是贞观二十三年（649 年）五月十八日，离唐太宗去世还有八天的时间。而正是在这八天里发生的事，决定了其后五十余年的中国之命运——只因为一场不期而遇的邂逅。

老头子不行了，这已经成为宫内朝中公开的秘密，为了保证这期间不出什么幺蛾子，皇太子李治依照惯例搬进寝宫陪伴在老爹身边服侍着，而故事也就由此开始。

看到她的第一眼时，李治就不可救药地坠入了情网。虽说后宫女子众多，花容月貌者也着实不少，但这个人的出现还是让李治眼前一亮。薄施脂粉，淡扫蛾眉，难以掩盖她的天生丽质，连日的劳累没有让她显得憔悴，反而平添了几分随和与亲切。

李治被深深地打动了，不过鉴于有任务在身（照看老爹），实在不便上前搭讪（谁都要走这个程序啊），他只好记住这位清丽女子的身形面貌，暂时将萌生的爱意藏在心底。

之后的几日里，李治有幸接连遇到了那个漂亮的女子，旁敲侧击之下，得知她不是普通的宫女，而是自己老爹的妃子。按理说，听到这句话的那一刻起，李治就应该知难而退了。但实际情况却不是如此。因为经过几次接触，李治察觉到这个人称武媚娘的女孩对自己也很有好感。这也难怪，这一年小伙子刚刚二十一岁，而故事的女主角武媚娘也只有二十五岁。两人都是"二〇后"，自然比较有共同语言，再加上李治自幼长于宫廷，由李世民亲自抚养长大，接受了全国最高水准的儒家精英教育，即便没个气场，气质还是有的，令个把少女为之倾倒不成问题。

于是郎情妾意，两颗年轻的心走到了一起。至于他俩互诉衷肠后有无海誓山盟的约定或者其他进展，我不知道，也没兴趣考证。唯一可以确定的是，在李治和武媚娘的感情持续升温的同时，李世民的体表在持续降温。

五月二十四日，李世民的病情突然恶化，宰相长孙无忌得到消息立刻赶入宫中。当长孙无忌来到皇帝养病的含风殿时，李世民由于严重的痢疾竟然已经连话都说不出来了（上竟不得有所言）。只见他吃力地抬起胳膊，示意长孙无忌走到自己的榻前，然后把手轻轻地抚在长孙无忌的脸颊上。

李世民还是没能张口说话，但长孙无忌已然知晓他所要交代的一切。

"放心吧，陛下，臣必定全力辅助太子，至死方休！"

讽刺的是，长孙无忌最终履行了自己的承诺，只不过是以在场所有人都未能预料的一种方式。

两天后，五月二十六日，李世民下旨，召见长孙无忌、褚遂良两位重臣。这一天他感到自己的精神状态有所好转，更重要的是，他可以说话了。于是趁着这会儿回光返照的工夫，李世民正式向二人传达了他的政治遗嘱。

"朕今悉以后事付公辈。太子仁孝，公辈所知，善辅导之！"

说罢，他看向太子李治：

"有无忌和遂良在，你就不用担心天下了！"

李世民说这话的时候心里很轻松，长孙无忌、褚遂良二人则表现得极其严肃，没有人察觉到曾有一刹那凝重闪现在李治那稚气未脱的脸上，因为皇帝陛下的发言还没有完。

"无忌对我忠心不二，我能有天下，多赖他的帮助，我死之后，不要让奸人说他的坏话！"

虽然李世民说这句话时冲着褚遂良，但他是讲给在场的所有人听的。然而，不知是长孙无忌当时过于悲伤还是怎么了，反正从后续的情形看，他并没有记住李世民留在史籍上的这最后一句话，而这也就恰恰注定了长孙无忌未来的境遇。

该说到的都已经嘱咐清楚了，在褚遂良执笔起草遗诏之际，李世民静静地闭上了双眼且再也没有睁开。

一代明君李世民就此结束了他多姿多彩的传奇一生，享年五十二岁。

我曾经详细了解过古今中外许多帝王的人生轨迹，他们之中有开国的，有亡国的，有昏君，有明主，但李世民无疑是最为吸引我的一个。

他是一个杰出的政治家兼军事家。生于干戈四起的乱世，少年老成，以一己之力辅佐父亲李渊，兴义师于太原，扫平天下。

他雄才大略，从谏如流。在他的统治下，国家政治清明，社会安定，生产恢复，老百姓的生活质量有所提升；帝国的军队更是几乎纵横四海，消灭了所有可能阻碍国家重新走向繁荣富强的劲敌。他为大唐的崛起创造了良好的国内国际环境，并对外重树起中原大国的旗帜，我深知，这一切对于我们这个饱受风雨磨砺的民族而言，着实来之不易。

当然，在此我也不打算讳言李世民本人的缺陷，毕竟在这个世界上混过的都是人，没有神，哪怕是境界最高的圣人，如老子、孔丘、王阳明，也绝非完美无瑕的存在。于是在此，我如实写下了他的残忍、冷酷、猜忌、嗜权。因为我知道，这是一个人，虽然他的道德不甚高尚，节操粉碎多年，但唯有这样的李世民才最真实，最能打动人心。

有光明，有黑暗；有善，亦有恶。明白自己的权力，更明白自己的义务。只有这样的皇帝，方称得明君。

秋去春来，恍然千载。

中华再无李世民。

第十一章
斗争总是难免的

李世民故去了，再也不用过钩心斗角、机关算尽的生活，可以彻底回归安宁。但还没回归大自然的人却是一刻也不得闲，特别是长孙无忌，作为首席托孤大臣，他真是忙得要死。

李世民刚一驾崩，长孙无忌便立刻下令封锁一切消息，秘不发表，然后他紧急找来了自己的亲信程咬金，将率先护送太子李治入京的重任交付给了这位硕果仅存的老将。

程咬金不愧为久经考验的老将，在他的护卫下，李治被迅速、安全地带回了长安。而李治刚一回到京城就立即用老爹的名义，以令人瞠目结舌的速度宣布了多项人事调令：

太子左庶子于志宁升为侍中，少詹事张行成兼任侍中，检校刑部尚书、右庶子兼吏部侍郎高季辅兼职中书令。此外，还有东宫若干旧臣、若干属官都得到了升职加薪，唯独王玄策除外。

这也在所难免。因为当时的很多人都一致认定，正是王玄策领回来的那个番僧炼的那几粒猛药仙丹把先帝送上了天，甚至于许多年后，当唐高宗李治由于同样的遗传病，同样请了个天竺僧人来看时，有大臣便拿出此事来劝阻。由此可见，这一结论已然深入人心。当然，也有人认定当时李世民已然病入膏肓，宫中几个名医见回天无术，一合计便把罪责推到了那罗迩娑婆寐身上，让他充当替罪羊。但无论事情的真相如何，间接害死皇帝的大黑锅，王玄策注定要一辈子都背负了。不幸中的万幸是，朝廷最终没有追究李世民的死因，因为在朝中一号人物长孙无忌眼中，王玄策不过是个无关紧要的小卒，真正要紧的事是安排好李治那帮来奔丧的兄弟。

按照礼法规定，大行皇帝发丧时，在全国各地担任都督、刺史的宗室诸王在得到消息的即日起无一例外都要放下手头上的一切工作，火速赶往京城为先帝守灵戴孝，不得有误（当时的防腐技术有限）。但这正是长孙无忌最为担忧的事情。不过，长孙无忌担心的倒不是那些执掌一州大权的藩王，而是一个来自小县城的王爷——濮王。

濮王的封号属于李泰。

事实证明，李世民最喜爱的到底还是李泰这个儿子。虽说当年他将李泰一击绝杀，废了武功，从魏王降为郡王，还发配到县城里提前养老。但不过四年的时间，李世民就将他再度晋封为亲王，并多次当着满朝文武的面流露出对他的思念之情，这无疑让魏王党重新燃起了希望。现如今先帝刚刚离世，新君根基不稳，倘若李泰一党趁此时机卷土重来，提出皇位要求，那可不是闹的。

绝不能让李泰进京——这是长孙无忌和褚遂良在商量后达成的共识。

可这真的有可能吗？毕竟儿子给死去的老爹守孝无论在何时何人看来都是天经地义的事情，总不能不让人来送最后一程吧？

还真能。

长孙无忌以自身的实际行动再次向世界证明了一个真理：一切皆有可能。

很快，本已启程的李泰收到了来自长安的最新通知。看完这则通知的那一刻，李老四差点气得晕过去，因为在这份文件上白纸黑字地写了这么一句话：诸王为都督、刺史者，并听奔丧，濮王泰不在来限。

李泰彻底绝望了，当皇帝自然不用指望，看这个架势今后估计出个县城都难。三年后，濮王李泰在郧乡（今湖北省十堰市郧阳区）抑郁而亡，青雀（李泰的小名）就此飞走了。

不得不承认，长孙无忌实在是个很执着的人，在整完李泰后，他便马不停蹄地奔向了下一个对手。

永徽三年（652 年）年末，一场大案震惊了整个京师。之所以能达到这种效果，是因为此案一共牵涉了两个公主、两个王爷、三个驸马，更有无数高官贵戚因之或人头落地或流放僻壤。据说直到几十年后，当跟上流社会的人提及这个案子时，大部分还会手脚不由自主地发抖，浑似癫痫发作。

闲话休提，现在我们就来讲讲这个掀起帝国高层一场腥风血雨的著名大案。

如同历史上许多轰动性案件一样，这个案子的导火索也是一件小事，具体说来是一件家务事，贞观时期第一能臣房玄龄房家的家务事。

事情的起因是这样的：房玄龄去世后不久，他的次子房遗爱便仗着老婆高阳公主的支持吵着闹着要同老哥房遗直分割遗产，单飞另过。出于维护家庭内部安定团结的目的，身为嫡长子的房遗直拒绝了房遗爱的分家要求，房遗爱夫妇被拒后极为愤怒，为此二人屡次向上反映房遗直的各种问题（专有名词：打小报告），可当时的皇帝李世民那是厚黑学圈子里终身教授级别的人物，对这个闺女的这点小心思摸得透透的，因此高阳公主几次软磨硬泡都被他老人家打马虎眼镇了下来（这期间根据《新唐书》等史籍的说法发生了知名的"辩机案"，高阳公主因爱人被杀同老爹李世民彻底决裂，然而鉴于更原始的《旧唐书》等史料对此只字未提，故其真实性有待商榷，这里也就简单说这么一句）。

眼看在李世民那里扳不倒房遗直，房遗爱夫妻只得将分家活动转入地下，直到李治即位这才旧事重提，请求皇帝兄弟为自己做主。谁知，几天之后高阳公主等到的却是一个足以让她当场暴走的结果：皇帝下令将房遗直贬出京城，担任隰州刺史，同时让房遗爱为房州刺史。

对于李治将房家兄弟二人各打五十大板的简单粗暴的处理方式，高阳公主表示难以理解。这也难怪，由于高阳公主全身心投入于家庭内部轰轰烈烈的斗争中，她并不知道这两年李治经历了什么，当然更不清楚体验了后宫惊心动魄的两年宫斗后，李治的心境是怎样的，于是她很快犯下了一个不可饶恕的错误。

时间依旧是永徽三年（652年），在接近年关的某一天，深宫中的李治接到了群众举报，还是个劲爆的八卦猛料：房遗直长期垂涎于弟媳高阳公主的美色，曾寻机意图不轨。

没等李治合拢下巴，又一个更猛的料来了：房遗爱、高阳公主联合宁州刺史薛万均、卫州刺史柴令武等人意欲谋反，迎立荆王为帝。

这就更不能不管了。李治当即指示由首席辅臣长孙无忌出面牵头彻查此事，务必查个水落石出！

在长孙无忌的调查下，事件很快有了结果：

首先是关于房遗直要流氓事件，经调查组探访取证，此事纯属子虚乌有，实系高阳公主为罢黜房遗直，夺取其爵位而自编自传的诬蔑之词，故而不予立案。其次，关于房遗爱谋反一事，调查组倒是有一些意外的发现。

意外发现一：高阳公主目前同时与三人保持着超越纯洁男女友谊的关系，这三个人包括会占卜的智勖和尚，能见鬼的惠弘大师，以及精通医术的道士李晃；而且高阳公主又暗中命掖庭令陈玄运打探宫内的各种消息、动向。

意外发现二：因足疾在京城养病的驸马都尉薛万彻在与连襟房遗爱交流时对朝廷多有怨言，且据知情人士透露，的确有说到过"若国家有变，当奉司徒荆王元景为主"这样的话。

意外发现三：根据线报，荆王李元景（其女是房遗爱弟弟房遗则的老婆）曾自称做梦梦到自己手持日月把玩。

综合以上线索，调查组认定房遗爱等有极大作案嫌疑，建议传唤相关人等，进行更进一步的调查审讯。

李治批准了。

永徽四年（653年）二月，以长孙无忌为首的调查组公布了房遗爱事件的最终调查结果。经污点证人房遗爱的揭发检举，除已知的高阳公主、薛万彻等人外，另有柴绍次子柴令武、巴陵公主夫妇以及吴王李恪等参与者，且据奏报相关当事人均对谋反事实供认不讳。经过有关部门领导碰头商议，认定房遗爱等人聚众谋反证据确凿，有罪。

其具体量刑建议如下：

主谋驸马都尉房遗爱、薛万彻、柴令武，处斩；

骨干荆王李元景（李渊第六子，也是当时李渊在世皇子中最年长的一个）、吴王李恪、高阳公主、巴陵公主，赐自尽。

报告送上去，皇帝陛下发话了：

"荆王是朕的叔父，吴王是朕的兄长，朕打算赦免他们的死罪，可以吗？"

没等长孙无忌吭声，他手下的兵部尚书崔敦礼便出面做出了坚决的回应：

"陛下虽然可以法外施恩，但须知国法乃天下之大法，不可偏废！"

李治沉默了，更重要的是他在内心深处也赞同李元景、李恪是潜在的威胁这一观点。于是房遗爱等人的命运就此注定了。

二月甲申，李治下诏斩杀房遗爱、薛万彻、柴令武三位驸马，赐死两位王爷和两位公主。

时隔十年，死亡的阴影终究还是降临到了这帮魏王党成员的身上。

很明显，几个牢骚满腹的纨绔子弟，一个爱瞎做梦的藩王，外加几个社会闲散人员，他们要说当个京城一霸还有点可能，要相信他们敢于图谋政变，改天换日，那是真没溜儿。

所以，结论很明确：他们是被冤枉的。

冤枉他们的罪魁祸首除了早就同房家不共戴天的长孙无忌外，事实上还有一个极为关键性的人物——应该说，如若没有此人的帮助，长孙无忌要做到这种程度是不太可能的，这个长孙无忌的得力助手叫房遗爱。

自从进入班房以来，房遗爱的表现让长孙无忌十分满意，让咬谁就咬谁，且咬住了就不撒嘴，不把对方拖下水，绝对不罢休。像薛万彻、李恪这样大有来头的"同党"就是房遗爱坦白从宽供出来的。

不过，你千万不要以为房遗爱是个呆子加软蛋，其实这位仁兄聪明得很，他入狱以来的一切行径事实上都是一种有目的、有意识的效仿行为，他仿效的对象正是当年齐王谋反案中的幸运儿纥干承基。十年之前，此君正是凭借着稳、准、狠的咬人技巧很好地迎合了朝廷高层的意图，因而虽说犯了重罪最后却得以置之死地而后生。所以，前事不忘后事之师，房遗爱努力配合长孙无忌挖坑坑人，目的就是向前辈看齐，争取早日出狱，重获新生。

然而，他还是犯了一个错误——过高地估计了长孙无忌的政治信用。

长孙无忌不是皇帝，没有说话一言九鼎的顾虑，因此在利用房遗爱嫁祸李恪后，房遗爱便被丢到一边，咔嚓了事。

值得一提的是，虽说是同一个罪名、同一种命运，但由于大家来自五湖四海，出身经历不尽相同，因而面对必死无疑的宿命他们各自留下了截然不同的生命终章。

首先要说的是与房遗爱同是名门之后、公主之夫、魏王党核心成员的柴令武。这位仁兄不愧是巾帼英雄平阳公主的孩儿，甚有骨气，在被押送回长安的路上他为了维护自己最后仅有的尊严，不愿受狱吏的呵斥侮辱，走到华阴就自杀而死。

消息传到长安，长孙无忌气得跳脚："老子说要斩你就斩你，你以为死了就躲过了？天真！"

随即吩咐下属：再斩一遍（仍戮其尸）。

长孙无忌的这一作为只为向外界传达这样的一个信号：他有能力在他需要的时间，以他想要的方式收拾任何必要的人（无论死活）。

接下来轮到薛万彻了。

行刑前，薛万彻效法当年的李靖前辈同样大喊了一声："我薛万彻乃大大的壮士，留下来为国家效力不更好吗？为何因为一个房遗爱就要杀掉我呢？！"（薛万彻大健儿，留为国家效死力，岂不佳？乃坐房遗爱杀之乎！）

可惜，这年头已经没有李世民，更不存在能够威胁帝国的强敌，所以奇迹没能重现。

吼完了的薛万彻最终也认识到了这一点，于是他解下衣服，扭头看了看持刀的刽子手兄跟着又大喝一声："快快动手！"

事实证明，吼人是需要分清场合和对象的。

刽子手兄被薛万彻吼得有些心神不定，一刀下去，居然没有完成任务，又来一刀还是不行，直到第三刀下去，这才执行完毕（不排除有故意的可能）。

当年李世民口中的三大名将之一就此授首街头。

相对于薛万彻的惨烈，吴王李恪的最后时刻更令人为之动容。其实大家都知道李恪是清白的（史载：海内冤之），但为了保证手中的权力，长孙无忌等人无论如何都有必要除去这个心腹大患。对于这一点，聪明的李恪自然心知肚明，所以在他人生的最后关头，他并没有诉说自己的冤情，因为他清楚，那是无济于事的。所以取而代之的是一个真诚的诅咒：

"长孙无忌窃弄威权，构害良善，宗社有灵，当族灭不久！"

从监刑官口中得知李恪的这一遗言时，长孙无忌笑了。从当时的情形看，他确实有如此自信的理由。此时此刻，他已经除掉了面前所有的竞争者，就连不依附自己的同事侍中宇文节、江夏王李道宗、左骁卫大将军驸马都尉执失思力等人也都被他借房遗爱谋反案之机流放到了岭南地区。

上有大外甥皇帝倚重，下有众大臣党羽撑场，还有一个掌管机务的褚遂良帮衬，司徒兼检校中书令、知尚书门下二省事的长孙无忌，毫无疑问，已然权倾天下。

但是长孙无忌的巅峰状态只是暂时的，因为所谓的掌控天下之权向来是天下人所向往的，只要这种特权存在一天，人们就会前仆后继赶来争夺。这次来夺权的，是一个女人。

而令长孙无忌做梦也想不到的是，纵横官场数十年，遍历英雄豪杰的自己最终竟会败于一介妇人之手!

不过长孙无忌倒也不必为此感到羞愧,因为拥有如此水平高度的女子在中国数千年的历史上也就出了这么一个,这一个就是大名鼎鼎的武曌,武则天。

这个女人不寻常

武德七年(624 年)正月二十三日,利州都督武士彟在焦急不安中等待着孩子的出生。作为已经有过三个儿子、一个女儿的父亲,武士彟的待产经验应该可以说是异常丰富了,那为什么他这次还会如此焦虑呢?

这和武士彟夫妇的出身有关。

在进入政治圈前,武士彟是一个成功的木材经销商,家境颇为殷实,虽然称不上并州首富,但至少也是个腰缠万贯、富甲一方的土豪。但在那年头,国家实行的是重农主义,社会崇尚的是诗书经史,商贾是传统四民(士、农、工、商)中的千年末流,有钱又怎样?就是瞧你不起!

面对这种财大气不粗的窘境,聪明商人们纷纷主动出击,四处结交达官显贵,以便能寻得合适的机会给国家交上一笔钱,一举改头换面。武士彟正是这些聪明商人中的一员。

隋朝大业末年,武士彟看准形势,毅然决然地弃商从戎。(其实真相是:哪儿哪儿都打仗呢,生意怎么做?)转型之后,武士彟顺利成为帝国军事系统的一位低级军官(鹰扬府队正),虽说职务不高,好歹还是个干部(约等于今天的副连级),不时能够接触到高层领导,于是乎,不久之后武士彟遇到了那个改变了他一生的男人——李渊。

事实证明,武士彟在生意上的成功靠的绝非仅是运气,更多的还是个人过人的眼力。虽说这个时候李渊还在义无反顾地装傻充愣,但自见到李渊的第一眼起,精明的武士彟就认定此人绝非池中物,就此不管不顾地紧紧抱住了李渊的大腿,与之成了好朋友。

其后,李渊太原起兵,武士彟自然而然成为其主要出资人之一,并在革命成功后以"元从功臣"的身份顺利获得了原始股分红,拿到了一张三等长期饭票——太原郡公。

就在武士彟咸鱼翻身衣锦还乡之际,他得到了一个极为不幸的消息——他老婆死了。

要说武士彟实在是一个对工作极为负责的人,在义军参加革命事业期间,他专心致志忙工作,一心一意搞后勤(时任大将军府铠曹参军),将老婆孩子通通留在家中,一年到头都难见上一面。现如今好不容易完成了华丽的转身,可以回家同家人团圆了,妻子却永别而去,连最后一面也没能见上。但凡闻知武士彟这一遭遇的人,无不觉得中年丧偶、妻死子幼的老武十分可怜,特别是武士彟的老朋友李渊得知此事后十分感动,当即表示将由自己出面说媒,给武士彟找个好人家。

很快,李渊那边有了消息,他给武士彟寻得了前朝纳言(门下省长官,宰相级)杨达之女作为继室。

相关资料显示,这位杨氏家族同杨坚有血缘关系,同属关陇大姓弘农杨氏一脉,家里有若干高官显贵。而这位杨姑娘由于出身于这样的大豪门,自幼便接受了良好的教育,诗书文史无所不通,高贵气质与生俱来,几乎就是"完美"二字的形象代言人。但是,杨姑娘的缺点也不是没有,而且还很明显,这个缺点是年纪。

杨姑娘嫁给武士彟的这一年,芳龄已经是四十多岁了。如果考虑到当年女子出嫁通常都在十三到十六岁,此时的杨姑娘完全可以称作"超大龄剩女"了。不过武士彟对此并不特别在意,毕竟这是皇帝陛下撮合的婚事,女方又是高门大姓,更何况他老武本人也一把年纪了,无论怎么看他都没有不满意的理由。而事情的后续发展也证明了武士彟夫妻婚后的恩爱。因为没过两年,杨氏就为武士彟生下了他们的第一个女儿——日后大名鼎鼎的韩国夫人武顺。

关于武则天的这位姊姊武顺的事情及其同李治、李贤的关系纠葛,我们后面还要细讲,这里就不多说了。我们先来说武则天。

根据唐宣宗时成书的《酉阳杂俎》所记,武则天降生的那天晚上,当地的雌性野鸡全部不淡定了,一同鸣叫起来,这一诡异的现象搞得在场的众人极度莫名其妙,心神难宁。直到产房内的第一声啼哭传来,四周这才恢复了万籁俱静的常态。

这件事我们可以不假思索地断定是假的,但是,有一个细节倒是真的,那就是大家真的很紧张。当然了,武爸爸等人紧张的原因并非他们遇到遍地鸡叫这种超自然的状况,而是由于他们面临着一个连现代医学都感到棘手的难题——高龄产妇。

要知道,当年的医疗条件是比较艰苦的,准妈妈生个孩子基本上都相当于去鬼门关外溜上一圈。相关数据显示,像杨氏这么个岁数的高龄产妇,生产过程中的各种风险至少是年轻妈妈的两倍。可杨氏实在是一位伟大而强悍的母亲，不但顺利生下了武顺和武则天，后来又诞下了一个女儿，最终创纪录般活到了九十二岁高龄，才自然死亡。

相较而言，武士彟可就没有那么长寿了。

贞观九年（635年），因得知李渊病逝的消息过于悲痛，武士彟病倒了，不久之后，这位唐初最传奇的商人不治而亡，终年五十九岁。当然，在一片痛哭中没有人预料到，这正预示着一族新的传奇的开启。

入宫

贞观十一年（637年）的第一场雪，比以往时候来得更晚一些，一个十三四岁的少女正站在纷飞的雪中同家人进行着最后的告别。这位少女就是武士彟的次女，未来的武则天。这一年她因"美容止"被皇帝征召入宫，现在，接她入宫的马车已经等候在外面。

此时做母亲的杨氏已然泣不成声，因为她很清楚一入宫门深似海的道理，后宫佳丽三千人，能集万千宠爱于一身的才有几人？孤苦终生才是大多数宫人即将面对的命运，因此杨氏极其不情愿将自己辛辛苦苦十余年拉扯大的闺女就这样送进去，但她却无能为力。自从武士彟死后，武家的家业完全被武士彟的两个侄子所掌控，而武士彟同首任妻子所生的两个儿子显然对杨氏很有意见，再加上杨氏没有儿子，所以杨氏母女在家中的地位也就比下人高一些，还时不时要忍受来自四周的冷眼与挤对。

我们有理由相信，这长达三年的屈辱生活在很大程度上塑造了未来一代女皇的性格并使其确认了第一个奉行终身的人生信条：要抓住一切机会扭转自己的命运，真正扼住命运的喉咙！

"阿娘莫要再哭。此去面见天子焉知非福，何必如此伤悲。"

劝慰完母亲，武姑娘不再回头，毅然决然地登上了入宫的马车。

"我们一定能够再见的，再见！"

对于武士彟的这个女儿，唐太宗李世民是比较满意的。据说入宫的当天就慕名前去"临幸"了。之后，皇帝陛下没有拍拍屁股就走人，而是在临走前留下了一个特殊的礼物，那就是武则天的第一个公开称号——武媚娘。当然了，如果并不是太熟的人也可以直呼她的职称——武才人。

　　按照宫廷戏编剧的思路，接下来的戏码应该是，初入宫廷、少不更事的武媚娘陆续接触了宫中好人、坏人、恶心人各色人等，遇到了好事、坏事、糟心事等各种大事，一波苦难袭来，顶住；再一头冷水泼下，坚持顶住，顶过几年最后从幼稚走向成熟，实现了自己人生的重大转折云云。我是想写得励志点，可在此我不得不饱含沉痛地告知诸位一个不幸的消息：兄弟做不到啊！这是因为从贞观十一年（637年）被赐名武媚娘到贞观二十三年（649年）唐太宗病重这长达十二年的时间里，史书上并不存在对当时的武才人任何的记录。原因很简单，她还不完全是那个我们所熟知的武则天。

　　不过，大家也不用过于沮丧，正史里虽说没有只言片语，但口述史却有一段，还是来自武则天本人。这就是著名的"狮子骢"事件。拜许多相关影视剧所赐，在大多数人的心目中，初入宫廷的武姑娘大体上是一个千娇百媚的可人儿的形象。但在我的眼中，武姑娘的形象却远不止这一面，鉴于她扮得了萝莉（太宗面前），当得了御姐（李治面前），打得了流氓（群臣面前），这么看起来武姑娘倒是更接近今天人们对于女汉子的定义。

　　而下面的这个故事，可以说是对鄙人观点的最有力支持。

　　之前提过，由于长年驰骋沙场，从战火硝烟中走出来的李世民是个名副其实的好马控，非常喜欢收集各种骏马、名驹。有一次他得到了一匹名唤狮子骢的宝马，兴奋之余便召集了诸位妃子一道前来参观（皇帝也有炫耀心理）。

　　轻抚着眼前的这匹神骏异常的狮子骢，李世民仿佛回到了青年时跃马扬刀的那段日子。突然李世民转过头来望向他的太太团，问道：

　　"诸位爱妃、宫人之中可有谁能驯服此马？"

　　按照李世民的设想，接下来应该是一片沉默，然后就是自己顺理成章地当场制服烈马，大出风头。谁知，人群中一个娇柔却不失坚定的声音打乱了李世民的剧本。

　　"妾愿一试！"

　　一下子，众人的目光齐齐投向了那个声音的源头，并开始第一次认真地打量着这个专职负责皇帝起居宴寝的武才人。

　　"你刚才说什么？你要驯服这狮子骢？"

　　李世民将信将疑地盯着侍立在旁的武才人，等候着她的回答。

　　武媚娘抬起了头，无畏地看着帝国至高无上的统治者，再次给出了肯定的答复。

当然了，武才人表示为了确保驯服工作的正常开展，自己还需要三样道具的辅助。

那么是哪三样呢？

"一是铁鞭，二是铁楇，三是匕首！

"臣妾先用铁鞭抽打它；倘若不服，就用铁楇敲击它的头；要是还不服，那就用匕首割断它的喉咙！"

此番驯马宣言即便是八月酷暑天气里读来也让人不由得感到一股寒意袭来。不过据武则天回忆，当时李世民对自己所表现出来的超凡胆识给予了高度评价（太宗壮朕之志），然后，然后就没有然后了。

如果武则天没有扯谎，我们可以肯定的事情至少有两件：第一，那匹狮子骢事后应该活得好好的；第二，这应该是武才人在贞观年间在职务上长期保持稳定的一个极其重要的原因。

从长孙皇后到其后著名的贤妃徐惠，不难看出李世民喜爱的是温柔贤惠的类型。像武媚娘这样外表妖媚、内心强悍的萝莉女汉子，根本不是太宗皇帝的审美。然而历史告诉我们，女汉子也是有春天的。

武媚娘的春天，就是从之前提到过的病榻前的邂逅开始的。在那次邂逅后，武才人和太子李治互生情愫，最终产生了微妙的感情。可是，这以后的事情出乎意料地平淡，和未来皇帝私许终身的武媚娘并没有像许多相关影视剧中演绎的那样飞黄腾达、青云直上，反倒是失业了。这并不奇怪，因为武媚娘的身份到底还是服侍太宗皇帝起居的才人（正五品），现在服务的对象死了，武媚娘本人对皇室又没啥突出贡献（没孩子），宫中自然没有理由再留下此人。于是在李世民驾崩后，武媚娘跟众多同她境遇相似的宫人一道被朝廷统一安排到了新工作单位感业寺，出家为尼。

去感业寺出家是个好归宿吗？答案当然是否定的。虽然此寺名义上隶属皇室且其中修行的多为前任皇帝的遗孀。但说实在的，每日除了青灯古佛就是青菜豆腐，这样单调的生活哪里有什么奔头。特别是对于像武媚娘这样只有二十来岁的年轻人而言，接下来十几年甚至几十年的岁月几乎就等同于一场噩梦。

至此，武媚娘的人生看起来算是跌至了谷底。

空虚、寂寞、无人关注，在诵经中一天天衰老直至死去，这似乎已经成为她注定的命运，即便是当时的武媚娘本人肯定也对此深信不疑。然而，转机最终还是出现了，因为一个人的到来。

永徽元年（650年）五月二十六日，原本沉寂安静的感业寺突然变得人声鼎沸，一片喧嚣。出现这样的违和场景自然是有原因的，而且还是大家耳熟能详的那一个——皇帝驾到。

时逢李世民逝世一周年忌日，为了向老爹表达哀思与缅怀，李治决定到庙里上炷香。而不知是事先有意还是命中注定，李治既没有选择由玄奘大师担任主持的大慈恩寺，也没有选择始建于晋朝、历史极其悠久的大兴善寺，偏偏就去了感业寺。

虽说有近一年的时间没有见面，但在茫茫人海中李治依旧一眼就认出了那个曾经海誓山盟的人。

此时的武媚娘早已梨花带雨、泣不成声。可那又如何？这里毕竟是由官方主办、感业寺承办的大型周年祭的活动现场，大庭广众、众目睽睽之下难道你们还敢公开恋情不成？答案自然是否定的。

纵有万语千言，这里也不方便，对于这一点，相望对泣的两个人有着明确的共识。

好在武媚娘其实早有准备。她的准备是一封信。

在信中，武媚娘将她的思念用一种特殊的方式完美地表达了出来，这种方式就是为你写诗：

> 看朱成碧思纷纷，憔悴支离为忆君。
>
> 不信比来长下泪，开箱验取石榴裙。

此诗名为《如意娘》，后被人收录到《全唐诗》中得以留存。虽说就文学水平而言，这首诗远逊于诗集中的大部分诗人的作品，但不得不承认，它的效果却很好。据说李治读完这篇作品，眼泪当时就止不住，是一路哭着回的宫。

到目前为止，一切都如预料中的那样顺利。与皇帝见了面，让皇帝很感动，接下来如无意外，将是旧情复燃、涛声依旧了。

然而出乎武媚娘意料的事情还是发生了。一段时间后，她等到的不是来自皇帝陛下的圣旨，而是来自皇后本人的懿旨！

这下事态可严重了！

得知皇后的亲信宫女点名要找自己，武媚娘不由自主地紧张了起来。她意识到自己同皇帝的特殊关系已经被人发现并告知了皇后。

事实证明，她的判断完全准确。

"你的情况我们已然了解清楚，因此皇后娘娘特命我来此找你！"

白绫还是毒酒？事已至此，武媚娘并不再做他想。

然后她听到了那句让她目瞪口呆的话。

"皇后殿下令你自即日起开始蓄发等待再次入宫，这期间，皇帝那边的工作会有皇后殿下做，你只要严守这个秘密就可以了！"

本以为要被安排到下面服侍先帝的武媚娘有点不敢相信自己的耳朵。这到底是什么情况？她一脸疑惑地看向面前的皇后亲信。但对方并不作答，略微施礼致意后便飘然而去。

既然宫女大姐不方便多讲，那相关的情况还是照旧由我讲给大家吧。

李治的皇后王氏，并州祁县人，系李治的正室，原配妻子。这就是说，李治当晋王时，王氏是晋王妃；李治做太子时，王氏是太子妃；后来李治继承皇位，王太子妃自然水涨船高再升一级，成了后宫生杀大权的执掌者。

但如果你认为王皇后单纯是凭借着老资历才坐到这个位置的话，那就真的大错特错了。

要说这位王皇后，那可是大大的有来头。想当年著名的北魏孝文帝曾钦定崔、卢、郑、王四姓为北方士族中的第一等级，号称北朝四大家族，地位仅次于皇室，而王皇后正是出自其中的太原王家。当然了，如果考虑到圣人总结出的"君子之泽，五世而斩"的规律，到了一百多年后的永徽年间老王家就是再牛，也该歇了。实际情况也确实如此。当初王姑娘得以进入导师李世民的儿媳队伍靠的还真不是"中国好门第"，而是她的一个亲戚，具体点说，是走了自己叔祖母的关系。

那么，王皇后的这位叔祖母究竟有何神通，竟然能够影响到李世民的选择呢？

原因很简单，因为王皇后的这位叔祖母还有另外一个更为显赫的身份——同安长公主。

其实，这位同安长公主在我们之前的文章中曾经露过面，她就是当年受到李神通牵连在黎阳被窦建德一并抓了俘虏的那位。这位同安长公主经历可谓丰富，但这里就不多讲了，大家只要知道两点就足够了：一、她是李渊的亲妹妹，论辈分李治要叫她姑奶奶；二、她在隋朝时嫁入了王家，且一直同王姑娘的爷爷以及侄子李世民关系甚好，并将这位侄孙女当亲孙女待。

有了这样一位重量级人物的关照，王姑娘在宫中理所当然是一路绿灯，连李治本人见着了也要礼让三分。

可能是命运之神有感于这位王姑娘的前半辈子过得太顺以致精彩不足，所以在王姑娘稳居正室不久，他便为之安排了一个旗鼓相当的对手——萧淑妃。

淑妃萧氏是当时李治最为宠爱的妃子，没有之一。根据流传下来的史料看，这位齐梁皇室的后裔应该是个美女，至少在李治眼中是的。所以，自打萧氏到来后，李治几乎是夜夜在她那里留宿，比之今时今日的上班族打卡还准时。而更为难能可贵的是，萧氏的肚子也十分争气，贞观二十年（646年）她一上来就给李治生了一个大胖小子（后来的许王李素节），虽说这个男孩已经是李治的第四个儿子，但由于之前的三个都是地位很低的普通宫女所生，因而这个儿子的出生让李治欣喜异常，从此对萧氏更是宠爱有加。

此后萧氏又接连帮助大唐第一家庭实现了添丁进口，截至贞观二十三年（649年），萧氏以一男两女的骄人成绩，占据了李治名下子女产量的一半名额，同时垄断了所有公主的名额。

所谓母以子贵，凭借着在生儿育女方面的压倒性优势，萧氏很快被升为淑妃，顺利进入了后宫的领导层。

在王皇后看来，这无疑是一个极其危险的信号。因为在唐朝，后宫有以下几种：大老婆称皇后，再往后是四妃、九嫔、婕好、美人、才人等。这次萧氏受封的淑妃正是四妃之一，级别待遇仅次于皇后，跟第一夫人的宝座也就是一步之遥。而种种迹象也已表明，萧淑妃本人确实很有兴趣再往前迈上一步。

永徽年间的后宫大乱斗就在这样的背景下正式揭开了帷幕。

平心而论，就政治斗争水平而言，萧淑妃也明显比王皇后高出一个档次。甫一交手，外表娇柔、内在强悍的萧淑妃就以连续不断的枕头风为主要手段，借助李治之手放出了一个足以撼动对手地位并置之于死地的大招。

永徽元年（650年）二月，皇帝在毫无预兆的情况下突然下旨册封萧淑妃的儿子为雍王并领衔雍州牧。

闻知这一消息时，王皇后几乎当场晕倒在地。长安在行政区划上属于雍州，皇帝将雍州赐给那小子作为封地，这摆明是要立储的前奏啊！

此诚危急存亡之秋也！

王皇后敏锐地意识到，如果不尽快采取行动（生个儿子），自己乃至整个王氏家族的地位都将岌岌可危。可皇帝已经很久不过来了，在当时的技术条件下，仅靠王皇后自己是不可能完成生儿子的任务的。因此，对于王皇后而言，当务之急是想个办法把李治吸引过来。

那么，怎样才能把皇帝的心思从萧淑妃那里转移过来呢？苦思冥想之下，王皇后最终寻得了一个办法。

王皇后的办法很简单，说起来就是找到一个同盟者。这个同盟者要具备以下资质：应该是个美女，至少长得还不错，能讨皇帝喜欢；目前地位卑贱、处境不佳，急需帮助；为人机灵乖巧，懂得感恩戴德，便于控制。

经过一段时间的观察，王皇后确信自己找到了符合条件的人——武媚娘。

当从安插在皇帝身边的眼线处得知这个女人的存在时，王皇后很不理解。这个年近三十、明显已过妙龄的先帝宫人，到底有啥足以吸引当今天子的呢？

不过，后来王皇后意识到她根本不需要理解，重要的是皇帝喜欢就好。于是在派人对武媚娘的情况进行摸底调查后，皇后王氏做出了一个改变了她自己以及无数人命运的决定：出面劝皇帝纳武媚娘入宫。

皇后出面恳求，皇帝点头应允。就这样，时隔近两年，先帝才人武媚娘重新返回了那个她所熟悉的地方。

在再次踏入宫门的那一刻，武媚娘暗自起誓她要成为这里真正的主人，真正主宰自己的命运！

我回来了！

"二进宫"

一切还是熟悉的样子，两年的岁月不曾改变这一座座华丽而庄严的宫殿，但它却深深地改变了武媚娘。

第二次入宫的武媚娘身上已经不再有十三年前初入此地的羞涩与冒失，取而代之的是一个十分容易相处、非常会察言观色的成熟女性形象。所以，她一来就得到了上至皇帝皇后、下到宦官宫女几乎所有人的喜爱。特别是在最初进宫担任王皇后侍女的那段时间里，她并不因为由先帝才人沦为普通宫女而顾影自怜，而是全心全意为服务对象着想，一丝不苟地完成分派给自己的工作。由于武媚娘的服务态度十分端正，工作水平也高（毕竟早年是专门服侍皇帝的），哄得王皇后十分开心，一来二去，王皇后慢慢地将之视作心腹，开始按照既定计划安排她同李治的见面。

武媚娘着实没有辜负王皇后的期望。她只用了不到一年的时间，就将天子牢牢地固定在了身边，并帮曾经宠冠一时的萧淑妃提前"享受"到了皇后般的待遇——之前王皇后的待遇——独守空房、无人理睬。

每当亲眼见到萧淑妃那日渐憔悴的面容，王皇后的心底就会升起一种难以言喻的复仇快感。而接下来的事实证明，王皇后是一个善于痛打落水狗的人。

趁着萧淑妃失势，武媚娘崛起，帝后关系日益改善。王皇后通过娘家人进行多方运作，终于在永徽三年（652年）七月将自己认下的义子陈王李忠（李治长子，宫女刘氏所生）扶上了太子的宝座。

至此，后妃斗法的第一阶段结束。我们正好借此机会来看下各位参赛选手经过这轮交锋后的状况：

王氏：因促成皇帝姻缘，被刮目相看，实现了改善夫妻关系和稳固自身地位的两大既定目标，首次实现了对对手的全方位压制，风光无限。

武氏：在皇后的信任和帮助下青云直上，取代萧淑妃成为皇帝最为宠爱的女人，并在一年的时间内由普通宫女升为九嫔之首的昭仪，成功跻身后宫领导层。

萧氏：虽说并未有任何过失，但是在王皇后和武昭仪的联手协防下，恩宠尽失，几乎已被李治遗忘。

皇后的缺陷

萧淑妃算是消停了，但王皇后脸上灿烂的笑容并没能维持太久，因为她注意到事情正在起变化。

或许是家庭教育的缘故，王皇后并不是一个通晓人情世故的人。此人不但跟手下人说话直来直去，就连对自己的老公、堂堂天子也是一视同仁，不搞区别对待。借用史书里的原话就是"性简重，不曲事上下"。这样冷性格的人自然难以团结宫中上下各阶层成为一个坚定的领导核心，所以虽说入宫数年，王皇后基本上一直是一个人在战斗。

相较而言，生意人家庭出身，又在后宫中摸爬滚打十二年的武昭仪的表现就大大不同。自打她被封为昭仪翻身做主人后，就没有训过一个人，每逢皇帝那里有赏赐，她都会大大方方地分给身边的宫女或嫔妃，眼睛都从不带眨一下。甚至那些被皇后瞧不起的人，武昭仪也会主动结交，促膝长谈，搞得许多人涕泗交流，感动不已。

久而久之，武昭仪在后宫中的威望越来越高，群众基础越来越广泛，最后就连王皇后和萧淑妃身边的人都成为她的忠实支持者，主动承担了信息情报员的角色。事后的发展印证，这张遍及后宫上下的情报网将成为武昭仪制服对手的第一大武器。

王皇后虽然倨傲却并不迟钝，她敏锐地察觉到了周围人眼光及态度的细微变化。经过打听她意外地发现，原来一直在背后偷偷向皇帝打自己小报告的人竟然是那位武昭仪！

王皇后爹毛了！然而这并没有什么用。

"她已经成了气候，如今便是你我联手恐怕也奈何不了她。"

当王皇后找到萧淑妃商议合作事宜时，萧淑妃如是说。

王皇后想了想，随即点点头，表示认同。

此时的武媚娘已今非昔比，她不但继续宠冠后宫，独霸天子，而且还进一步升级成为李治孩儿他娘，以一儿一女的成绩暂居后宫妈妈榜第二位，获得了宫中的永久居住权。要想再把此人赶出宫去，那真是比登天还难。

难归难，但无论如何必须采取行动，否则大家都要完蛋！在客观分析了后宫的形势后，王皇后和萧淑妃对抗击武昭仪的具体方式达成了共识——告状。

当然，此时两人不知道的是，她们谈话的内容几乎是以同声传讯的方式被逐字逐句地传达到武昭仪那里。

在强大的后宫情报网帮助下，武昭仪几乎不费吹灰之力就轻松化解了来自王皇后和萧淑妃的进攻，而出于同样的原因，她每次都能恰到好处地实现防守反击，反将对手一军。但是，渐渐地，武昭仪对于这样无休止的告状比赛不再关心，因为她清醒地意识到仅凭背后揭短抹黑无法达到她所预期的效果，一旦王皇后熬过了这几年，熬过了李治，太子李忠继位，届时她武昭仪依旧难逃任人宰割的命运。

而唯一能逃脱这一命运的方式有且仅有一种——借李治之手废掉皇后。

李治是个聪明人，对于老婆之间的矛盾，他一直都是睁一只眼闭一只眼，无论何方滔滔不绝、声泪俱下，李治只是报之以微笑，从不动怒。显然，他虽然深爱武昭仪，反感王皇后，但并没有换人的打算。之前的后妃争霸阶段是如此，如今面对三者鼎立局面亦是如此。

在皇帝看来，王皇后虽有种种缺陷，为人却还算本分厚道，从无大过。加之她娘家人在朝中也颇具影响力（王皇后的舅舅柳奭时任中书令），深孚众望，要废掉她，实在缺少借口。

没有大过，那就给你一个大过；没有借口，那就给你一个借口。为了达成目的，武昭仪暗暗下定决心，要不惜一切代价登上皇后的宝座！

必须主动发起攻击，在皇帝最信任自己、太子地位尚未巩固之际将皇后拉下马。所有的资源已经充足，目前所缺的只是一个合适的突破口。

经过仔细观察，武昭仪终于找到了这个口子，那是皇后近来养成的一个习惯，而如今皇后的这一习惯将成为打破僵局、实现转折的关键所在。

永徽五年（654年）冬十月的一天，王皇后来到了武昭仪的寝宫。虽说此时王皇后和武昭仪的矛盾已经成为宫中尽人皆知的公开秘密，但自从这年武昭仪为皇帝诞下了一个可爱的小公主后，王皇后经常来这里。

起初，王皇后前来探望不过是出于身为嫡母的义务，然而一段时间的接触后，王皇后意外地发现自己竟然喜欢上了那个仇敌所生的孩子。

王皇后被彻底打动了，这个刚刚诞生不久的生命以她特有的方式唤起了王皇后心底沉寂的母性，自此以后，无论风雨，王皇后总会抽出时间前来逗一会儿孩子，这一次也不例外。

王皇后来的时候，孩子的母亲武昭仪不知道去了哪里，但王皇后并不在意，她挥挥手打发走了随行的宫女，随即悄声进入了小公主的卧房。

大约过了一炷香的时间，王皇后出来了。她轻声告诉看护小公主的乳母，小公主已经睡得熟了，如无要事便不要进入打扰。言罢，王皇后带着自己的人离开了。

王皇后走后不久，来的是皇帝。李治对于小公主同样很是喜爱，因此一处理完手上的政事，他就飞奔到了武昭仪的住处来看自己的宝贝女儿。然而，当他和武昭仪来到小公主的卧房时，二人惊讶地发现被下的小公主居然停止了呼吸！

"速传太医来！"这是皇帝吼出的第一句话。

紧接着是第二句：

"在朕之前还有谁来过？"

"皇后适才来过。"左右如实答道。

在听到答案的瞬间，李治的身子微微一震。短暂的沉默后，皇帝陛下发出了骇人的咆哮：

"皇后杀了我的女儿！"

没错，王皇后的确是此案最大的嫌疑人，她有着充足的作案时间和充分的杀人动机，但是，她绝非唯一的嫌疑人。

因为有人拥有更充裕的时间作案，更充分的理由杀人，那个人就是正在失声痛哭、泣诉皇后罪行的武昭仪。

武昭仪亲手杀死了自己的亲生女儿！

这个说法听起来比较耸人听闻，但几乎得到了后世之人的一致认可（当然，也有人认为小公主系急病夭折，被武昭仪发现后秘而不宣，趁机嫁祸给王皇后）。这也难怪，这位史上唯一的女皇帝一路走来的确伴随着无数的性命与鲜血，其中不但有她的政敌，也包含了她的兄长、女婿乃至儿孙等至亲。所以，为了权力牺牲掉一个女儿，这样的事情武则天很有可能干出来。

但急症早夭也好，被人谋杀也好，作为非现场目击者，如今我们可以肯定的事情唯有一件：此案成为压倒皇后的最后一根稻草。

永徽六年（655年）六月，李治以王皇后之母魏国夫人柳氏行"厌胜之术"剥夺了其进宫的特权。一个月后，朝廷进行小规模人事变动，王皇后的舅舅、吏部尚书柳奭被派往地方（遂州）主持当地的工作……

在皇后一系迭遭打击的同时，武昭仪的名号开始越来越频繁地出现在大臣们的视野里。

永徽六年（655年）一月，皇帝下诏册立武昭仪之子李弘为代王、李贤为潞王。

同年七月，李治提议在四位一品妃子的名额之外特设"宸妃"名号，并提名武昭仪为该职务官方唯一指定授予候选人。而在此期间署名武昭仪的《内训》一书"恰巧"也出版公开发表。

这样一来，连瞎子都看得出皇帝的心思了。可奇怪的是，大臣之中却没有一个人出面迎合皇帝，表示支持。原因很简单，他们不敢。因为那个人对于废后之事并未点头允可，而在大部分的官员眼中，那个人比坐在龙椅上的皇帝李治要可怕得多。

这位让皇帝无奈、朝臣肝颤的牛人就是我们的老相识，凌烟阁二十四功臣里坐头把交椅、现今朝中的头号人物、小皇帝的亲娘舅——长孙无忌。

第十二章
隐藏的敌人

甥舅关系

　　毫不夸张地说，如果能搞一个最让唐朝皇帝抓狂的十大关系评选，让有唐一代的二十一任皇帝参与投票，甥舅关系这个选项绝对可以排进前三名。

　　这个甥舅关系并不像它的字面意思那样简单，事实上它是一个十分复杂的政治问题。

　　因为在大唐的前一百多年的时间里，甥舅关系主要表现为皇帝外甥与权臣舅舅的控制与反控制（外戚政治）；而在这之后的一百余年的时间里，它的主要表现形式则具体体现为甥舅两国间的战争与和平（唐蕃关系）。所以，对唐朝皇帝而言，但凡提及甥舅话题，大部分是要胸闷头痛的，那真是说起来都是泪啊！

　　不过，情况具体到李治，我相信，对他来说这应该是个先笑后哭、由爱到恨的故事。

　　实事求是地讲，李治的童年是比较凄惨的。由于母亲离世早，父亲工作忙，自懂事以来亲情之于这位生于皇家的少年始终属于奢侈品，他很少能体验到亲人间那种其乐融融的幸福，更不用谈一家人相濡以沫的温暖。特别是两个哥哥为太子的位子争得头破血流的那段日子里，哀伤和无奈基本上构成了他生活的主色调。

　　当然了，当时的人们是没有多余的时间与精力去关心李治的感受的，大家都认为帝国未来的君主如果不是太子李承乾便是魏王李泰，那个孱弱腼腆的晋王撑死了也就是个男十号，所以人们对他不冷不热，缺乏关注。

对于这一切，身为皇子的李治倒是处之泰然。他本就是个比较随性的人，全然没有指点江山、傲视天下的野心，因而外面虽然是一片腥风血雨，他这里却是风平浪静、波澜不惊。

可是有一天李治睡醒起来突然发现世界变了。

周围的人一改往日的面无表情，清一色换成了灿烂的笑颜，且见到自己立马蜂拥而至、前呼后拥，简直比见到自己多年未见的亲爹还要激动。这一景象把老实的李治吓得不轻。几经打探之后，他才得悉原来是自己的舅舅长孙无忌力排众议提出了册立自己为储君的请求，而出于种种考虑，自己的父亲居然同意了！

晋王李治就这样成为太子李治，而在之后的日子里，这位舅舅除了悉心辅导李治功课（时任太子太师）外，还主动肩负起了捍卫李治地位的重任，与任何敢于撼动李治位子的人和势力展开了艰苦卓绝的斗争。正是在长孙无忌的保护下，李治躲过魏王党人的阴谋阳谋，扛过了老爹的换人风波，最终顺利办成了接班继位的手续。

当皇帝李治坐在大殿的宝座上，看着这个为他平安即位耗尽心血的人时，他的心中满是感激。

事情的发展表明，李治的的确确如长孙无忌所料是个老实人。自从登上皇位以来，他恪守太宗皇帝遗训，重用长孙无忌、褚遂良二人，专心致志搞经济建设、谋国家发展，使得大唐帝国在贞观之治的轨道上继续前进，出现了后世公认带有贞观遗风的永徽之治。

君臣相得，天下太平，国力蒸蒸日上，百姓安居乐业。眼前的辉煌让李治这个新任皇帝感受到了前所未有的满足。他确信，自己通过努力已经创造出了一个属于自己的时代。

然而李治的这份自信同这种和谐不久便开始走向崩溃。

崩溃的诱因是一次谈话。

这次谈话发生在永徽元年（650年）。

当时李治刚刚上任不久，晋州闹了地震。那时候虽然不懂震级、地震波啥的科学知识，但人们对地震还算具备一些理性认识，因而情况报上来了，李治也不怎么慌，听取完灾情汇报，便随即指示户部、工部等相关部门密切配合，务必做好抗震救灾及当地灾后重建工作。

令李治没想到的是，三个月后他等来的消息不是晋州完成了重建任务，而是那里又地震了！

不知是不是上帝误点了震动模式，从贞观二十三年（649年）八月开始到次年六月，不到一年的时间里晋州接连遭遇了五次高强度的地震，伤亡累计超过万余人，其他财产损失更是不计其数。

这下李治有点慌了，因为按照儒家传统的天人感应理论解释，天灾频发是身为国家最高领导人的天子失德所致，而这次邪门的地方更在于几次地震受灾的都是一个地方，且那个地方的地名偏偏叫晋州。

此时此刻，前任晋王李治的心理阴影面积估计比走到落凤坡的庞统还要大。好在，李治比当年的庞统有优势，作为皇帝，他搞不清楚的问题是有人给解答的。

被召来询问的是时任侍中的张行成。要说这位不愧为李治在东宫时的老师，颇有两把刷子，还不卖关子，一上来就开门见山给出了自己的结论："女谒用事，大臣阴谋。"

这意思就是说：皇帝您以前的封地之所以晃个不停，是因为宫里有个女人、朝中有位大臣将威胁到陛下您的地位，老天爷这是在提醒您多加小心呢！

听到张老师这一神神道道的解释时，李治险些笑出声来。当初，太宗皇帝继位伊始，国家也遭遇过各种自然灾害，怎么没听到过有这种说法？我读书少你可不要骗我！

张行成的回答显然没能让李治满意，但考虑到师道尊严，李治还是虚心接受了他的意见，表示自己在今后的工作和生活中会注意这方面的问题，争取把威胁消灭在萌芽状态。话是这么说，但要知道皇帝陛下日理万机，是很忙的，这次短暂的对话很快就被李治抛到了脑后。

接下来的几年里发生了许多事，让少不更事的李治逐渐成长为一个深沉成熟的君主。经历日渐丰富的李治有一天突然意识到张老师的话可能是对的。

房遗爱一案时带领众臣逼迫自己下令处决荆、吴二王的长孙无忌，同萧淑妃一起说三道四加害武昭仪母女的皇后王氏，这两个人不正应了张行成的预言了吗？

李治认定，他们便是上天警示自己提防的敌人，而要想确保皇帝的权威，此二人务必除去！

当然了，李治办事是有分寸的，他很清楚自己目前的实力，更深谙饭要一口口吃、路要一步步走的道理。因此，面对宫内宫外两大隐患，李治毫不犹豫地选择了攘外必先安内，把废后一事确定为自己当前工作的重中之重。

为了实现从王皇后到武皇后的和平过渡，李治同武氏经过商议决意率先争取到大臣们的支持，而作为元老重臣、百官之首，长孙无忌自然而然成为夫妻二人公关的头号对象。

不过要拉拢长孙无忌谈何容易！此人贵族出身，年少得志；如今更是官居极品，贵为当朝首席宰相，门生故吏遍布天下，朝中大事一言九鼎。这辈子可以说是什么事都见过，什么福都享过，这个世界上真的还有能让他心动的物事吗？

"有的。"李治向一脸疑问的爱妻武昭仪做出了肯定的回答。

"不过需要你我二人亲自登门送上这份大礼才可以。"

永徽五年（654 年）年末某日，李治和武昭仪夫妇双双驾临太尉长孙无忌的府邸，在这里将有一场第一家庭内部的家宴。

宴会伊始，身为皇帝的李治主动放下架子，以外甥的身份为长孙无忌祝酒并同时高度评价了舅舅近期的工作。

在"劳苦功高""鞠躬尽瘁"等一系列形容词用完后，李治自然而然地将话题引到了舅舅的家庭生活上来。

具体点说，李治是将话题成功转移到了三个人的身上——长孙无忌的三个儿子。

长孙无忌一共有十二个儿子，不过由于受到封建社会不良风气的影响，他所喜欢的并非自己的嫡子、长子，而是爱姬所生的三个儿子。但问题是，当年国家虽说不管娶几个老婆，却对庶子（小妾所生的儿子）有诸多的限制。尽管长孙无忌已然位极人臣，他也不便更不愿打破规矩，授人以柄。因此，长孙无忌的这三个爱子论级别不过是基层公务员，需要苦巴巴地熬资历，可谓前途难卜。而这对年已六十的长孙无忌而言，正是一个痛点。

李治了解舅舅的这种痛，他的礼物恰是基于此而来的。

趁着酒宴上的气氛融洽，皇帝当席宣布将长孙无忌爱妾生的三个儿子破格提拔为从五品的朝散大夫（厅局级，唐制：门荫出身的最多仅能为从正六品上），与此同时还拿出了硬通货——金银、绸缎十车作为赏赐，以示慰劳。

所谓无事不登三宝殿，如此这般封官又给钱的，李治的意图已经非常明显了。果然，不等长孙无忌招呼儿子们拜谢圣恩，乖外甥的声音就在耳边响起：

"舅舅诸子均已成才，令人艳羡！可惜啊，这么多年过去了，朕的皇后还是一直没有儿子！"

到底还是说出来了啊！

然而老狐狸就是老狐狸，自打得知是武昭仪陪同皇帝赴宴，长孙无忌就摸清了李治的算盘，他知道自己的这个外甥想干什么。但是，长孙无忌更清楚的是，一旦废后一事提上日程，朝中微妙的政治平衡便会被打破，紧接而来的必将是新一轮的大洗牌，而这绝非李治所能控制的。于是乎，长孙无忌施展出了乾坤大挪移的功夫，任凭皇帝旁敲侧击，绝口不提废后一事。

长孙无忌得了便宜还装蒜，这是李治夫妇万万没有想到的，但让他们更没想到的事情还在后面。

不久，李治得到消息，武昭仪的母亲杨氏数次亲自登门拜访长孙无忌，均被无情谢绝，搞得老太太灰头土脸，一时间沦为坊间笑谈。

这下子皇帝彻底发怒了。打狗还要看主人，何况这是朕的丈母娘！

但是，李治终究还是自觉地平息了心中的熊熊怒火。因为他不笨，当他看到满朝文武几乎异口同声地支持长孙无忌的每个政见时，就已经清楚目前最需要的是忍耐，还有，寻找战友。

朝中真的会有能站在自己一方坚定死磕长孙无忌的人存在吗？

对于这个答案，李治虽找寻了许久，却始终没有一个结果。就在李治认定只能打持久战，以时间作为武器等死长孙舅舅时，一个合适的人在合适的时间、以合适的方式出现了。

口实

三十六年前（隋大业十四年，618年），江都。

一伙叛军闯入了谒者台的值班房，将房中的一个名叫许敬宗的年轻小官带去见自己的老大，这人是我们的一位老朋友——宇文化及。

我们之前提到过，宇文化及的脑袋不太灵光，不过江都宫变这么大的动静却特地派人捉拿一个小人物，这是为什么呢？

原因很简单，因为时任给事中许善心没来参加宇文化及兵变成功后的庆功会，且被抓来之后又表现得很不配合，以至于严重伤害了宇文化及的自尊心。于是宇文化及一激动便下令杀害这位有气节的大臣，并准备送他的儿子许敬宗一道上路。

许敬宗很快被送到了宇文化及的面前。

面对叛军寒光凛然的军刀和倒在血泊中的老爹，许敬宗泪流满面，他用尽全身的力气大声喊道：

"丞相饶命！"

看着脚下浑身不住颤抖、磕头如捣蒜一般的许敬宗，宇文化及笑了。

就这样，许敬宗捡回了一条性命。然而，他的生活就此出现了翻天覆地的改变。

在此之前，许敬宗的人生可谓春风得意。此人生于江南官宦世家，从小就写得一手好文章。后来杨广搞科举，他又一举中第成为秀才（不是后来的秀才，注意区分），被任命为淮阳书佐，不久转入中央担任通事舍人，负责文书工作，可以说是如鱼得水，前途一片光明。

要知道，杨广是爱好文学的，以许敬宗的文笔，出人头地、一文而红不过是个时间问题。

但是那一夜的遭遇改变了一切。

虽然俗语有云"大难不死，必有后福"，但许敬宗却没有什么后福。宇文化及没有杀掉他，可天下人鄙夷的目光已经让许敬宗感到生不如死，特别是在有参照物对比的情况下，更是如此。

事情是这样的：在当年的江都兵变中，虞世基（著名奸臣）、虞世南（书法大家）兄弟遇到了同许氏父子类似的情况，当时宇文化及为展示自己兵变的正义性，决定当众处决人见人厌的虞世基。没承想，虞世南得知此事居然舍弃了所有的尊严与立场，跪在宇文化及面前，不停磕头求饶，但求代兄一死。虽说虞世南最终没能成功（说句良心话，虞世基的确死有余辜），但他的表现却与同期的许敬宗形成了鲜明的对比。

在虞世南舍身救兄壮举的映衬下，许敬宗就此被人们扣上了贪生怕死的帽子。

众人的白眼、低声的议论改变了许敬宗，他意识到自己这一辈子恐怕很难再摘掉耻辱的帽子了。该怎么办才好呢？就这样在人们的讥笑中苟活吗？不，绝对不！

在经过一段时间的思索后，许敬宗终于找到了他自认为可以重获别人尊敬的道路：向现实妥协，向利益出发，向上爬，不断向上爬。当真正高高在上之时，那些私语者终将因畏惧我的权势而闭上他们的嘴巴！

许敬宗将自己的原则与尊严统统献祭给了黑暗之主，而黑暗之主则给了许敬宗向上爬的机会。

武德元年（618年），许敬宗由瓦岗军跳槽到大唐，吏部方面本来只打算让他补个缺，到遥远的南方做个小地方官，可许敬宗此时的运气实在是好到爆炸：正在四处招贤的秦王李世民听说了他的名字，果断将他收入麾下。许敬宗由此成为秦王府学士，进入了李世民的智囊团。

这之后，许敬宗的事业进入了黄金期，贞观八年（634年），他从著作郎升任中书舍人，贞观十年（636年）升任给事中。

当然了，许敬宗如此受到李世民看重不是没有缘由的。李世民之所以看重许敬宗，很大的原因就在于他准确地断定，此人就是那个能够完全按照自己授意修改国史的人。而事实也证明了，李世民没有看走眼。

贞观十七年（643年），由许敬宗主修、李世民亲自监制的《武德实录》《太宗实录》完成。鉴于许敬宗在两书编修（重点在编）期间任劳任怨（让怎么改就怎么改）、工作专注（也是怕编错），李世民极为满意，于是破格晋封许敬宗为男爵（高阳县男），赐物八百段，把他安排到了中枢机构门下省做副长官（检校黄门侍郎）。

许敬宗放弃了史官秉笔直书的原则，逢迎皇帝，弄虚作假，由此尝到了甜头。此后，凭借着李世民的信任，许敬宗不但有幸成了东宫的属官，与太子李治拉上了关系，还有幸追随东征高句丽，同高士廉这样的亲信大臣一道共掌机要。

值得一提的是，此时的许敬宗虽然不讲原则，但底线还是有的，有时甚至会毫不顾忌地为他人主持公道。

所以平心而论，他还并非一个坏到掉渣的人。

掉渣，是从永徽六年（655年）开始。

因为压力山大。

在当时的朝廷中，皇帝李治要换皇后的心思大家其实都是肚子里打灯笼——心中明白。之所以没人敢捅破这层窗户纸，倒不是大家素质高不愿迎合皇帝，说到底实在还是由于皇帝和长孙无忌谁都不好惹，因此，在这种情形下，默不作声才是最划算的选择。

可有一个人偏偏注定是个例外，那就是朝中的礼部尚书。因为废立皇后，扶武昭仪上位必须经过一系列的礼仪程序才行，用今天的话讲，专门负责国家礼仪的礼部就是有关部门，是责任所在。而作为礼部的一把手，更是首先需要知会的。于是这个棘手的问题就被抛给了礼部尚书。

很不幸，当时的礼部尚书就是许敬宗。这下可真是应了那句话："你说你想要逃，可是偏偏注定要落脚。"

在皇帝的委托下，许敬宗开始频繁出现在长孙无忌的身边，只为求得一个点头。然而，他等到的却是长孙无忌暴风骤雨般的痛斥。

这日子真不是人过的啊！整日在夹缝中求生存的许敬宗终于意识到，如果不想被活生生逼疯，自己必须选边站，一边倒。

于是两个选项同时出现在他的面前——皇帝，还是长孙无忌？

许敬宗毫不犹豫地选择了前者，因为他忘不掉长孙无忌那鄙夷的神色。

谁也不能那样看我！任何人都不行！

许敬宗决定豁出去全力帮助李治夫妇，但他并不傻，他很了解长孙无忌的实力，因此冲锋陷阵、正面死磕的事是不会干的。所以许敬宗需要找到一个与自己志同道合且同样对长孙无忌有刻骨仇恨的战友，去打响这宣战的第一枪。

而这样的人，许敬宗已经有所关注，这个人的名字叫李义府。

李义府是一个与许敬宗很相似的人，他和许敬宗一样，都是李治做太子时的东宫旧臣，还都写得一手好文章。更重要的是，这个人不太会做人，不善于团结群众，所以在外面的名声相比许敬宗还差些，也更不招长孙无忌的待见。于是乎，长孙无忌正准备让他从中书舍人的位子上滚蛋，打发到偏僻的西南做一个小小的司马。

李义府得知这一要命的消息时，长孙无忌那边的调任令已经拟好，只等着天明下达门下省执行了。在这危急存亡之际，李义府二话不说赶忙找来了自己的同事兼好友王德俭商量对策。

王德俭如约而至，看着惊慌失措的李义府，他微微一笑，问了个问题："你知道皇帝有意立武昭仪为后吗？"

不等李义府回答，王德俭继续娓娓道来："武昭仪现下颇受宠幸，圣上打算册立她为皇后很久了，只不过一直担心遭到朝廷重臣们的反对至今都犹豫不决。你如果能率先提议册立武昭仪，自然会转祸为福。"

李义府明白，王德俭是对的，现在情况紧急，长孙无忌已经对自己下手了，如果这个世界上还存在能救自己的人，那也就是皇帝了。而拥立武昭仪正是一个天然的突破口，唯有与皇帝建立统一战线，方可起死回生！

事不宜迟，说走就走。

当晚，李义府代替王德俭在中书省值夜班并挥笔写好奏章，叩阁上表。

这是一份倾尽李义府毕生才智与文学功底的奏表，言辞优美，观点更是鲜明：废黜王皇后，册立武昭仪是民心所向、大势所趋，坚决拥护皇帝陛下的英明决策！

李治实在是太高兴了，他看完李义府的奏表，当即传令召见这位可爱的作者。在当面倾听了李义府的相关看法与建议后，李治当即连续下达了两道命令：

第一，打赏，赐李义府珍珠一斗；

第二，慰留，令李义府留任原职。

不久，李义府又得到了一个利好消息：自己被提拔为中书侍郎，一跃成为中书省的副长官！

对于这一结果，李义府感到十分满意。但他此时并不知道，在自己的笑脸之后有着另外一张更为灿烂的笑脸——许敬宗的笑脸。

因为那位足智多谋的好同事王德俭并非外人，他正是许敬宗的亲外甥。

李义府的"事迹"很快在朝廷中传播开来，借助这一事件的影响，许敬宗开始组建自己的复仇者联盟。经过一连串的试探与甄选，御史大夫崔义玄、中丞袁公瑜、大理正侯善业先后加入了这支队伍，这些人都将在接下来的斗争中发挥各自的作用。但作为核心的当时只有三个人，他们分别是许敬宗、王德俭和李义府。

李治终于拥有了自己立场坚定斗志强的小团体，兴奋之余，他决定迈出第一步，向那个看似不可战胜的对手发起攻击。

永徽六年（655 年）九月的一天，刚刚结束早朝的尚书右仆射褚遂良接到通知，说皇帝召自己到内殿议事。要说褚遂良就是实诚，闻讯后并不多问，就急急忙忙向内殿的方向跑去。然后在门口他看见了几个熟悉的面孔：太尉长孙无忌、司空李勣（李世勣，649 年因避先帝名讳改名，后文均写作"李勣"）以及左仆射于志宁。老朋友长孙无忌脸色有些难看。

看到这情形，褚遂良一下子明白了情况。

"皇上今天召我们进殿多半是商议废黜皇后之事，不知大家有何打算？"

长孙无忌回答得很干脆：

"我必极力反对，希望明公在我之后能接着劝谏！"

褚遂良连忙摆手，大声说道：

"太尉您是圣上的舅舅，一旦有所闪失，恐怕会使陛下背上弑亲之名啊！"

"那就让李司空打头阵喽？"

褚遂良表示也不可以。

"李司空是开国元勋，不可冒险，这会令陛下有抛弃功臣之嫌。"褚遂良顿了顿，继续说道，"我奉先帝遗诏，今日如若不尽愚忠，以死力争，九泉之下有何脸面去见先帝！"

褚遂良的这一番舍生取义的即兴表白，让长孙无忌感动不已。他立刻做出了最热情的回应，表示要决不让步，反对到底。

然而此时热血沸腾的两人却完全忽视了在场的另外两人的反应，那就是于志宁的沉默不语与李勣的若有所思。

就在几位大臣准备雄赳赳、气昂昂地迈入内殿去阻止那个任性的皇帝时，一个小意外发生了。

已经六十一岁高龄的李勣突然感到身体不适，不得不提前退出。但这似乎并不影响大局，毕竟褚遂良已经决定亲自打头阵了，更何况，在他和长孙无忌看来，这个土豪出身的老兵并非自己人，如今看来也不那么中用了，就让他去吧。

目送走了李勣，剩下的三个人陆续走入内殿，等待着李治的出现。

不出褚遂良所料，李治落座后张口提到的第一件事果然是废后，而理由还是那一套：皇后无子，昭仪有子，所以，武昭仪理应转正。

面对李治抛来的这一论题，一辩长孙无忌首先出场发言：

"自贞观二十三年（649 年）以后，先帝常托付重任于褚遂良，陛下可以征求一下他的意见。"

李治点头，看向了褚遂良。

是时候了。

褚遂良整理了下衣裳，开始进入二辩的角色。

"皇后出身名门，系先帝为陛下所娶。记得当年先帝临终前，曾将陛下的手交给老臣说：'我的好儿子、儿媳，从此就托付给爱卿你了。'这句话陛下您是亲耳听到的，怎么能这么快就忘记了呢？何况，没有听到过皇后有别的过失，您没有理由废掉她。"

说着，褚遂良跪倒在地，做了最后总结："臣实在不敢屈从陛下，违背先帝之命！"

听完褚遂良的这几句话，李治才发现自己又让舅舅给坑了。因为褚遂良的每句话看似平平淡淡实则暗藏玄机，更重要的是，他封住了李治的所有话路。

其中的玄机，我们在这里不妨解说一下。

首先，相信大家都一眼看出了褚遂良主打的是先帝牌，句句不离"先帝"二字，这是抢先占据伦理高峰，给对手以心理压力。但是，其发言的精彩之处却并不在此，而是在那几句未尽之言。

所谓"皇后出身名门，系先帝指定"，是说武昭仪来路有问题。

所谓"临终托付照顾"，是说我乃先帝指定的托管人，你不听忠言就是抗命不孝。

而所谓"皇后没有其他过失"，是明白告诉李治，虽然宫中风传皇后杀害了小公主，又行厌胜之术，但目前两事均未坐实，您可不要带头冤枉好人！

仅从不孝、栽赃中任选一个帽子就够李治承受的了，更不用说提及那个爆炸性的敏感问题了。李治由此迅速败下阵来，不得不宣布散会回宫。

第一回合就此结束，长孙无忌、褚遂良搭档完胜。

以李治的性情，在遭到褚遂良那般挤对后，应该噤声很长一段时间，以改进自己的理论，锻炼口才和心理素质，然后再找个机会旧事重提。

可例外总是存在的，就在第二天，李治再次主动开启了废后议题。

李治的反常举动不是没有缘由的，原因其实很简单：这一次与大臣交锋，武昭仪亲自从后宫走入前殿，躲在幕后旁听并为自己打气。

因为爱情，在那个地方。李治决定疯狂一把。

第二回合的较量中，李治表现得极为强硬，以至于连褚遂良最后也不得不让步，表示同意废黜王皇后。

李治顿时喜出望外，然而，褚遂良的话还没有讲完：

"陛下如果一定要另立新后，就请您从天下名门大族中挑选合格的女子。昭仪曾经侍奉过先帝，身接床笫，此事众所周知。天下万民的耳目不可蒙蔽！千秋万代之后，人们又将怎么评价陛下？！恳请陛下三思！臣今日忤逆了陛下，罪该万死！"

李治自打出娘胎以来还没有如此尴尬过，而帘子后面的人则差点直接炸了锅。

但是最激动的人却是褚遂良。骂完了人，他将手中的笏板放在台阶上，开始面向李治不住地叩头，直到血流满面。

"今天臣将此笏板还给陛下，恳请陛下准许我告老还乡！"

闹到这个地步，李治终于也憋不住了。他大喝一声，下令卫士将褚遂良拖出内殿。

但就在这时，背后一个尖厉的声音响了起来：

"何不扑杀此獠！"

这句话提醒了李治。趁着大家情绪都不稳定，正好可以借机解决这个棘手的政敌，顺便威慑群臣。

眼见着褚遂良就要去见先帝了，长孙无忌赶忙出来救场：

"褚遂良受先帝顾命，即便有罪也不可加刑！"

既然如此，那就散了吧，今天也是够了。

就这样，皇帝与老臣们的第二次交锋在一片混乱中匆匆收场。但李治夫妇的内心其实是欣喜的，他们真切地感觉到，这一次的较量中，几个老臣明显有所退让并处于下风，这样看来，取胜也并没有预料中那样困难。

但事实证明，这是幻觉。

因为自浑身是血的褚遂良被拖出宫殿的那刻起，马蜂窝就被捅破了。

首先发作的是侍中韩瑗。他原本不在召见之列，但在目睹了褚遂良的遭遇后，他也顾不了许多了，趁着混乱之机进殿，跪地哭谏。李治没有理他。流血的都见过了，你这流泪的算啥？

李治有些小看韩瑗了。在被皇帝无视后，韩大人并不气馁，第二天一大早就又跑去哭谏。李治也不客气，再度发威，命人把韩瑗拉了出去。

要知道，大庭广众、众目睽睽之下被侍卫活生生轰走，对于韩瑗这样的高级官员而言是很掉价的。所以李治的态度很明显，只四个字——离我远点。

这之后李治果然没有再见到韩瑗的身影。正当李治长舒了一口气，准备休息下时，韩瑗的奏疏到了。而与李义府齐名的文章高手、中书令来济也来凑了把热闹。两人先后上表劝阻更立武昭仪为后。

李治没有理会二人的奏表，但这却让他意识到，自己在国家权力高层已然处于孤立无援的状态。

是时候打出那张牌了。

相信那个人会站在我这一边。

李世民的遗策

李勣终于来了。

六年前，李治按照父亲的指示，刚一即位就召回了在叠州喝风的李勣，并逐渐恢复了李勣的原有职务。其后，他虽与李勣并无过多的交流，但却依据老爹施恩优待的政策，不断给予李勣各种应有的荣誉。因为李治相信，先帝之所以把李勣留给自己，正是有意为自己提供另外一条不同于舅父辅政的路，在那条路上将不会有专权的大臣和被孤立的皇帝，有的只是说一不二的君主和忠于职守的朝臣！

成为真正掌控一切的帝王，这才是李治所追求的。废后之争不过是一个形式而已，皇权与相权的博弈才是本质。现在，甥舅间的这场权力之争已经到了最为关键的时刻，是该全力以赴了。

"朕打算册立武昭仪为皇后，但褚遂良固执己见一直反对。既然他身为顾命大臣，受先帝遗训辅政，你说这事是否只能就此中止了呢？"

李治开门见山提出了自己的问题，然后注视着李勣，等着他的答复。

李勣不慌不忙地回答道："这是陛下的家事，何必要问外人。"

奇怪了，李勣的这番表态和于志宁的不声不响有什么实质性的区别吗？

有的。

要知道，李勣自李渊时代起就以从不介入朝廷的派系之争、保持中立而知名。当然了，不拉帮结派还能屹立三朝而不倒，绝非是偶然，这是由李勣的经历决定的。众所周知，大唐是由关陇贵族和山东豪杰联手缔造的，这两大集团的主体分别是文官和武将。而起于瓦岗军、驰骋疆场多年的李勣正是后者的主要代表人物。换言之，山东集团的态度决定了军方的态度，李勣这样的大将则决定了山东集团的态度。特别是在建国数十年后，随着当年开国的大将先后故去，李勣的地位便变得更加重要。到了永徽年间，可以说他已经成为山东集团事实上的首领了。

所以，在这个关键的时候，李勣表示让皇帝自行处理家务，含义主要有两个：

其一，他并不赞同长孙无忌的所作所为，认为李治有权自行决定皇后人选；

其二，山东集团不会插手此事，军方将保持中立，大可不必担心长孙无忌们再搞出一个玄武门之变另立新君来。

得到了李勣的保证，李治总算踏实了。他终于可以放手一搏，取回自己应有的权力了。

永徽六年（655年）九月，庚午，李治突然下令贬褚遂良为潭州都督。

一个月后，李治以王皇后和萧淑妃意图毒害自己为由将二人废为庶人。

十月，乙卯，百官上表请求册立皇后。李治下诏提名武昭仪接任。

十一月，丁卯，皇后册封大典如期正式举行。

终于等到了这一天。从司空李勣手中接过象征皇后地位的印绶的那一刻，武媚娘的内心可谓百感交集。为了走上这个位置，她忍受了太多，也付出了太多。然而，当她站在肃义门接受下方百官的集体叩拜时，看着那些毕恭毕敬行礼的大臣，兴奋又取代了一切。之前所有的牺牲都是值得的，对于这种君临天下的感觉，她觉得很是享受。

不过新上任的武皇后并没有陶醉太久，因为以往的种种经历早就让她铭记了一个道理：越是风光的位置就越为凶险。要想坐稳皇后的位子，她要做的事情还很多。

首先要做的是树立自己的良好形象。

俗话说，新官上任三把火，新皇后似乎也不例外。武后刚刚入主正宫就发表了新作《外戚戒》，用来警示自己的亲戚们：让武家的大大小小亲属在生活中要戒骄戒躁，夹起尾巴做人，不要因为现在家里有人当了皇后就横行不法、四处惹祸。而武家人也很听话，自从武昭仪升级为皇后，这一大家子便表现得极为低调，据说连出门遇见要饭的那都是主动先打招呼，继而报以微笑。时间久了，武家在帝都民间的好感度开始逐渐攀升，街头巷尾对新皇后旧事的议论由此大大减少。

在团结群众的同时，武后也没有忘记同朝中的大臣建立良好的关系。早在李治提议要册封自己为后的当天，她就曾上表朝廷请求皇帝嘉奖侍中韩瑗和中书令来济二人。而她给出的理由实在是出乎李治的意料：

"记得之前皇上准备册立我为宸妃时，侍中韩瑗和中书令来济一度坚决反对。现在想想，他们那样做是需要巨大的勇气的，而这也正说明他们忠心为国啊！为此，希望皇上能对他们予以相应的褒奖。"

李治看到这份奏表很是高兴，于是他找来了韩瑗、来济，让二人传看。

李治的本意是向韩瑗和来济显示新皇后的宽广胸怀，谁知读完那份表彰的二人脸色却像得知死了老爹般难看，当场跪地磕头，只请皇帝批准他们辞职。

李治没有同意，因为在他看来这两个人的请求实在有些莫名其妙。

韩瑗、来济没有放弃，因为他们很清楚自己的名字已经被深深铭记，如果不辞职跑路，早晚会大祸临头，因为那个人绝非善类。

事情的发展证明，姜还是老的辣。论及看人的眼光，李治还是差多了。

韩瑗、来济暂时是有惊无险，毕竟他们只是长孙无忌一边的配角，且不能形成什么有效的威胁。但另外两个人就不好说了。事实上，武皇后已经嗅到了不安的味道。

因为她知道李治骨子里其实是一个重感情的人。

不出武后所料。一天，皇帝陛下闲来无事，回忆起自己同王皇后、萧淑妃种种美好的过往，突然心血来潮，决定去探望二人。

当然了，为保证家庭和睦，李治的这次行动是完全秘密的。

当李治七拐八折打听出冷宫的位置，偷偷摸摸来到门口时，他完全被自己眼前的景象震惊了。

所谓的冷宫简直就是一处监狱，甚至连监狱都不如。

这个地方的门窗全部被人用石头、木板死死封住，里面同外界沟通交流的唯一渠道就是墙壁上那个用来送饭的小洞口！

可想而知，在这个本就偏僻的别院，里面的人的生活是何等的苦闷与压抑！

李治的鼻子有些发酸了，他快步走到墙边，凑近洞口大声喊道："皇后、淑妃，你们在吗？"

除去每天前来送饭的人，这里再无他人。因此当听到那个熟悉的声音时，王废后和萧淑妃起初还以为是自己产生了幻听。但随着熟悉的呼喊声再次响起，她们几乎同时激动到失声。

王废后最先回过神来，她强忍着泪水，对着墙外的人恭敬地回答道："妾等因罪降为宫中奴婢，怎敢再享有这样的尊称？"

李治沉默了，继而陷入了沉思。

"至尊倘若还念及昔日的恩情，恳请让我们再见天日，把这儿赐名为回心院吧。"王废后的声音再次响起。

要让皇后饶恕她们，不计前嫌，估计有些困难。但如果只是改善下她们的居住环境，应该不成问题吧。

李治答应了王废后的请求，表示自己会立即着手处理此事。可他并没有意识到，正是自己的这一承诺最终导致了王废后和萧淑妃更为悲惨的结局。

很快，武后得知了李治的这次密会以及谈话的内容，她决定痛下杀手。

于是历史上一幕罕见的暴行开演了。

一群人闯入了回心院，不由分说将王废后与萧淑妃各杖责一百。紧接着有人斩去了她们的手足，将她们装入了酒瓮中。几天后，王废后、萧淑妃相继死亡。然而武皇后对她们的愤怒依旧没有消失，她下令将两人的尸体斩首，不久又下令改王废后的姓氏为蟒氏，萧氏为枭氏，以示侮辱。

相信很多人在读到这里时都会为武后的残忍所震惊，进而发出这个女人心理变态之类的感叹，但事实上可能并非如此。至少在我看来，这是她软弱的表现。此时此刻的武后仍旧是一个弱者，越来越大的年龄和先帝才人的身份使得她极度不自信，她几乎无时无刻不在担心自己的位子会被他人夺走，因此，她畏惧每一个人，即使是曾经惨败给她的王氏与萧氏。于是，她只能依靠杀戮来掩盖自己的心虚，将任何潜在的敌人抢先消灭。

总而言之，这是一个疑神疑鬼、睡不安寝的可怜人。

而事实也恰巧印证了这一点。

据说萧淑妃在死前曾大骂武氏狡猾，并诅咒如下：

"希望我来世生作猫，阿武托生为老鼠，我要生生世世扼住她的喉咙！"

武皇后害怕了，她有些忌惮萧淑妃的诅咒，于是她下令后宫中禁止养猫。

宫廷禁猫，这是回心院事件对唐朝历史造成的第一个影响。但相对而言，更重要的是第二个。

有鉴于自己在宫中休息时经常会做噩梦梦见王废后与萧淑妃，武皇后不得不搬到外面的蓬莱宫居住。搬出去之后，她发现并没有什么用，想要睡得安稳除非远离长安。因此，在其后的大半生中，武后都居住在东都洛阳，很少回到长安，洛阳也就由此真正成为唐朝又一政治中心。当然，这是后话了。

武皇后对后话不感兴趣，她关心的只是当下，而当下的第一要务很显然是将换人工作进行到底。这一次，要换的是太子。

永徽六年（655年）十一月三日，礼部尚书许敬宗上书，请求皇帝改换太子，以正国本。

许敬宗说出了李治夫妇最想说的话，不过考虑到太子一事毕竟关系国家的前途命运，李治决定叫许敬宗过来谈谈。

"皇太子是一国的根本，根本不正，万国难以归心。况且，如今在东宫的那位，出身本来就很低微，现在他知道国家已经有了真正的嫡子，内心一定很是不安。窃据高位而心怀疑惧，这恐怕不是宗庙之福啊，希望陛下认真考虑考虑。"

许敬宗是这样奉劝李治的。

李治点点头，回答道："其实李忠已经自己提出让位了。"

那不是很好嘛。

"既然有人愿意效仿吴太伯，那陛下您就赶快答应吧。"

就这样，十四岁的太子李忠的命运被确定了下来。

永徽七年（656年）正月六日，李治下诏废李忠为梁王，出为梁州刺史。与此同时，正式册立四岁的李弘为太子。

改换太子的次日，李治当朝宣布了又一个令群臣惊讶的决定：改元。

也就是说，从即日起，全国统一采用新的年号显庆，称显庆元年。而永徽从此将成为历史。

我们知道，自打李渊开创唐朝以来，唐朝的皇帝一生一直只有一个年号，就连李治的老爹李世民那样爱折腾的人，对此也没有异议，且二十多年如一日地遵循了下来。但这一次，李治决意打破惯例，因为他对自己永徽的年号不满意很久了。

永徽的确是一个有点意思的年号。在这个年号里，第一个字意为"永远、永久"，第二个字表示"旗帜、标志"（也可以解释为形容词美好、宏伟）。所以"永""徽"结合到一起，大致可以理解为永远继承延续先祖的伟业之类的话。

这是李治所不愿意接受的。

也许贞观遗风什么的在别人看来是一句赞美，但对李治而言无疑是一种讽刺。

跟今天大多数年轻人一样，时年二十八岁的李治也有着自己的创业梦，所以一直以来，他都在力图摆脱父亲的影响，开拓自己的时代。因此，他不惜任用许敬宗、李义府那样有才无德的边缘人物，不惜背负压力向太宗留下的老臣开战，不惜亲手终结李世民风格明显的永徽之治。

终结是为了更好的开始。

那一年，李治对此深信不疑。

变更年号的消息传来了，长孙无忌立刻做出了准确的判断：事情要糟。

但他并不准备有所行动，因为他明白现在皇帝一方士气正盛，尚不是反击的时候。

目前需要的是韬光养晦和耐心等待，只要沉得住气，反击的机会总是有的。

可惜，有些人总是性子急。

显庆元年（656年）十二月，侍中韩瑗上疏为褚遂良讼冤。

长孙无忌闻讯，惊慌不已。如果政敌趁此机会攻击自己结党不轨，那就麻烦了。

可皇帝那边的态度出乎意料。李治表示，他知道褚遂良并无大过，之所以将其贬官撵到南方，不过是想惩戒下此人好犯上的毛病。而且他虽然不采纳韩瑗的建议，却也不批准韩瑗告老还乡。

这下韩瑗和长孙无忌都不禁纳闷儿，这是在搞什么鬼？

而接下来李治的一系列行动更是让长孙无忌们如坠云雾里。

显庆二年（657年）刚一开春，李治就带上老婆孩子一大家人跑到了洛阳。紧接着，李治下令立皇子李显为周王（武后所生），又将萧淑妃的儿子雍王李素节徙封为郇王，封到了申州（今河南省信阳市）。再然后，是两个任职令：

一、以潭州都督褚遂良为桂州都督；

二、以中书侍郎李义府兼任中书令。

这是两个看似毫无关联的调令，可是对于长孙无忌而言，却无异于五雷轰顶。

大事不好，登善（褚遂良的字）此生恐怕再难返京。

其实何止是再难返京，大家的路事实上才刚刚开始。

当年七月，许敬宗、李义府联合指控侍中韩瑗、中书令来济与褚遂良潜谋不轨。经二人调查，韩瑗、来济认定桂州（今广西壮族自治区桂林市）是用武之地，故私下利用职权，强行干预国家正常人事工作，将其同党褚遂良授为桂州都督，引为外援，意在谋反。

这是一个很常用的整人借口，古往今来无数牛人、大咖都是被这个罪名整得家破人亡，现在拿来整这三位宰相级人物，足见这是要往死里弄的节奏。

但这三位没有死成。因为李治放话了，念在都是先帝旧臣，就不要动刀动枪了嘛。

所以此案的最终处理结果是：

褚遂良，贬为爱州（今越南清化县）刺史。

韩瑗，贬为振州（今海南省三亚市）刺史。

来济，贬为台州（今浙江省临海市）刺史。

以上人等，终身不得入朝。

李治估计是在处置这几个人的时候猛然想起了舅舅，但还不好意思下手。他居然把原本与此案无关的荣州刺史柳奭（王废后的舅舅）也顺便贬了一下，送到了偏僻的象州（今广东省象州县）做刺史。

李治的幻影连环拳成功迷惑了长孙无忌，同时也彻底击垮了褚遂良，在给李治送去一封言辞卑怯讨饶信无果后，显庆三年（658年），褚遂良在绝望中死于贬所。

褚遂良死了，长孙无忌仍旧在坚持。

不得不承认，长孙无忌在政坛上能红三十年是有道理的。自显庆元年（656年）以来，长孙太尉就偃旗息鼓全身心投入了史学领域，偕同当时著名的史学家令狐德棻共同编修武德、贞观两朝的官方史料文献。至于政治领域上的事，没人再问过他，他也没再过问。

工作上一丝不苟，生活上滴水不漏。要想拖此人下水何其难也！

但出于对长孙无忌的极度怨恨，武后和许敬宗等人很快达成了共识，长孙无忌必须除掉，而且越早越好。

就这样，一方严防死守，一方伺机滋事，在僵持了两年后，事情开始出现转机。

转机源自一个案子。

显庆四年（659年），有一个名为李奉节的洛阳群众检举太子洗马（官名：非马夫）韦季方与监察御史李巢结党营私。

结党什么的向来是皇帝陛下最讨厌的，所以此案立即被转交由中书令许敬宗和大理卿辛茂将审理。

要知道，在那万恶的旧社会，审讯过程是不怎么文明和人道的，因而几个回合下来，身为嫌疑人的韦季方熬刑不过，居然找了个机会夺刀自刺，把自己搞成了重伤。更要命的是，关键问题的供词还没拿到，案子结不了。

眼见着审讯事件变成了审讯事故，许敬宗这老狐狸灵机一动，计上心来。

几天后，皇帝李治收到了许敬宗等人递交的审讯报告，一份让李治大吃一惊的报告。

报告是这样说的：韦季方等与长孙无忌相互勾结，图谋构陷忠臣近戚，使无忌重新掌权，然后伺机发动政变。今其事败露，故自杀。

"怎么会有这样的事？！舅父受小人挑拨，对我小的怨恨可能是有的，但是还不至于谋反吧！"

面对质疑，许敬宗早有准备。

"此事臣已反复查过，他们谋反的证据非常明显，到现在陛下还有所怀疑，恐怕并非社稷之福！"

前些年有房遗爱和高阳公主谋反，现在舅舅也要谋反，真是家门不幸啊！李治感到很受伤。

既然事情已经出了，不应对一下也是不行的。于是李治抛出了他最为关心的问题：假如事情属实，该如何处置？

皇帝的态度动摇了。许敬宗适时打出了那致命的一击：

"当年的房遗爱乳臭未干，与女人谋反，怎么能够成功？可是长孙无忌不同啊！"

只这一句，李治的目光就被吸引了过来。许敬宗意识到自己成功迈出了第一步，便接着不慌不忙地说道：

"长孙无忌与先帝以计谋夺取天下，天下人对其智谋都很佩服，他又担任宰相三十年，百姓们早畏惧其声威，可以说是威能服物、智能动众，实乃当世之奸雄。所以啊，臣就担心了。"

担心什么呢？且听许敬宗继续忽悠。

"一旦此人知道事情败露，只怕他振臂一呼，啸集亡命，届时定会成为朝廷大患，陛下您想想，派谁能制服得了他？如今，幸赖宗庙显灵，皇天保佑，我们因调查小案而发觉此事，这实在是国家之福啊！"

光描述危险的可能性是不具备足够的说服力的，最好再举个例子。于是，许敬宗转入了讲故事模式：

"臣昔日曾见宇文化及和其父宇文述深受隋炀帝的信任，炀帝对宇文家也是结以婚姻，委以朝政。宇文述死后，隋炀帝还命宇文化及负责禁卫军，可是，那又如何？宇文化及在江都作乱，一夜杀尽异己之人，臣的一家也惨遭杀戮。当时，大臣苏威、裴矩之徒都拜伏于马前，唯恐落后，次日黎明隋朝便就此灭亡。前事不远，臣恳请陛下速做决断！"

片刻之间，李治已经有了决定。他当即命令许敬宗"好好"审理，第二天给自己一个明确的调查结果。

第二天一大早许敬宗就来了，与他同时到场的还有那份结案报告。

虽说报告的整体有些复杂曲折，但结论言简意赅：反情明确，请逮捕。

李治含泪批准了逮捕意见书，亲手为这段长达十年的甥舅恩怨画上了一个句号。

显庆四年（659年）四月二十二日，长孙无忌正式接到通知，自己被削夺太尉职务与所封食邑，并要以扬州都督的身份立刻启程前往黔州（今重庆市彭水县）工作。

不过考虑到毕竟是舅舅嘛，且为朝廷服务了这么多年，李治还是意思了意思，他在圣旨上明确表示：虽说您不再是太尉了，但依旧还享受着朝廷一品官的相应待遇。这也算是一种体面吧。

相比之下，长孙无忌的几个亲属和老伙伴可就惨多了。

在许敬宗的不懈努力下，长孙无忌的几个儿子则被一撸到底，流放岭南；已死的褚遂良被追削一切官爵荣誉；柳奭、韩瑗被除名，于志宁被免官；此外还有若干中央或地方的大员或被杀，或被贬。长孙无忌在朝中的势力终被一扫而空。

长孙无忌失败了，败得心灰意冷，他做梦也没有料到自己竟会败在女子与小人之手。而那个生性软弱的外甥，居然仅听信许敬宗的一面之词就痛下杀手，甚至完全不愿见上自己一面，哪怕是斥问一句因何谋反。

自己的时代已经彻底结束了，长孙无忌再次认清了形势。于是他在黔州安顿了下来，准备安享晚年。

但没等长孙无忌熟悉黔州的山山水水和街坊四邻，他就见到了一张熟悉的面孔。

这个人叫袁公瑜，是许敬宗的死党，而他的工作内容基本上就是些连许敬宗都不便出面的脏活。

明白了。

显庆四年（659年）七月，凌烟阁一号功臣长孙无忌于家中自缢而亡，终年六十五岁。

第十三章
得寸进尺

谁也不可否认，长孙无忌的死亡事实上标志了一个时代的终结。

我们之前讲过，早在贞观十七年（643年）唐太宗李世民下令图画凌烟阁，表彰开国功臣时，包括杜如晦、魏征、秦琼等人在内的十二人就已经去世了。其后，出于种种的自然原因或人为原因，截至唐高宗显庆四年（659年），当年的凌烟阁二十四功臣就只剩下李勣和程知节（著名的混世魔王程咬金）两位了。

李勣自不必说，这位猛人不但能征善战，还精于权谋，军事、政治两门通，又能编书（世界上公认的最早药典《新修本草》即由李勣参与编定），所以无论是皇帝皇后还是朝中其他大臣，都很买他的账。特别是李治对之可谓推崇备至，曾特意命人为李勣画像，并亲自为画像作序，以示敬仰。

对比之下，程咬金的表现就让人有些擦汗的冲动了。

由于此前在太宗驾崩时护送李治回京有功，程咬金顺理成章地被李治视为自己人。因此当西突厥在西域再生事端时，出征西突厥的重任就被交给了他。可惜的是，实践证明，程咬金是个可靠的将领，却绝非合格的统帅。此次远征唐军虽说基本完成了打击对手、扫荡依附和西突厥各部的战略任务，但也犯下了屠城、杀降等几个绝对不可饶恕的政治错误。身为主将的程咬金自然要负领导责任。因而在回师后，他便被判处了死刑（后减死免官），从此基本退出了历史的主舞台。

当凌烟阁的将星们相继凋零，慢慢成为传说中的人物，新的名将时代已然悄悄到来了。

而这个时代名将的殊荣将由四个人分享，他们分别是"三国终结者""神箭将军""一代碎玉机"以及"儒将之雄"。

这四位名将理所当然是我们后面文章重点叙述的对象啦。不过，在讲述这几位令人热血沸腾的英雄的史诗前，我们要看的是一出精彩的滑稽戏，它的领衔主演叫李义府。

作为更立皇后一事中力挺派的排头兵，李义府无疑是斗争胜利后最大的受益人之一。短短一年的时间里，他就从一个险些被打发去边远地区的边缘人，变成了朝中炙手可热的新贵，甚至走在了许敬宗的前面，成为"复仇者联盟"六人中唯一进入宰相班子的人。

随着李义府一路从舍人升级为李相爷，大家对他的关注度明显提升。人们发现李义府似乎并没有传闻中那样不堪，这位新晋宰相与人说话毫无架子，脸上还总是挂着招牌式的微笑，这同他的前任一脸严肃的长孙无忌等老头子形成了鲜明的对比，所以起初同事们对李义府的印象还是不错的。

然而，这个不错的印象也就维持了最多半年。

事实证明，长孙无忌或许有许多问题，但在看人的眼光方面是没问题的。李义府确实有毒。

自他上任以来，但凡是不服他的、不听他的、不逢迎他的，不论长幼，不问出身，统统被他一视同仁一刀切，不是今天背后中枪，就是明天掉进坑里，总之是不玩残整废决不罢休。因此，李义府很快获得了一个响亮的称号：笑中刀。此外，还有一些挨过整的人总结经验后认为，李义府像猫那样喜欢玩折腾猎物的把戏，所以干脆又送给了他另一个形象的外号：李猫（两大外号并无排序，可依据心情任意选择使用）。

在我看来，李义府的这两大江湖称谓中，第一个外号笑中刀起得恰如其分，但后一个李猫却差点意思，因为李义府可比猫要凶得多。

比如显庆元年（656年）曾出过这么一件事：当时洛州有一名姓淳于的妇女因罪被判入狱，李义府不知道从哪里得到消息，说这位淳于氏姿色过人，就打算将她收入府中。而为了达到这一目的，李义府特地找到了有关部门的领导大理寺丞毕正义，指示他搞点黑幕操作，把人放了。

毕正义照着做了，但是，并非所有人都畏惧李猫，毕正义的同事大理卿段宝玄就是一个。

在发觉淳于氏一案事有蹊跷的情况下，段宝玄对此案做了详细的调查，然后将这一案件的相关疑点以及自己的看法做了总结，呈送给上级领导批阅。

得知段宝玄上报案情的消息时，李义府并不担心，毕竟他就是领导，谁还能上天去？

确实上天了。李义府很快就得到了第二个消息：皇帝陛下下令严查。

这下李义府慌了。干预司法、操纵刑狱的罪名一旦成立，就不仅仅是丢官的问题了。

于是，李义府马上派人给毕正义传了话：去死。

毕正义已然别无选择，一声叹息后，他终结了自己的性命。

逼死了毕正义，李义府松了一口气。现在可谓死无对证，谅你段宝玄再厉害也要就此结案。

这一次李义府没有猜错，段宝玄的的确确没有再跟进追查；而调查组也秉承上意，不再深挖。李义府看似摆平了一切，只是，看似。

几天后，侍御史王义方挺身而出，弹劾李义府擅杀六品寺丞，并请求朝廷重新调查此事。

皇帝回复：同意，明儿个你们两个当庭对质。

按理说李义府是跑不掉了。调查组早就摩拳擦掌，只要皇帝一声令下，稍加审讯，毕正义的死因、淳于案的真相，一切的一切都将大白于天下，届时李义府必定为自己的恶行付出应有的代价。

第二天，王义方奉旨宣读自己弹劾李义府的大作。果然，没等王义方历数完李义府的种种"壮举"，他就发现皇帝已经是满面怒容。

"不要再读了！把这人给我拿下！"

皇帝说这句话时，指的是王义方。

王义方晕了："为啥扑倒我？！"

"毁辱大臣，言辞不逊！"

这是李治给王义方弹章的评语，也是王义方疑问的答案。

原来，在王义方的奏章里，有一句话是这么说的："当初，李义府之所以能得到任用，是因为容貌生得好，获得了马周和刘洎的宠幸啊！"

马周、刘洎那么赏识李义府是因为李义府人长得漂亮，得到了宠幸；那么先帝那么赏识马周、刘洎是因为……

这骂谁呢？！

盛怒之下，李治当即下令驱逐王义方出京，贬为莱州司户（主管户籍工作）。

由于王义方的用词不当，李义府侥幸躲过了惩罚。当然，更深层的原因还在于正是用人之际（当时长孙无忌尚未倒台），李治不便自乱阵脚，寒了一众人的心。就这样，在李治的庇护下，李义府顺利过关，继续着他的当红之路。

显庆二年（657年）的李义府依旧红着，这一点从他的官职上就能集中体现出来。李义府此时的头衔全称是：中书令、检校御史大夫、太子宾客、监修国史、弘文馆学士、河间郡公李义府。

朝中第一政治新秀，斗倒褚遂良的猛人，皇帝、皇后共同的心腹，找倒霉的不妨出来试试。

没承想，还真有人不信邪。

这个不买账的人就是李义府的同事，同为中书令的杜正伦。

杜正伦确实有不把李义府放在眼里的理由，而且还很多。

首先，杜正伦是隋文帝仁寿年间的秀才。要知道，科举制初创时期，秀才的含金量是很高的，其测评难度相当于今天的高考加国考再加研究生考试，录取的名额还很少。隋朝一代，取得秀才资格也就十来个人，而杜正伦正是其中之一，你说厉害不厉害？顺便一提，杜正伦还有两个哥哥杜正玄、杜正藏跟他一同考上了当年的秀才，杜家由此凭借一门三秀才的荣耀成为时人称道的榜样，也就是传说中需要瞧瞧的别人家的孩子。

其次，杜正伦是秦王府文学馆出来的，不但写得一手好文章，还难能可贵地通晓佛学经典。连本就不怎么爱夸人的魏征都对他赞不绝口，称之为古今难匹的高端人才，向朝廷力荐，可见杜正伦在朝中的口碑那是相当好的。

最后，也是最重要的一点在于，杜正伦的资历可比李义府老得多。他做中书侍郎的时候，李义府还是个小小的典仪。现在李义府虽然同他一样都是中书省的长官，级别相当，但论资排辈的讲究却向来不能少，所以要是指望着杜正伦能不倚老卖老，那还真是有点强人所难了。

因此，在主持省里工作时，杜正伦动辄以前辈自居，常常与李义府争执不下，双方的仇怨因此越积越深。

终于有一天，杜正伦准备做一个了断。

对于击败李义府，杜正伦有着充足的信心，因为当时的中书侍郎李友益是他的人。而此人还有一个特殊的身份，李义府的同族本家。有了这位非常了解李义府各种手段的属下相助，杜正伦抢先发动了攻势。

杜正伦自信满满，来势汹汹，李义府也不是吃素的。杜正伦那边刚骂完，他就立刻上疏为自己辩解，顺便加倍反骂回去。

于是接下来的场景就似曾相识。

杜正伦：加倍！

李义府：加倍！

杜正伦：再加倍！

李义府：再加倍！

……

李治实在是受不了了，他本来就是个好安静的人（因为有病），只想着在搞定舅舅一统天下后做一个安静的武林盟主，不愿意搭理大臣之间的那点破事儿，可这二位李治却不得不管，杜正伦是他的亲信，李义府是皇后的心腹。手心手背都是肉，不好办啊！然而一想到两个人在自己面前唾沫横飞的场景，李治就感到烦不胜烦。

于是李治眼一闭、心一横，下令通杀，贬李义府为普州刺史，杜正伦为横州刺史。

你们一个蜀道难，一个去岭南，怎么样，舒服了吧？

哦，差点漏了那个大义灭亲的李友益。鉴于他在协调领导关系的过程中发挥了重要的作用（反面的），李治认为此人不适合再待在管理层，于是特意将李友益送到了峰州（在今越南富寿省和河西省交界处）去和当地人民建立友谊。

李义府被逐出了朝廷，他中书令的位子也被许敬宗接手。特别是，当时的吏部尚书唐临估计早看李义府不顺眼了，在朝上，他有意推荐同李义府素来有仇的侍御史张伦去担任剑南道巡察使（负责考察四川地方官吏的政绩），那意思很明显是要将李义府置于死地。于是，几乎所有的人都相信，李义府会和杜正伦一样以死于贬所而告终。几乎所有的人都果断抛弃了他，除了一个人外。

这个人就是武皇后。

武皇后始终力挺李义府，不仅为了斗争，还为了报恩。因此被贬在外的李义府虽然树敌无数，却毫发无伤。倒是那位唐部长因公报私仇，恶意选官，被下令免职。

而在武皇后的不懈努力下，仅过了不到一年，李义府便重返朝廷出任人事部部长、代理宰相（吏部尚书、同中书门下三品）。

李义府回来了。

可惜，外放蜀地的经历并没让他有所收敛，反倒使得他的心理更加阴暗，灵魂更加扭曲。

一个也不能少，一个也别想跑！秉承着这一原则，李义府针对曾经抛弃他的人开始了近乎疯狂的报复。其中，一个叫李崇德的人被列为了一号打击目标。

这位李崇德到底做了什么事情，让李义府如此恨之入骨、必欲除之而后快呢？

答案是，他把李义府拉黑了。

我们说过，初唐的时代是一个比较讲究出身门第的时代，当时的人虽没魏晋南北朝那样对门阀血统的偏执型崇拜，但依旧会关注一个人的家庭背景，并以此进行尊卑定位，这点连对皇族也不例外。所以，当年李渊登基时才不惜工本，将自己的家世渊源追溯到老子，以印证李氏家族基因的优越性。

到李义府这会儿，情况是一样的。李义府不敢和李治攀亲戚，但找个豪门大族抬身份还是要的。于是他瞧上了赵郡李氏。赵郡李氏是北方士族中最为显赫的四大家族之一，武安君李牧、天下楷模李膺、史学大家李百药都出自这个家族。在李义府看来，这无疑是最佳的选择。为了达到"认祖归宗"的目的，李义府找来了赵郡李氏的几个嫡脉传人，在酒过三巡、菜过五味后，他们毫不犹豫地答应了李义府进门的请求。而前面讲到的李崇德正是那个将李义府的名字列入自家族谱的人。

李义府抬高了自身的家世，李崇德找到了朝中的靠山，大家皆大欢喜。

但李崇德把李义府写进家谱没多久，李义府就因同杜正伦置气被驱逐出了朝廷。作为李义府的新哥哥，在兄弟倒霉的时候，他十分忠诚地重复了当时的毫不犹豫，毫不犹豫地将李义府的姓名从纸上抹掉。

但李崇德把李义府踢出家谱没多久，李义府就因有武皇后帮助被召回了朝廷。作为李义府的前哥哥，李崇德傻眼了。

李义府很快知道了李崇德的所作所为，因此他也毫不犹豫地做出了决定：将李崇德的姓名从户籍簿上抹掉。

很快，李崇德被打入狱中，被迫自杀。

迫害大族子弟、罗织冤狱，这些只是李义府归来这幕剧的开场戏而已，接下来发生的事情那才真叫大场面、大手笔。

龙朔二年（662年），李义府奏请皇帝同意改葬自己的祖父。按理说，这完全属于李义府的家事，没必要请示皇帝批准。但李义府却认为很有必要，因为他选定的那块风水宝地旁边埋的那个人叫李虎。

相信大家还没有忘记这个名字。对，他正是李治爷爷的爷爷。

无论怎么看，李义府的这个要求都有点是厕所里跳高——过分了。

可李治居然同意了。

这个项目一经启动，整个关中地区爆炸了。在三原令李孝节的带动下，千里八县纷纷行动起来，征发当地百姓为李义府的祖父修坟，而高陵县令张敬业更是因劳累过度死在了工作岗位上。

动用无数人力，日夜不停赶工，李义府他爷爷的坟终于提前完工。到了送葬的日子，朝廷大小官员纷纷前来祭奠。据称，送葬的车马队伍从灞桥排到了三原，七十里间，相继不绝。而此次活动也以武德年间以来场面最为宏大的葬礼被载入史册。

李义府之所以能得如此多朝臣捧场，绝不仅仅因为他是帝后的贴身亲信，还由于他手中握有一大杀手锏——铨选。

古今中外的历史已经无数次证明，且将再重复无数次证明，负责人事工作的才是真王道，让你升你就升，让你滚你就滚，所谓的生死有命，富贵在他，是也。而在李义府的手中，人事事业又翻腾出了新动作，即生死有价，富贵在钱。

自打李义府掌管吏部后，吏部就开始走向市场化，朝廷上下一应官职都是明码标价，童叟无欺。只要你出得起，他李义府就敢发委任状。而且在此基础上，李义府还拓展了新业务：帮你过考核。不论你当官期间犯了什么错，受过什么处分，一旦费用到位，便可高枕无忧。

凭借着这种一站式服务，李义府成功进入超高收入群体的行列，而朝廷正常的选官考核机制也成功被搞得乌烟瘴气、一塌糊涂。受到影响的官员们的怒火也愈演愈烈，久而久之，李治听到了风声。于是他找来了李义府明白地告诉对方，自己已经听说了许多关于李家人违法乱纪的事。不过，为了维护你李义府的面子，我都帮着掩饰过去了。今天叫你来，是希望你能对自己的儿子、女婿们多加管教。

听到皇帝的这番话，李义府脸色大变，不是因为恐惧，而是因为愤怒。他急切地打断李治，问他是从何人那里知道的。

李治愣了几秒，随即冷冷地回答道："只要我说的属实，你何必要问我是谁告诉我的？"

李义府不再作声，也不行礼，就此慢悠悠地大步离去，只留下了气得发抖的皇帝陛下。

在这君臣矛盾凸显的关键时刻，一个叫李津的人帮李治下定了清理门户的决心。

李津，时任右司议郎（正六品）。说实话，这样的芝麻绿豆大的官儿并不足以抗衡李义府。事实上，他也从没有类似的打算，因为他是李义府的儿子，而且此时此刻正奉老爹的命去谈一笔生意，一笔价值七十万钱的大生意。

和他做生意的人名叫长孙延，此人在吏部候选了很长时间，可一直没有等到一个结果。消息灵通的李义府知道了这一情况，认定这是一个潜在的大客户（家里很有钱），于是就派出了自己的儿子李津主动上门推销官职。经过讨价（长孙延没敢还价），双方约定以七十万钱的价格成交，五日内长孙延便可得到正五品的司津监的位子，正式上班了。

果然，不到五日，长孙延就见到了司津监的委任令，然后是风纪部门的调查人员。

估计是李津办事不够低调，此事被右金吾仓曹参军杨行颖告发了。且据传皇帝陛下极为愤怒，直接下令逮捕了李义府及相关涉案人员，并命司刑太常伯（刑部尚书）刘祥道与御史台、祥刑寺（大理寺）主官一起审讯，司空李勣负责监督整个审理工作。

李义府折腾了这么多年，罪状自然是俯拾皆是。经过调查审核，李勣等人认定李义府贪污受贿、卖官鬻爵等罪名属实。李治批示最终处理意见：除名，流放。

龙朔三年（663年）四月，戊子，李义府被押往他的流放地嶲州（今四川省西昌市），与他一同上路的还有他的三个儿子和一个女婿。只不过他们的目的地各不相同，那位李津是去振州，剩下的三人则是前往庭州（今新疆维吾尔自治区吉木萨尔县）。而这是李治特意嘱咐的，可见，皇帝陛下这回真是伤透了心。当然，这也不难理解，因为那长孙延也不是外人，他是长孙无忌的嫡孙。

李义府又走了，这一次是真的再也没有回来。三年后，他死在嶲州。高宗朝的第一位公认权奸戏份就此终结。真的，终结了。

在李治执政的前十年的时间里，有两个人曾令年轻的皇帝耿耿于怀、坐立不安。

第一个近在眼前，叫长孙无忌。第二个远在天边，叫阿史那贺鲁。

用今天的话讲，阿史那贺鲁是个认脸不认组织的人。他原本是西突厥的叶护，受到当时可汗的猜忌，被四处追杀，后来几经辗转跑到了大唐边境要求政治避难，获得了唐朝收留。恰巧，没多久李世民打算出兵讨伐龟兹，就让他担任西征的向导。而由于在战争中表现出色，战后，唐朝政府便任命阿史那贺鲁为瑶池都督，并让他以泥伏沙钵罗叶护的身份招抚尚未归附的西突厥部众。

谁知，阿史那贺鲁的心里只有天可汗，没有唐政府。李世民逝世的消息刚一传来，阿史那贺鲁就琢磨着偷袭唐军在西域的两大重镇西州（今新疆维吾尔自治区吐鲁番市）和庭州。好在庭州刺史骆弘义得到密报，早有防范，又及时将相关情况报告给了朝廷，阿史那贺鲁这才没有出手。

但是野心一旦滋生，便注定要疯狂地生长。阿史那贺鲁早已自诩为一匹脱缰的野马，现在，他要去自己的草原驰骋。

于是，阿史那贺鲁先一路向西击破了老对手西突厥的乙毗射匮可汗，兼并了他的部众，然后在千泉（今吉尔吉斯山北）建立牙廷，自称沙钵罗可汗。此时此刻，阿史那贺鲁已然坐拥数十万军队，西突厥的东、西十部全都臣服于他，邻近的处月、处密部落以及西域各国也都表示愿意听从调遣。由此，阿史那贺鲁感到他具备了叫板唐朝的资本。

永徽二年（651年）七月，阿史那贺鲁率军入侵庭州，攻陷数县，杀掠数千人而去。

这是严重的军事挑衅！唐朝政府对此立即做出反应，派遣左武候大将军梁建方、右骁卫大将军契苾何力为帅，领府兵三万，会合回纥骑兵五万前往征讨。

但阿史那贺鲁着实是个狡猾的家伙，知道唐军前来，他并不露面，而是默默隐藏了军力，加上唐军的主将梁建方本来也没有啃硬骨头的打算，唐军在消灭了依附阿史那贺鲁的处月部酋长朱邪孤注后就回师了。于是这才有了显庆元年程咬金的那次出征。

在这第二场的远征中，唐军与阿史那贺鲁的部队终于碰头，且成功击破了对手，取得追击二十余里、斩俘一千五百余人的不错战绩。然而这点伤亡对于财大气粗的阿史那贺鲁不过是毛毛雨啦。西突厥实力尚存。阿史那贺鲁清楚这一点，李治也清楚这一点。

因此李治决定发动第三次西征，而这一次的战略任务只有一个：直捣虏廷，彻底消灭叛将阿史那贺鲁！

这一光荣而艰巨的任务被皇帝陛下交给了一个新近崭露头角的将领——苏烈苏定方。

你没有看错，在《说唐演义全传》等通俗小说、评书中鼎鼎大名的苏定方其实很晚才登场，他被皇帝发现并委以重任的时候，已经是六十五岁高龄了。

显庆二年（657年）闰一月二十一日，右屯卫将军苏定方以伊丽道行军总管的身份统领唐军及回纥骑兵，从北路讨伐西突厥。与此同时，李治又任命原西突厥酋长、右卫大将军阿史那弥射及其族兄、左屯卫大将军阿史那步真为流沙安抚大使，从南道招抚西突厥部众。

这个意思再明显不过了：不投降，即死亡！

西域绝非任何人烧杀抢掠的乐园，所有施暴者都将付出应有的代价。

苏定方选择的第一个打击目标是西突厥的处木昆部。这一部的人早先曾随阿史那贺鲁一同降唐，后来又跟着阿史那贺鲁一起反叛，可谓阿史那贺鲁的坚定铁杆了。所以，这一战不仅是西征重要的第一战，而且还注定要成为有杀鸡给猴看效果的一战，不可不胜。

主将是这样想的，底下的士兵们也是这样想的。因此，关于这次作战，许多史书上都用了一个词来形容——大破之。

被大破之后，西突厥方面果然受到了极大的影响。具体说来是分为了两派：一派以处木昆部俟斤懒独禄为代表，重新认识到了维护西域长期和平稳定的重要性，主张对唐合作；另一派则以阿史那贺鲁为代表，打算与唐朝死磕到底，通过决战消灭远征军，独霸西域。于是乎，前者的懒独禄率领部众一万多帐投降了苏定方，后者阿史那贺鲁则带上了他的全部家当赶到了最终的决战地点——曳咥河畔（今额尔齐斯河畔）。

到了之后，阿史那贺鲁险些笑出声来，因为他探知到唐朝此次远征军的总兵力不过一万多人。

更令阿史那贺鲁惊喜的是，唐军列阵于高地的并不是什么精锐骑兵，而是一些步兵！

众所周知，骑兵是具有极强突击性的兵种，作战时在马的帮助下，有时仅依靠惯性横刀而过（都不用挥）就能完虐步兵。而如果将骑兵部署到山地等高处，更是能借助地形优势一冲而下将骑兵的这种冲击作用发挥到极致。这可以说是行军打仗的基本常识了，但看唐军的布局又明显有违常规。

阿史那贺鲁终于笑了出来。在他看来，苏定方实在是老糊涂了，而这是上天在助自己走向新的成功。

十万对一万，又是骑兵对步兵，啥也别说了，往前冲就是了。

为了一口吃掉唐军，阿史那贺鲁采用了两翼包抄围拢的战术。可是当速度最快的突厥骑兵驱近唐步兵方阵的时候，他们发现从哪儿下嘴实在是个难题。因为这些唐军人手一根锐利的长矛，将整个方阵搞得像极了一只圈起的刺猬，只等对手撞过来了。

冲还是不冲呢？这显然不是个问题，反正战场上多的是突厥骑兵，还怕破不掉唐军这长矛阵？！

于是突厥骑兵拼死向唐军冲去。

第一次冲锋很快结束了。突厥骑兵人仰马翻，受伤倒地者不计其数。唐军则不为所动。

阿史那贺鲁冷笑一声，立刻发起了第二轮冲锋。

第二轮冲锋同样迅速结束。突厥骑兵伤亡加剧，唐军依旧不为所动。

阿史那贺鲁擦了擦汗，亲自带队发动了第三次冲锋。

第三次冲锋的效果明显要好一些，这一回唐军终于动了。只不过动起来的不是长矛阵，而是一直在高地北侧养精蓄锐的苏定方与他的骑兵。

阿史那贺鲁陷入了极端的窘境，他的部队已经被突如其来的唐军冲得四散奔逃，战意全消，显然已经不能重新集结再行反击了。于是机灵的阿史那贺鲁立刻掉转马头带头逃跑，而各部的头领见势不妙也立即向领导学习，四散逃命。阿史那贺鲁的十万大军就此土崩瓦解。

在追击三十里后，曳咥河之战终于结束了。唐军杀伤、俘获数万敌人，斩杀阿史那贺鲁大将都搭达干等二百余人，大胜。

苏定方知悉战果，并不激动，因为他很清楚此行的最终目的。所以第二天，唐军继续前进。

这么个追打势头，是个人就受不了啊！实在跑不动的胡禄屋等五弩失毕部众纷纷归降苏定方，而在南道的五咄陆部众听说沙钵罗可汗已经战败，也都一齐手拉手向阿史那步真投降。现在还在奔跑着的只剩下阿史那贺鲁与处木昆屈律啜所率的数百骑兵了。

眼见胜利在望，阿史那贺鲁唾手可得，此时意外发生了。

雪花飘飘，北风萧萧，一时间天地一片苍茫……

"雪下整夜，如今平地积雪二尺，我们的部队行进严重受阻，恳请大帅体恤将士，下令天气好转后再行进兵。"

听着副将们的诉苦，苏定方没有立即回复，而是陷入了回忆。

那应该是二十七年前了吧，当时也是在追击敌酋，天气同样十分恶劣，但主帅却力排众议，派我领兵乘机行进，最终发现了敌人，擒拿住了颉利可汗。卫公，假使今日你在，仍旧会做出相同的决定吧！

苏定方回过头来，宣布了他的决定：乘雪追击！立下大功，就在今日！

就这样，风雪中，唐军再次踏上了追击之路。

在双河（今新疆维吾尔自治区下辖市），苏定方与南路的阿史那步真成功会师，两军随即合兵一处，加紧推进。

皇天不负苦心人，在连续的昼夜兼程后，唐军的前哨终于传来了利好消息：阿史那贺鲁的营帐就在百里外的地方。更重要的是，阿史那贺鲁完全没有意识到危险的临近，此时此刻，他正带着一群小伙伴在欢快地打猎。

机不可失，时不再来。苏定方立刻挥军掩杀过去。

对于阿史那贺鲁而言，人生大起大落得太快，实在太刺激了。好不容易一路收拢的数万部众不一会儿就被唐军再度打散，阿史那贺鲁这一回仅带上了儿子、女婿等寥寥数人往石国（今乌兹别克斯坦塔什干一带）的方向逃窜。

苏定方暂时停下了追击的脚步，因为在他看来，目前有更重要的事情要做。

苏定方以唐军主帅的身份召集了西突厥十姓的部众，告诉他们各归所居，然后他率领士兵们在当地开通道路，设置邮驿；掩埋双方阵亡将士的尸骨，慰问疾苦；划定好各部的地界；组织西突厥的百姓恢复生产；将沙钵罗可汗掳掠的财物、牲畜等，全部归还原主。

苏定方本来无须做这些，说句不好听的，这或许还会影响其追捕阿史那贺鲁的行动。但苏定方仍旧做了，而且兢兢业业，一丝不苟。因为他很清楚，身体上的征服只是暂时的，只有心灵上的征服才是长久的。他要解决的并非一个阿史那贺鲁的问题，而是以后可能出现的所有阿史那贺鲁，让大唐能够在此地真正成为一种认同。

西突厥百姓的声音在笑，阿史那贺鲁的泪在飘，好不容易逃到石国却没跑得了。在石国西北城市苏咄城，阿史那贺鲁先被城主伊沮达官（《旧唐书》记作伊涅达干）诱入城中，再被绑成粽子送给了石国国王鼠匿设。然后他又被石国国王本着唐、石两国的友好大局考虑，移交给了前来追击的唐军将领萧嗣业。

见到熟悉的衣衫与铠甲，阿史那贺鲁唏嘘不已。从一无所有到雄踞一方，再到一无所有，这趟折返跑下来，看来是要到终点了，阿史那贺鲁表示有话要说。

"我本是个亡命之徒，为先帝所收留。先帝待我恩重如山，可是我却辜负了先帝，今日战败，想必是上天发怒要惩罚我吧。我听说你们中原杀人一定要在闹市中，请你们把我押至昭陵之前斩首，以此向先帝谢罪。"

阿史那贺鲁的这番话传到了李治那里。李治稍微思索了下，决定放这位曾经的敌人一马。于是在将阿史那贺鲁先后押往昭陵和太庙走过献俘的仪式后，李治下令特赦了阿史那贺鲁的死罪，将其安排在长安居住，直至去世。

显庆二年（657 年）十二月十一日，唐朝政府在西突厥故地上设置了昆陵（在巴尔喀什湖和伊犁河之间）和濛池（在咸海和伊塞克湖之间）两个都护府：前者以右武卫大将军阿史那弥射为都护、兴昔亡可汗，负责管理西突厥东部的五咄陆部落；后者以右卫大将军阿史那步真为都护、继往绝可汗，负责管理西突厥西部的五弩失毕五个部落。与此同时，朝廷又派出特使光禄卿卢承庆前往西突厥，根据西突厥十姓部落酋长地位高低、所部人数多少，分别授予他们刺史等相应的官职。

恰巧，在苏定方征讨阿史那贺鲁的前后，龟兹因国王和国相之间的死磕而陷入混乱，唐朝应邀派出军队前去稳定局势。谁知，打到最后，唐军虽然凭实力平叛，但龟兹国王布失毕却经不起折腾，战争期间就因病去世了，且后继无人。所以唐朝方面接受了龟兹人的请愿，将龟兹国改为龟兹都督府（不久唐朝找到了布失毕的儿子素稽，他随即被封为龟兹王兼任龟兹都督府都督）。

一年后，唐朝所封的兴昔亡可汗阿史那弥射与西突厥真珠叶护、原西突厥乙毗咄陆可汗之子颉苾达度设在双河交战，真珠叶护战败被杀，西突厥汗国最终灭亡。

从永徽二年（651 年）开始到显庆三年（658 年），唐朝历时八年，经过梁建方、程知节、苏定方三将三次征讨，终于解除了陆上丝路的最大隐患西突厥，唐帝国的西部疆域也由此扩展至中亚地区，与同时期的另一大帝国波斯相接壤。

李治终于完成了一项属于自己的丰功伟绩，实现了父亲李世民未了的一大心愿。现下，李治决意要进行第二项——收复辽东。

唐朝同朝鲜半岛三国的恩怨情仇可谓由来已久。之前我们说过，贞观末年，李世民曾准备二次亲征高句丽，实现复辽的目标。但可惜天不假年，筹备工作实施期间，李世民本人便中道崩殂。其后继位的李治又诸事缠身，这就暂时将收复辽东一事搁置在了一旁。直到永徽五年（654 年）。

这一年，一直同唐朝交好的新罗女王金真德去世，野心勃勃的高句丽趁此机会再次骚动起来。该年十月，高句丽派遣大将安固率领高句丽和靺鞨人的联军进攻依附于唐朝的契丹部落，松漠都督李窟哥闻讯率军抵抗，在新城击退来犯之敌。

事实上，这次进攻不过是高句丽的一个诡计，他们在唐朝的东北部边境制造蠢蠢欲动的假象，为的是转移注意，声东击西——攻击新罗。

永徽六年（655 年）正月，高句丽、靺鞨、百济三方联军，趁新罗高层新老交替之际一起进攻新罗，短时间内新罗连失北部城池三十三座，形势危如累卵。新罗国王金春秋以快去西方请如来佛祖般的觉悟，立刻派人向唐朝求援。

要说唐朝果然够义气，得知小兄弟有难，一个月后就派出了援军，领军的是我们的一位老朋友——程名振。

程名振素来以足智多谋、以少胜多著称，当年狡诈的刘黑闼都被他收拾得服服帖帖，如今的高句丽自然不在话下。

五月十三日，高句丽守军发现有一支唐军小部队在试图偷偷渡过辽河。由于对方人数较少，且处于渡河的进行时状态，高句丽人按捺不住占便宜的心情，主动打开城门迎战，意图快速吃掉这支唐军。

于是他们被吃掉了。

程名振深谙兵贵精而不贵多的道理，所以他手下的小部队虽说人少，但都是精锐，一打起来基本是以一当十的水平。因此出战的高句丽军当时就被击溃，而唐军则没有停，在程名振的带领下继续猛进，一举杀进了外城，最终"杀获千余人，焚其外郭及村落而还"。

由于此时正是扫平西突厥的攻坚期，为避免两线作战，东线唐军的作战思路一直都是牵制性进攻。就这样，坚持到了显庆三年（658 年）苏定方平定西域归来，朝廷终于批准了程名振拟订的作战计划。

六月，营州都督兼东夷都护程名振率领唐军向高句丽的赤烽镇（今辽宁省海城）发起进攻，一举攻克了该城。这一次，程名振没有主动率军撤离，而是就地入住了下来，且对外放出话来，表达了自己扎根辽东、建设赤烽的信心与决心。

对于程名振这种未经批准的开发行径，高句丽方面的态度是不能忍。于是他们派出了大将豆方娄带领了三万汉子前来强拆，然后拆迁队在路上遇到了另一群汉子——

威武雄壮的跑马汉子——契丹人。

高句丽人这才想起来，好像几年前自己曾主动打过人家。

纯朴实在的契丹人根本没多想，听到程都护的命令后，直接就纵马杀了上来。

战斗很快结束了，对高句丽而言，结局实在是惨不忍睹。

此战，高句丽直接的战斗减员就达两千五百人，而算上轻重伤的话，保守估计，高句丽军的损失应在一万人左右。

次年，唐军又与高句丽人交战于横山，再次大胜对手。

两次战败后，高句丽人有些恐惧，在他们看来，这是唐朝再次大举进攻的前奏。但这一次他们错了，李治的目标绝非高句丽，而是高句丽的小兄弟百济。

在朝鲜半岛的历史中也曾出现过所谓的"三国时代"，而且有不少人认为，这半岛的三国同中原的三国情况极为类似：高句丽据北方，地盘最大且国力最强，像极了曹魏；东南的新罗疆域次之，水战技术极强（原因我们后面会说到），有点东吴的意思；而在西南的百济则是三国中最弱的一方，如同当年的蜀汉一样。三者基本上是连年有作战，只不过百济作战的对象不是强大的高句丽，反倒是东边的新罗。

百济同新罗的战争堪称旷日持久，可以说，一年到头如果不打新罗一回，百济国内从上到下都会觉得浑身不舒坦。当然，百济之所以敢于几十年如一日地找新罗的麻烦，是由于人家有"外挂"。这个外挂相信不用我说你也已经猜到了。对，就是高句丽。

既然之前先辽东后平壤的擒贼先擒王战略不能搞定高句丽，何不尝试着剪除对手羽翼，孤立敌人，再行进攻？

在仔细分析考量了可行性后，李治下定了在半岛上开辟第二战场的决心，于是刚刚从西域平叛归来的左武卫大将军苏定方再次被赋予重任——消灭百济。

一场惊天动地的大战就此拉开序幕。

第十四章
全面战争

显庆五年（660年）四月，神丘道行军大总管苏定方准备出发了，他将统领十万大军从成山（今山东省荣成市东）启航，渡海东征。换句话说，唐军的第一战将会是一场标准的登陆战。

唐军登陆的地点是熊津江口。在这里，百济军队早已完成了集结，修筑好了防御工事，只等就地阻击唐军。

阻击也就是几分钟的事。

唐军以迅雷不及掩耳之势突破了百济人精心设计的防线，然后水陆并进直扑百济的都城。

探知前方战报，百济王扶余义慈的内心几乎是崩溃的。但事已至此，认怂实在太掉价，于是乎扶余义慈下达了全国总动员令，号召男女老幼齐上阵，同唐军拼个鱼死网破。

百济国王有点疯狂。苏定方则是一如既往地冷静，他很清楚百济已经注定无力回天，因为此时，唐军已经推进到距离百济都城泗沘只有二十余里的地方。

两军交战的具体过程就不提了，不是我懒，实在是不值得一提。百济军队真是好战却不善战的典型，倾国出动却连一天都没有坚持下来，战场上丢下了万余具尸体不说，还被唐军顺便突破了外城（跟着败军杀进去的），包围了内城，可谓输得一塌糊涂。

不过，百济军队的表现还不是令扶余义慈最为愤怒的事。他刚刚带着太子弃城北逃就得到了一个足以让他气吐血的消息：次子扶余泰趁都城无主，自立为王了。

其实，在我看来，扶余泰的举动未必是恶意的。毕竟大军压境，国都被围，此诚危急存亡之秋也，你国王和太子却带头跑路，这城还咋守？军民还有什么心思为你卖命？因此，这样看来，扶余泰的自立倒不失为凝聚人心、促成坚守的明智之举。

可有人不这样看，这个人就是百济太子扶余隆的儿子扶余文思。

扶余文思分析了形势，认定照这个节奏发展下去，即使最终能够击退唐军，他们父子也注定没有好果子吃。所以，两害相权取其轻，扶余文思义无反顾地率部开门降唐。

扶余文思一投降，城内军民竞相效仿。唐军则趁机登上城墙，改易旗帜。扶余泰见大势已去，也只好宣布投降。于是接下来的几日内，百济境内的三十七郡相继降唐，百济全境就此被苏定方迅速平定。

显庆五年（660年）十一月一日，李治在洛阳南城的应天门接受了苏定方的献俘。算起来，这是苏定方这一年第二次献俘于皇帝了。

自显庆二年（657年）到显庆五年（660年），苏定方西讨东征，几乎一年灭一敌国，且无一例外均生擒其国主，为国家立下不世之功。其战绩之彪炳，实不逊于李靖、李勣等名将，而"苏定方"这个名字也当千古流传，为万世称颂。

东征百济计划的顺利实施坚定了李治的信心，于是在苏定方献俘的一个月后，他公布了第二阶段的战争计划与相关人事安排。

十二月十六日，李治下诏以左骁卫大将军契苾何力为浿江（今朝鲜青川江和大同江的古称）道行军大总管，左武卫大将军苏定方为辽东道行军大总管，左骁卫将军刘伯英为平壤道行军大总管，蒲州刺史程名振为镂方道总管，将兵分道出击高句丽。

自出兵命令下达之日起，来自黄河南北及淮南等六十七州的府兵开始向辽东集结，截至龙朔元年（661年）正月，平壤、镂方两大行营中已会集士兵四万四千余人。

与此同时，作为唐军的标配助攻，以回纥为主的附属国与部落武装在扶余道行军总管萧嗣业的带领下也在向平壤方向开进。

正当所有的人开始将目光投向辽东积极备战时，百济出现了令人意想不到的危机。

当初苏定方从百济撤军，带走了唐军的大部分兵力，以及百济的国王扶余义慈和太子，只留下部将刘仁愿率领少量士兵镇守泗沘等军事要地，等待着朝廷委任的熊津都督府都督到职。

本来一切顺遂，可恰在这个关口上，意外发生了……

熊津都督王文度不知是身体不好还是精神压力过大，在渡海赴任期间居然突然一命呜呼了。

百济当地一个叫道琛的和尚连同一名叫福信的将领趁机发动了叛乱，他们先占领了周留城作为根据地，然后派人东渡倭国迎回了做人质的王子扶余丰，将其立作国王。紧接着发兵将刘仁愿团团包围在了百济府城之内。

与此同时，百济复国运动的另一代表人物黑齿常之也进入了活跃状态，短短几个月的时间内，此人多次击退了前来讨伐的唐军（以百济前政府军为主），还乘胜拿下了多达二百座城池。一时间，百济境内的唐军将领无人可敌，百济各处烽火四起，叛乱不断。

所以，百济的局势可以说是到达了崩溃的边缘。但是，百济尚没有就此全部易手，因为一个人的到来。

在临危受命之前，刘仁轨的身份是白衣。所谓白衣，特指的是那些背负着处分在工作的官员。此人原本是青州刺史，负责为辽东前线供应军需物资，按理说，这应该是个肥得流油的差事。但事实上并非如此，因为刘仁轨管理的是海运部分。

记得我小时候看天气预报经常能听到这样的句子：渤海浪高1.2米，黄海浪高……请沿海渔民海上作业注意安全云云。

想当年，沿海的浪能有多高我是没考证过，但可以肯定的是，在没有天气预报和机械动力的条件下，纯手工打造的木质运输船是不怎么禁得起风浪的。出事，那就是个时间问题。显然，这是有人在坑他。

出于好奇，我查了下，随即发现了那双黑手的主人——李义府。

刘仁轨得罪李义府是由于一个案件，这个案件就是我们之前讲过的毕正义一案，当时身为给事中的刘仁轨是此案调查组的负责人。在审讯过程中，他的清廉刚正、不徇人情给李义府留下了极为深刻的印象。因此结案后，李义府就找了个由头把他外放地方做刺史，其后又有意派他督管海运。那意图明显是想要借机生事，再行恶整。

果然，刘仁轨任职不久，他那里就出现了运输船因天气原因沉没的大事故，李义府借此发难，向皇帝提议处死刘仁轨以谢天下。

万幸的是，在这个世界上敢于仗义执言的人还是有的，源直心就是一个。这位舍人在生死攸关之时站出来为刘仁轨辩解，保住了刘仁轨。可正如影视剧向我们展示的那样，坏人们总是不会善罢甘休。三个月之后，李义府再次下黑手，他起用刘仁轨为检校带方州刺史，将他派往险象环生的百济，希望借叛军的刀完成自己抹杀政敌的心愿。

对于这个烫手山芋般的任命，刘仁轨大可以拒绝，但是他并没有。相反，接到诏书后，刘仁轨表现得极为兴奋，甚至于说出了这样一句让人莫名其妙的话来：

"看来苍天是想让我这个老头子富贵啊！"

就在身边的人留心观察刘仁轨，关心此人是否出现了精神问题时，大家又听说了一件无法理解的事儿：刘仁轨以刺史的名义向朝廷请求携带《唐历》（唐朝历法）以及大唐的历代皇帝祖先庙讳出发。

奇了怪了，这是去打仗又不是去祭祀，带上佛祖观音、太上老君什么的我们还能理解，带历法什么的是干啥？

刘仁轨是这样回答的："此行我将扫平辽海，令那里颁行大唐历法，奉我大唐正朔！"

事后的发展证明，这的确不是吹牛。

刘仁轨就这样出发上战场了。在此之前，他只是一个文官，没有打过仗，没有带过兵，更没有杀过人（审案除外）。但实践表明，没打过仗并不意味着不会打，没带过兵并不意味着不会带。就现有的史料记录来看，刘仁轨堪称一个真正的军事天才。虽说是初掌将印，但刘仁轨对于治军很有自己的一套。在他的统领下，王文度旧部的组织性、纪律性得到了改善，就连战斗力也大大提高。几天内，唐军船队就突破了百济叛军的海上防线，一路乘胜追击打到了当年苏定方的登陆地熊津江口。

此时的熊津江口已今非昔比，叛军为阻止平叛部队顺利登陆，特地在江口设置了结实的木栅栏堵塞水道，且沿江布防，企图诱使唐军攻坚，大量消耗对手的有生力量。

出乎叛军意料的是，抵达熊津江口后，唐军居然立刻停止了动作，等了大半天，江滩上不要说见不到登陆部队的影子，就连只鸟的影子也没有。莫非集体晕船了不成？叛军猜测纷纷。

当然不是。

说句心里话，刘仁轨是真想像苏定方一样一鼓作气冲杀过去，无奈自己手中的兵力实在是严重不足，靠这点人马，想把防线一举突破几乎是不可能的。所以，只有等，等新罗的盟军赶来。

新罗军队终于到了，虽然比约定的时间稍晚一些，但好在没有耽误事儿。在刘仁轨的统一指挥下，唐罗联军两面夹击，打了百济叛军一个措手不及，杀死敌军万余人。

刘仁轨的闪亮登场惊呆了道琛等人，他们立刻解除了对泗沘的围困，主动退守任存城（今韩国全州西）。

叛军退了，刘仁轨却没有乘胜追击，不是不想，是他做不到。

因为江口的战役刚刚结束，新罗军队就声称军粮告罄，打道回府了。刘仁轨一夜之间又回到了兵力捉襟见肘的状态，不得已只好放弃了大好的战机，一边与刘仁愿合兵协守泗沘城，休养士卒，一边给皇帝陛下汇报前线战况，顺便请求增援。

要说做领导的李治真心很靠谱，收到了前方战报，他立即下诏命令新罗出兵，新罗王金春秋得令后不敢怠慢，当即派出大将金钦率军支援刘仁轨。可惜，这支部队刚到古泗就被打回去了，打他们的人是福信。

原来在城中待了许久的福信和道琛一直没有等来围城的唐朝大军，纳闷之下，他们派人外出打听，这才知道刘仁轨带来的兵其实人数严重不足，根本不具备攻击的实力。于是乎羞耻变成了愤怒，道琛自称领军将军，老兵福信自称霜岑将军，二人开始大肆招兵，而在他们这么七弄八弄下，短短十余天，居然就召集了数万人。虽说能不能打仗是两说，反正发展壮大的声势是营造出来了（史载：其势益张）。

眼前的招兵盛况让福信等人开始头脑发热。发热的重要结果之一就是闹起了内讧。打了胜仗的福信突然翻脸处死了一同出道的道琛和尚，自此攫取了军政大权。

百济的局势也由此进入了第二个阶段——对峙期。不过双方走向对峙的原因还是有些差别的。叛军没去打仗是因为福信整日忙着阴人，清除异己；至于刘仁轨方面，我说过了，是由于没兵。那兵都在哪儿呢？这个答案我也说过了，在辽东。

百济的变故迫使李治不得不适时调整出征计划。他的本意是效仿老爹亲征高句丽，但是被武皇后强力叫停了。没辙，李治只好收住自己横刀跃马的梦想，将主帅的位置交给那个从未让自己失望过的人。

就这样，年近七旬的苏定方又一次披挂上马，踏上了新的征途。

苏定方的岁数虽说很大了，但他的进军速度依旧不减当年。在浿江江口首战击败高句丽军队后，唐军快如一道闪电直插平壤城。没等渊盖苏文反应过来，苏定方的大军已经包围了平壤。

不过渊盖苏文并不慌张，因为他知道一件秘密武器，凭借这一武器高句丽曾数次击退强敌，这一次，渊盖苏文认定同样不会例外。

当平壤道行军总管苏定方施展突击奔袭绝技完成了对战略目标的包围时，唐军的其余几位行军总管正在一筹莫展。因为他们在鸭绿江畔遭遇了由渊盖苏文之子渊盖男生率领的数万高句丽精兵。

高句丽的精兵的确不是盖的，唐军几次发起进攻都被这群精锐死命抵住，甚至有些时候，高句丽军还会发动反攻。

要知道，大多数唐军都是农民出身（府兵），没见过这么不要命的，被对方猛一攻砍，积极性难免就有些下降。因此鸭绿江一线的各路唐军就此被结结实实地堵在了江西，无法渡过。而这正是渊盖苏文所期望的。

渊盖苏文的秘密武器说来无他，只是两个字：寒冬。

唐军进兵之时已是秋季，只要占据有利地势，在险要位置设置关卡，部署精兵，使用拖字诀，将对手拖入冬季，北方的天寒地冻就会化为最强力的武器，予以唐军重创。正如昔日隋炀帝杨广亲征所经历的那一幕一样。

然而，昔日的场景没能在未来重现，因为伴随着飘落的雪花，一个人走进了鸭绿江边唐军的营地。

来的这位是朝廷新任命的辽东道行军总管契苾何力。由于他和他部队的驻地离辽东比较远，这才姗姗来迟。奇怪的事情在于，各路总管对这位迟到者并无一句怨言，反倒是无一例外地亲自走出营帐前往迎接。因为，他们无一例外地相信，眼前的僵局如果能够打破，希望就在此人。

辽东道行军总管契苾何力带着一脸招牌式的微笑耐心倾听了诸将关于天气太冷、敌兵太精之类的诉苦，然后他只问了两个简单的问题：

一、这几日来天气是否都是如此这般寒冷？

二、如若自己率所部冲锋，诸位是否肯跟上一起冲？

两个回答都是肯定的。

于是，江对岸的高句丽守军看到了让他们终生难忘的一幕：

成千上万的唐军士兵在一个须发花白的老将带领下，冒风雪，踏坚冰，一路嗷嗷叫着向己方的阵地猛扑过来！

饶是见过世面，高句丽的士兵们还是被这眼前的场面深深震撼，半晌没能回过神来。眨眼的工夫，几十人已经冲过了江面，手起刀落砍翻了正发愣的守军。高句丽人这才缓过劲儿开始组织抵抗。然而一切已经太晚了,上万唐军瞪着发红的眼睛,抖落身上的残雪,亮出了背后的屠刀,在高句丽的阵地上大斩大杀起来。高句丽兵开始成批地倒下,鲜血逐渐染红了洁白的大地。面对接二连三的视觉震撼,高句丽军很快大乱,四散奔逃。

唐军趁机沿江追击,歼灭残敌。赶鸭子的游戏一直进行到了数十里外方才结束。此战,高句丽军大败,阵亡三万人(首级为证),余众悉数归降,主帅渊盖男生仅以身免。

剧情发展到这儿,接下来就是大军回师、兵临城下、一雪前耻的戏份了,可契苾何力却接到了班师回朝的诏令。

眼见大功告成,偏要紧急撤走,难不成李治脑子进水了?

没有进水,但是有些上火,因为此时帝国的其他方向几乎同时燃起了烽火。

在北方,新任的回纥首领比粟毒由于不满唐朝变更旧有的战利品归属政策,纠集了同罗、仆固等铁勒部落一起发动了叛乱。西北的昆陵、蒙池两个都护府的都护阿史那弥射和阿史那步真二人则由于旧日的夙愿生出嫌隙(当年阿史那步真为大可汗,曾射杀阿史那弥射兄弟子侄二十余人),再加上兴起的吐蕃、大食的虎视眈眈,西域的紧张局势也再度升温。

而接下来发生的几件事情更使得辽东的战局雪上加霜。

龙朔二年(662年)二月,甲戌,浿江道行军大总管任雅相于军中不幸病倒,经抢救无效逝世。

同月,戊寅,沃沮道总管庞孝泰与高句丽战于蛇水之上,军败,庞孝泰与其子十三人皆战死。

同月,平壤在唐军的包围下,大雪纷飞。

如果天黑之前来得及,我忘了下令撤军,收复辽东就会成为穷极一生都做不完的一场梦——这大致就是李治的感觉。所以为免荒唐了这一生,为免半岛上满是不归人的墓碑,李治下令全线撤军。

李治所说的全线不只是苏定方所在的高句丽,还包括刘仁轨等人所在的百济。

在给熊津都督刘仁愿的诏书中,李治是这么说的:"进攻平壤的军队已经撤回,考虑到你们孤城难守,可以弃城前往新罗待命。如果金法敏(当时的新罗国王,金春秋之子)需要你们协助他镇守边境,你们就暂且留在新罗。如果他无意留你们,你们就乘船回国。"

在听完宣读诏书的那一刻，唐军士兵们的眼睛中都流露出了欣喜若狂的色彩。

终于可以回家了！

然而刘仁轨说："我们既不东行，也不西去，我们要坚守这里，并且准备出击。"

很明显，这是在开玩笑。苏定方都已经撤军了，熊津府的实际控制范围出不了城远郊，叛军四处都是，唐军孤城一座，没人能改变这一切，没有迹象这一切能改变，不如早点回家。

但是刘仁轨又表示从来不开玩笑。

他告诉大家，为人臣子，理当先公后私，有死无二。朝廷志在灭亡高句丽，所以才先讨伐百济，并留下军队镇守。如今虽然叛军闹得凶，但是我军守备严密，正该厉兵秣马，出其不意，发起反攻。取胜之后，军心就能安定，然后就分兵把守险要，扩展军势，上书朝廷，请求增援。朝廷得知我们有成功的把握后，一定会派出援兵，一旦传来增兵的消息，叛军自然会土崩瓦解。

紧接着，刘仁轨做出了一个大胆的预言：

百济叛军内部很快会再次上演自相残杀的戏码，而那时就是反攻制胜的良机。

事情的后续发展证明，刘仁轨的预言水平绝对达到了专业级水准，其准确率高达百分之百，可谓直逼业界大师袁天纲（多说一句，据史书记载，袁天纲曾在刘仁轨年轻时为其看相，认定刘仁轨能官至宰相，寿达九十）。

刘仁轨的一番有理有力又走心的即兴演讲说服了在场的所有人。没有人再反对，也没有人不开心，因为很明显，这个时候，在这个地方，军人有着他们应尽的职责。这是一个充足的理由，一个足以让他们在困难中坚持下去且义无反顾的理由。

福信并没听到刘仁轨的这场演说，他只听说唐军上面来了人，传达了撤守孤城的命令。于是他派出了使者，传递了己方的美好祝愿：大使等人何时西归，我等一定派人相送。

刘仁愿和刘仁轨相视一笑，他们的计策成功了，对方果然放松了警惕，是时候行动了。

几天之内，城中的唐军突然在各处出现，并接连攻克了支罗城、尹城、大山、沙井等地，斩获甚众。

而且这帮人一改打了就走的既往作战作风，竟然分兵驻守起城池来。当然，这还不算是过分的，过分的事儿还在后面。

龙朔二年（662年）七月三十日，刘仁轨趁着月黑风高，带着一支新罗军队抵达了真岘城下。真岘是由叛军重兵防守的城池，且地势险要，所以守军万万没想到会有人趁夜攀草而上，登上了城墙。更重要的是，黑灯瞎火的，也不知到底来了多少人、目的是啥，所以惊慌失措下只好四散逃命。

第二天黎明，联军完全控制了城内局势，扫清了所有残敌。

占领真岘城对于百济的战局具有无比重大的意义，唐军就此打通了连接新罗的粮道，可以实现同新罗方面的各种军事互动和资源共享。于是刘仁愿上书朝廷请求增兵。前线的战士如此奋力，千里之外的李治自然不能让大家失望。在他亲自协调下，兵部从青州、淄州、莱州、海州的军队中抽调了七千人，由右威卫将军孙仁师统领奔赴熊津支援作战。加上之前陆续赶到的新罗盟军，此时联军的总兵力已经达到了破纪录的三万人。

唐军摩拳擦掌蓄力备战的时候，对手正处于你死我活的内部斗争之中。

之前我们提到过，福信等人叛乱之初是打着为百济复国的旗号，所以他们冒着掉到海里喂鱼的风险，不辞辛苦地接来了在倭国做人质的王子扶余丰，并拥立其为百济的新国王。可事实上任谁都清楚，扶余丰也就是个傀儡而已。道琛在的时候，大小事宜是两人商量着来；福信干掉道琛之后，事无巨细是福信自己琢磨着来。反正说来道去，没他扶余丰的事儿。

俺也是大王了！在倭国忍耐多年的扶余丰终于对专权的福信忍无可忍，开始谋划着斩断身后操纵自己的那双手。而福信也得到了风声，于是他谎称自己生了病，躲在家中不再露面。

福信的算盘是趁扶余丰前来卧室探病之际将其除掉，自立门户。可是，扶余丰也不傻，他早在福信身边安插了眼线，了解到了全部计划。趁着福信尚未布置周到，扶余丰先下手为强，率领亲信袭杀了福信。然后，扶余丰立即着手写了两封亲笔信，为了一件相同的事——乞师以拒唐兵。扶余丰并不知道，自他提起笔的那一刻起，无数人的命运因此而改变，而两个国家更是由此开启了一段长达一千余年的恩怨之旅。因为扶余丰派人送信求援的对象是这两个：老牌大哥高句丽以及自己的第二故乡倭国。

高句丽不用说了，做百济的大哥好多年，一有事就找他。

但倭国就不同了，在很长一段时间内，倭国充其量就是个助演。可这一次，因为这封信，助演变成了主演，终于有了机会正式掺和进来。

相信很多人都是知道的，所谓倭国，就是近现代以来对中国影响最大的那个国家——日本。

但很多人不知道的是，正是由于这次的事件才最终真正促成了日本的出现。为什么这么说呢？你很快就会知道原因。

出于需要，这里我们就对其做些必要的背景介绍。

如果你穿越到七世纪以前的日本列岛，你的眼泪必然会不争气地流下来，因为你一定很痛苦——这地方实在是太蒙昧了。

所谓的"取暖基本靠抖，通信基本靠吼，治安基本靠狗，出门基本靠走"的地方是存在的，而这还是倭国比较发达的地段，其他地儿就更凄惨了，时不时地摇一摇（地震）、晃一晃（海啸）、喷一喷（火山）不说，还经常会遭到毛人的袭击（日本岛上的原始居民阿伊努人）。总归而言，生活中不是惊声尖叫，便是夺命狂呼，基本属于恐怖片里的情景。

就这样荒野求生了几代人，岛上的居民偶然得知在山的那边、海的那边有一群华夏人，于是整个部落激动了，他们派出使者漂洋过海前来朝觐，最终有幸见到了当时的最高领导人刘秀（东汉光武帝），获得惊喜纪念品金印一方（汉倭奴国王印，现为日本顶级国宝），满心欢喜地返回了部落。

为了部落，倭国人在此后开始不断派人来到大陆学习各种技术与知识，而经过了上百年的模仿，国家政权的雏形好歹是鼓捣出来了。到了七世纪，随着圣德太子改革和大化改新的推行，日本部落国家化的倾向进一步深化。与此同时，倭国人也开始将触角伸向岛外，建立自己的霸权。位于半岛最东端的新罗就成了倭国的试练对象。

在同新罗的长期斗争中（主要形式为海战），倭国逐渐与新罗的敌人百济越混越熟，到了后来两国结成了持久而稳定的朝贡关系。如今眼看着亲倭的百济政府就要被赶进海里，自家在半岛南端的利益也要毁于一旦，做宗主的倭国上下不干了。

平心而论，当时的倭国的确有不干的底气以及干一场的实力。在此之前由于一直在打新罗，倭国已然锻造出了一支规模庞大且战斗经验异常丰富的海军。至于将领方面，倭军在同其国内虾夷人（阿伊努人的古称）的战争中，也涌现出了以阿倍引田臣比逻夫为代表的一大批优秀指战员。其军队的整体素质也是非常高的。对于这点，新罗人可以做证。

中大兄皇子，姓名不详（顺便一提，日本皇室到今天也没有姓氏），其父为日本第34代天皇舒明天皇，其母为日本第35代兼第37代天皇皇极天皇（重新即位后，又称齐明天皇），论血统那是相当纯的。不过虽然是作为近亲结婚的产物（皇极天皇之父茅渟王是舒明天皇的异母兄），但中大兄皇子论城府那也是相当深的。此人刚刚成年（十九岁）就着手发动了著名的乙巳之变，一举铲除了操纵皇室多年的苏我氏，而他本人更是当场手刃了权臣苏我入鹿。其后，他以皇太子的身份成为倭国最高权力的实际掌控者，雷厉风行地推动大化改新的各项改革，很快将朝野内外都收拾得服服帖帖。

纵观中大兄皇子的以上事迹，我们不得不承认，这是日本历史上少有的天才政治家。

然而，这个世界上的天才大都有一个通病——自负。中大兄皇子也不例外。中大兄皇子并不讳言自己是个野心勃勃的人，他立志要成为君临天下、一统四海的天皇。从后来的事情发展看，他确实成功了，只不过成功的内容中不包含那些定语。

冲出列岛，走向世界的第一步，中大兄皇子打算从援助百济开始。在各种援助中，首要的是物资。龙朔二年（662年）正月，倭国曾一次性为百济复国势力提供了箭矢十万支、丝五百斤、绵一千斤（硬通货）、布一千缎、牛皮一千张（甲胄的原材料）以及稻种三千斛。客观来讲，这批物资的总价值相当高，以倭国当年的国力，可以说是下了血本。但中大兄皇子并不怎么心痛，因为几乎所有的日方史籍在记载这次援助时，无一例外都使用了同一个字——赐。

既然是赐，那就证明是宗藩隶属关系。也就是说，百济的内政即倭国的事，百济的敌人即是倭国的敌人，百济的土地当然也有倭国的份儿——至少，要有使用权。

这无疑是典型的强盗思维，是大和民族的典型思维，且传承了无数代的子子孙孙，至今他们依然如此思考问题，不得不说，这实在是一种遗传病，得治。

援助了军需品之外，军人也是必要的嘛。在中大兄皇子的热情"援助"下，倭国军队在半岛上怒刷起存在感。

自显庆五年（660年）十月派遣五千倭军护送扶余丰前往百济继位起，中大兄皇子开始采用添油之法不断向百济输送兵员，其总兵力累计达到六万人，分为四个批次，由十三个极有来头的人统领，其详情如下：

第一批：朴市秦造田来津、狭井连槟榔，五千人。登陆由头：保障扶余丰回国之行安全。

第二批：阿昙比逻夫连、河边百枝臣、物部连熊、守君大石，一万七千人。登陆由头：护送援助物资。

第三批：上毛野君稚子、间人连大盖、巨势神前臣译语、三轮君根麻吕、阿倍引田臣比逻夫、大宅臣镰柄，二万七千人。登陆由头：协防百济边境，阻击新罗军队。

第四批：庐原君臣，一万人。登陆由头：浑蛋，别说话！

相信当大家看到这些倭国将领的名字时大多会感到十分有趣，这些人的名字与今天的日本人姓名有很大的区别——都比较长，还略显拗口。这就对了，因为人家大都不是普通人，他们的出身大抵属于倭国的贵族，且还是老牌贵族。

当年的日本有点类似于中国的战国时期或是欧洲的中世纪阶段，骑马与砍杀那是贵族的特权，普通百姓根本没有打仗的机会，所以日本的老牌贵族就意味着是很能打（当年日本贵族间经常互相砍杀，跟电视中一样，弱的基本上都淘汰了）。

其中，狭井连槟榔和物部连熊是亲戚，出自著名的物部家族（该家族世代担任日本执政官）；河边百枝臣出自苏我氏家族（其家族曾多次参与朝鲜半岛的战争）；三轮君根麻吕则来自日本最古老的三轮氏，据说他家族祖上与日本古代神明沾亲；更牛的是守君大石，他乃神器草雉剑的持有者日本武尊的双胞胎哥哥大碓命的后人。

至于其他的几个倭军指挥官，家世虽然略逊一筹，可也是阿昙、和迩、吉备这些在岛内如雷贯耳的大家族的人。

但说到大名鼎鼎，还是这两位：阿倍引田臣比逻夫与朴市秦造田来津。

阿倍引田臣比逻夫是中大兄皇子的心腹大将，在上面提及的将领中，此人的战绩是最为显赫的。在出任越国守期间，他对附近的虾夷人开展了旷日持久的军事行动，基本上是年年打、月月打。这一打就是三年之久，阿倍由此出落成一员名将，被视为倭军中第一悍将。

最后介绍的这位朴市秦造田来津，在日本也是个大名人，只不过他为人所熟知的方式有些特别。特别的原因，大家往下看就清楚了。

总而言之，带队的几位没有平民，也不是良家，那都是身经百战或与朝鲜半岛颇有渊源的倭国精英人士。

而他们带出去的兵实际上也不简单。出国的这几批倭军的兵源地主要是骏河、庐原、甲斐、常陆、道奥、但马等地，玩过日本战国游戏的都知道，最善战能打的日本士兵基本上就来自这些地儿，出去的倭兵更是从中精挑细选过的，堪称精锐中的精锐。

中大兄皇子遴选精兵强将倾巢出动不是没有缘由的，我相信，下面要说到的这个插曲对其决策必定产生了不小的影响。

当年，福信派人去列岛乞援求救的时候曾向天皇献上过一份特殊的礼物，这份礼物不是别的，恰是一百多名在作战中被俘的唐军士兵。

这一百人到底是苏定方带过来的还是平定百济后收编的前政府军，如今很难考证了，唯一清楚的是，在看到了这些战俘后，中大兄皇子大喜。

连那么弱的百济复国军都能抓到如此之多的唐兵，要是倭国大兵前往，收拾唐军还不是小菜一碟？

于是中大兄皇子信了。倭国高层决定开战，因为他们认为自己不可能输。

实事求是地讲，到了半岛上的倭军确实表现出了精锐部队的水准。

龙朔三年（663年）六月，阿倍引田臣比逻夫所在的第三批倭军对新罗控制的部分城池发起进攻，新罗连续战败，连失沙鼻、岐奴江二城。

倭军的胜利极大地鼓舞了扶余丰，他立刻派人前往倭军驻地取得联系。不巧的是，在路上，扶余丰的使团偶遇了孙仁师所部，随即被干净利落地击败。唐军由此获得了倭军增援的相关重要情报。

既然扶余丰选择了顽抗到底，刘仁愿、刘仁轨也只好继续奉陪。在新的战役打响之前，唐军内部的高级将领们进行了一次碰头会议，主要议题是确定进攻的目标城市。

对于这个问题，在场的人看法几乎是一致的——进攻加林城（今韩国林川城）。因为该城位于水陆要冲且地势险要，在敌人到来前抢先拿下，将省去日后不少麻烦。

刘仁轨摇了摇头，站出来提醒道：

"加林城易守难攻，我军如果攻之过猛，必然伤亡极大；而如果缓而攻之则难免旷日持久。"

刘刺史说得没错，大家纷纷点头。但问题是不打加林城，打哪里？

只见刘仁轨伸出手来指向了地图上的另一个地方——周留城（今韩国韩山城）。

"周留城是敌人巢穴所在，敌军的首脑人物都聚集在那里。所谓除恶务尽，我们应该先攻打那里。而一旦攻克了周留城，其他各城势必会闻风投降。"

就这么决定了，长驱直入，直达虏廷！

按照刘仁轨的建议，联军分为水、陆两路开进。

陆路方面，统帅孙仁师、刘仁愿。此路将先与新罗王金法敏亲率的新罗军队会合，再行向周留城进发。

水路方面，统帅刘仁轨、扶余隆（前百济王太子）。此路将护卫运粮船自熊津江出发前往白江水域，会合陆军，再同取周留城。

应该说，这并不是一个刻意的安排，但上天却在冥冥之中编排了一场大戏。

他所选定的戏台是一片水域，而这片水域的名字，叫白村江。

刘仁轨的船队抵达白江口的时间比预定的要稍早一些，这是因为刘仁轨得到了一条极为重要的情报：倭国之援军正全速向周留靠拢。

届时，真正的考验即将来临。

对于这一点，刘仁轨的认识十分清楚。

在兴奋与等待之中，倭军的舰队到来了。

数年之后，新罗王金法敏在给老战友薛仁贵的回信中，曾回忆过当年激战前的场景（没办法，中方史料关于此战的记录实在是少得可怜）："（联军）行至周留城下。此时，倭国船兵，来助百济，倭船千艘，停在白沙，百济精骑，岸上守船……"

显然，对于即将到来的决战，倭军与百济复国军极为重视，而且准备充分。相对而言，作为他们对手的唐罗联军看上去就寒碜了些。

唐军的舰队算上运粮的槽船，加起来不过一百七十艘而已。这同密密麻麻布满水面的倭国舰队形成了鲜明的对比。而论起兵力，唐军同样不占优势。参战的唐军有七千余人，倭军则是一万多人；各自的联盟倒是很有默契，各派了五千人前来助阵（实践证明，开打前后基本都是个摆设）。这样看来，两边的军力大抵相当。

不过有些日本学者不这样看，据他们考证，唐舰所载士兵应为一万三千六百人，加上掌舵摇橹等非战斗辅助人员，总计约有两万三千八百人。至于日本参战海军的数量，学者们也算了下，按每艘船五十人计，另加水手，日方大概有四万人参与了此次作战（当然也有些日本学者坚称唐军七千、倭军四万的）。

无论是七千对一万，还是两万对四万，有一点是确定的，那就是倭军人多势众。一般遇到这种情况，直接冲杀过去就是了。

但倭军并没有贸然行动，原因我们说了，他们很重视这场战斗。更重要的是，他们看到了：唐军的战船好大。

于是，在观察议论了一会儿后，倭军全线冲杀了过去。

讲真的，倭军的这番举动绝非一根筋的二杆子精神突然爆发所致，事实上，这是他们用心思考后才做出的决定。唐军的船虽大且坚固，但必然不及己方的小船灵活，只要奋勇向前，蜂拥而上，利用速度和人数优势，趁唐舰做出反应前将各船分割包围，那么唐朝的船即便再巨型，再结实，也仅剩任自己宰割的份儿了。

倭军将领的智商是值得鼓励的，可惜的是，唐朝的船并不只是大而已。

面对蚁群般袭来的倭船，刘仁轨没有丝毫慌乱，他一脸淡然下达了第一个命令：移船变阵！

两组极富特色的大型战船就此出现在倭军的眼前。

托李世民的福，朝廷对造船产业十分重视，在李治的关注与支持下，唐朝的制船工艺与相关航海应用技术较前代有了极大的发展，其成果最主要的体现之一就是战船种类的多样化。

据《通典》及《太白阴经》记载，唐初军队水师所列装之大型军舰，其一名为楼船。船上建楼三重，列女墙战格，树幡帜，开弩窗、矛穴，置抛车、垒石、铁汁，状如城垒。说这是水上的移动城堡，个人以为，一点也不为过。

其二曰斗舰。此船在船舷上同样设置女墙，墙高一般可达三尺，墙下开掣棹孔；船内五尺又建棚，使之与女墙齐平；棚上又建女墙，如此往复，构成梯级复式结构。我不知道这种设计结构是谁最先琢磨出来的，只觉得实在是精妙得不行。这种设计下，船上的水兵可以层层排开，梯式迎敌，确保对手在同一时间内享受到来自上下左右前的全方位立体招呼。除了多角度攻敌外，这设计还有个好处，那就是实现了功能分区。由于划船者是隐蔽于船内，通过棹孔划船，所以水手们能够避免受到战斗的影响，专心致志做好本职工作，为船只提供持续动力（如果形势不妙，撤退也更快）。上层只管战斗，下层只顾划船，打得赢就打，打不赢就走，这战船就差能上天了。

楼船与斗舰的配备已经足够倭军喝上一壶了，但刘仁轨实在是个实诚人，他唯恐招待不好远道而来的客人，因此刚一见面就迫不及待地拿出了大唐水师最看家的家伙，而这也是这批大家伙在大战中的首次登场。

大家伙确切地说也是一种大型战舰，和楼船、斗舰不同的是，它更新，也更先进。

它在历史上的名字叫海鹘船。

海鹘船，船如其名，系仿照海鹘的外形设计建造的。该船只体形不大（相对楼船而言），船形头低尾高，船身前宽后窄，状如鹘鸟。特别是在船左右的船舷处各设置的四到八具浮板，形状极似海鹘翅膀。当然了，你知道的，咱中国人从来不整那些没用的设计。那几块浮板自然不是一种装饰，而是一种装置——平衡装置。它们的功用是使船能平稳航行于惊涛骇浪之中，增强舰船的耐波性与稳定性，从而保证战船"虽风涛涨天，而无倾侧"。加之船舱左右都以生牛皮围覆成城墙状，既能防止巨浪打碎木制的船体，又可防火攻。所以海鹘船上的士兵们虽航行海上却如履平地，连新兵蛋子都再也不用担心晕船问题了。

用今天的话说，海鹘船是可以在恶劣天气条件下执行作战任务的攻击舰。由于它耐打不易沉，在船的四周又遍布弩窗箭孔，用来对外发射弓弩，能将敌人瞬间变成刺猬。因而后世许多专家学者称它为全天候战船，中国历史上继龙舟、凤舟之后又一仿生设计力作。

倭军的将领们并不了解唐朝的船有多么高科技，当然他们也不打算了解，他们只知道派出的第一波小艇必须出其不意，打得敌人顾此失彼。因此当冲在前方的倭船发现那些大船突然散开时，他们并未多想，而是加速靠近唐舰，企图采用群狼战术，从不同角度围攻巨舰。然而，当他们趋近唐舰，仰头查看情况时，大部分人看到的不是高耸的桅杆，甚至不是蓝蓝的天上白云飘，而是迎头拍来的大木板。

在发威的是唐军大型战船普遍装配的一种重型近战兵器——拍竿。虽然只是运用简单的杠杆原理来拍打敌船，但对于乘小船的倭军而言，这几下的破坏力真是太大了。一时间，水面上水柱四起，浪花乱溅。待水雾散去，但见四周漂起的尽是粉碎的木板和翻着白眼的倭兵。

倭军上下谁都没料到水战除了撞击战与接舷战还能这么打。但精锐不愧是精锐，在经历了短暂的慌乱后，倭军很快恢复了秩序，在朴市秦造田来津等人的调配带领下，倭军整顿了船队，开始以分散队形不顾一切地冲向唐舰。

面对敌人更加疯狂的攻势，刘仁轨以楼船、海鹘船压阵，令斗舰、走舸分走左右两翼，进行包抄。这一次，冲在最前面的倭船直接被包了饺子。其左右被占据江面两侧的斗舰压制，前方则是如山般的楼船，随着包围圈的收紧，倭军发现自己开来的小船鳞次栉比，竟无法回旋。

接下来的场面我不想多说了，总之是各种拍竿拍打，倭船接连被击毁、击沉，水兵纷纷跳海逃生，然后成为唐军的漂浮靶，又被射进水里。

眼见身边的士兵显露出了恐惧之色，朴市秦造田来津愤怒至极，下令所部船只瞄准一艘唐舰全速猛冲过去。

朴市秦造田来津一路进展顺利，不一会儿就冲到了唐舰之下，且没有被拍竿击中。但这绝非是他运气太好，而是因为楼船上的士兵们老远就辨认出这是一员敌军大将。

干掉一员大将的赏金可是很高的，于是部分士兵抽刀直奔朴市秦造田来津而去，主动登上敌船与朴市秦造田来津进行白刃战。事实证明，朴市秦造田来津的确是员猛将，数十名唐军都倒在了他的刀下。可惜的是，匹夫之勇无益于战局，朴市秦造田来津很快被赶上的唐军团团围住，然后去见天照大神也。

朴市秦造田来津被击毙了，他由此成为中日战争史上第一个在战场上阵亡的日军高级将领。而他的勇猛表现也成为此战中倭军的唯一亮点。虽说技术含量有点低，不过也算是一战成名，死得其所了吧。

到了这个时候，我真不得不开始佩服倭国人了，虽然败局已定，倭军的将领和士兵们却并没有跑路的意思，反倒是丝毫不乱地集结残部立刻发起了自杀式冲锋。

倭军坚定的战斗意志是值得表扬的，但有些时候，不怕死和寻死还是该有些区别的。倭军第三次出击的结果毫无悬念，又是被装备精良的唐军打了个落花流水。于是乎，倭船开始纷纷掉转船头向着入海口的方向逃窜。大唐舰队则乘胜扬帆，开始了追击。

对于获取这场对战的胜利，刘仁轨有十足的把握，但有一点他不知道——敌人并非全线溃退、四散逃命，而是有目的地撤退，在前方等待着刘仁轨的，将是一个精心设计的圈套，以及倭军最后的疯狂。

在几度攻击失利后，倭军对唐朝舰队产生了极大的心理恐惧，几乎可以说是斗志全无。但怎么说也是不远万里而来，况且投入了那么多的人力、物力，若是无功而返，天皇那边且不说，对老婆孩子都不好交代啊！所以为了挽回面子、重振士气，倭军几个高级将领一合计，现场炮制出了一个火攻计划。

其具体步骤是先发动一次攻势，然后佯败后撤，诱使唐舰队跟进至河道宽阔的下游，待其完全进入下游水域，利用走舸迅速穿插其中，发动火攻，一举反败为胜。

计划如期开展，倭军且战且退，将唐军引到了下游，走舸也准备到位以最快的速度突然驶出，并在安全距离内向唐军舰射去火箭，同时投掷了大量火把。

实在是太顺利了，顺利得超出了预想。

就在倭人拍手称庆、感谢天照大神的时候，让他们集体傻眼的一幕出现了：唐兵不慌不忙地扑灭了战船上的火，然后开始鼓捣一些他们前所未见的奇怪玩意儿。

据史料记载，倭军见到的这些新奇物件分别叫作油瓢、油囊。关于这里面放的是什么油、什么样的配方之类的专业问题本人是一概不知，唯一能确定的是它们的作用是助燃，而且还很顶用。

熊熊大火燃了起来，就是油瓢、油囊抛在倭船上爆裂后那一瞬间的事儿。几艘敌船当即变成了一团耀眼的火焰。

然而这还不算完。倭军很快惊奇地发现，原来唐军也同样配备了艨艟、走舸这样的小船，而且数量看起来还不少。

关于小船的说法看上去没错，实际上却是大错特错，因为这些小船绝非普通的走舸，它们是有着自己的专用称呼的——火舰。

论及水上战斗中火攻战法的运用，咱中国人绝对是专家，而且还是知名专家的级别。赤壁战场上的那把大火的确给了后人诸多珍贵的启示，比如，大战船的防火问题、无风条件下的点火问题，等等。在那场惊天动地的战斗结束四百五十多年后的唐朝，当年的问题基本都得到了解决，并形成了一整套相应的操作系统。唐人在大型战船上携带走舸等小型船只，并在船体蒙上生牛皮解决的是大船遇火问题；至于使用油瓢、油囊、火箭、火炬，则解决了无风点火的问题。而当走舸那样机动灵活的小船配备了火器与助燃物，火舰就诞生了。

实践证明，火舰虽然不是火箭，但同样能带人飞，具体说来，是让敌人灰飞烟灭。

接到进攻命令后，火舰小队兵分左右，沿着河道两边急速行驶，而其经过的倭船无一例外地剧烈燃烧了起来，倭军船队登时陷入一片火海浓烟之中。

这种情况下就不适宜使用拍竿了，为给在水里、火里的倭兵一个痛快的，加快结束战斗，部分装有投石机的唐军舰船开始朝向倭军船群发射砲石与火球。

倭军对这些从天而降的"问候"完全没有防备，成片的船只被当场击沉，无数倭兵跟着沉入了江底。

至此，倭军上下仅存的一点斗志都被打得烟消云散，已经再无任何幻想，他们此刻唯一的愿望就是尽快逃离此处，回到家乡。

然而密集的弓弩、砲石却告诉他们，这只是个梦想，在弥漫的硝烟和熊熊的烈焰中，他们都将成为龙王、阎王的新客人。

而这正是古今中外所有为一己私利不惜挑起战争的野心家及其追随者的注定结局。

第十五章
二次较量

大唐龙朔三年（663 年）八月二十八日傍晚，历时两天的白江口海战正史结束，以唐朝的全面胜利、倭国的全面失败告终。

这一战，倭方四百余艘战船被付之一炬，一万多人阵亡，战马损失一千匹，可谓惨败。

更重要的是，这一仗奠定了日后东亚政治格局的基础，使得倭人在相当长的一段时间内不敢觊觎大陆，可谓一战打出了上千年的和平。

白江口对决后，倭军总算是认清了双方实力上的巨大差距。九月十九日，百济境内的倭国陆军在氏礼城完成最后集结，随即仓皇撤回本土。

这场海战中，朴市秦造田来津和庐原君臣所带领的倭军几乎全军覆没，而那些在白江口侥幸活下来的倭军士兵看上去似乎也没好到哪儿去。据说其中有不少人留下了极深的心理创伤，什么唐军、军舰成了敏感词，一听见就浑身发抖，甚至还怕火、怕光，颇有点精神分裂的意思。但精神压力大的或许另有其人，那个人便是中大兄皇子。

战报传来后，中大兄皇子当时就慌了。因为在中大兄皇子这种侵略成性、心理超级阴暗的人看来，所有人都是且应该是侵略成性外加心理阴暗的。所以，他坚信唐朝人会借着此次大胜的机会联合新罗人大举入侵日本本土。而接下来发生的一件事，似乎也印证了中大兄皇子的这一猜想。

在白江口战役结束的几个月后，刘仁轨主动派了一个代表团前来。据载，这个代表团由朝散大夫上柱国郭务悰带领,规模多达两百人(大部分是原百济人)。此行的主要目的是拜会倭国的最高领导人中大兄皇子(当时以太子名义称制,尚未正式即位),向他转交署名为刘仁愿的牒书,并就交还双方俘虏、维护半岛长期和平稳定等重要问题交换意见,促成共识。

中大兄皇子对于使团的说法深疑不信:你们这么一大票人,领头的又是个特级战斗英雄,你道俺傻吗?所以在他看来,这个不请自来的代表团是唐朝人准备攻击列岛前的例行试探,意在麻痹自己。于是中大兄皇子躲入了幕后,将接洽谈判的工作交给了亲信阿倍引田臣比逻夫。

作为倭国军队中的头号大将,阿倍引田臣比逻夫所率领的第三批倭军并未投入对唐的实战中,而是在新罗人的占领区转战了一趟就直接跟着败军撤回了本土。因此,阿倍引田臣比逻夫对刘仁轨和唐军没有那么恐惧,算得上是最合适的人选。而事实也证明了,这个人实在是人浑胆子大。面对唐朝使团提出的会见中大兄皇子的要求,阿倍引田臣比逻夫表示鉴于牒书只代表百济镇将刘仁愿本人意志,不代表大唐天子,所以他不能让使者与中大兄大王会面。但作为补偿,他愿意口头传达使者的意思。但之后再见使团时,阿倍引田臣比逻夫对事情的后续进展只字不提,答非所问,用起了拖延战术,这一拖就是五个月。

眼见着代表团上下在倭人的周到招待下胖了都不止一圈,代表团的团长郭务悰正式向负责接待工作的筑紫大宰府提出抗议(当然,不是伙食方面的)。他要求倭方尽快就见面事宜做出妥善安排,否则由此引起的后果将由倭方负责,大唐则保留做出进一步反应的权利。

看来扣留唐使做人肉盾牌延缓进攻的计划已然破产,而如若强行势必会授人以柄,招来战火。倭方高层经过讨论,决定让主持筑紫大宰府工作的阿倍引田臣比逻夫以镇西筑紫大将军的职权名义向郭务悰下逐客令。

这要是换了别人,估计是打死也不去的,可阿倍引田臣比逻夫就不同了。从某个角度讲,他还是个比较单纯的人(也可以说是政治敏感性低),在中大兄皇子的一番吹捧下,他竟然乐呵呵地去照做了。

面对阿倍引田臣比逻夫的出境要求,郭务悰立刻做出了答复:同意。

对方显然没有会面的诚意,如今为此事已经耽搁了大半年,再这么耗下去估计要在这儿养老了,所以不如尽快回去汇报进度,登陆再说。

于是在公费参观数月（包食宿）后，以郭务悰为首的使团结束了异国之旅，登上了返程的航船。

平心而论，郭务悰此行倒不是一无所得，至少他们得知了中大兄皇子近期在忙什么。

说实话，当郭务悰听说中大兄皇子在忙着砌墙时，他也一度怀疑过这一消息的真实性。但在几经打探和思索后，郭务悰已经可以认定这一情报是准确无误的，而这也是郭务悰敢在任务没有完成的情况下离境的原因之一，因为他很清楚，倭方已无力主动再战。

正如郭务悰所料，在损兵折将后，中大兄皇子一改全面扩张的国策为严防死守，并不惜斥巨资进行四线建设，谨防唐军跨海来攻。

中大兄皇子主持监工的四线工程可谓倭国有史以来最为宏大的防御工事项目。该项目以对马、壹歧、筑紫为第一线，长门为第二线，赞歧的山田郡屋岛城为第三线，大和的高安城为第四线，基本上覆盖了当时日本本土的重要地区。这些防线均以借助自然山势，用诸多石头堆积修筑起的山城为基点，沿线再布置堡垒、烽火台，暗伏士兵，极为难打，极为坚固。

但是，这一套防御体系实际上并没有什么用，因为压根儿没有人打算来打。倒是可怜了当地的倭国群众，隔三岔五被拉去搬石头，变得同亡命至此的百济难民一样干活儿，其生活的幸福指数大大下降。

值得一提的是，虽说防线没用上，人民受了苦，可中大兄皇子的这一行为却大大推动了倭国建筑事业与相关技术的进步，这些由百济遗民修筑的山城中有许多成为后来日本国内著名坚城的城池基础（如今福冈县太宰府市的大野城），而其富有鲜明朝鲜半岛特色的构造与形态更是一直影响到了一千年以后的日本战国时代。

中大兄皇子在九州、四国一带全力大兴土木的时候，唐朝方面也没闲着。自上回吃了闭门羹黯然而去，郭务悰等人就开始积极行动起来，他们发动各种关系，致力说服朝廷正式派遣使者出访倭国，见上那中大兄皇子一面。

李治是一个特别好说话的人，所以不到一年的时间，朝廷就组建了正式的访倭使团。该使团由朝散大夫沂州司马上柱国刘德高为正使，右戎卫郎将上柱国佐平祢军（百济人）、郭务悰为副使，带上了中大兄皇子身边第一谋臣中臣镰足的长子定惠和尚（身份为访唐留学僧）一同前往倭国宣旨。

麟德二年（665年）七月，刘德高一行渡海到达对马岛；两个月后，使团入住筑紫城。

对于刘德高使团的来访，倭国上下喜忧参半，他们一边安排盛大的欢迎仪式和丰盛的接风宴招待唐朝的使者（由中大兄皇子的长子、日后的弘文天皇，大友皇子亲自作陪），一边举行盛大的阅兵式并邀请刘德高等人一道出席，检阅倭军军容。

对于倭人这番举动的背后意图，刘德高心知肚明，他当即向倭国外交人员暗示，只要你们不再插手半岛事务，大唐的舰队便不会出现在你们的海岸上。

得到唐使这样反馈的中大兄皇子十分高兴，他忙不迭地向刘德高赠送礼物表达谢意，并在同年的十二月派遣小锦守君大石等人跟随刘德高的船队前往长安修好（我们的船安全性有保障）。

其后，唐、倭之间又进行了几次友好互动，主要形式是唐方归还在作战中俘获的倭军将领与士兵，倭方趁机蹭船到半岛或大唐内陆开眼界、拜访，顺便收集各种重要情报。

唐、倭原本紧张的关系在唐朝的努力推动下开始逐步走向缓和，但白江口海战所带来的巨大历史余波却远未平静（借用一位学者的原话是：日本从天智朝到天武朝绝不是战后时期，而是不知何时才能结束的战争状态）。

作为战争的始作俑者，中大兄皇子日夜担心长安方面会食言而肥，发动战争，因此他那颗悬着的心始终不敢放进肚子里，而他的这一心理问题所引发的主要症状表现就是不停折腾。

乾封二年（667年）三月，中大兄皇子突然将国都由飞鸟（今日本奈良县）迁往近江（今日本滋贺县），并于翌年正月正式继承天皇之位，即天智天皇。

此后，成为天皇的中大兄皇子多次下令加高加固各地山城，且来回巡视各施工工地，现场考察各处的进展状况。与此同时，为应对在战败后趁机发难的旧贵族，天智强行在全国范围内推行户籍登记制度，加快剥夺旧贵族和地方豪族特权的进程。

就这样折腾了四年，天智终于消停了，死了。其子大友皇子继位，是为弘文天皇。

不过弘文在天皇位子上没干上半年，他的叔叔兼姐夫兼老丈人、前皇太子（其实是天智的胞弟）大海人皇子就不干了。大海人皇子在自己的领地秘密集结兵力，准备先发制人夺回自己失去的皇位。弘文闻讯当即动员近江附近的兵力前往接战。

双方人马在零零星星打了几仗后最终在一个叫濑田桥的地方进行了决战，经过近一天的对砍，弘文统领的政府军被打到崩溃，弘文在接到战败的消息后则直接精神崩溃，挂绳自杀。

天皇的位子就此落入了大海人皇子手中。

同年，大海人皇子在飞鸟净御原宫即位，并将都城迁回飞鸟，即天武天皇。

身为中国文化的铁杆粉丝，天武在国内掀起了全面唐化的运动。在仿效唐朝不断加强和完善中央集权制度的同时，他还多次派出遣唐使和学问僧，如饥似渴地学习唐朝的一切并加以吸收内化，倭国由此真正进入了所谓的"唐风文化时代"。

此外，天武还致力于重塑倭国形象，发展对唐的长期友好关系。其具体办法是更改国号。

是的，你没有看错，天武想出的办法就是给自己的国家改名。在我们今天看来，这一举动着实有些无厘头了，难道你小样儿换了个马甲别人就不认识你了吗？

别说，还真不好说。毕竟当年通信不太发达，各个地区间本就交流不畅，所以虽说是所谓一衣带水的邻居，但远在长安的皇帝陛下和朝中大臣搞不清楚状况，倒也是理所应当的。更重要的在于，是倭人还是日本人，那是你们岛民自己的内政，唐朝没有理由更没有兴趣干预。

于是乎，倭国的称呼开始逐渐被日本代替，日本则正式以一个国家的概念出现在世界的舞台，直至现在。

顺带一提，前面提到过的天皇称号均为追尊，事实上当时应该是叫倭王或大王的。后来众所周知的"天皇"一词是从天武天皇时代才开始使用的，而且显然是得到了同时期一位叫李治的人的启发（武则天时称天后）。

无论如何，日本从此开启了乖宝宝加好学生的模式，不遗余力地学习、学习、再学习，直到一千年以后那位著名的"猴子"再度点燃战火为止。

白江口海战对日本的影响无疑是极其深远的，而它对百济叛军的影响则堪称立竿见影。眼见倭军被打得溃不成军，扶余丰自知大势已去，遂带领少数亲信乘船驶入黄海，向高句丽方向逃去，从此不知所终。他的宝剑则被唐军士兵缴获，成为刘仁轨重要的战利品。

刘仁轨出色地完成了阻敌增援的任务。统领陆军的刘仁愿也不差，在同新罗人成功会师后，刘仁愿一举攻下了豆良尹城，扫清了周留的外围。紧接着，唐罗海陆诸部在周留城郊顺利会合，大军直逼城下。

盟军全军覆没，首脑下落不明，坚守周留城已经失去了任何意义，于是留守城内的扶余忠胜、扶余忠志以及倭军将领各率所部向唐军投降。

龙朔三年（663年）九月七日，周留城完成了和平交接。

周留不战而降给了群龙无首的叛军更大的打击，在不断推进的唐罗联军的兵锋下，各处叛军据点纷纷归降。至于那部分不愿降唐的百济遗民，在百济宗室成员扶余自进的带领下乘坐倭军舰船退往倭国避难。

十月二十一日，唐罗联军开始围攻百济复国军的发源地任存城。镇守任存城的人叫迟受信。这个人之前没提过，但很厉害，厉害到唐罗联军连续攻打了一个月，愣是没有踏入城内一步。

敌人如此顽强，实在出乎了刘仁轨的预料，于是他决定亲自出马，找出破城的方法。

经过几天的围城实地考察，刘仁轨发现唐军之所以长期毫无进展，除了城池坚固、守将强悍外，还有一个重要的受制因素，那就是地形。

任存城依山而建，是一座名副其实的山城，不仅高，而且陡，云梯够不着，弓箭也射不到；加之此城被叛军经营多年，石头堡垒等城防工事已经被修到了极致，光大型的木栅栏就围了几圈，说任存城是固若金汤，真的一点也不夸张。

如此看来，要攻克任存城，除非有叛军内部熟悉地形的知情人士做帮手，否则难免损失惨重。

想到此处，刘仁轨突然灵光一闪，有了办法。

在商讨下一步攻城计划的军事会议上，刘仁轨提出了自己的想法。很简单，总共只有两句话：第一句是撤下前线的唐军；第二句是换黑齿常之所部为攻城的主力。

黑齿常之这个人在我们之前的文章里曾短暂地提到过。此人乃百济西部人，身长七尺多，有勇有谋，在百济亡国前担任达率兼风达郡将（相当于唐朝的刺史）并一度投降过苏定方。其后，唐朝大军归国，百济复国浪潮兴起，黑齿常之便紧随形势再次拿起武器，拉上哥们儿沙吒相如占据任存山，摇身一变成为百济复国运动的代表人物之一，而他这一举起叛旗就是三年多，直到李治派遣使者前往招降，这才再度率众降唐。

所以当黑齿常之投降时，大家都对这位仁兄抱有警惕，所以当刘仁轨发言完毕，现场当即炸了锅。

熊津道行军大总管孙仁师等高级将领当场表示反对，他们认定非我族类，其心必异。何况黑齿常之有降而复叛的前科，就更加不可轻信了。

因此在孙仁师等人看来，让黑齿常之统率旧部前去攻城并为其提供粮草的想法是一种很傻很天真的臆想，严重缺乏可操作性。

对于众人的强烈质疑，刘仁轨是这样回答的：

"据我观察，黑齿常之和沙吒相如这两个人都是忠诚勇敢、诚实信用之人，只不过先前投降时所遇非人，如今正是他们感激报效、亟待立功之时，我们完全可以放手任用，不必怀疑。"

在刘仁轨的全力担保下，黑齿常之回到了久违的战场，并且从刘仁轨处获得了充足的粮草与兵器。

对于刘仁轨的信任，黑齿常之和沙吒相如很感动。为保证能给刘仁轨一个交代，二人亲自出战，带头上了前线。

不久，捷报传来，任存城终于被攻克了。

除守将迟受信抛妻弃子只身逃往高句丽外，没有任何意外。

至此，唐军收复了所有城池，历时三年零三个月的百济叛乱最终画上了一个还算圆满的句号。

不过从长远的角度来看，大唐此役的最大收获似乎是发掘了刘仁轨，并收服了黑齿常之，在之后的三十年里，这两个人的名字将威震东西，化身为帝国的有力支柱。

百济的战事告一段落了，朝廷遂下诏刘仁愿与孙仁师率领所部班师回朝，仅留刘仁轨将兵镇守百济，协助新任的熊津都督扶余隆（就是那位前百济王太子）进行恢复重建等相关工作。

要说刘仁轨的确是个不可多得的人才，此人不但领兵打仗有一套，搞起经济建设来也不含糊。

在刘仁轨的努力下，饱经战火蹂躏、僵尸遍野的熊津州开始以惊人的速度复兴，被焚毁的村落得到了重建，中断的道路恢复了畅通，桥梁架设了起来，堤坝实现了加固。流离失所的难民开始陆续回到自己的新家园，重新过上了安定的生活。

而刘仁轨也忠实履行了当年的承诺，他在当地建立起了大唐的社稷，颁行唐朝的年号、庙讳，教导当地人读书识字，推行教化，史载"百济大悦，阖境各安其业"。

当百济故境内的一切变得有条不紊、秩序井然时，刘仁轨出人意料地做了三件事：实施屯田、储备粮草、训练士卒。

实事求是地讲，这在当时是极其犯忌讳的事儿。要知道，刘仁轨身在海外，是朝廷驻熊津的实际最高军政长官（扶余隆当时尚未到任），手中握有兵马，且深受百济人民的爱戴与拥护，倘若他要学习秦末的赵佗，振臂一呼，割据在此，那也不是不可能的事情。

所以在这个敏感的位置上，通常最为保险的做法应该是做事低调再低调，最好是每隔几天给皇帝送份报告，且务必言辞恳切地要求朝廷立马派人接替自己，这才为好。

但刘仁轨没有这样做，相反，他将自己推上了风口浪尖。

因为这是一个忠于职守、心怀祖国的男人，所以在他的眼中，国家利益才是第一位的，而个人的生死荣辱皆是身外之物，实在无关紧要。

刘仁轨看得很清楚，要准备即将到来的战争，现在做的这些还远远不够，还有很多很多的事情要做，而此时不过是一个开始。

就在刘仁轨立足熊津积极备战的时候，远在长安的刘仁愿同皇帝李治进行了一次决定半岛命运的谈话。

跟所有重要的谈话一样，这一次的谈话也是从闲聊开始的。

谈话伊始，李治先客套，用力夸奖了刘仁愿在百济的优异表现，然后抛出了一个问题：

"你在海东时，前前后后上书言事，都很合时宜，又有文采条理。爱卿本是员武将，怎能有这般本事？"

按照我国的官场传统，这个时候受到天子嘉奖者的反应不外乎两种：要么是垂手肃立，表示自己将再接再厉，不断进步；要么是行云流水般完成整装、下跪、磕头等一系列指定项目，大呼一声"折杀臣了"，然后趴在地上等皇帝接话（友情提示：若在清代，请自行改自称为奴才）。

这样做的好处是既照顾了领导的威严，又不失个人的风格，可谓他好我也好。

然而这些都不是刘仁愿的选择。

他的选择是实话实说。

"此皆刘仁轨所为，非臣所及也。"

这句话的意思是：文笔好，逻辑清，办事靠谱，切中要点，这些不是我办得到的，而是一个叫刘仁轨的人的功劳。

这显然是长他人志气，灭自己威风。

官场上混的人一般不会这样做，因为他们觉得这样太傻。

但刘仁愿不以为然，他诚心全意地向皇帝推荐了自己的下属，且毫无揽功自夸的意思。

在我看来，这是一个称得上伟大的举动。

就连同刘仁愿没什么交集的西台侍郎（中书侍郎）上官仪也被触动了，大发感慨：

"刘仁轨虽遭贬谪却能尽忠为国，刘仁愿大权独揽却能推崇贤才，他们都是正人君子啊！"

这样的人才自然要好好重用。李治高兴之余立即下令将刘仁轨连升六阶，正式转正为带方州刺史（此前是代理刺史一职），此外又赐予其长安城中府第一处，以示慰劳。

而考虑到年届六旬的刘仁轨身在百济，不能享受天伦之乐，不久，体贴的李治又命令刘仁愿带领一队人马前往熊津替换刘仁轨，让刘仁轨得以衣锦还乡。

刘仁轨拒绝了。

他的理由很简单：朝廷在熊津驻军，正是为灭高句丽，此事本属不易。现今秋收未完，如若将兵将全部调回国内，刚刚臣服、民心不安的百济，一定会再度生出祸乱。

所以刘仁轨的看法是：不如暂且留下老兵，让他们收完庄稼，整好行装，再分批回国。至于自己，刘仁轨认为他应该继续留下镇守熊津，切不可轻易离去。

"你这个想法很危险啊！"刘仁愿有些激动，"先前我回到国内，便多遭诽谤，很多人说我保有大军是阴谋割据海东，这让我差一点就身陷不测！"

刘仁愿看着自己这个坚毅的属下，长叹一声：

"如今我只想遵旨办事，岂敢再擅自行动！"

"不然，如果于国有利，自应知无不为，这才算是尽到了臣子的本分！"刘仁轨如此答道。

刘仁愿知道刘仁轨决心已定，便不再多说，告辞，离去。

刘仁轨自然知道刘仁愿的担心不是多余的，于是刘刺史开动脑筋，最终凭借自己的聪明才智解决了这个问题。

刘仁轨解决问题的方式是一封信。

这封信并没有什么十分奇特之处，通篇只是陈述事实，内容包括如下几点：近年来兵士疲敝的状况及原因，熊津重建过程中的种种难题，新罗人对百济州县化的不情愿；表忠心，朝中谗言以及接踵的战事。

海外老臣，肩负王事，苟利国故，何惜此身！

皇帝陛下又一次被感动了。他随即回信一封：刘仁轨老先生，本人完全支持你的工作，你就留在那里放心大胆地干吧。

得到李治鼎力支持的刘仁轨终于可以安心经营熊津了。事情的发展证明，在他的归置下，熊津最终变成了高句丽人挥之不去的梦魇。

百济的彻底灭亡，对高句丽而言绝对是一个灾难性的结果，因为这不仅意味着高句丽人从此丧失了一个强有力的、听话的小伙伴，而且还意味着从此以后其南部战略缓冲带消失殆尽，高句丽由此完全陷入了大唐势力的包围圈中。

不知道是不是受到了百济灭国、倭军大败等一系列事件的刺激导致急火攻心，乾封元年（666年）五月，高句丽的实权人物、一代枭雄渊盖苏文病死，终年六十三岁。

渊盖苏文死后，高句丽方面及时封锁了消息，以至于渊盖苏文的死讯在当时的高句丽成了一个讳莫如深的话题，而这一举动甚至还直接影响了后世，导致了史料上对渊盖苏文的死期出现了多种不同记录。但客观地讲，高句丽的这一招的确很是高明。它有效地保证了敌对的唐朝和新罗没有趁机发动进攻。假使没有那件事发生的话，说不定高句丽政权延续的时间又将会多上许多年。

渊盖苏文一命呜呼了，填补这一权力真空的是他的儿子渊盖男生。

继承莫离支的位子不久，渊盖男生就做出了一个重要的决定：统领健卒精兵出巡国内各主要城市。

他的目的很明确，就是告诉全国的人，大哥轮流做，现在到我渊盖男生了！

就这样，在将都城交给自己的两个弟弟留守后，渊盖男生开始了自己说走就走的旅行。

然而，后续的事情进展表明，这实在不是个好主意。

渊盖男生前脚刚刚离城，就有一个人找到了他的两个弟弟渊盖男建和渊盖男产，对两个人说了这么一句话：你们的哥哥一直对你们不放心，想要除掉你们这两个威胁，你们不如先下手吧。

哥儿俩听完几乎同时大笑起来。说啥呢？我们大哥要收拾我们，我们岂会看不出来？！

两兄弟摆摆手示意他赶紧走人。在二人忍俊不禁之时，他们并没有注意到，这个人并没有丝毫的尴尬，取而代之的反倒是一丝诡秘的微笑。

渊盖男建和渊盖男产赶走了危言耸听的家伙，继续着他们的留守工作。可事情并没有就此终结，因为就在同时，走在巡视全国的道路上的渊盖男生也遇到了一个类似的人。

此人进来之后，上来第一句话就是："你的两个弟弟担心你回去后会夺去他们的权力，所以打算不让你回平壤了。"

与两个弟弟相同的是，渊盖男生一样没有轻信眼前这个人的话。但与两个弟弟不同的是，出于防范心理，他还是派出了一名亲信暗中潜回平壤打探情况。

接下来事情的发展就极有戏剧性了。

先是渊盖男生的这名亲信顺利返回平壤，开始执行任务；然后是该亲信因形迹可疑、问东问西被城中群众举报，抓了起来；再然后是渊盖男建和渊盖男产高度关注此事，亲自提审这个疑似的唐军细作；最后，两个人辨认出可疑分子竟是大哥的亲信，心里发毛，索性决定造反。

一切正如那两个神秘人所说的那样发展。这两个神秘人何许人也，实在是无法查证了，但可以肯定的是，他们两个应该属于一个团伙，且估计还跟渊盖苏文一家子有些仇怨，唯恐他家不乱。

不论这些人是何居心，动机又为何，总之结果已经呈现出来了，他们成功了。在外人的离间下，曾经互相信任的手足兄弟就此反目为敌，走上了对抗之路。

实事求是地讲，为了国家的稳定以及社会的和谐，渊盖男建是曾打算采用非暴力的手段解决这场家庭纠纷的，其具体方法是以高句丽王的名义召大哥回朝，当场拿下，了事。

渊盖男生不是傻子，一听说大王派人召自己回去，他就猜到自己的好弟弟在琢磨什么。于是乎他婉拒了使者，表示自己有事在身，不方便回去。

好！要的就是你的这句话！

在平壤的渊盖男建当即宣布渊盖男生为叛臣，自己当了莫离支，并立刻发兵前去讨伐在外流窜的大哥。

高句丽的内战由此正式开始。

其实说是内战并不太准确，因为自兵戎相见以来，渊盖男生一直都是被追着跑的那一方。虽说他带出去的军队中不乏生来能打的契丹人和靺鞨人（女真人的祖先），但面对控制国王、掌握全国武装的二弟渊盖男建，渊盖男生很明白自己基本无力翻盘。

打不过就只有走了，就这样，耀武扬威的巡游不过数日就变成了狼狈不堪的逃命。渊盖男生在孤独的路上似乎没有尽头，直到他跑到国内城。

国内城，今天叫集安市，位于吉林省东南部，与朝鲜隔鸭绿江相望。此地曾是高句丽王国的故都，渊盖男生逃到这里这才不跑，倒不是因为故地重游，心情激荡，打算同二弟死磕什么的，他停下脚步的原因很简单，再走就是唐朝军队打游击的范围了，一个不小心就可能会有被宿敌唐军抓住的危险。

此时此刻，对于渊盖男生来讲，真是向前一步是天堂，退后一步是死亡，因此在几经思虑后，他做出了决定：投降。

收到渊盖男生的投降信时，长安的朝廷上下没有一个人显得欣喜异常，甚至朝中大臣们都难能可贵地达成了共识——不必回复。出现如此奇异的场景，其实不难理解，应该说，这是一种习惯了。鉴于高句丽在过去与隋唐对峙时曾多次地、频繁地、乐此不疲地使用诈降之计，或拖延时间，或挖坑设套。而唐朝早就积攒了足够多的经验，主动提升警惕心，将高句丽人拉入了诚信黑名单。因而渊盖男生满心期待地投诚，却意外贴上了唐朝君臣的冷屁股。

如此看来，大忽悠们注定是没有什么好果子吃的。

但这一次，李治还是选择相信了对方，从他听到那位送信人名字——渊盖献诚那一刻开始。

李治决意相信渊盖男生的归降，倒不是因为那个信使的名字起得有诚意且吉利，而是因为他依稀记得这个名字是属于渊盖男生的儿子的。

没有错，为了显示自己的诚意，促使唐军尽快成行来救，渊盖男生特意派出了自己刚满十六岁的儿子渊盖献诚充当信使。这表面上是做特使，其实际作用却是送去做人质。对于此举的内涵，李治同渊盖男生双方心照不宣。于是乾封元年（666年）六月，唐朝向国内城派出了第一支援军。

奉命接应渊盖男生的是右骁卫大将军契苾何力，这位仁兄可以说是高句丽军公认最熟悉的唐人面孔之一了，从唐太宗到现在的唐高宗，他们对高句丽的军事行动中此公从未缺席过，且勇猛善战，长于奔袭，行军打仗不拘一格，可谓是一个很合适的出征人选。

事实也确是如此，在渊盖献诚的向导帮助下，契苾何力的进军速度更是得到了超常发挥，唐军仅用了不到三个月的时间就实现了同困守国内城的渊盖男生的会师，并大破围城的高句丽军队。

对于契苾何力在前线的表现，李治适时地给予了肯定与嘉奖，可与此同时他也告诉契苾何力：即日起你将不再担任辽东道安抚大使，有个人将取代你的位置，成为大军的新主帅。当然了，希望你继续坚守岗位，干好本职工作，作为副手积极配合新领导完成讨平高句丽的历史使命。

俗语有云：临阵易帅，不死才怪。在任何一场战争中，这一行径都被视作兵家之大忌，可这一回，包括契苾何力在内的东征军上下全体对此举都保持了一致的安静反应以及零异议，因为代替契苾何力出任大帅的这位是个连契苾何力本人都甘拜下风的超级猛人，他就是已经成为传说的"奇迹世代"中在当时唯一存世的那个人，因避先帝李世民名讳，暂时隐去"世"字的李勣，李懋功（顺带一提，另有一位大神也受到了避唐太宗讳的影响，被省去了原有称谓中的"世"字，后世称其为观音）。

第十六章
名将集结

关于东征高句丽的大军主帅的人选，这一最重要的问题，李治掂量了很久，却很久没有掂量出个所以然来。此次适逢高句丽内乱，正是一个千载难逢的良机，因而务必要寻觅一个有丰富战争经验、指挥过大仗的人方可胜任。按照当时的将领资历，能当这个统帅的，只有两个人选：刘仁轨和苏定方。可问题是，这两个人都暂时无法上任。刘仁轨那边已经介绍过了，熊津刚刚平定，需要稳定与重建，真的走不开；至于苏定方，他那里也比较棘手。

就在三年前，西南的吐蕃突然雄起，袭击了唐朝的属国吐谷浑，把吐谷浑打得大败亏输，以至于吐谷浑的可汗慕容诺曷钵不得不带着老婆弘化公主（唐朝宗室之女）和数千帐部众放弃国土跑到凉州，请求政治避难。

女婿被打到不敢回家，强烈要求移居中原内地。这事儿做娘家人的唐朝廷不可不理会，于是回国不久的苏定方被任命为安集大使、节度诸军，前往祖国的西北边陲防备吐蕃再兴风浪。

总体说来，刘仁轨忙于建设，苏定方忙于镇边，都处于分身乏术的状态，离不开，去不得。李治本人倒是有心上的，只可惜被武皇后察觉，叫停了，无奈只得放弃。想来想去，只剩下一个好人选了：李勣。

说到这里相信有人会提出疑问了：唐高宗时期不乏中青年的名将，为何李治不去考虑，却单单喜欢用一把年纪的老头子呢？（这一年苏定方七十五岁，李勣七十三岁，刘仁轨最年轻，但也已六十五岁矣。）

应该说，这是一个很有价值的问题，因为它涉及了一个十分值得讨论的话题：名将类型的划分问题。

关于名将分类问题的研究报告

据说在每一个男人心中都至少有一个为其崇拜的将领。而我相信，大家所喜欢的将领估计不会是一个人，而是多种多样，不一而足。有的人喜欢八面威风的西楚霸王，有的人就喜欢运筹帷幄的诸葛孔明，毕竟人的性格是不一样的，选择偏好自然就会相差很多。名将虽说有名能打，但也没能冲出人类的范畴，因此相应地，名将的类型也有很多。

在我看来，虽然古今中外可谓将星云集，但名将的类型总体不会超出七大类。下面就让我们以唐僧扫塔的节奏来逐一清理出这七种名将各自的特点与不足吧。

第一个层次的名将是勇将。我记得看过一部战争小说，那里的老兵教导新兵蛋子道："上了战场一定要勇敢，如果你不怕死，子弹会绕着你走。"虽然一场激烈的战斗下来，几乎每个新兵都会哭着对老兵说，你骗人，我不可能让子弹改道。但毋庸置疑的是，老兵的话还是揭示了战争中的一个重要道理：我们都需要勇气，相信会活下去。

的确，勇气是名将成名的第一关键因素，包括赵云、张辽在内的诸多三国名将就是凭借着先登破敌的勇武表现得到主公的关注，继而崛起于行伍之间的。可是，勇将虽说具备单兵格斗技术高、敢于冲锋陷阵等特点，但不过是匹夫之勇，能影响局部战斗的形势，却不能决定战役整体的走势。所以，这些以一当十的人放到今天似乎更适用于另一个称呼：兵王。

那些看得清楚战争本质的主公往往也不会将勇将型的名将随随便便送上战场，而是无一例外地给他们安排了更为恰当的职务：贴身保镖（如典韦、许褚）。

在他们看来，这种拥有怪物级蛮力的家伙弄到战场上砍人有点可惜了，实不如为自己保驾护航划算。说到底，两支军队打仗同两拨流氓打架还是有区别的，反正冲锋也不差你一个。

所以，这也就是赵云为何声名在外，但历史上（不谈演义里的七进七出）的战绩却略显平庸的原因之一。

勇将属于名将序列中比较低端的存在，但能以骁勇之名留存青史也已经算是极为了不起的了。毕竟历史上的名将只有极少数，大部分的参战者都是上阵不久即灰飞烟灭，连个姿势都没能亮成。

　　当然，如果你胸怀大志，且天赋异禀（要么膂力过人，要么谋略出众），那你是极有可能再进一级，更加深入地走进名将的殿堂的。

　　比勇将稍高端一点的，是猛将。

　　如果说勇将能调动身边战友的作战情绪，那么猛将则可以直接影响敌我两军的士气，甚至直接决定最终的战局（但是带有较大的偶然性）。这类人的作战技术炉火纯青，在百万军中取上将首级也不是问题。他们比勇将更通兵法，因而能够更好地掌握时间与契机，做到适时给予敌人最致命的一击。其中最为人熟知的想必就是"策马刺良于万众之中，斩其首还"，仅凭一招便化解了白马之围的关羽了。当然，"雄壮威猛，亚于关羽"的张飞凭借其在当阳据水断桥、瞋目横矛、吓退曹兵的可圈可点的表现，也足以跻身顶尖级猛将之列。

　　鉴于历史上，特别是三国之后的很长时间里，史书一提猛将常言关、张，而不是听起来更猛的吕布（如《晋书》称刘遐，"每击贼，率壮士陷坚摧锋，冀方比之张飞、关羽"；《魏书》言杨大眼，"当世推其骁果，皆以为关张弗之过也"）。因而我们拿出这兄弟二人来做具体的分析。

　　那么，关、张二人的共同特点是什么呢？对于这个问题，与二人身处同时代的两大谋士郭嘉与程昱给出了几乎相同的答案：关羽、张飞皆万人之敌也！

　　所谓"万人之敌"当然不是说威猛到能单挑一万个人，而是旨在说明两个人不但骁勇且多有谋略。比如说，关羽快马袭杀颜良、张飞江州义释严颜（此为史实）便都是有勇有谋的表现。而一旦敌方主将出了状况，纵有千军万马也会立即全线崩溃（侧面印证了配备强悍保镖的重要性）。

　　能打又能动脑子，猛将级的名将看上去已经有些值得膜拜的范儿了。但是，在专业人士眼中，猛将级还差得远。借用毛主席的原话，关云长的问题在于他"大体上是不懂统一战线的"。

　　这一评语可以说是一语中的，点出了猛将型名将的最大缺陷：凝聚力。

　　这是有史料可佐证的，比如关羽，史载"羽善待卒伍而骄于士大夫"，爱兵如子却不爱读书；再看张飞，"飞爱敬君子而不恤小人"，敬佩文化人但对下属不善。两个人都有各自瞧不上眼的群体，而这种爱憎似乎也在某种程度上决定了他们的结局。

轻视士大夫的最终被士大夫暗算致死，忽视小人物的最终为小人物刺杀身亡。

所以综合两位英雄人物的结局，我们大致可以得出这么一个道理：但凡被自己轻视与忽视的事物，往往才是最具威胁的。

当本是一员猛将的你开始注意团结一切可以团结的力量为自己所用，那么要恭喜你了，因为你已经突破了心理上的瓶颈，进入了一个更高的层次：仁将。

虽说中国有一句俗语说的是"仁不带兵，义不行贾"，但你要知道，这话其实是有适用范围的。对领兵者而言，这就要求他们必须做到因人而异：对待部属、群众，要像春天般温暖；对待敌人要像严冬般冷酷无情。因为只有这样，仁将型将领才能把一群原本鱼龙混杂的乌合之众逐步锻造成一支军容整齐、令行禁止的仁师义旅，而只有有纪律、受尊敬的仁义之师才能实现名将们克定天下、威服四海的愿望。

历史上的王朝更替期，正是这类名将建立名声发挥功用的时候，他们凭借自带的整合全军上下的属性与依法治军的气场，帮助所属势力得到百姓们的认可，建起军民鱼水情，保一境和平，安一方百姓。

鉴于以仁出名的儒将比较多（如鲁肃），这里就不一一列名了，只提唐高宗时期的一个对应的，此人就是我们的老朋友——刘仁轨。

平心而论，协调人际关系，并维持和发展良好的关系的确是一门学问。但是要想打胜仗，打得漂亮，若只懂得关系学那必然是要抓瞎的。因为一支严守军纪的部队不一定能够克敌制胜，要保证胜利还必须要有优秀的指挥将领。

这就是一件很讲天赋的事儿了。有些人别看自幼熟读兵书，《孙子兵法》倒背如流，但可能终其一生也就是一个军事理论家，水平只在动动嘴皮子而已。让这种人去指挥打仗，只能坏菜，诸如赵括、马谡就是极好的例子。所以说，这第四阶的智将已经达到了可遇不可求的层面。

首先必须有天赋（或者说是悟性高），然后最好接受过系统化的军事理论熏陶，再在实战中亲身检验这些战争理论的准确性。

总而言之，在有慧根的基础上，要历经千辛万苦，有所领悟，这才能够在经验的积累中不断成长，修炼成为智将。

当然了，凡事总有例外。在这个世界上当真存在这么一类人，他们不用上战场观摩，天生就会打仗，甚至瞅上几眼盗版的《三国演义》就能把敌人耍得四处乱转，打得四处乱跑。

对于这种先天资质良好、后天发挥优良的人，我们统称为军事天才。

我们尊重天才，但不迷信天才，毕竟人的天赋是有限的，潜力则是无限的。虽然卧龙、凤雏、司马的谋略让人叹为观止，可像吴下阿蒙这样一步一个脚印、一本本兵书死磕下来，最终成长为一代智将的，倒是更令人由衷钦佩。

智将们运筹帷幄之中、决胜千里之外的智慧着实让人叹服，不过他们也存在着一个明显的弱点：不能打。

相信玩过《三国志》这类游戏的人都知道，诸葛之流的战斗力数值极低，基本和智商成反比，可谓名副其实的战五渣。而为免被敌方暗箭所伤，智将们一般情况下只能待在中军遥控，不好上前线直接指挥，因此多少有些减分。

所以，能文能武能单挑的良将便更胜一筹。良将论勇猛善战不及猛将类，论谋划定策不如智将类，可这种类型的名将难能可贵的是不偏科，在成长过程中实现了全面发展，综合素质极高，因而也是最好的。有这样的将领，真是赚大发了。想当年，曹操之所以横行天下，很重要的原因就在于他有一套这样的良将在手（五子良将）。

良将者，动可拒敌千里、覆灭敌国，静可息事宁人、守土安邦。

历史上能够到达这一层级的人已经很少了，他们都可以称得上是人中之龙、不世出的精英。但是，天外有天，人外有人，精英之上还有精英，这就是我们要说到的位于第六阶的那群人。

如果说在军队中勇将、猛将的作用是表率，仁将、智将的作用是统领，那么良将的作用就是前四种名将的综合：统率。但综合起来，他们都属于将兵之将，而这第六种名将则是将将之将，或称统帅。

一千多年前，著名的逆袭之王韩信曾和草根皇帝刘邦私下讨论过汉初各位将领的能力水平。在韩信看来，天下将领之中可称得上领军人物的并不多，即便是战争经验极其丰富的刘邦，其带兵的能力也不过是十万人级的。指挥能力能突破人数限制，达到指挥艺术境界的指挥官，举目四海，唯有自己。

应该说，韩信确实没有吹牛。

对于韩信带兵多多益善的说法，刘邦也比较认可，但出于皇帝的身份和蔫坏的本性，刘邦还是一如既往地坏笑着问了这样一句话："多多益善，为什么却还被我辖制着？"（多多益善，何为为我禽？）

"陛下不能将兵，而善将将，这就是韩信我为陛下效命的原因了。而您的这一能力是天生的，不是人们努力后所能达到的。"

虽说韩信的这一机智回复不乏拍马屁的因素，但这两句话中的第一句还是特别靠谱的，那就是将兵者莫如将将者。

名帅之于名将是一个更高的境界，而要达到这一境界，以下三大指标必居其一。

指标一，即韩信所说的，将兵百万若领一人。对名帅而言，此时此刻麾下士兵是一万、十万还是百万、千万已经没有意义了，在他们的眼中，兵力仅是数字，他的士兵只有一个，且令行禁止，能打硬仗。

指标二，拥有一部自己的兵法作品传世。名帅不一定要著作等身，但一定要惠及后生。其中最具代表性的非一代兵圣孙武莫属。这位孙子的作品虽说只有十三篇、六千余字，单论篇幅字数尚不及今天的一篇硕士论文，但其内容之博大精深，逻辑之缜密严谨，思想之精髓富赡，在现在看来仍然堪称空前而绝后。后世包括李靖、戚继光、拿破仑在内的名帅无一不从这部经典中受益匪浅，并对其推崇备至。

一本书流传万古，行销海外，忠实读者遍及古今中外，造就大批名将英才，若不是真正看透战争本质规律的人，是不可能做到的。所以，名帅可以说是一群最接近战争根本规律与究极真理的男人。

最后的一个指标，也是最重要的，它叫作战政联动的大战略眼光。

德国军事理论家兼军事历史学家克劳塞维茨在研究了十六至十九世纪所发生的一百三十多场战争后，总结出了这样一句话：战争无非是政治通过另一种手段的继续。这意思是说：战争不是独立的东西，而是政治的工具，是为政治服务的。简而言之，就是那句话：打不打是政治家的事儿，怎么打是军事家的事儿。

因此，名帅一定是要懂政治的，而且还要深谙政治。不然政治家说不打了，你还要打，那就难免会被搞政治的人搞掉。所以，纵观名帅无一例外都是善终，因为他们不但心中有战略，眼中还有方略，既能谋国亦能谋身，是尖子中的尖子，精英里的精英。

然而，在这个世界上事实上还曾有一种让前六类名将望尘莫及的存在，他们比名帅还神奇，比熊猫还珍稀，他们就是传说中的第七类名将——福将。

在战争中，运气往往起着很重要的作用，甚至是决定性的作用，假使当年赤壁水上东南风不来，淝水河畔朱序哑声，历史会怎样发展还真不好说。而所谓的福将就是那种能将好运带给全军，同李神通这种"熊将"技能完全相反的将领。

提到福将，相信爱看演义、听评书的人脑海中闪现的第一个身影就是程咬金。在《说唐全传》等小说中，这位武功一般、资质平平的混世魔王实在是个超级福将，虽说只会三板斧，却总能在战斗中化险为夷，屡建奇功，一生可谓大事不犯、小事不断，紧要关头总能遇难成祥，就这样一口气活到了武则天时代才死（还是乐死的），那运气真叫一个逆天。

当然，小说毕竟是小说，真实的程咬金我们讲过，其人并没有演义里那么神奇，但福将并不仅仅是个传说。

仅据我所知，在距今的五百年内，堪称福将的仅有两人，一个是明朝的李成梁，一个是清朝的杨遇春。这两位的战绩有兴趣的朋友可以了解一下。不夸张地说，这二位都是戎马一生，交战不下百次，而凡是有他们露面参与的战争没有不赢的，且两个人都有亲自抄家伙砍人的爱好，一向是率先垂范、带头冲锋。然而奇迹的是，战场上来来回回数百趟，这二位却未曾受过一丁点伤（要知道，历史上的程咬金还曾被长槊穿胸过），基本上属于怎么打怎么赢，再凶险也无伤的自带防护罩加幸运儿光环的国宝级吉祥物。

以上就是传世名将们的基本分类情况，相信大家应该对各类名将的特点有了一个大致的了解，但这个分类不是壁垒森严不可突破的，且同一个人物因在历史与民间的形象不同，也可能出现类型归属上的偏差。但无论如何，这七大类的名将可以说是各有其成为名将之所长，若非大智大勇，便是大吉大利，反正绝非常人所有。

另据传闻，倘若一支军队或一方势力能集齐这七类名将，那就能召唤出胜利女神，逢敌接仗无往而不利，攻则必克，战则必取，纵横四海之间而天下莫能撄其锋！

李治应该属于比较幸运的，因为在他的朝中具备了其中六种名将，而这六类名将里的五类可以即刻投入这场箭在弦上的东征。

在唐朝近三百年的时间里，个人以为有资格称为将将之将的绝不会超过五个人，李勣恰是这五人之一。

在受命担任东征军统帅、一举荡平高句丽后，李勣便开始四处物色得力的助手，以确保国家交代下来的任务万无一失地圆满完成。因为李勣很清楚，这很可能是灭掉高句丽的最后良机，且很可能是自己人生中指挥的最后一场大战。所以，加入的人务必杰出。

李勣找到的第一个人叫杜怀恭。

杜怀恭，京兆人。此人生来放达不羁、诙谐幽默，被周围人认定不太靠谱，可偏偏李勣对他青眼有加，十分看重，还特地把他招做了女婿。如今当老丈人的要领兵出征，自然有意要给自己眼中身负才华的女婿一个建功立业、扬名立万的机会。于是李勣通知杜怀恭，让他和自己同行，好混个出身。

按理说泰山发话，杜怀恭莫敢不从，况且老爷子还是一军统帅，运气好的话，他从此平步青云也不是没有可能。这无论在谁看来都是绝佳的跃龙门的机会，可令人大跌眼镜的是，他竟然拒绝了！

杜怀恭拒绝的理由很简单，也很现实，用一两个字就可以高度概括。

一个字的话，是穷；两个字的话，是没钱。

我们之前介绍过，唐初实行的是均田制加府兵制的配套制度，即政府为百姓提供田地耕种，百姓则为政府服兵役。简而言之就是，拿人田宅，替人消灾（打仗）。因为你领了政府的地，所以每次出战，武器、口粮什么的需要自备，政府是不提供、不报销、不干预的。要是你有钱、有技术搞把青龙偃月刀，可以；没钱、没技术找根棒子钉俩钉子充当狼牙棒，也行。总之，上了前线，能赢、能回来就成。

因而，当杜怀恭表示自己上阵是没问题，问题是没钱，岳父李勣这边立马表示理解："贤婿不事农耕，但不碍事，我给。"

不久，杜怀恭又表示自己口粮是没问题，问题是没马，岳父李勣这边立马又表示理解："此去辽东千里，路途遥远需要脚力，不碍事的，我给。"

然而当李勣的仆人送钱过去时，他惊讶地发现姑爷突然失踪了。

难不成有不法之徒预先探知了消息把小姐一家绑票了不成？李府上下顿时四散出门前往寻找打听，却怎么找也找不到。直到几天之后大家才得到消息，杜怀恭躲进岐阳山去了，而且据说杜怀恭走的时候还跟朋友透底表示，他认定李勣要带上他走是为了在必要的时候干掉自己，树立军威。

听到这句话，李勣哭笑不得，只好抹抹老泪，长叹一声："杜郎行事粗放，或许真有这种可能吧。"

李勣没能如愿带上女婿杜怀恭前往辽东建功立业，但他在辽东前线却惊喜地遇见了一位故人。这个人与苏定方、刘仁轨不同，他并非一个能够运筹帷幄的将领，却是唐军中最适合充当军锋、最能直接给敌人重创的猛士，他就是曾因辽东之役而迅速崛起的将星、太宗皇帝东征的最大成果——薛仁贵。

俗话说，士别三日当刮目相待，那么时隔二十余年的这次正式重逢绝对可以让李勣去做几组眼保健操。在寒暄了几句并简单交流了下战况后，李勣惊讶地发现，自己或许是错误的，眼前这个薛仁贵已经不仅仅是昔日那个左冲右突、威猛无俦的白袍小将，他已然成长为一个有勇有谋的合格将领。

当年征辽归来，李世民按照对待勇将型人才的标准将薛仁贵留在宫内担任保镖，其具体任务是承担守门员的工作，镇守那道有着重要历史与现实意义的宫门——玄武门。

虽然从小兵一跃成为领兵的，且在皇城工作时不时能和天子打个照面，混个脸熟，但是实话实说，玄武门镇将说破了天也不过是个看大门的，留给薛仁贵锻炼和成长的空间不是不大，而是根本没有。照这样下去，薛仁贵只能在巡哨查岗等毫无新意的工作中逐渐被磨平锐气，平庸下去，进而了此残生。这对薛仁贵这种天生向往披坚执锐、冲锋在前的人而言无疑是最大的苦难。

然而，上天是仁慈的，从来不会轻易放弃任何一个想进取的人。薛仁贵到底迎来了一次人生的转机。和其他人的转机一样，这个宝贵的机会也是披着麻烦的外衣到来的。

永徽五年（654年）闰五月初三夜，皇城，暴雨。

李治正在万年宫的卧榻上安睡，此时此刻，他全然不知由于雨水的强力冲刷，近旁山上的土石已经摇摇欲坠。

片刻之间，山崩，由于大雨倾盆，山洪暴发得又很突然，谁都没有想到做好防洪措施，因此滚滚洪流顺山势而下，直扑低处的万年宫。

水势湍急，波涛汹涌，禁卫军的兵将们无不惊慌失措，有些人甚至公然跑路，把睡得正死的皇帝丢在了身后。

看着四散逃命的士兵，薛仁贵当即怒了："身为禁卫军将士，哪有天子遇险却怕死先逃的道理？！"

生气归生气，薛仁贵却并未阻拦那些擅离职守的士兵，因为他有着更要紧的事办，那就是向宫内的皇帝通报险情，让他立刻转移。

说时迟，那时快，只见薛仁贵一个纵身跃上了玄武门的横梁，然后运足中气、气沉丹田，朝向宫内，连声大吼：

"宫外发大水了，请陛下速速起身回避！"

要说薛仁贵不愧是练过武的，数声呼喊之下居然真的将李治从睡梦中惊醒，从而成功帮助皇帝转移到了高处。而李治前脚刚撤，大水后脚就涌入了寝宫。且据有关部门统计，这一夜山洪灾害造成了当地居民和禁军士兵高达三千人罹难，堪称一场重大自然灾害。

皇帝躲过了一劫，这多亏了薛仁贵的机智应变与洪亮嗓门。

事后，李治无比感激，连连称赞薛仁贵是国之忠臣。就这样，薛仁贵被李治视作自己人，开始得到了出外勤、随同作战的机会。

显庆三年（658年），薛仁贵作为东夷都护程名振的副手出击高句丽，击破敌人，攻拔其赤烽镇，斩首四百余级，俘虏百余人。

次年，他又跟随契苾何力等与高句丽大将温沙门大战于横山。此役，薛仁贵大显神威，单枪匹马率先冲入敌阵，连杀数名敌兵，并生擒对方神射手而还。

不久，薛仁贵又与辛文陵搭档在黑山大破契丹人，擒获契丹王阿卜固及诸首领，押送回东都洛阳治罪。

薛仁贵出征以来的表现让李治十分欣赏，皇帝由此有意让他直接指挥一路军队，前往西北平叛。不过在此之前，李治打算亲眼印证下薛仁贵的实力，对他进行一次现场考验。

临行前，李治在内殿赐宴给平叛部队的将领们送行。酒过三巡，菜过五味，皇帝陛下突然开口了："朕听闻古时候善射者能一箭射穿七层铠甲啊。"

说着，他看向埋头吃饭的薛仁贵问道："爱卿，你能试着射穿五层看看吗？"

薛仁贵点头，领弓，搭箭，扣弦，引满，射出。

羽箭洞甲而出。

李治目瞪口呆。

太厉害了！皇帝陛下带头大声喝彩，下令取坚甲一副赏给薛仁贵穿戴，并放心大胆地将偏师交由薛仁贵指挥。

龙朔二年（662年）春，薛仁贵统领的先头部队进入天山山麓，他所要面对的对手是拥有十余万部众的九姓铁勒。

铁勒，世代居住于天山北路至黑海的草原地带，到唐高宗时期，主要分为九大部落：回纥、仆固、浑、拔野古、同罗、思结、契苾、阿布思、骨仑屋骨。

契苾部落是唐军大将契苾何力的本部；思结则一直比较穷，整天忙于吃饭生计，打个劫都没力气。因此这两部相对老实，基本可以视作围观群众，重在凑数。

最不让人省心的是回纥。

当时回纥的首领叫比粟，他自继位以来就一改前任与唐友好的政策，热衷于搞边境摩擦，建立区域霸权。在他的暗中支持和煽动下，连原本老实的思结部都起来闹过事。虽说思结能力有限，很快被赶来的唐军搞定，但经过那次较量，比粟充分吸取了各种经验教训，胆儿也越来越肥。终于，在时隔两年后，他拉上同罗、仆固挑起了九部的联合叛乱。

平心而论，铁勒人是一个很强悍的族群，这些人不读兵书却很狡猾，不练武术却很彪悍。多年后安史之乱时，横行两京的叛军便被这帮子人（主要是回纥人）打得四处乱跑、哭爹喊娘。

得知唐军进入天山，比粟立刻派出了一队精壮勇士前去挑战，准备给对手一个惊喜，然而他万万没有想到最后吃惊的却是他本人。

见到来敌，薛仁贵并不喊话，拈弓搭箭，瞄准为首一人，就射将出去。

要知道，少数民族特别是族中勇士，向来有赤裸上身打仗的习惯，哪怕个别有副铠甲，但囿于民族冶铁技术的局限，质量也远远不及中原王朝。因此，薛仁贵一箭飞去，那勇士箭到人亡。

不等在场众人做出反应，薛仁贵的第二箭、第三箭紧跟着飞出，又有两名铁勒大汉坠马倒毙。

薛仁贵行云流水般的连射动作，加上箭箭致命的威猛霸道，一下子震慑住了全场。在愣了半分钟后，原本是要来给唐军下马威的那几十名铁勒勇士立刻纷纷下马，向薛仁贵请降。

就这样，薛仁贵凭借着高妙的箭法给了爱挑事的比粟一记响亮的耳光。

之后，薛仁贵率军继续深入，过了沙漠，击破铁勒部落联军残余部众，并生擒铁勒三名叶护而还。史载：九姓自此衰弱，不复更为边患。而这就是日后家喻户晓的薛仁贵三箭定天山的故事。

但应该承认一点：薛仁贵削弱九姓铁勒的方法是相当反人道的。他的方式是杀降，统统活埋——虽然这一政策是当时的平叛军统帅郑仁泰要求执行的。可从这个事件中我们可以看出薛仁贵的性格缺陷，即遇事变通不足，政治敏感不够。

从某个角度讲，薛仁贵这辈子就是因此止步于猛将的层级，而他后来的大败也与这一缺陷有着莫大的关系。

性格决定命运啊！

果然，郑仁泰、薛仁贵一回朝马上就有人弹劾他们诛杀降众、败坏军纪，请求朝廷予以严惩。而被裹挟参与叛乱的思结等部落更是人心惶惶，唯恐唐军对其开展更大规模的军事打击。经过高层讨论决定，与铁勒有着天然联系的契苾何力被任命为铁勒道安抚使，前往擦屁股，安抚其同胞。至于郑仁泰、薛仁贵这两名肇事者，李治认为人才难得，为了弥补一个错误再犯另一个错误实在是得不偿失，因而特地网开一面，允许他们将功补过，在关了一段时日后就把两个人都放了。

所以，当李勣再会薛仁贵时，正是薛仁贵在坑降事件后第一次出征，也是薛猛人亟待证明自己的时候。

李勣当然了解薛仁贵的心理，因此他当即交给薛仁贵一个重要任务：驰援。

当时的战局是这样的：李勣来到辽东，先出兵拿下了高句丽西边的要害之地新城（今辽宁省抚顺市北），然后领军深入进击，接连攻克周边的十六座城池。然而，就在李勣率领大军围攻第十七座敌城时，狡猾的高句丽人却凭借对地形的熟悉，抄小路突然偷袭唐军设在新城的大本营。

由于主力部队被主帅带走，新城的兵力比较空虚，仅有副大总管庞同善和营州都督高侃所部。而一旦新城有失，身在前方的唐军军心将受动摇不说，还很有可能面临被敌人包抄合围的危险。所以，驰援新城的人不但要能打，还要能跑。在李勣看来，麾下众将之中，唯有薛仁贵堪当此任。

薛仁贵没有让老领导失望，他率军马不停蹄地奔袭数百里，到了城下连口水都没喝就直接杀进了敌阵，一顿乱打。不过一炷香的工夫，高句丽军就丢下数百具尸体，败退回平壤。

薛仁贵的第一次发威就此结束，接下来的，是第二次。

行军总管高侃率部推进至金山一带时，与大股高句丽军相遇，双方随即开打。估计是之前跑得快了，唐军士兵体力还没完全恢复，渐渐落于下风，开始动摇后撤；高句丽军则乘势进逼，意图歼灭此路唐军。

就在高侃即将败退被歼之际，薛仁贵到了。

赶到战场的薛仁贵观察了下形势，明白了，带着部队从高句丽军的侧面直冲了过去。这一招是极其要命的，因为但凡打仗，军队的侧翼都是最为薄弱的，一旦被敌人突袭得手，部队会迅速陷入混乱，继而同时丧失指挥与作战的能力。

此时的高句丽人正如影视剧里那些只举枪盯着敌人、不知警觉身后的蹩脚枪手，结结实实地挨了一闷棍。不过与剧里不同的是，被打晕的一方大多有机会再次睁开眼，可这部分追别人追得正兴起的高句丽人很不幸，没有这种机会。

毫无防备的高句丽军几乎在一瞬间便被拦腰截断，然后大乱。意识到援兵到来，主将高侃带头完成了难度极大的高速中一百八十度拨马回转动作，身先士卒杀入敌阵。

战场形势就此逆转，在唐军的前后夹击下，高句丽军大败，一次性损失五万余人。唐军乘胜扩大战果，接连攻拔南苏（今辽宁省抚顺市东苏子河与浑河交流处）、木底（今辽宁省新宾满族自治县西木奇镇）、苍岩（今吉林省集安市西境）三座城池，同驻扎在国内城的渊盖男生军胜利会师。

薛仁贵的出色表现不逊当年，这让李勣很是欣慰。与此同时，李勣也发现自己手下的另外两位将领的表现也是可圈可点的。

第一个人叫郝处俊，时任辽东道行军副大总管。这位是科举出身，来辽东前一直从事文书或人事方面的工作，因此大家对他的军事水平一直以来都抱有怀疑，直到那件事的发生。

有一次，郝处俊带兵到了高句丽人的城下，部队还没列好阵势，高句丽军就主动杀了出来。唐军士兵都很惊慌，阵脚不稳，仓促应战，这在兵法上是大败的预兆。可就在大家都不知所措的时候，他们惊奇地发现，主将郝处俊竟然稳坐胡床（类似马扎），还在一脸幸福地吃着东西。

完了蛋了，兵熊熊一个，将熊熊一窝，主将如此不靠谱，看来今日我等只能杀身殉国了！

就在大家把心一横准备拼命时，对面的高句丽军突然一片混乱。虽然不知道是什么状况，但这无疑是破敌的好机会，于是兵将们一拥而上，一举将高句丽人击退了。

战斗结束后大家才知道，原来当所有人都六神无主的时候，郝处俊早就暗中组建了一支敢死队绕到敌人的背后发起进攻。

真相大白。唐军将士对郝处俊的胆略无不佩服得五体投地，一致认为郝将军颇有大将之风。

另一个引起李勣关注的将领叫郭待封。

这位郭待封出身将门，系大唐第一任安西都护郭孝恪的次子，当时负责统领水军取海道夹击平壤。不过他引起领导注意的方式比较特殊，不是靠着战功，而是靠一封信。至于信的内容也比较特殊，是一首诗。

据载，李勣在读完这首诗后，当众拍案叫了起来。只不过不是大叫好诗，而是大叫必斩之。

在李勣看来，军情紧急，战场瞬息万变，这个当口郭待封却有闲情逸致给主帅写诗，实在是荒谬至极。

眼看主帅气得跳脚，决意拿郭待封开刀，李勣身边参谋元万顷的一句话却改变了这一切。

元万顷的这句话是这样说的：这是首离合诗。

所谓离合诗是杂体诗中的一种，它的奥妙在于能将一个汉字分解成几句诗文隐晦地表达出来。

在细读了郭待封送来的诗，元万顷完成了解码翻译工作。他告诉李勣，事情是这个样子的：之前派去给郭待封部送粮的船队在途中遇险，未能如期抵达，军中由此断粮。郭待封想要通报此事，却又担心信件被敌人截获，探清我军虚实，因此在思考之后决定以离合诗的形式把相关情报汇报上来。

听完元万顷的解释，李勣恍然大悟，立即派人核实情况。在确认属实后，马上另派粮船为郭待封部补充军需。

郭待封的机智给李勣留下了很深的印象，而元万顷的博学精细也让李勣十分欣赏。但让李勣没想到的是，这位参谋刚刚帮自己避免了一次误判，转个身就捅了个天大的娄子。

说来，还是文章惹的祸。

古时候两边要打仗，一般都有写篇檄文的习惯，这有点类似于今天的宣战，但比宣战更高端，因为檄文不仅是说我要打你，还会详细说我为什么要打你。特别是一篇优秀的檄文，往往具有打击敌人士气、引导国内国际舆论的功效，可称得上是心理战的利器。想当年，陈琳的大作《为袁绍檄豫州文》就曾让曹操读完惊出一身冷汗，居然治好了曹操的头风。

作为行军管记，檄文骂敌是元万顷的分内之事，我不知道元万顷在创作前是不是有饮酒的习惯，但就他的《檄高丽文》中字句来看，他确实疑似喝高了，因为在檄文上竟出现了这样一句："不知守鸭绿之险。"

据说渊盖男建读罢连声感叹：这年头还是好人多啊！

于是渊盖男建急忙派出重兵前往驻守原本设防一般的鸭绿江一线，使得唐军渡江难度瞬间由简单提升为地狱的级别。

这下子元万顷算是摊上大事了，由于其行为影响极其恶劣，李勣也保不住，被朝廷直接判了流放，发配岭南低吟浅唱。

元万顷以其惨痛经历再次告诫我们，有时候事可以乱做，但话绝对不可以乱说。

在元万顷的檄文帮助下，高句丽有幸多熬了一年，迎来了新年。而唐军方面也迎来了一个极其关键的人物。

总章元年（668年）正月，李治任命已担任右相的刘仁轨为辽东道行军副大总管兼浿江道总管，辅佐司空李勣讨平高句丽。

这一任命意味着，经过多年的经营，刘仁轨终于完成了东征的第二基地百济的战争准备工作，高句丽即将被拖入两线作战的境地，直至被彻底拖垮。

至此，高句丽之役真正进入了最后的阶段，决胜的阶段。

新年新气象，唐军的新春第一战自然要确保告捷，博个好彩头，于是这个光荣的任务就交给了军中表现最为抢眼的将领薛仁贵。上级交代下来的目标是高句丽人的又一军事重镇扶余城（今吉林省农安县，另有说法为今辽宁省开原市古城）。

薛仁贵接到任务回来了，但他手下的将领们并没有很激动，因为薛仁贵的兵力是两千人。

你没有看错，这就是薛仁贵所有且仅有的兵力。

很明显，兵力是微薄的，任务是艰巨的。

于是，诸将纷纷前来劝阻薛仁贵，希望能暂缓进攻，等来几路友军一块上。

薛仁贵笑了："兵不在多，关键只在主将是否善于用兵。"

就这样，薛仁贵军同高句丽军在扶余城外相遇。高句丽人的兵力到底是多少，说实话我也并不是很清楚。不过我可以确定地告诉大家的是，至少是薛仁贵兵力的五倍。因为史书上出现了这样的记载："遂先锋而行，贼众来拒，逆击大破之，杀获万余人。"

薛仁贵实在是太猛了，不到一个月的时间就凭借区区两千的兵力拿下了扶余城。战报传来，扶余川中的高句丽人都惊呆了，于是剩下的四十余城军民很快达成共识：开城投降。

在薛仁贵的带领下，唐军兵不血刃、一路凯歌与主帅李勣的大军相会于高句丽都城平壤之下。

薛仁贵领着所部在扶余以少胜多的时候，李勣正在静静地等候着猎物的上钩。李勣的猎物是高句丽军的主力。说得透彻点，这其实是兵法里常用的一招：围点打援。让薛仁贵统领小部队攻敌重镇，目的就是诱使高句丽人派出主力大军来援，以便集中兵力同敌决战，最大限度地消灭敌人的有生力量，彻底摧毁高句丽赖以抗衡的军事基础。

渊盖男建的智商果然没有让李勣失望，高句丽大军不仅来了，而且还是渊盖男建本人亲自带队。

渊盖男建带来的是高句丽国内最为精锐的五万大军，而他们与李勣相遇的地方叫薛贺水（今辽宁省丹东市西南赵家沟河）。

当军事新人渊盖男建遭遇百战老将李勣，战斗的结局基本毫无悬念。高句丽被"大破之"，唐军斩获三万余人，进击大行城，克之。

至此，唐军各路部队已经基本上扫清了高句丽在辽东的主要军事据点，可以直接饮马鸭绿江。

从古至今中国用兵朝鲜半岛，只要主帅靠谱，国内没事，一旦军队跨过鸭绿江，兵临平壤也就只是个时间问题。对于这一点，渊盖男建心知肚明，因此他慌忙派出弟弟渊盖男产坐镇江防部队督战。客观地讲，找渊盖男产这样的国家要人镇守最前线部队，稳定军心、民心，是一个还算正确的决定。可是，仅仅正确是不够的。要知道，从李勣到契苾何力、薛仁贵，唐军的几个主要将领大都曾在鸭绿江来回走过。如果渊盖苏文本人还活着，估计还能挡一阵子，但以渊盖男产的能力，是万万扛不住的。

在李勣、契苾何力等熟悉情况的指挥官的带领下，唐军各部避实击虚，英勇奋战，强行渡江成功并拿下了位于平壤西北的辱夷城，站稳了脚跟。

高句丽人的江上防线被突破后，随着被唐军穷追猛打赶出二百里开外的高句丽兵越来越多，对唐军英勇表现的描述越来越生动丰富，沿途众多城池的守将纷纷坐不住了，不是脚底抹油溜之大吉，就是递交降书顺表宣布归唐。高句丽国都平壤，就此暴露在了唐军的面前。

最先到达平壤城下的是契苾何力和他的骑兵部队。

围城转了一周后，契苾何力下令停下脚步，就地扎营。

对契苾何力的反常举动，高句丽人表示纳闷儿，兵贵神速，他是第一个来的，怎么不动手呢？鉴于当年契苾何力在鸭绿江的机智与勇猛，高句丽人虽然一头雾水却迟迟不敢轻举妄动、主动出击，而是选择了以不变应万变，等着看契苾何力会耍什么花招。

说来实在是冤枉了契苾何力了啊！契苾何力当时转了一圈不过是感觉平壤城真的很大，意识到仅凭自己带来的这点人不足以攻城或围城，所以索性让部属放松下，等待后续的主力跟上，并力合围而已。而高句丽人的多疑恰好让契苾何力得偿所愿。

总章元年（668年）八月，李勣统领的大部队赶到平壤，随即完成了对城池的包围。

此时城内的高句丽人方才如梦初醒，简直悔青了肠子。然而一切已经太晚，平壤军民就此开始了长达一个月被围观（偶尔也有围攻）的生活。

孙子曾经曰过：用兵之法，十则围之，五则攻之。因为在攻城战中，作为防守的一方一般是占有优势的，其一兵一卒、一砖一瓦（高空抛物）往往能带给攻方比野战更大的杀伤。所以对攻方来说，围而不攻，切断城中所有补给，打消耗战才是费力最小、伤亡最低的最优选择。

作为孙子大师的忠实铁杆粉，李勣毫不犹豫地率领大军在平壤城下住了下来，每天除了上前线查看壕沟（防止敌人骑兵冲击）的挖掘情况并检查拒马等设备的破损状况外，就是在营帐里读读兵书、写写字，日子过得好不悠闲。

可在城内的高句丽人就惨极了，由于平壤被围了个水泄不通，且之前大家对此毫无准备，城中的粮食和水源很快就出现了供应困难。平壤军民的愤怒开始慢慢积攒起来，但谁也没想到的是，最先爆发出来的竟是一向被认为草包的高句丽国王高藏。

高藏很火，他的确有大发雷霆的理由。这位国王自登位以来，就被当作傀儡一样摆布，且老子玩完儿子玩，哥哥用完弟弟用，一点话语权也没有。没有尊严感那也算了，但如今祖宗好不容易攒出来的江山却被渊盖一家折腾成了这般田地，连自己的日常生活都受到了严重影响，这就不能忍了。

于是在未经过渊盖男建同意的情况下，高藏以高句丽国王的名义派出以渊盖男产为首的九十八名朝臣，手举白旗，出城投降。

唐军主帅李勣亲切地接待了请降团的全体成员，并耐心地为大家宣讲了大唐的相关政策。总而言之一句话，归顺从宽，抗拒从严。

渊盖男产很高兴，原来唐朝并不记恨自己的家族，没有赶尽杀绝的打算。

李勣同样很高兴，历时多年的东征大业成功在即，没有顽抗到底的麻烦。

唯一不高兴的是渊盖男建。当发现高藏居然敢撇开自己单独同唐军谈投降时，渊盖男建感到自己的存在受到了挑衅，于是下定决心要同李勣死磕到底。

不过现实同理想往往是有些差距的，对渊盖男建而言，他的理想与现实之间的距离应该是那条弯弯的鸭绿江。

在接下来的几天里，渊盖男建频频派兵出城，但出去的人要么没回来，要么被抬回来，效果始终不甚理想。尽管如此，渊盖男建仍旧没有放弃希望，他的希望着落在一个叫信诚的人的身上。

信诚这个称呼乍一听很像是一个和尚的法号，确实，这位信诚还真是个和尚，且是渊盖男建非常信任和倚重的人。

联系之前的玄奘、福信和定惠来看，当时的和尚实在是个国际级的吃香行业，经常能接触到国家要人，时不时地还会被大领导一下子相中，委以重任。这一次也没有例外，渊盖男建将平壤防务与军中事务全权交给信诚处理，他希望这个和尚能以他的大智慧给自己一个想不到的惊喜。

事后的发展表明，信诚的确有大智慧，也的确做到了，但是以渊盖男建未曾预料到的一种方式。

信诚是个和尚，一个务实的和尚，具体表现在，他正确地意识到，渊盖男建是在作死。

顽抗是不妙的，逃避是没用的，唯一可保住性命与荣誉的方式是尽快投降。

于是接手兵权不久，信诚便秘密派人出城同唐军联络，表示愿意充当内应，并约定好五日后暗中打开城门，放唐军入城。

九月十二日，信诚如约诚信了一把，打开了平壤城的大门。早在门口守候的唐军战士一拥而入，冲进城内，率先控制城门，然后一边鼓噪呐喊，一边烧毁城角的碉楼暗堡。一时间城头变换大唐旗，城内的重要衙署也被唐军先后拿下。

大势已去，真的大势已去。渊盖男建彻底绝望了，他没有想到事情会如此发展。懊悔不已之下，渊盖男建认定已然无路可走，遂拔剑自杀。

可能是对自己下手不够狠，准头没把握好，渊盖男建举剑自刺后居然没死成，经过唐军随军医生的全力抢救居然缓了过来。就这样，不可一世的渊盖男建最终还是成了李勣的俘虏。

平壤告破后，高句丽四境传檄而定，高句丽由此正式成为一段历史的记忆。

第十七章
名将的结局

高句丽悉平。

当李治看到战报时，实在难以掩饰住内心的喜悦，虽然他早就预料到了这样的结局。

早在半年前，李治曾同从辽东前线回来的侍御史贾言忠有过一段相关的对话。

当时，李治询问前方的具体战况，贾言忠几乎是不假思索就回复道："高句丽必能平定。"

李治奇怪道："李勣这个做统帅的都不敢放话这么说，你咋敢？"

贾言忠不慌不忙地回答道："昔日隋炀帝东征失败，原因在于国内人心离散，怨声载道，先帝东征失利，则是因为高句丽国内众志成城，无隙可乘。但现在情况就不一样了，如今，高句丽王高藏大权旁落，朝中权臣擅权。特别是在渊盖苏文死后，渊盖男生兄弟火并，渊盖男生真心归降，成了我军的向导。这样一来，对敌人的内部情况，我方已了如指掌。而以陛下之神武，国家之富强，加上前线将士们的尽力，趁高句丽内乱攻打他们，这正是击灭高句丽的势头。况且，高句丽国内连年饥荒，灾异频繁发生，人心惶惶，其灭亡可翘首以待。"

贾言忠的这番分析让李治觉得很有道理。看来这是一个很有眼光的人啊！于是李治主动与之深入交流，将话题引到了对于辽东诸将的能力评定上来。

贾言忠来者不拒，继续娓娓道来。在他看来，辽东诸将称得上"贤"的人不过五人：

最猛的自然是薛仁贵，用贾言忠给出的评语原话是"勇冠三军"。

次之是庞同善，贾言忠认为此人虽然不能打，但治军很有一套，他的部队军容严整，称得上模范之师。

行军总管高侃勤俭廉洁、忠诚果敢，而且足智多谋。

副帅契苾何力沉着善断，有统御之才，就是有点爱嫉妒别人。

这四位可以说都很优秀，但是在贾言忠看来，他们都比不上一个人，那个人就是统帅李勣。

对于李勣，贾言忠给出了最高的评价：夙夜小心，忘身忧国。

李治十分同意贾言忠的说法，因此他在内心深处早就决定要给他日凯旋的李勣以最为热烈的欢迎。

总章元年（668 年）十二月，这一天终于到了。

得知李勣的大军将要到来的消息，皇帝李治下令先将高句丽王高藏等人拉到老爹的墓前（昭陵）献俘，以告慰先帝。然后正式启动早已准备好的凯旋仪式，让东征英雄们在凯歌鲜花与欢呼声中进入长安。

就这样，李勣一行在夹道欢迎的群众的掌声中策马步入了张灯结彩的城门，而后又在太庙参加了庄严肃穆的献俘大典。

眼前的一幕幕场景让李勣不禁回想起往事。那是四十七年前，那一年，唐军苦战虎牢关平窦建德，降王世充，随即班师回朝。那一次，长安城内也是如此，彩旗飘飘，人山人海，几乎全城的人都来争先一睹大军的风采。那一天，身为副帅的自己身着黄金甲，而走在前面的主帅正是李世民。

时过境迁，昔人已逝，徒留回忆，有谁堪言。

李勣凭栏远望，月光正凉。

总章元年（668 年）十二月七日，唐高宗又一次在含元殿上接受了献俘（相信我，他对这事儿有瘾），随即下诏公布了对半岛事务及相关人员的处理意见。

首先是赦免。考虑到高句丽国王政非己出，故而予以高藏特赦。渊盖男产为兄长胁迫，亦获得赦免。

然后是封赏。任命高藏为司平太常伯、员外同正（享受部长级待遇）；渊盖男产为司宰少卿（宫廷膳食部副长官）；和尚信诚献城有功，封为银青光禄大夫；渊盖男生向导有方，升为右卫大将军。

加主帅李勣为太子太师，增封食邑至一千一百户，李勣之下征辽诸将，均封赏有差。

再然后是安顿。

分高句丽五部、一百七十六城、六十九万余户为九都督府、四十二州、一百县。在高句丽故都平壤设置安东都护府以统领之，而安东都护一职则先由右威卫大将军薛仁贵代理。此外，擢升东征期间有功的高句丽人担任各级地方政府的都督、刺史、县令，协同唐人参与治理。

最后是惩戒。前高句丽权臣渊盖男建被判流放黔州，原百济叛军首领扶余丰被判流放岭南。

不容易啊，实在是不容易。从贞观十八年（644 年）唐太宗发起第一次东征到李勣攻克平壤归来，前后历时长达二十五年之久。而如果从大业八年（612 年）隋炀帝出兵高句丽算起，中原王朝竟用了半个多世纪的时间去应对高句丽这个潜在的威胁，甚至还付出了一个帝国覆灭的沉重代价。

所以，李治对于李勣的贡献十分看重，之后大大小小的各种祭祀、献祭仪式中，皇帝都力邀李勣出面主持参与，以此给予这位老臣以最大的荣耀。

总章二年（669 年），灭亡高句丽的第二年，走上人生巅峰的李勣迎来了自己人生的终点。

李勣病重了，从皇帝到他的家人都很忧心，四处求医问药，希望李勣能恢复健康。但李勣本人对此却不太上心，反倒是置之一笑：

"我本是关东的一介农夫，有幸遇到圣明之主，位列三公，年将八十，这难道不是命吗？人的生死，上天早有安排，岂能向医生寻求活命之道？"

此后，李勣的病情越发严重，以致卧床不起。

忽然有一天，李勣对在身边陪护的弟弟李弼说道："我今天感觉好了很多，你可以置办一桌酒席，让家里人一起高兴一下。"

这实在是一个利好消息。李弼立刻行动起来，安排相应的工作。

不久，一切安排妥当，李勣如期出现在全家人的眼前。

李勣看起来很有精神，一家人很是高兴，于是开始愉快地喝起酒来。酒喝得差不多时，李勣瞧向李弼，示意自己有话要说。

"我自忖是好不了了，所以这次是特意与你们告个别。"

此言一出，全场瞬间安静了下来。

李勣报以微笑，继续说道：

"你们不要悲伤哭泣，听我几句吩咐。我见房玄龄、杜如晦二人，一生勤勉，备尝艰辛却仅仅能保住门户。家中一旦出现了不肖子孙，则家破人亡。"

说着，李勣看向自己的弟弟。

"我的这些子孙今天就全都交托给你了。安葬我以后，你就迁居我家，抚养照顾这些孤幼，好生看管。如果他们中间出现动机不纯、结交狐朋狗友的，你一律先行杖杀，而后再上奏朝廷。"

说完，李勣又简单交代了一下自己陪葬品规格之类的身后事，自此便不再说话。

十二月三日，李勣于家中病逝，终年七十六岁。

李勣死了，李治十分悲痛，一连七天没有上班（辍朝七日），但有些重要的工作还是要做的，比如追赠逝者荣誉性官爵（太尉、扬州大都督），给予最贴切的谥号（贞武），等等。当然了，鉴于一直以来李勣给自己的支持，李治认为还要给得更多，于是除了这些最基本的待遇外，皇帝陛下还特赐东园秘器，准许李勣陪葬昭陵。

葬礼当日，李治亲临未央古城，登上城楼哭送丧车，皇太子李弘也亲自随车送葬。至于李勣的坟墓则按照西汉名将卫青、霍去病的旧例，修筑成阴山、铁山、武德鞬山那样的形状，以表彰李勣生前击破突厥、薛延陀的不朽功勋。

顺便一提，由于李勣的长子李震先他而去，所以李勣英国公的爵位由李震的长子李敬业承袭。想必大家还记得李勣原本是姓徐的，因而李敬业又可以叫徐敬业。

李勣的葬礼可以说是唐朝开国的大将中最为风光的，有皇帝父子观礼，文武百官送行，轰动了整个京城。

相对而言，另一位功绩可以媲美李勣的名将则相形见绌，甚至可以称得上莫名其妙。他离世比李勣要早，但皇帝却在他死后很久才得到消息；他算是国家的高级将领，去世的具体日期居然不见于《资治通鉴》等正史（一般朝中重臣逝世，史书中会记上某年某月某日某人薨），这位似乎被朝廷与史官同时遗忘的重要人物就是我们的老朋友苏定方。

如果用一个词语来形容苏定方于龙朔三年（663年）前赴西北至其去世的这段经历，个人以为，应该是蹊跷。

蹊跷的表现前面已经说到了，作为镇边大将逝世于军中，这么大的事情，竟然没有人及时向皇帝汇报。直到很久之后，李治才得知苏定方已在乾封二年（667年）过世，为此大为痛惜，并严词责备了身边的侍臣一番。

然而，蹊跷的事还不只是大家对苏定方的死讯守口如瓶，还有对这位老将人生中最后一场战役的讳莫如深。

苏定方的最后一战并不见于《新唐书》《旧唐书》《资治通鉴》等汉史的记载，我也是在收集整理关于吐蕃的史料时，偶然发现了苏定方的身影。

当然了，由于这段记录存在并且只存在在吐蕃一方的文献中，按照史学界"孤证不立"的传统，在发现新材料前是最好不说，至少不多说的。

据吐蕃文献记载（注意这一前提），这一战发生在乾封二年（667年），是场遭遇战，苏定方的对手大家也不陌生，他就是当年奉松赞干布之命入唐求亲的禄东赞（藏史称伦布噶）。

禄东赞时任吐蕃大论一职（相当于宰相），在当时的吐蕃国内几乎等同于诸葛亮般的存在，不但主掌国中大事，子侄也在军中、朝中担任要职，可谓权倾朝野。一般来说，领兵打仗之类的事，禄东赞从来不必亲自领兵出马，可这一次是个例外，因为他得知唐军新到任的主帅是苏定方。

禄东赞同苏定方是有过节的。八年前，禄东赞作为主帅领着大军去吐谷浑抢地盘，其副手达延莽布支与苏定方统领的唐军在乌海遭遇，随即交战。激战一天，吐蕃军大败，达延莽布支战死，其手下八万部众被打得只剩下一千人，藏史称"乌海之战"。

战后，苏定方像没事儿人一样，带着所部一千余人又回去继续收拾搞叛乱的思结部了（平定思结阙俟斤都曼的叛乱是苏定方当时的本职工作），徒留禄东赞孤单在乌海悲伤。

要知道，达延莽布支是禄东赞的副手，也就是当时吐蕃政权的三号人物，可谓位高权重。这么一位重臣出去竟被苏定方带着区区一千人干掉了，这则消息实在过于劲爆，舆论压力很大，吐蕃国内议论纷纷，但论调比较一致：禄东赞为大权独揽，控制年幼的新赞普，暗中动了手脚，借唐军之手除掉了达延莽布支。

一时间流言蜚语传遍，搞得禄东赞极为被动，不得不效法街亭之败后的诸葛亮，主动背起黑锅，担负领导责任，宣布下课。直到两年后才再度雄起，用谋反的罪名除掉政敌，重新以大论的身份执掌吐蕃朝政。

此时，昔日的罪魁祸首苏定方好不容易再度出现在眼前，不打一仗报仇雪耻实在是说不过去。所以，这一次禄东赞亲自率领十万吐蕃军杀入大唐境内，接连攻陷了唐朝安置羌人的十二个羁縻州。

禄东赞获得了不错的战绩，但他并未停下前进的脚步，因为他还没有实现他的目的。

一定要逼那个人出战，一定。

事情的发展表明，苏定方最终没有让他失望。

在禄东赞继续寻找进攻目标的路上，苏定方出现了。

两军交兵的部署、战术等具体细节如今已不得而知，但种种迹象表明，这应该是场成功的伏击战。此战，苏定方以八千骑兵大败敌军，吐蕃军大半被歼，只有八千人回到了高原故乡。禄东赞本人则在与唐军作战期间死于军中。

关于禄东赞的死因，藏史本身就有很多说法，有的说是在此战中阵亡的，有的说是因战局不利，急火攻心，发病而死的。但无论是被砍死还是得病死，无疑都跟苏定方有着莫大的因果干系。毕竟十万大军被不足一万的敌人打得溃不成军，对一代权臣而言的确太不体面，换我，也难免有点抑郁。考虑到禄东赞那会儿至少是奔五十的人了，受不了这样大的精神刺激而一病不起，一命呜呼，那是很有可能的。

总之，苏定方在他生命的最后阶段为守卫大唐尽到了最后一份力。

如果吐蕃的文献记载属实，联系之后苏定方的身后事，我们可以确定得出一个结论：苏定方被有意埋没了，他最后十年的战功也被人故意忽视。

打压他的人我们不好推定，却也不难推定。因为苏定方虽然是个武将，但很有点搞政治的天赋，其集中表现是善于拉关系，所以他和李义府、许敬宗的关系都很不错。而当他远赴西北守边界直至病逝的时候，李义府已贬谪而死，许敬宗则处于半退休的状态，不太露面。此时此刻，活跃在朝堂之上的是因战功卓越而直接调入中央的刘仁轨（时任右相兼检校太子左中护，并一度负责监修国史）。

大家估计还记得，刘仁轨同李义府是死敌，而对于前死敌的前死党，找点麻烦恶心一下，也属于正当防卫，可以理解。

身后是否得到风光大葬，是否被树立为正面人物，得后人夸耀敬仰，我相信对于处在人生最后一刻的苏定方来说都不重要。他只是一如既往地跨坐战马、手持宝剑在祖国的边疆来来往往。

迎着落日的余晖，一个老人静静地守候着那个他看着成长起来的国家，欣慰地笑着。

乾封二年（667年），左武卫大将军苏定方卒，年七十六，谥曰庄。

在中原王朝的史书中是不存在苏定方大战吐蕃的记录的，因此关于文成公主入蕃后唐蕃间的首次大战，史书都一律记作大非川之战。说来十分巧合，大非川之战唐军一方的主角正是在众多评书小说中与苏定方家族形同水火、恩怨纠葛的薛仁贵，而这场战役则在很大程度上改变了薛仁贵的命运。

禄东赞死在吐谷浑的日布后，其子赞悉若、论钦陵相继担任大论，把持吐蕃的军国大事。而论钦陵着实是一个能力绝不亚于老爹禄东赞的人。事实上，在很多史书中，这位论钦陵还有着一个更为威风响亮的称号——吐蕃第一名将。

这里有必要说明的是，论钦陵只是个称谓而非本名，这位仁兄其实叫噶尔·钦陵赞卓。但考虑到噶尔·钦陵赞卓这个名字多少有点拗口，且论钦陵是由中原史籍独家命名的，在未来的三十年间出镜率不是一般高，所以我们就称呼他为论钦陵吧。

论钦陵全面承袭了老爹的扩张路线，在吐谷浑故地站稳脚跟后，他马上把目标转到了下一个方向，那就是西域。

吐蕃早在许多年前就有染指西域的意图，只不过碍于唐朝在此的强大军力，一直无缘下手。直到唐高宗用兵高句丽，吐蕃这才得到了机会，开始加紧控制西域各国，不断蚕食大唐的西北领土。

现在到了论钦陵的时代，这位仁兄明显认为蚕食太慢，不如鲸吞有成就感。于是他直接派出军队侵入西域，连续攻陷十八州，然后又找上于阗一起偷袭了龟兹的拨换城（今新疆维吾尔自治区阿克苏市）。拨换人少势孤，守军最终全军覆没，城池失守。

论钦陵不愧是吐蕃第一名将，出手实在是凌厉狠辣，唐朝在其凶猛的攻势下不得不主动收缩战线，撤销了龟兹、于阗、焉耆、疏勒这四大军镇。至此，唐朝的西北疆域萎缩回了贞观时代。

树欲静而风不止，这小子还真是够噌瑟的啊！

人家已经打到家门口来了，再不还击眼看就要上房揭瓦了，唐高宗不能淡定了，他决意给吐蕃人以漂亮的还击。

咸亨元年（670年），唐高宗下达了诏令，自四月九日起，帝国境内所有可用可调之兵立刻赴长安集结，准备开战。

由于李勣、苏定方走了，刘仁轨退了（学名：致仕），放眼朝中，李治突然发现他几乎没有选择的余地，只好召回在高句丽驻守的薛仁贵，令其统兵西征。

就这样，薛仁贵被任命为逻娑道行军大总管。所谓逻娑就是今天的拉萨。朝廷以逻娑为行军总管冠名，这就意味着唐军此次出征的方向是西南而非西北，战场不是熟悉的西域，而是阔别多年的吐谷浑。

事实上，情况确实如此。在对吐蕃用兵这一问题上，李治采纳了左相姜恪的意见，即先出兵帮助吐谷浑复国，以之作为大唐与吐蕃的战略缓冲，并借此切断吐蕃与河西走廊之间的联系，而后再伺机进攻吐蕃。因而西征的主要战略目的也由此确定：驱逐吐蕃人，重建吐谷浑王国。

咸亨元年（670 年）夏，五万唐军集结完毕，对外号称十八万，他们在东征英雄薛仁贵的统领下向盘踞在吐谷浑故地的吐蕃人发起进攻。

初任大帅的薛仁贵的两名副手很值得一提。他们一个是唐初著名蕃将阿史那社尔之子、左卫员外大将军阿史那道真，另一个则是曾在高句丽战役中机智了一把的左卫将军郭待封。

我是不知道这个组合的主意到底是不是李治自己提出来的，但我确信，假如上天能够给予一次重来的机会，李治绝对会毫不犹豫地大喊换人。

可惜，历史从来是条单行道，没有开倒车的可能，所以这场战争的结局也就此早早地注定了。

一开始，一切发展得很顺利，唐军从鄯州（今青海省海东市乐都区，请注意这个地名）出发，一帆风顺推进到了大非川。

在这里，主帅薛仁贵下令停止前进，因为他要召开一次军事会议。

会议上，薛仁贵公布了自己下一步的作战计划。

薛仁贵的计划是这样的：将主力部队分为两部，其中一部两万人留在大非岭上，他们的任务是在此地修筑两座堡垒安放粮草辎重，建立稳固牢靠的临时军事据点。剩下的人中，拣选精锐轻骑，由他本人率领，精简负重，倍道兼行，前往乌海，在敌军发现之前发现敌人，并予以出其不意的打击。

这一想法充分发挥了薛仁贵擅长奔袭的作战特点，而从后来战事的发展来看，其集中精锐主力主动出击歼敌的运动战思路正好与论钦陵不谋而合、如出一辙。

但是，有人却对薛仁贵的这一计划嗤之以鼻，这个人不是别人，恰是行军副大总管郭待封。

有许多历史书都说，郭待封不搭理薛仁贵是因为他自恃为名将郭孝恪之后，耻于接受泥腿子出身的薛仁贵管制。所以后来阳奉阴违、擅自行动，终至连累了薛仁贵与整个大军云云。

这一说法并不完全错误，郭待封在内心深处的确瞧不起出身低的薛仁贵，不甘心屈居其下，但是郭待封的确有对薛仁贵的奔袭计划报以冷笑的充足理由。

因为在随征高句丽前，郭待封曾长期担任一个职务，这一职务的名字叫鄯城镇守。

在鄯城待了多年，郭待封深知薛仁贵的计划有一个致命的漏洞。

这个漏洞可以用五个字来概括：这里是高原。

唐军的出发地鄯州虽然海拔有 2300 米左右，但由于位于河湟谷地，出现高原反应的可能性很小，而薛仁贵要去的乌海则属于真真正正的青藏高原了，那里平均海拔在 4000 米以上，空气相对稀薄，较之平原，长途奔袭会消耗部队更多体力，增加发生急性肺水肿等高原病症的风险，即便情况没有那么糟糕，对大多数人来讲，头痛、眩晕、易疲劳的症状还是难免的。再加上此处地形复杂多变，难以找到食物，一旦没能及时发现敌人，克敌制胜，部队就会面临粮食断绝的危险，几万人可能就会葬身于高原之上。

郭待封考虑到的这一点是薛仁贵所没想到的，但是，郭待封却没有当面提出，因为在他看来，只有在薛仁贵犯了错误时，自己及时出现予以挽救，这样才能证明自己比这个泥腿子强。于是，郭待封选择了沉默，同时暗中决定按照自己的计划行进。

薛仁贵带着轻骑兵向着乌海的方向前进，临行前，他一再叮嘱郭待封要构筑好营垒，等到自己的命令后，再行动。

郭待封漫不经心地点头表示自己听到了薛大帅的话，然后略一抱拳，扬长而去。

薛仁贵不愧名将之名，在他的统领下这支轻骑兵神出鬼没突然出现在驻屯于河口的吐蕃人面前，吐蕃军队猝不及防，被薛猛人当场消灭得干干净净。

河口得胜后，唐军立刻继续推进，在乌海扎下了营寨。至此，一切都很顺利，所以薛仁贵决定派人通知后面的郭待封，让他带领辎重赶赴乌海与自己会合。

当薛仁贵的传令兵还在高原上策马飞奔时，郭待封正带着辎重兵在通往乌海的道路上缓缓而行。

按照郭待封的推算，此时由低海拔地带快速推进到海拔较高地带的薛仁贵部应该已经出现不适了，所以他将要以救世主的姿态出现在薛仁贵的面前，让对方难掩惊喜。

然而郭待封做梦也没有料到，他的这一行带去的惊喜是传说中的分体式惊喜，薛仁贵获得的部分是惊，论钦陵获得的部分是喜。

论钦陵当时正带着二十万大军在大非川一带转悠，试图找寻唐军主力，一举歼灭。

就在论钦陵不得要领之际，郭待封一头撞了过来。

论钦陵大喜过望，立刻邀击唐军，且专门派人往辎重兵身上招呼，唐军立时陷入混乱，首尾不能相顾。

关键时刻，郭待封再次发挥急智，果断下令将辎重全部丢掉，然后带着剩余人马边打边往山里退，直到找到一处险要地段，据险固守，暂时挡住了吐蕃军的攻势。

事已至此，郭待封不得不低下自己高贵的头，派人去向薛仁贵求救。

薛仁贵回绝了郭待封的请求，不仅是因为他的部队这一路奔袭作战体力消耗的确很大，还由于吃惊、无奈与愤怒。

当初你不肯听我的，现在也不要想我听你的。

作为败事之罪魁，郭待封没有再次要求援军的权力，更没有这样的脸面。于是，郭待封所部在薛仁贵的冷眼旁观中全军覆没。

现在，只剩下薛仁贵部了。

薛仁贵判定，目前在自己附近的吐蕃军队兵力有限，所以还不敢大张旗鼓地包围城池，不过如果继续留在乌海城中，一旦敌人集结完毕自己就很容易被敌军层层包围，届时可真是插翅难飞了。

面临前所未有的险境，薛仁贵的选择是主动率军退出乌海城，退入大非川与实力尚存的阿史那道真部取得联系，然后再伺机行事。

薛仁贵的判断是准确的，论钦陵此时正在动员全部兵力，吐蕃军、亲蕃的吐谷浑军以及附庸于吐蕃的西域各国军队正陆续由四面八方赶来，论钦陵手下的军力越来越强，最终已高达四十余万。

接下来发生的事情已经再无悬念。

一战下来，唐军寡不敌众，几乎被吐蕃人全歼（史载：唐兵大败，死伤略尽）。仅有薛仁贵、郭待封等主将和少数士兵侥幸突围而出。

为免真的全军覆灭，薛仁贵主动向论钦陵派出了使者，传达了自己的态度：停战议和。

通常这种情况下，占据优势的人会冷笑一声，然后叱退来使，很牛地下令给予对手最后一击。

不过这一次是个例外。

究其原因，不外乎两点。

第一，争取既得利益最大化。论钦陵不只是一个清醒的指挥官，还是一个成熟的政治家。他很清楚，唐朝的国力十分雄厚，现在将薛仁贵残部报销不过是举手之劳，但这一举动却注定会让大唐举国愤慨，引为奇耻大辱，从而倾国之师来报此仇。那样的话，胜负难料，后果更不堪设想。所以不如卖薛仁贵个人情，卖大唐一个人情，巩固现有成果，逼迫长安方面承认吐蕃占据吐谷浑的既成事实。

第二，减少部队伤亡。虽然各类史料中都没有给出大非川之战中两军的阵亡数字，但从此战之后吐蕃军迟迟没有对西域采取进一步的军事行动，反倒是被于阗王凭一己之力逐出于阗等迹象来看，此战中吐蕃也承受了不算小的损失。考虑到唐军和薛猛人本人的彪悍，论钦陵同意了薛仁贵的议和请求。

大非川之战就此结束。

大非川之战是唐朝历史的一个重要转折点，它作为唐朝开国以来对外作战中最大的一次惨败，为唐军不可战胜的传奇画下了醒目的休止符。自此，唐军退守河源一线，对吐蕃采取守势，吐谷浑则彻底陷落，成为吐蕃之别部。

消息传到长安，整个京师都震动了，皇帝陛下尤其激动，连续几天都愁眉不展，因为他的整个布局都因这次大败而被迫修改。

为消灭吐蕃这个强敌，李治其实下了很大一盘棋。他推断吐蕃大举入寇西域，国内必然空虚，这才派薛仁贵出兵吐谷浑，以切断吐蕃同西域的联系。而为了保证吐谷浑复国成功，李治已先派出大将阿史那忠进驻西域救援于阗，并命西突厥酋长阿史那都支以其所领的咄陆五部牵制吐蕃人在西域的兵力，与高原上的薛仁贵遥相呼应。

李治的这一战略部署，主攻、助攻、牵制应有尽有，待时机成熟，便可三路齐发，进可直捣吐蕃国都逻娑，退可夺回安西四镇，堪称一个完美的军事计划。

一切只等薛仁贵告捷。但是薛仁贵却让李治失望了。

毕其功于一役变成了其功毕于一役，这个心理落差实在太大。于是不等成功撤退的薛仁贵等人回京，盛怒之下的李治便派出大司宪（御史大夫）乐彦玮为特使赶到军中，将主将薛仁贵等三人"械送京师"问罪。

无论你们是谁先犯了错，反正你们是把朝廷的脸面都丢尽了，还赔上了数万将士的性命，不办了你们怎么跟天下人交代？

当然，虽然三个人被逮捕入狱，经过审判认定有罪，但念在旧日的功劳上，三位仁兄最终都免于一死，可也被废了武功，贬为庶人。

一年后，半岛战事再起，薛仁贵毕竟声名在外，因而得以重新被起用充任救火队员，前去扑灭战火。关于他的故事虽然不是很长，但至少还有一段。从这一点上看，薛仁贵比之我们的另一位老朋友刘仁愿，那可真不是强上一星半点。

在当年半岛上驰骋过、露过脸的唐军将领中，混得最好的是刘仁轨无疑，此公无愧是文官出身的将领，道行很深，非常机灵。在皇帝陛下大搞形象工程举行封禅大典时（这个事我们后面会详述），他不远万里从熊津赶来参加，还顺道带上了新罗、百济、倭国、耽罗四国使团来朝见，这一举动使得李治对他的好感瞬间拉升，当场被任命为大司宪，成为御史们的长官。之后在配合李勣讨平高句丽后，又懂得急流勇退，主动放弃右相的高位，申请退休回家。这么一个会来事又肯低调的人，领导必然很是欣赏，自然也不会让他闲太久（事后的发展也证明了这一点）。不过对刘仁轨提携有加的刘仁愿性格恰恰与刘仁轨相反，因而他的结局也最为悲惨。

自从同刘仁轨就是否奉旨班师一事产生争执后，刘仁愿的处境相当被动，他不但同老拍档刘仁轨产生了不和，还在皇帝陛下那里挂了号，被认为是不忠（由是以仁愿为不忠）。不过由于刘仁愿毕竟是唐军在熊津的最高长官，从新罗到百济以至于倭国都比较认刘仁愿，他们把他视作大唐朝廷的代言人，所以当百济与新罗进行会盟的时候，刘仁愿作为大唐皇帝的敕使出现在会场，负责主持并监督双方的会盟事宜。

按照唐朝的安排，在麟德二年（665 年）八月的这次会盟中，鸡林州大都督、新罗王金法敏将与百济末代王子、熊津州都督扶余隆在熊津城筑坛盟会，就此宣誓新罗与百济一并归入大唐的鸡林州与熊津州两个羁縻州的和平体系之中，从此友好共处下去。

事实证明，这只是个美好的梦想，基本等同于白日梦。

大部分人对这一点都心知肚明，但从后续的事态发展看，刘仁愿并不属于这大部分人。

按理说，李治身为少年天子想法有些不切实际还可以理解，可刘仁愿已经是五十多岁的人了，应该早已过了爱做梦的年纪，为人却还如此单纯耿直，实在是难能可贵。

于是，就在刘仁愿毫无防备的情况下，麻烦降临了。

给刘仁愿找麻烦的人叫金仁泰。

金仁泰，新罗人，已故新罗王金春秋的小儿子。这位金小王子早先曾奉命统兵七千协同唐军驻守泗沘城，在那段最为艰苦的岁月里，他同唐军的主将刘仁愿建立起了兄弟般的友谊。因此当两国联军讨伐高句丽时，卑列道总管刘仁愿是同新罗方面任命的卑列道总管金仁泰一道出发的，而他们的任务是从卑列道快速推进北上平壤，及时有效地配合主帅李勣在北线的作战。

在乾封二年（667 年）的时候，刘仁愿、金仁泰等人已经走过一次卑列道，本来不会出现什么意外，然而意外还是不可避免地发生了。

原本最多半个月就能到，刘仁愿这边居然走了快两个月，李勣的大军都把平壤城包围了，却连刘仁愿的影子都没见到。

当然，对此刘仁愿是可以解释的：不是我不想走，是新罗人经常掉队啊！

李勣没有耐心调查刘仁愿迟到的具体原因，当即给他的粉丝李治写了封信，直接把刘将军告倒，流放姚州改造去了。

姚州，即今云南省姚安县，当年属于剑南道，距离京城长安直线距离约为四千三百里。一般像刘仁愿这种免去死刑后被判流刑的人，被流放的距离不会超过三千里，除非极个别朝廷极为厌弃的罪人才会享受这种特殊礼遇。而姚州恰恰又是超过流放最远距离的最坏流放地，没有之一。

有一年朝廷曾派出五百士兵去姚州驻守，没想到人刚到就因为瘴气所侵，团灭。而到此地的官员也不比苦大兵好到哪儿去，几个到任的都督府长史都是被当地少数民族的叛军砍死的，那真叫一个来了就别想走的地方。

刘仁愿来了，同样没走成。

在唐代，官员们被贬谪、被流放之后再次起复乃是家常便饭，早上下野、晚上就重新上台的例子也史不绝书，但刘仁愿一直等到死，也没能等来这个机会。

事实上，刘仁愿被流放姚州之后，生活是怎样的，最终的结局又是如何，我们不得而知。因为自此之后无论是中方还是朝方史料都没有再出现过刘仁愿这个名字，这充分说明，那个曾经威震海东的人已经再也不值一提。

第十八章
新罗的野心

刘仁愿就这样在历史中彻底消失了，平心而论，他落得如此悲凉的下场的确有些冤枉。可这也是没办法的事，金仁泰毕竟是外国人，虽然看得出来他明显是有意在行军途中搞拖延，但天朝上国到底要讲究些大国风度，李勣只训了新罗人一顿而未对金仁泰等主要责任人进行军法处罚，仍命其随军协同作战。

刘仁愿，要怪就怪你交友不慎吧！

对于新罗人而言，坑刘仁愿仅仅是个开始。新罗人的最高理想和最终奋斗目标是统一三韩故地（新罗人是辰韩人的后裔，百济和高句丽则是来自我国东北的古老民族扶余人建立的政权）。之前，新罗已经吞并了由弁韩发展来的伽倻国，因而在兼并了马韩诸部的百济以及霸占半岛近三百年的强敌高句丽先后被更为强大的唐朝消灭后，大唐便被新罗人视作其统一三韩大业的唯一障碍。

一开始，新罗人的反制行动比较低调，不过是暗中支持不服输的高句丽与百济的反唐分子整点摸哨、夜袭、劫粮道的把戏。其实这倒不是由于新罗准备不足，不便出兵直接驱逐唐军，而是因为那个人在，那个叫薛仁贵的人正统兵两万镇守着平壤城。

在之前的战争中，新罗人曾不止一次听说甚至亲眼见识过薛猛人的变态实力，因此有薛猛人坐镇，新罗人一时间不敢轻举妄动。

当时是总章元年（668年）十二月，高句丽故地小打小闹是有的，大规模的动乱是没有的。总体看来，形势还是一片大好。

咸亨元年（670年）三月，不好了。究其原因是深受百济人民敬爱的刘仁轨退休回了家，而让新罗人心惊胆战的薛仁贵又被调离，前往西部赴任，留在熊津都督府负责日常事务的前百济官员难汗、祢军等人又不济事，所以，半岛上的不安分子们彻底解放了，疯狂了。

其疯狂的集中表现是直接出兵辽东接应高句丽叛军南下，而更让人咋舌的是，这个命令竟然是由新罗王金法敏亲自下令，并由新罗大将薛乌儒出面公开执行的。

这位薛乌儒绝非善类，在奉命统领精兵一万配合高句丽旧将高延武的一万叛军西渡鸭绿江后，此人居然不顾国际影响，一直深入到了乌骨城（今辽宁省丹东市），并同驻扎在此隶属于唐朝的靺鞨军队发生了激战，杀掠而还。

我们没有永恒的朋友，也没有永恒的敌人，只有永恒的利益！

——英国首相温斯顿·丘吉尔

新罗人没有说出这句话，但他们却是这一格言的忠实实践者。

同年七月，新罗王金法敏亲自统领大军，兵分三路，进攻熊津都督府。

由于此前新罗方面假意请和，然后却突然以刺探军情为由，单方面扣押了熊津都督府司马祢军、鲁山司马法聪等熊津地区要员，所以导致熊津守军群龙无首，失去指挥，被新罗军乘虚而入，熊津都督府下辖的八十二座城池相继陷落。

其实我认为祢军有没被抓和城池的大片沦陷并没有很强的因果联系，熊津府的陷落只是个时间问题，就凭原百济军的那部分兵马，要对抗新罗精炼出的八万大军，除非上帝、佛祖、真主一起组个团保佑。

实力悬殊，这就是熊津府迅速沦陷的原因。

在新罗突然发威的同时，致力复国的高句丽人也没有闲着，接受新罗救济后，高句丽王高藏的外孙安胜（又记作安舜）在金马渚建立了根据地，并以恢复故国为号召，召集高句丽军残部在各地袭击唐朝驻军。

对于安胜的表现，金法敏给了满分。

咸亨元年（670年）八月一日，金法敏以宗主国的姿态册封安胜为高句丽王，并对高句丽复国力量的下一步行动做出了指示，具体说来是要求安胜"宜抚集遗民，绍兴旧绪，永为邻国，事同昆弟"。

用今天的话讲就是希望安胜能团结广大不愿屈服唐朝的高句丽遗民，重建高句丽国，然后就此与新罗世代交好，同呼吸，共命运。

　　至此，新罗人的如意算盘已经得到了全面展示，即利用唐军灭掉高句丽、百济这两个宿敌，然后再适时在大唐的背后捅上一刀，造成兼并百济的既成事实，同时扶植一个听话的高句丽政权，作为自己在北方陆路的屏障，从而彻底实现自己称霸朝鲜半岛的野心。

　　新罗人很精，高句丽人也不傻。作为死掐了几个世纪的世仇，高句丽人早在亡国的那一刻就为唐罗间的战争埋下了伏笔。这一计划的执行者叫渊盖净土。

　　渊盖净土是渊盖男生的叔叔，此人在南线驻守时率十二城向进攻自己的新罗将领金庾信投降，后来趁着奉命出使大唐的机会，这位仁兄就赖在大唐不走了。不仅如此，他还将已经送给新罗的十二座城池转献给了大唐。

　　渊盖净土的这一手绝非临时起意，而是有计划的借刀杀人、拉人下水，且我们有理由相信，渊盖净土是读过中国历史的，并对战国的那一段比较熟。

　　战国末期，秦国伐韩，占领了野王（今河南省沁阳市），将韩国的上党郡与其本土之间的联系完全切断。上党郡郡守冯亭不愿就此降秦，于是忽悠了秦国一下，转身就把上党郡的十七座城池献给赵国，由此引发了战国时代持续最久、规模最大，也最为惨烈的战争——长平之战。

　　九百年后的这一回，渊盖净土是先把城献给较弱的新罗，再转而进奉给大唐，这看似只是为了恶心下新罗，但事实上并非如此，因为渊盖净土很清楚新罗人的野心，他认定新罗必定会主动挑起战争，攻击唐朝。因为速战速决、先发制人是小国抗衡大国的最优且唯一的选择。

　　果然不出渊盖净土所料，早就心怀不满的新罗人在薛仁贵走后立刻突袭了唐朝守军，重新燃起了半岛上刚刚熄灭的战火。

　　但是还有一件事是渊盖净土做梦也没有想到的，那就是自己的儿子渊盖安胜被高句丽酋长剑牟岑拥立为叛军之主，一下子成了唐军的重点打击对象。

　　真是人算不如天算啊！

　　不过就当时的形势来看，渊盖安胜暂时并无性命之忧，反倒是唐军奋战多年的战果要被小弟偷空了。

　　新罗人终究没有全部得到百济与高句丽的故地，因为接替薛仁贵的人已经到任，那个人的名字叫高侃。

说来惭愧，这位在资深评论员贾言忠那里得到"忠果有谋"这一好评的将领，在唐高宗执政初期的璀璨将星中并不耀眼，也不出众，但他的确是一个很有能力的人。所以当半岛出了事儿，李治当即想到了那次对话，以及这个一直没有表现机会的优秀将领。

东州道行军总管高侃来到辽东的时候，呈现在他眼前的是一片乱象：百姓乱跑，士兵乱跑，叛军也在乱跑。

这也不难理解，由于敌人多而且躲在暗处，时不时就来一下子，唐军的指挥系统早被彻底打乱了，要援兵没援兵，要军饷没军饷，不乱那才叫怪事。

面对几乎完全失控的局势，高侃深吸了一口气，然后开始行动。

他从辽东州（今辽宁省辽阳市）出发，一路向南，沿途遇见背井离乡的老百姓，就温言劝说他们随同军队返乡，碰到逃散落单的士兵，就严声命令他们就地回归部队。

"我在这里，大唐的军队在这里，相信我，一切将有所改变。"

一路上，高侃一直在重复着同样的一句话，在向惊慌的人们传递希望的同时，他也逐渐凝聚起了稳定乱局的力量。

跨过鸭绿江的时候，高侃已经安顿好了上万流离失所的难民，收编了上千名失去组织的逃兵。然后，他朝向这片乱局的发源点渊盖安胜发起了进攻。

千里之外的渊盖安胜到底还是年轻，得知唐朝发兵来讨伐自己，立马就慌了，他找到拥立自己的剑牟岑，挥刀，斩之（估计挥刀动作前，诸如"都是你坑了老子之类的话"也没少说）。然后马上收拾好行李，向东南方向玩命狂奔（当时尚未和新罗人接头合作）。

由于渊盖安胜反应快、跑得早，东西也收拾得比较彻底，高侃杀过来的时候什么也没有捞到。于是他停下了脚步。

停下来是必需的，追过去就是新罗的国界，此时唐罗两军虽摩擦不断，但尚没彻底撕破脸，名义上还是盟友，如果追着不放在新罗地面上干起来了，这将是个严重的国际问题。这个霉头，聪明的高侃是不会去碰的。还有就是，高侃此来手上的兵也不是很多，我查了一下，几部主要史料说法基本一致，只有一万人左右。要真的同高句丽叛军加新罗军队干起来，想要稳胜，很悬。

那就只能等了，援军、安抚、重建，一切都从长计议，慢慢来。

高侃选择了稳扎稳打，新罗方面也不敢造次，只是一边谨守北边防线，一边加紧对熊津府的蚕食。

半岛北部的战事暂时告一终结。

做事沉稳又不失机变的高侃经过一番努力总算是将高句丽故地导回了可控的轨道，而远在长安的大领导李治也没有打算让他独挑重担，于是在简单协调后，唐军的将领和战士陆续赶来。

比高侃稍迟一步进入半岛战场的是李谨行。

李谨行，靺鞨人，粟末靺鞨部族首领突地稽之子，因其父当年跟随唐太宗李世民平定刘黑闼、防守高开道有功，朝廷特赐姓李氏，故名李谨行。

说起这位唐代的国姓爷，还真让人有点羡慕嫉妒恨。据记载，李家富甲一方，仅是家中的用人就有数千人之多，其产业之大估计连贾宝玉家都望尘莫及。但难能可贵的是，在衣来伸手、饭来张口的环境中长大的李谨行没有堕落成游手好闲、拈花惹草的纨绔子弟，而是成长为极品高富帅。

不仅"伟容貌"，而且"勇盖军中""武力绝人"，在他担任营州都督期间，营州成为全国最为安宁的边界城市。因为李谨行父子二人就是靺鞨族的首领，而周边的契丹人、高句丽人也唯恐得罪了这两位有钱又能打的大爷，惹上不必要的麻烦，所以每次出来打秋风都是远远地绕着营州走。

凭借这一点，李谨行在朝中慢慢打开了知名度，因此在乾封元年（666年）讨伐高句丽的战役中，李谨行获准以行军总管的身份参与，虽说他的主要任务是统率预备队担任后援，但总算是得以接触到李勣、薛仁贵以及著名蕃将契苾何力这些传说中的大人物，与他们一起横戈跃马，纵横疆场。当然，此时的李谨行不会想到，自此，他将开启自己在半岛上长达十年的征战生涯。

由于有薛仁贵等人在，高句丽平定战中，李谨行并没有什么让人觉得惊艳的表现，不过鉴于李谨行统领的靺鞨兵在作战中积极配合，保质保量地完成了上级交代下来的各种任务，因而到总章元年（668年），唐军主力撤军时，李谨行受命留任于设在平壤的安东都护府，负责参与都护府的驻防与平叛工作。

所以剑牟岑闹将起来的时候，李谨行反应得最快，因为按照职责划分，扫荡高句丽故地的反唐武装本就是他的分内之事，如果闹得太大了，这个大黑锅他是要背的。

但李谨行终究是来晚了，他来的时候渊盖安胜连个影子都没了。不过李谨行的迟到是应该予以理解的，因为他在做动员工作，需要时间，而他解决的正是唐军最急需解决的难题——兵力不足。

要说李谨行的影响力还真不是吹的，在短短两个月的时间内，他居然召集了三万人参战，而这支生力军的加盟使得唐罗博弈的天平发生了重要的变化：唐军不再过于单薄，已经具备了同新罗与高句丽叛军一战的实力。

面对李谨行的援军和熊津都督府军队的坚决抵抗，新罗人被迫调整战术。自咸亨二年（671年）年初起，新罗军队开始采取以游击骚扰为主、兵团作战为辅的战法。

这样打至少有两点好处：

其一是可节约兵力，减少己方伤亡，以腾出兵力应对来自北方唐朝东州道（高侃）、燕山道（李谨行）部队的军事压力，同时使驻守熊津的唐军应接不暇、疲于奔命；

其二是可以通过干扰当地正常的农业生产活动来彻底摧毁熊津都督府赖以维系的经济基础，达到不战而屈人之兵、加速熊津都督府崩溃的目的。

这一招可谓毒极，熊津府守军虽全力应战，还曾当场击毙新罗军幢主（相当于百夫长）一名，但这并不能阻止熊津土地与人口的损失，很快熊津府东部的土地被新罗占领，新罗的军队开始深入熊津之南的地域，进一步蚕食。而由于高侃、李谨行二将正在半岛北部保卫安东都护府，力战高句丽叛军，一时间也抽不开身出兵来援，熊津都督府眼看危在旦夕。

千钧一发之际，朝廷新委任的鸡林道行军总管来到熊津都督府，奉命经营百济旧地。担任这一职务的人，叫薛仁贵。

朝廷本来不想起用薛仁贵，此人到底是才打了一个大败仗，被削职为民不到一年就让他重新出山，难免会招致朝野非议，不过考虑到能对新罗人起到威慑作用的也就是他了，所以最后由皇帝陛下拍板，同意。

就这样，薛仁贵第三次来到了他熟悉的战场，去面对他熟悉的朋友，也是今日的敌人。

在薛仁贵到来之前，我们要解开一个疑团，这个疑团叫石城之战。

据新罗人所著的《三国史记》等史料记载，石城之战的经过是这样的：咸亨二年（671年）六月，新罗方面派遣将军竹旨等，领兵前往加林城毁坏当地农田里的禾苗。按照战前的部署，这次袭击应以破坏为主，干完就撤，不要恋战。然而这个构想被无情地打破了，因为就在新罗军来搞破坏的那天，恰好有一支唐军正在加林城附近巡视。

当他们听到城郊的骚乱声，便立即赶了过来。

一边要搞破坏，一边不让破坏，大家的矛盾实在不可调和，于是双方二话不说大打出手。

两军经过激战，终于分出胜负，唐军大败，被斩首五千三百级，两名百济籍将军和六名唐朝果毅都尉被新罗人俘获，由于此役具体发生在石城之下，故称石城之战。

本人曾不止一次对所看到的史书提出过质疑，这一次，我可以一定、确定以及肯定地说，新罗人对石城之战的记载是不实诚的，因为他们的记录留下了一个很明显的破绽——人数。

我们知道，根据大唐的军事习惯，行军出征的目标是哪一个地方，往往就使用该地的地名作为行军道的名字，比如苏定方讨伐阿史那贺鲁，其老巢在伊丽，苏定方的职务就是伊丽道行军总管，而当对象改为高句丽时，对方的都城是平壤，所以苏定方的职位就叫作平壤道行军总管。

一般说来，身为行军总管级别的人物，他们率领的军队人数在两万左右（少的时候不过数千人），作为行军总管的上级行军大总管（或副大总管）带的兵则会相对更多一些，从五万到五十万不一而足（看具体情况定）。

根据史籍记录，当时在半岛的唐军总共只有三个行军总管，他们分别是东州道行军总管高侃、燕山道行军总管李谨行以及新到任的鸡林道行军总管薛仁贵。这三位总管手上的军力依次为一万、三万和不会超过两万（关于薛仁贵部具体兵力，史书并无明确记录，但联系当时局势，人数必然不会多于两万）。

在了解了这一基本前提的基础上，大家可以想象一下，石城之战中唐军如果被斩首五千三百级是个什么概念，考虑到其被俘人员、负伤人员，以及那些不便于提取首级的唐军阵亡人员，此役唐军的实际伤亡数字必然要远大于五千三百人，往最保守里估计，其伤亡人数也应该在一万人左右。

我们暂且不管这支唐军到底是隶属于高侃、李谨行还是薛仁贵所部，因为无论是谁，当他的部队真的减员接近一万人，他这一路人马毫无疑问基本就丧失战斗力了。

但必须说明的是，在石城之战后，高侃、李谨行的表现依旧很活跃，他们同高句丽叛军的战斗正处于白热化的阶段。因此，如果新罗人的记录属实，这部分唐军最有可能的就是属于鸡林道行军总管、负责对新罗用兵的薛仁贵。

那么刚到任的薛仁贵是不是没能摆脱大非川的坏运气，甫一出场就被新罗军打残废了呢？对于这个问题，我们还是结合其后史料展示出的各种痕迹来进行分析。

下面是我个人对于石城之战后违和之处的梳理，在我看来，至少有三个疑点。

第一，弹劾不够劲。唐代是一个信息相对开放的时代，所以，意图凭一己之力封锁消息之类的事儿想都不要想，再加上唐代的言官们嗅觉极其敏锐，唾液分泌充足，平常遇到普通官员的一点小问题都能揪着不放，追骂上好几天，像薛仁贵这样刚刚犯过大事的人，自然是最好的目标，而据本人估计，薛仁贵很可能早就上了言官们的黑名单，如果他在半岛真的一亮相就有此开门大败，李治案上的弹章应该已经堆得和山一样高了。

然而事实并非如此，攻击薛仁贵的人虽然多，但至少在他第三次赴半岛作战期间，弹劾他的声音还是比较少的，就连一向看不惯他的监察御史魏元忠在海东战事基本结束后的仪凤年间弹劾他时，也只是说他在大非川"弃甲丧师，脱身而走"，至于提到他对战新罗人的表现时，仅仅是批评对方"功无尺寸，坐玩金帛"而已。试想，薛仁贵当真被打得部队丧失了战斗力，魏御史岂会放过这块内容？恐怕是要大书特书、大骂特骂才对（顺带一提，这位魏元忠在唐史上以志气倜傥、胆略过人著称，后官至宰相，是酷吏周兴、来俊臣等人的宿敌）。

第二，战俘不够数。咸亨三年（672 年），新罗方面因战事不利曾一度遣使远赴长安向唐朝谢罪，同时返还被俘的唐方官员与士兵。这其中既包括同新罗人交涉中被强行扣押的官员，如熊州都督府司马祢军等人，还包括新罗屡次偷袭唐军运粮船队所俘获的兵船郎将钳耳大侯等中级将领。

而关于释放的战俘的详细数字，在《三国史记》中有这样一段记载，特摘录如下：

遣级餐原川、奈麻边山及所留兵船郎将钳耳大侯、莱州司马王艺、本烈州长史王益、熊州都督府司马祢军、曾山司马法聪，军士一百七十人。

此时，新罗搞扩张有些力不从心，唐朝因吐蕃的军事压力也在尽量避免陷入两线作战的境地，所以双方各取所需，唐朝接受了新罗的谢罪，新罗则入贡释俘，双方暂时处于休战的状态。

在这种形势下，新罗为向唐朝示好，表达诚意，必定会释放先前作战中俘获的全部（或至少是大部分）战俘。

所以，这一百七十名军士应该就是新罗所有战俘数字。而依据新罗人自己的记录，他们在袭击唐军运粮船队时就"捉郎将钳耳大侯士卒百余人"，这样做个减法就知道了，新罗在此外的战斗中只俘获了几十名唐军。我们假设这几十人都是在石城之战中被俘的，但结合一下该战一次性斩首五千三百级的辉煌战绩，用常识想就知道这事不对头，死了几千人，被抓的还不到战死的零头。能做到这种程度的，在本人知识面所及的范围内，也就只有"二战"期间热衷于武士道和玉碎的"日本皇军"了。

当年的唐军士兵没有那么一根筋，更没有那么爱李治。可想而知，石城之战中唐军的阵亡数字有着很大的水分。

第三，台词不合理。这是对于薛仁贵和金法敏两个当事人而言的。关于他们二位的交流，我们稍后再细讲。

综合来看，《三国史记》中对石城之战的记录与同时期其他史料，乃至其本身的其他记录都存在着许多矛盾的地方，但这也并不能说明此战就是子虚乌有、凭空捏造，毕竟当年的新罗人有大唐大哥在管教，还不敢像今天的某国人那样自大，搞历史发明，新罗人的这次胜仗很有可能是存在的，只不过战果没有那么大，所谓的对手也不是真真正正的唐军罢了。

我之所以敢这么说，是因为在史书中有一句极为关键的话可以证明我的推论。

"获百济将军二人、唐果毅人。"

瞧见了吗，被俘的两个高级将领（将军）全是百济人，而同时被俘的唐人只是品秩最高为从五品下的果毅都尉，是军中的中级军官。这实际上已经反映出了当时与新罗军队交战的所谓唐军究竟是什么成分。如无意外，这应该是支由唐朝廷收编、百济籍将领指挥的前百济政府军。

至于那六名果毅都尉是否来自唐军也还两说，因为唐军灭掉百济建立起都督府后曾大量吸收当地的百济人进入府中担任各级官职，对于那些表现出色、忠于职守的百济人，唐朝会直接给予其大唐子民的正式身份，后来威震西陲，打得吐蕃人和突厥人四处乱跑的名将黑齿常之就是这样把户籍转到了万年县，实现了从百济人到大唐人的身份变革。

也就是说，这六人很有可能是同黑齿常之一样获得唐人身份，被授予果毅都尉职务后返回百济的原百济人。但由于他们已经被编入唐籍，所以为新罗人认可为唐人（当然也不排除他们是以军事顾问身份，先于薛仁贵部被派到熊津都督府指导作战的唐军军人）。

关于此战中熊津都督府军队出兵人数的情况，其实我们也可以根据这一句话推测出个大概来。依据唐朝军制，每个折冲府（唐代府兵制基层组织单位，又称军府），"置折冲都尉一人，左右果毅都尉各一人，长史、兵曹、别将各一人，校尉六人"，而折冲府又分为上、中、下三等，其中上府有一千二百人（有时可达一千五百人），中府有一千人，下府为八百人。唐朝征发府兵出战时，如果是整个府的府兵抄家伙一起上，那么从其直属长官折冲都尉到以下的全部军官都要一并从征；如果没有全部调发，那么就由副长官果毅都尉带队出行；如果征发的人比较少，那么，找个别将带着出去就行。这一次，据新罗人的记录是抓了六个果毅都尉。我们假设这六位果毅兄弟分别隶属于三个折冲府，且均为上府，并参考没有提及折冲都尉被杀或被俘的这一信息，暂时认为出动了一半的府兵，即每府征调了六百人，则三个上等折冲府合计出兵一千八百人。六个果毅都尉悉数做了新罗人的俘虏，照最坏的算，这意味着他们手下的士兵均被歼灭，参照之前百济政府军的实力，这倒是很有可能的。

因此，基于以上的种种推断和推论，我们是可以尝试着对当时的战事做出一个贴近真实的现场还原：新罗将军竹旨等统率一队人马跑到加林城郊糟蹋庄稼，熊津都督府下辖府兵闻讯出击，保卫当地百姓的生命与财产安全。但由于兵力不足以及百济将军的指挥能力等不可抗力因素，所领近两千人全军覆没，统兵的两个百济将领被当场活捉，六名可能是做教官或军事顾问的唐军果毅也跟着被俘。

说到底，石城之战不过是一场微不足道的小规模战斗而已。但是，在这场微不足道的战役中，我却看到了十分可贵的东西——坚持。

纵使寡不敌众，纵使实力不济，纵使必死无疑、全军覆没，也要坚持到底。

宁肯战死，绝不降敌！为了军人的尊严战斗到最后一刻、最后一人。

宁死，不屈。

所以，我要向这队坚持到底的百济官兵，不，大唐官兵致以一个标准的军礼。

薛仁贵又一次踏上了熟悉的土地，可惜，人是，事已非。百感交集之下，薛仁贵挥毫泼墨写下了一封饱含真情的信，然后招呼人把它送交给自己的老朋友——新罗国王金法敏。

拿到薛仁贵的来信，金法敏扫了一眼，明白了，这哥们儿是来问罪的。

在很多人的印象中，英勇无敌的薛仁贵不过是粗人一个，但我相信，倘若你看了这封给金法敏的信，你对他的看法将会有所改变，因为细细品读这封信你会发现，这里面的政治水平那真不是一般的高超。

鉴于此信足可作为政治关系学的经典材料编入课本，故部分摘录如下，以供各企事业单位思想政治工作人员学习。

此信一开头，是这样一句话："清风万里，大海三千，天命有期，行遵此境。"

虽然写这封信的目的是为教育你，但我先不提，只是说天气不错，景致很好，而我又回来了。

回来做什么呢？这才切入正题，即"兄为逆首，弟作忠臣"，大哥你惹事儿了，你自个儿不知道哈？！

接下去，也不展开说，而是话锋一转，开始忆往昔峥嵘岁月，回顾了昔日唐与新罗高层领导间的革命友谊，追溯当年新罗受到高句丽与百济的合伙欺凌，金法敏的父王亲自前往长安寻求援助的往事，指出太宗皇帝和当今圣上一不要钱，二不割地，全程自费，数十年如一日地支持拯救新罗，屡屡用兵高句丽，为新罗的延续做出了巨大牺牲。

当然，薛仁贵不指望金法敏能感念唐方的国际主义精神，所以他直接点明新罗由此获得的种种好处：仇敌灭国、外患平定、百姓安居、国内和平，等等。

很明显，新罗人现在的作为已经证明他们并不满足于不被灭掉和获得和平，他们要得更多。因而薛仁贵再次转变话锋，开始数落金法敏的不臣之举。

具体是哪些呢？为了帮助昔日的战友快速正确地认识到自己的问题，走心的薛总管一一列了出来，大致有三条：

其一是穷兵黩武。不听爸爸的话，违背天命，侵略百济（远乖天命，近弃父言，侮暴天时，侵欺邻好）。

其二是背信弃义。单方面撕毁盟约，操纵并参与反唐破坏行动，暗中支持高句丽叛军（又高句丽安胜……恃为外援，斯何谬也）。

其三是听信谗言。对奉命前来查明事实真相的友人（薛仁贵自己）和友军采取敌视和警戒的态度，没有犒劳迎接（皇帝德泽无涯……悄然不信，爰命下臣，来观由委。而王不能行人相问，牛酒犒师，遂便隐甲雀陵，藏兵江口）。

这第三条比较关键，按照薛仁贵的说法，新罗军队面对唐军是严阵以待，不再友好。这意味着在薛仁贵写下这封信前，唐罗两军尚未有过交战。假使前面发生的石城之战的主角真是来自中原的唐军且被杀伤五千多人，那么以薛仁贵的性格和当时的情势，信中不可能不提及。而大量杀伤唐军势必将被列为金法敏最为严重的一条罪行。

历数完对方的过错，接下来就是秀大棒的时间了。

薛仁贵直言不讳地警告金法敏，如果他继续执迷不悟，他将面临的后果是："高将军之汉骑、李谨行之蕃兵，吴楚棹歌，幽并恶少，四面云合，方舟而下，依险筑戍，辟地耕田，此王之膏育也。"

这句话翻译成现代汉语大意是：如果你还不老实，那高侃的大唐骑兵、李谨行的靺鞨兵，以及我们大唐的水师（薛仁贵所领），就会水陆并进，四面来攻，届时依险筑城，开田屯兵，新罗难免灭亡（薛仁贵在此公然向金法敏宣扬自己的军力，可见其部更没有被打垮的可能）！

信的最后，照例是喂胡萝卜。薛仁贵这个胡萝卜我绝对要给满分，因为它不仅很有新意，还暗藏着机智。

"我知道大王你可能被人栽赃陷害，所以，如果你愿意说明事情的缘由，我薛仁贵作为皇帝身边的红人（原文：凤陪大驾），自会代你奏闻圣上（还装，你现在不是来这儿戴罪立功的吗？）。

"大王是个聪明人，应该清楚其中的利弊，希望你能做出正确的决定来。"

综观全文，逻辑性极强，有打也有拉，真可谓言有尽而意无穷，水平实在是高得很。

金法敏看完来信倒是没有拍案叫绝的冲动，而是拿起笔来回了一封。

在回信中，金法敏很有耐心地对薛仁贵的指控逐条做了自我辩白，同时表示，新罗占领百济故地的行为是名正言顺的。金法敏给出的理由是：贞观年间，先王入长安朝见天子，太宗皇帝曾明确表示他讨伐高句丽是为了替常被欺凌的新罗打抱不平，并且还亲口承诺在平定高句丽及百济两国后，要将平壤以南的百济土地都赐给新罗。

这言下之意就是，天朝上国说话要算话，现在在百济的土地虽然是我强占的，但在法律层面上，这片土地早就属于新罗，所以大唐不应该因此怪罪新罗，对新罗用兵当然就更不应该了。

给出法理依据是不够的，除此之外还要再升华一下感情，为自己的主动开战找几个能引人同情的理由。

金法敏分分钟就找到了，一共有七条。

金法敏来找碴儿的全文就不列了，这里我们只简单看下他给出的理由。

首先，金法敏认为唐朝对不住他的第一个地方是大唐赏罚不公。金法敏表示这九年来自己为协助唐军平定百济、高句丽耗费了大量的人力、物力以及财力。打高句丽时，新罗更是出兵四路，全力作战，密切配合唐军的军事行动。谁知战争结束后，大唐居然没有给予有功将士相对应的封赏，这让全军上下很是寒心。

对于这件事，李治是怎么考虑的，又有怎样的看法，有些不好说，但等得头发又白了几根的李勣和被拖累得险些上刑场的刘仁愿，应该是有一大段话要讲。

有意思的是，宣称唐朝亏待新罗功臣的金法敏竟然被自己人打脸了，因为新罗人自己的史书记载中留下了破绽。

在《三国史记》中金仁问、金庾信等参与对高句丽最后一战的将领的传记里，白纸黑字留下了这样的记载："高宗亦闻仁问屡有战功……仍加爵秩，食邑二千户"（《金仁问传》）；"总章元年，唐皇帝既策英公（李勣）之功，遂遣使宣慰，济师助战，兼赐金帛。亦授诏书于庾信，以褒奖之"（《金庾信传》）。

连因中风而中途留在金城休养的金庾信，唐朝都给予了厚赏，所以由此推断，给那些参战的新罗将士的赏赐想必也不会少。

很显然，金法敏没有说实话，他的这个理由有夸大其词的嫌疑。

相较而言，接下来列出的几个理由则更加扯了。

比如，高句丽、新罗长期争夺的卑列城的归属问题：唐朝要求新罗将此城还给高句丽人的事是要讲的，但扣押了唐朝派来的交接官员的事是万不能讲的；边境争议问题：百济裔官员会盟勘界时要求移动界标的事需要提，新罗军队趁战争之际抢占了大量原百济土地的事不要提。还有一些伤害新罗人民感情的事情，也不能不大肆渲染下。例如，唐朝人战后成规模加紧修理战船，在新罗人眼中，这是托名要讨伐倭国，实则意图灭亡新罗。

由此可见，某老师称某国盛产神经质和自大狂，并非没有历史渊源与依据。

在金法敏给出的出兵理由中，唯一靠点谱（当然，是相对而言）也就是所谓的朴都儒事件了。

朴都儒，男，新罗将领，事发时任汉城州行军总管。按照金法敏的说法，朴都儒在领兵进入百济境内后，放松了对自己的严格要求，中了百济人的美人计，娶了个百济女子做老婆，其后，他在这个百济女子的怂恿下，暗中同熊津都督府联手，意欲偷取军中兵器，袭击汉城州（当时金法敏驻扎在此）。好在金法敏有所觉察，将朴都儒立即处决，这才没有让阴谋得逞。

遗憾的是，由于缺乏史料，今天我们能确定的事实只有朴都儒意图谋反，被金法敏发现并收拾掉了，至于具体的细节问题，如阴谋的背后黑手是谁，金法敏如何察觉有异，甚至于事件发生的具体时间都已无法查证。

何况，很多时候，真相是最不重要的。

通观金法敏的回信，他所想表达的应该只是这样的一句话：我打他不是我的不对，你打我就是你的不对了。

话说到这个份儿上，基本不用再多说了。毕竟古往今来要靠文字游戏和嘴上说说就搞来大片土地的例子实在少之又少（晚清政府在这一领域是个大漏洞），说到底，哪块地盘归什么人最终还是靠实力决定的。

金法敏虽然没有后来斯大林的底气，但他却很有运气，因为此时大唐的主力部队一部分埋在大非川了，剩下的大多交由凉州道行军大总管姜恪带去防御吐蕃了，现在到半岛的这些已经是好不容易挤出来的，只能凑合着用了。而这也是薛仁贵的尴尬所在，如果兵力充足，怎么可能和你谈来说去，早就带着大兵碾压过去，以雪大非川之耻了。只可惜今天不同往日，国内比较困难，只好先礼后兵，走一步看一步了。

对于大唐方面的窘境，新罗人是有所了解的，毕竟大家都听说了，薛仁贵来时的头衔是行军总管而非行军大总管，既然如此，那么就可以耍个赖试试，万一不行再痛哭流涕、遣使谢罪吧，总不会太晚。

十四个月后，金法敏将为自己当初的这个决定追悔不已。

在忽悠薛仁贵帮自己在天子面前申屈鸣冤的时候,金法敏也没有耽搁手上的事情。

咸亨二年（671 年）九月，金法敏宣布设置所夫里州，以阿湌真王为都督。这无疑是对唐朝的一次赤裸裸的挑衅，因为所谓"所夫里"是百济之前一个郡的郡名，这个郡却正是当时熊津都督府首府泗沘的所在地。

口口声声说是被熊津当局陷害，却明目张胆地打着别人地盘的主意，实在是太过分了，所以唐朝方面严词谴责了新罗人的所作所为，指斥金法敏没有恢复半岛和平的诚意。

话虽这样讲，唐朝方面似乎对熊津府的未来也不抱很大的希望。在高层眼中，攻灭百济本来仅是为灭亡高句丽做准备而已，唐朝对百济土地本身并不是那么感兴趣，所以当年灭掉百济后，朝廷并没有将新获得的百济领土归为正州，而是在其地设置都督府，当作羁縻州来处理。后来消灭了高句丽，更是基本撤出了留镇当地的唐军，把政务乃至防务全部交给百济本地人负责（时任熊津都督府都督是扶余隆，而在他长期滞留中土不到任的情况下，主持府中常务的长史难汗、司马祢军，以及主管军事的黑齿常之都是百济人）。

说句寒酸话，熊津都督府对唐朝来讲是一个可有可无的存在，能够维持现状当然很好，不能维持那也无所谓。何况从某个角度看，熊津州都督府（百济）和鸡林州都督府（新罗）都是唐朝下面高度自治的地方行政区，名义上讲一样是大唐领土，这样，二者间爆发的战争也就是唐朝两个行政区间的战争，是内部事务。虽说因新罗率先进攻、熊津府比较弱小等因素，唐朝是同情并支持百济一方的，但鉴于高句丽的叛军也闹得比较凶，敌情十分紧急，唐军的兵力又捉襟见肘，于是乎唐朝高层出现了放弃百济故地，将当地居民内迁唐朝本土的意向，并立刻开始着手制订相对应的计划。

并不是所有人都愿意将唐军将士洒下过热血的土地拱手让人的，郭务悰就是其中之一。

郭务悰对熊津府有着很深的感情，因而当他得知朝廷有放弃熊津的意思，当即采取了行动。

在郭务悰和熊津府官员的努力下，朝廷终于默许了他们的大胆计划——利用倭国制衡新罗。

事实上，之前也有人提出并实施过这一方案，但是出于对唐朝的严重怀疑，倭方拒绝使者的要求。

这一次代表唐朝前往列岛的虽然是倭人的老熟人郭务悰，可大部分人还是认定倭人必不会答应。

即使深受怀疑，郭务悰依旧扬帆出海，踏上了航程，他早已下定决心，务必竭尽全力促成联倭抗敌之事。然而，造化弄人，事态的发展远远超过了所有人的预料。

一般来说，出去谈判无非遇到两种结果，谈成或谈崩，可是郭务悰大使偏偏遇上了第三种，谈不了了。

因为天智天皇死了。

人家家里头正张罗着办白事，郭务悰再跑去谈打打杀杀的事自然不是很合适，再加上由于当时的半岛沿海不太平，新罗人干起了海盗，屡次袭击唐军舰船，所以为保障安全，郭大使这回带来的人也确实多了点，有两千人。敏感的时刻，敏感的规模，敏感的倭国人自然也不方便长留郭务悰一行在岛上。

于是郭务悰的这次出使行动就此不了了之。至于后面的事情我们前面已经说过了，倭国刚刚办完丧事，国内的两大派系便干了起来，打得一塌糊涂。不用说，在这种情况下，倭国制衡新罗的可能性基本为零。

而就在郭务悰出访倭国期间，两件大事的发生使得熊津府的局势进一步恶化。

第一件大事：古省城丢了。

古省城，位于泗沘城北，它到这座熊津都督府的首府仅有不到十四里的距离。咸亨三年（672年）正月，新罗军集结重兵，一举拿下了这里。古省城的失守宣告着新罗人的兵锋已然逼近大唐统治区的心脏，唐军已经没有再后退的余地。如若不采取行动，只有被别人赶进海里了。

事实证明，新罗人的确有送朋友下海的意思。攻下古省城不过一个月，新罗军队很快奔向了下一个目标——加林城。

加林城的重要性相信不用我再重复了。想当年，这是唐军、倭军以及百济复国军三方关注的焦点，而现在只要新罗人能够攻下此地，唐军从海路撤退的通路将被彻底堵死，驻守泗沘城的唐军就会被包了饺子，任人宰割。

为避免人为刀俎、我为鱼肉的厄运，留镇加林城的守军对来犯之敌进行了坚决而有力的回击，成功瓦解了新罗人的攻势。

鉴于加林城的确易守难攻、险要至极，新罗人攻城失利后只得暂时放弃进击，退了回去。这一回总算是有惊无险、化险为夷了。但是熊津军民都很清楚，下一次城池或许失守，或许依旧不会失守，可终究一定是要失守的。所以，仗打赢了，大家的心里却依旧是灰蒙蒙的，并不开心。而接下来传来的消息更是使所有人的心情直接跌落到了谷底。这就是我提到的第二件大事。

第二件大事是祢寔进死了。

祢寔进是我们之前从未提到的一个人，但没提到并不意味他不重要，事实上，这是个极其重要的人。

此人是百济人，他有一个弟弟叫祢军，时任熊津都督府司马，是都督府内仅次于都督的角色。不过这个做哥哥的祢寔进其实是一个比祢军重要得多的人物。这一点，从当时二人的官位上就可以很明显看出来。祢军此时的职务为右领军卫中郎将，品秩为四品，而祢寔进已经是三品的将军了。所以祢寔进才是熊津都督府中百济人真正的领袖，是当之无愧的首长。

然而就是这么个重量级人物不巧地死在了莱州，死在返回熊津府的路上，没能再次亲眼看到那熟悉的海岸线，以及那亲爱的家乡。

祢寔进的突然离世不仅加剧了原本群龙无首的熊津都督府的混乱局面，而且还让朝中的弃守派势力进一步抬头，这下，他们给出的理由更为有力了：祢寔进都死了，那破地儿还守个啥啊！

在这些人看来，与其死扛硬撑，不如趁早收兵回家，把那块地方送给新罗人，挣新罗一个大大的人情。

事情发展到这个地步，估计熊津当局只能喊出那句台词了：劫数，都是劫数啊！

确实，无论怎么看，都督府都是气数已尽的样子，熊津州的沦陷看似已经无法避免。然而，唐军在北线作战的胜利终于给熊津府上下带来了一丝希望的光芒。

第十九章
谎言

在一部很搞笑的电视剧片尾曲中，有这样一句不太搞笑的歌词：太阳每天依旧要升起，希望永远种在你心里。

的确，这个世界上，许多事只要心怀希望默默去做才有可能逆转成功，平叛就是其中之一。

高侃和李谨行刚刚来到高句丽的时候，是叛军追着守军跑，但在两人的通力合作下，只用了不到两个月的时间就完成了主语和宾语的对调，开始追着叛军到处跑。

不过这还是远远不够的，要彻底扭转形势，不能仅停留在把人打跑的阶段，而是要强迫叛军进行决战，大量杀伤敌人，最好再攻拔他们几个重要的根据地。

在这一思想的指导下，高侃与李谨行迅速行动起来。

咸亨二年（671年）七月，在高侃的进逼下，钳牟岑的残余势力被迫集结兵力同唐军决战于安市城（今辽宁省海城市东南营城子）。虽说头头死了，但叛军还是很有料的，一声招呼居然来了几万人。

对于叛军的人多势众，高侃早有心理准备，更重要的是，他很清楚人数的多寡不是取得胜利的关键，关键在于这些人掌控在什么人的手里。

很明显，跟久经战火硝烟考验的高侃比，叛军的领导水平还不够格。所以叛军被高侃一举击破，钳牟岑残余势力的残余部队全部逃散。通往平壤的最大障碍就此扫清。

安市之战结束两个月后，高侃、李谨行率领四万唐军进抵平壤城下，然后全军出动挖深沟、筑高垒，围困平壤。

从咸亨二年（671年）九月进军城下到咸亨三年（672年）七月分作八营驻守，高侃和李谨行针对平壤的战术是只围不攻。但如果你认为他们是简单重复当年李勣迫降平壤的策略，那就大错特错了。事实上，他们这一招叫围点打援。二人是要借此引出叛军的主力，然后就地歼之，让场内负隅顽抗的叛军亲眼见证希望的破灭，破灭在大唐军队的手中。

然而，有一件事情超出了他们的意料——赶来的不只是叛军。

咸亨三年（672年）八月，新罗以重兵增援平壤，并一路击破韩始城、马邑城等军事要地，很快抵达白水城。

趁对面唐兵一脸发蒙、犹豫不决之际，新罗军队率先发起了进攻，唐军全线败退。

首战告捷大大激励了新罗军队全体，广大兵将纷纷感叹唐军并没有想象中的那样强悍，只要用心砍、玩命打，击溃对方不是问题。所以进入平壤庆功前，大家会全心全力地斩杀唐兵，绝不漏掉一个。在这一乐观情绪的带领下，新罗军各部队斗志昂扬，各将军争相立功，奋勇抢先，致使队列极为混乱。

至此，一切尽在某人的掌控之中。

当新罗军行至白水山附近时，突然杀声四起，唐军从四面八方出现，先是几轮乱箭齐射，然后就是一群靺鞨兵纵马挥刀冲将过来，乱砍乱杀。

没有思想准备的新罗军立时大乱；与此同时，射完箭的唐军相继亮出屠刀，冲入新罗阵列肉搏。新罗军越发慌乱，阵形、战法什么的在此时基本是顾不上了。于是，新罗人迎来了他们的必然结局——全军崩溃。

到此为止，高大编剧的剧本已经完全按照既定情节上演：接战、佯败、诱敌、伏击、破敌，几幕戏如期展开，参演人员都特别配合。

虽然新罗人像大牌一般强行入戏的这一点让高侃有些惊讶，但总体上看，伏击计划是有效的、成功的。

然而我们也不得不说，新罗人的表现也是颇有亮点，至少他们逃命的本领很值得称道。混乱之中，新罗军竟然还是瞄准了包围圈的缺口，一口气冲出了重围，奔向了求生之路。

当然，只是暂时的。

估计是没过足瘾，靺鞨马队与唐军骑兵很快追了上来，且穷追不舍。在芜荑岭上，新罗败军不幸被唐军追上，一阵噼里啪啦后，新罗军再次被击败，新罗居烈州大监阿珍含一吉干父子当场战死，新罗主帅（新罗史料称之为上将军，其真实身份目前尚不能确定）更是狼狈，微服跑路，这才安全逃回国都。

想来也是，被打到全军覆没只好换装逃命的地步，实在太过丢人，换作是我，谁要胆敢泄露我的名字，就急给他看！老子还要在这一片混呢！

面子需要，可以理解。

虽说新罗史料一如既往地声称石门之战（新罗人对此战的称呼），特别是进入白水山前，己方曾获得过大胜，个别特别敢吹的，说斩首了数千级，还外加俘获了三千人。要这么算，唐军无疑属于惨胜，白水山的伏击只是一场意外。

我认为，这种说法不仅相当无耻，而且很无聊。

相较而言，还是唐朝方面的记录更靠谱些，按照唐方记载，此战，唐军斩首三千级，生俘两千人。当然，关于被斩首者的身份，唐朝是不知道的，好在，新罗对自家的"名将"比较尊重，自己记录下了此役中阵亡的高级军官的名字，他们是大阿飡晓川、沙飡义文、山世、阿飡能申、豆善、一吉飡安那含、良臣……

上面诸如大阿飡、沙飡、阿飡、一吉飡的字眼都是当时新罗官员的级别名称，这些阵亡于石门的将领中，级别最高的是大阿飡晓川。大阿飡在新罗十七等官位中为第五等，但是事实上，大阿飡之上的那四等，一般官员终其一生都难以做到。所以，能到大阿飡这一级已经是很了不起了，其官位之高相当于唐朝的宰相（新罗执事省最高长官通常由大阿飡担任）。不过，这位晓川兄并非新罗军的主帅，做主帅的是那个神秘的"大将军"，但由此可知，那个大将军更是位高权重，其官位很可能远在大阿飡之上。

新罗史料给出的这份阵亡将领名单中，级别最低的是沙飡。但这个低也是相对而言的。据记载，沙飡是新罗十七等官位中的第八等，新罗国行政系统中，郡一级的最高长官一般就是这一级别。而如果在军队任职，沙飡级一般是作为幢主，领兵数在数千至一万人之间，相当于今天的师团级军官，同样不可小觑。

而基于此，我们也可以推算出石门之战中新罗方面的兵力，保守估计，应有五万人，与唐军人数大致相当。考虑到新罗人敢公开同唐军正面对阵，协同新罗作战的高句丽叛军看来人数也不会很少，其联军总数必然要多于唐军。

但无论如何，新罗是折了数员大将、数千士兵，其损失可谓惨重。

战后，金法敏得知前线败得一塌糊涂，急得险些哭了出来，他马上找到新罗第一名将金庾信，询问应对之法。

接过战报看完，金庾信很久没有说话，许久才发出一声长叹："唐朝人的谋略实在深不可测啊（唐人之谋，不可测也）！"

君臣二人思前想后一致认为，是使出那个杀手锏的时候了。

臣错咧，臣真的错咧，臣从一开始就不该较这真儿，如果臣不较这真儿，这场战争也不会打，如果这场战争不打，臣也不会沦落到这么一个伤心的地步。

读到新罗国王金法敏的这份《乞罪表》时，李治乐得差点把水喷到书案上，立时感到自己所患的风疾都好了许多。

在这份《乞罪表》中，曾经不可一世、胸怀三韩的新罗大王金法敏在大唐皇帝面前显得小心而谨慎，说到唐朝，都是圣朝、天兵，大唐天子明同日月，大唐将军神威莫测，说到自己都是臣某如何如何，而且把自己说得罪孽深重、死有余辜，所谓"南山之竹，不足书臣之罪，褒斜之林，未足作臣之械"是也。通篇不是"顿首顿首"就是"死罪死罪"，其认罪的态度比之今日银铛入狱的贪腐官员有过之而无不及。

当然，金法敏很清楚，以他的所作所为，仅凭一纸文书致以歉意是远远不够的，所以，金大王也拿出了真金白银作为赔罪之礼。

其具体礼单为：银子三万三千五百分，铜三万三千分，针四百枚，牛黄一百二十分，金一百二十分，四十升布六匹，三十升布六十匹。

这礼品，平心而论，还真不是一般的寒酸啊！连用来支付唐军阵亡将士的抚恤金都不够。

对此，金法敏其实也清楚，因而也通过使臣做出了解释：家里闹灾荒了，又赶上连年打仗，国库里也就这么点家当，陛下您该怎么用就看着办吧。

李治深思了三秒钟，给出了答复：同意接受。

考虑到西线吃紧，家务复杂（这事后面再讲），高句丽的叛乱还没彻底平定，多一事不如少一事。

毕竟金法敏难得如此低调谦卑，不但归还了全部唐军俘虏，还把之前抢夺的运输船上的军资全部凑齐还了回来。孺子可教也！

李治明确地告诉金法敏的使者，我出兵半岛是为了维护当地的和平与稳定，百济和新罗的那块土地自己从没兴趣，收下你们的赔罪礼也不过是让你们明白自己的过错而已，难道是真的要背弃誓言，灭掉昔日的盟友吗？

在下面的新罗使者唯唯诺诺，当场叩头表示感谢。

咸亨三年（672年）九月，唐罗双方全线停战。

至此，唐军终于可以不必担心被人脑后拍黑砖，放开手脚全心全意收拾高句丽叛军了，而新罗人也终于可以休养生息一段时间，趁机重新调整部署。

石门惨败后，金法敏接受了金庾信的建议，在汉山州码了条长城防御唐兵，同时收缩兵力，撤回剩余的主力部队坚守各边境要塞，不再与唐军进行野战等直接军事接触。

唐军新胜，士气正盛，新罗人却不声不响地收回了一切直接军事支援，于是，高句丽叛军的噩梦降临了。

咸亨四年（673年）闰五月，实在被逼得没办法的高句丽叛军齐集瓠芦河（今朝鲜临津江）西岸，摆好了阵势，准备同唐军拼个鱼死网破。

事后的发展表明，这是一个极为错误的抉择。

得知叛军的这一动向，李谨行很是高兴——终于可以不用四处追着你们跑了，怪累的。

于是李谨行点齐了靺鞨骑兵，纵马扬鞭，向着敌人预定的决战地点奔驰而去。

各路叛军到了，李谨行也到了，人齐了，就开打。

打了之后，叛军就感到吃不消了。要知道，靺鞨骑兵来去如风，速度极快，且长于骑射，基本上不给你短兵相接的机会，这伙人每逢交战，冲上来前是一波箭雨，临近了又是当头一箭，甚至在你追他时冷不防还扭身射上几箭，故而人送"天下第一箭"集体荣誉称号。

所谓明枪易躲、暗箭难防，连发的暗箭更是让人防不胜防。这么个玩法就算是神仙也会被搞疯的，何况，叛军中看来并不具备如此特种的人才。

整个决战大致可视作靺鞨骑兵的骑射演练课，从开打就开始跑来跑去放箭，一直放到战斗结束。几个来回下来，叛军就崩溃了——不仅是身体方面的，而且还有精神方面的。

此战，有数千人手拉手走进了李谨行的战俘营，其他的基本消失了——全跑去新罗了。

高句丽叛军的主力就此被摧毁，仅剩少部分仍死守着一些坚固的据点，做着最后的抵抗，但也是待在城里不敢露头，眼巴巴地期待新罗人的援军。

当然，在忙着练箭的时候，李谨行并不知道，这次决战并没有那么简单，因为它不只是一次决战，还是一个陷阱。

就在李谨行统兵开路之际，一群不速之客正向平壤西北方向隐秘而紧急地挺进，他们的意图是偷袭李谨行的大本营伐奴城。

这群不请自来的客人，成分比较复杂。据史料记载，除高句丽叛军主力的一部外，还有一些身份特殊的部队。他们就是与李谨行同文同种的靺鞨人。

中学历史上有教过，隋唐时期的靺鞨人可笼统分为黑水靺鞨和粟末靺鞨两大部。这个说法是没错的，但过于笼统了。事实上唐代初期靺鞨主要分为七大部落，除了黑水、粟末外还有白山、伯咄、安车骨、号室、拂涅五个存在。不过如果硬要将这些部落分为两类也不是不可以，只不过具体的分类指标要改一下，改成是亲唐还是亲高句丽。当年李谨行的老爹突地稽曾统领实力最强的粟末靺鞨反抗高句丽人的控制，但不幸失败，因而内附于隋，他们汉化程度较深，于是自然而然后来成了唐朝人的好朋友。而剩余的白山、伯咄等部由于接受高句丽的长期统治，已经完全变成了高句丽的附庸。来打伐奴城的正是高句丽化较深的这一批。

高句丽人的预定计划是，在彪悍善战的靺鞨军的配合下，出其不意地出现在伐奴城下，运气好的话，最好能凭借靺鞨语忽悠一下，混进城中，然后趁机在城里放火破坏，等到城内大乱，里应外合，乘虚而入，一举拿下人少势孤的伐奴城，断掉李谨行的后路。

以当时的情景来看，这个计划很有可能实现，但是它终究没能实现，只因一个厉害人物的出现。

应该说，叛军的运气不是很好，没有赚开城门，却也不算太坏，至少打了守军一个措手不及。

当叛军抵达伐奴城墙下的时候，城内一片慌乱，此时城中唯一建制完整的部队也就是火头军了（古代的炊事班），能打的士兵都已经随同李谨行将军出征了，一会儿真打起来，总不能拽敌兵一脸面片汤吧？

就在百姓人心惶惶、守军无计可施的关键时刻，一个人发话了：应该尽快武装城内居民一道守城。

听到这句话，大家总算稍微平静了下来，因为这是个说起话来连李谨行将军都要点头称是的厉害人物——将军夫人刘氏。

刘氏夫人可谓彪悍，她一面吩咐下去装备城中居民，一面套上家中铠甲，第一时间出现在城头，指挥防守作战。她的这一系列举动大大鼓舞了守城士兵们的士气，大家在将军夫人的统一调配下，用弓箭、弩机射向敌人，拿石块、火把砸向叛军。叛军喜滋滋地上来却被劈头盖脸地招呼了一番，攻城的积极性大大降低。再加上城中但凡能立起来的，都被李夫人请上了城头摇旗呐喊，乍看之下，蔚为壮观，很是吓唬人。于是乎，在几次攻城不利的情况下，叛军做出了误判：守军是有准备的，这或许是个陷阱。

在进行了最后一次也是最为猛烈的一次攻击但仍无结果后，叛军开始总退却。这无疑是一个极为错误的军事判断，此后，他们再也无缘如此接近平壤。

虚张声势的刘氏赢得了最终的胜利，而她的这一传奇事迹也很快享誉全军，甚至于传到了长安城的皇帝陛下耳朵里。

对于这位巾帼不让须眉的女中豪杰，李治赞赏不已，为此他特意传旨海东前线，加封刘氏为燕国夫人，以示褒奖。

新罗人被打退了，遣使请罪，高句丽人被打废了，逃入新罗。至此，半岛北部基本再无战事，目前，离唐朝所需要的和平只有一步之遥。为了顺利迈出这一步，唐朝向新罗派出了使者，传达了唐方提出的实现和平的两大基本条件：

一、新罗必须盟誓永不支持高句丽境内叛军的一切活动，同时返还潜逃于其境内的所有叛乱分子；

二、新罗必须撤出其侵占的熊津府属地，归还强掳走的百济人民，并为其侵略行径致以诚挚的歉意。

当然了，这只是对外公开的外交辞令，事实上，对于半岛问题唐朝的底线还可以再低一点——如果新罗方面严格遵守并切实履行了第一条，第二条不执行，那也无所谓。

可惜，新罗人的脑子并不很开窍，唯一比较有政治远见的大将金庾信又不巧病死了。于是以金法敏为首的新罗贵族吃了秤砣铁了心，既不交人，也不还地，意欲耍赖到底。而为了坚定集体的决心，提高凝聚力，金法敏以谋划叛乱投唐为借口干掉了朝中的和议派代表人阿湌大吐。

就这样，新罗开始在一意孤行的叛逆小路上加速狂奔。

唐罗高层在讨论和平，下面的李谨行却没有闲着。李将军用他的实际行动表明，这是个对工作一丝不苟、认真负责的将领。

虽然叛军已经被逐出高句丽故地，一路扬尘跑进了新罗，可李谨行不管什么护照抑或通行证，依旧照追不误，从瓠泸河西岸一直追到了瓠泸河与王逢河的交汇处。

接下来的事情，按照朝方流传下来的《三国史记》等文献记载是，镇守北境的新罗江防部队敏锐地发现了非法入侵的唐军，在警告无效的前提下，英勇的江防部队奋起自卫，接连九次击破唐军，"斩首二千余级，唐兵溺瓠泸、王逢二河，死者不可胜计"。

如前所述，《三国史记》作为一本史书，其内容之不严谨，作假之拙劣，描述之扯淡，实在令人发指。而其自带的自助式自我打脸模式更是令人大开眼界，比如这一段，史书原文中"斩首二千余级"一句，"千"的后面有个括弧，里面静静地放置着一个"百"字。这意思是，当年可能杀伤了两千，也可能是两百，现在有点记不清了，不过"二"是肯定的。

这么个写史态度，反正本人是不太敢信的（中国史料中没有李谨行这段时间行动的记录，用史学界的术语，这叫作"孤证"）。

不过更有意思的是"死者不可胜计"后面紧接着的这一句："冬，唐兵攻高句丽牛岑城，降之；契丹、靺鞨兵攻大杨城、童子城，灭之。"

按理说，唐军刚刚大败，阵亡两千人，溺亡了不计其数，亟须停战休整才是。可九月份才遭重创，冬天就卷土重来，还一口气降一城、破两城，这也太像奇迹了吧？

当然，如果有人非要较真，说唐军恢复起来就是那么快，又恰好赶上运气爆棚，连续捡了三个城的便宜，我也没办法。

这边厢战火未消，那边厢怒火又被点燃了。发现新罗人阳奉阴违，只做口头承诺，连一向好脾气的李治也拍了桌子：给脸不要！

盛怒之下，皇帝陛下决定将新罗作为一个正式的问题提上解决的日程。

咸亨五年（674年）正月，唐高宗因新罗国王金法敏"纳高句丽叛众，略百济地守之"，下诏通传天下，宣布正式削夺金法敏一切官职、爵位，同时安排其弟右骁卫大将军、临海公金仁问为新罗王（当时在长安学习、工作），由唐军一路护送，归国继位。

当然了，考虑到金法敏必然不会轻易就范，拱手让出王位，唐高宗体贴地为金仁问配备了一个靠谱的护送者。这个人就是海东问题专家，曾以水军偏师大破倭人的杰出退休老干部刘仁轨。

像刘仁轨这样的人才，注定是闲不了的。刘老先生在总章二年（669年）称病回的家，咸亨元年（670年）就在朝廷的强烈要求下返聘归来，先起复为陇州刺史，一年后，直接由地方调入中央，担任太子左庶子、同中书门下三品（进入宰相班子的标志），同时肩负监修国史的重任。

而咸亨五年（674年）的这一次，他的职务变成了鸡林道大总管，这也就是说，刘仁轨首度以第一军事主官的身份领兵出征。

虽说身份上有了很大的变化，但刘仁轨稳扎稳打的性格还是一如既往。所以，刘大总管到达前线很早，动手却很晚，直到上元二年（675年）二月方才挥军进击，出兵瓠泸河。

担任唐军先锋的，是由于表现出色刚被提升为行军副大总管的李谨行，而李谨行的前方，是阿达城。

阿达城，在今临津江流域，是当时新罗的北部边防重镇，与大唐的安东都护府隔江相望，可以说是新罗人阻击唐军陆上进攻的头号桥头堡。因此新罗人对此城十分看重，不但部署了大兵，而且留下了大将。

大将的名字叫素那。这位仁兄名字中虽然带着一个"素"字，但他可真不是吃素的。首先，人家的爹就很不一般。素那的父亲叫沈那，此人有"新罗飞将"之称，曾长期担任新罗百济交界要地白城郡的镇将。由于沈那武艺出众，身手敏捷，能够砍人而不被人砍，所以每次打仗总是带队冲在最前面，带头砍人。百济人砍他不过，被他砍怕了，扎小人儿诅咒又没什么用，无奈之下只好编了首歌谣，互相告诫一下：沈那还活着，不要跑去白城挨砍哟（沈那尚生，莫近白城）。

作为沈那的儿子，素那继承了乃父的彪悍基因，不但勇猛善战，而且还具备一项连其老爹也不曾掌握的个人特技——弓箭。

据说素那精于箭术，百发百中，射速还快，弓箭一上手就根本停不下来。

基于这些先天与后天的优势，素那在新罗众将中迅速脱颖而出，在汉州都督都儒公的强力举荐下被金大王调到阿达城做了军事长官。

这就是李谨行即将面对的对手，平心而论，比较难以搞定。然而，李谨行却轻松地搞定了，因为李将军对于非常之人采用了非常之手段，这种手段叫细作加偷袭。

我们刚刚说了，素那是阿达城的军事长官，这也就意味着民政方面的工作不归他负责。事实上也确实如此，主管阿达城民事的是一个太守级餐，按史书上记载，此人名唤汉宣。

汉宣是个很称职的新罗官员，他考虑到国家正处于战时的紧急状态，物质较为缺乏，于是他想着趁春暖花开的时候，种上点麻，那是极好的。所以就下了一道严令，规定某日城中百姓一道出城，从事这项强身健体、利国利民的集体劳动。

唐军派出的细作打听到了这一消息，并及时准确地汇报给了李谨行。于是李谨行决定利用这一宝贵机会一举攻破阿达城。

阿达城百姓很快迎来了全民种麻日，在汉宣的要求下，城中百姓无一例外出城进田劳作，就在这时鞨鞨骑兵已经慢慢摸到城郊，趁着守军不备干倒看门的兵丁，然后策马狂奔，直入城中！

阿达城的百姓有点蒙了，他们完全没整明白是咋回事儿，当场愣住了。倒是素那反应很快，闻讯立刻带齐装备，杀到城门口，然后就是一声大喝："你们知道新罗有沈那之子素那吗？！我素那不怕死，想要单挑的快些上来！"

东汉末年分三国，单挑独斗是传说。鞨鞨兵对先辈的英雄故事不过是心向往之，身却是万万不能至的。既然你小子不怕死，我们怕只好对你不住了。

面对一脸找死猛扑过来的素那，鞨鞨兵迅速散开，随即纷纷取弓搭箭，向素那的身上射去。

素那兄不愧基因优良、天赋异禀，看到箭支飞来居然闪身躲过，然后也立刻张弓放箭进行还击。

就这样，一场精彩绝伦更是激烈异常的弓箭对战开始了。

史载，当时的场景是"飞矢如蜂"，战斗从辰时持续到了酉时，直到素那被射成刺猬，倒地身亡，才告结束。

想当年张飞在当阳桥头发出那声流传千古的大喝前，曾让部下骑兵砍下树枝拴在马尾上，在树林内往来驰骋，冲起尘土，以为疑兵，就此成功迷惑了曹军，控制住了局势。相较而言，素那的表现就差了些，他一上来就亮出了自己的底牌，明明白白告诉对手此来就是为战至一死方休，猛则猛矣，却让对手一下子摸清了情况，最终迅速选择损耗最小的方式解决了问题。

决定破釜沉舟前有没做过冷静的思考以求一线生机，在我看来，这就是匹夫之勇比不上名将之勇的所在。

不过素那是不应该被苛责的，毕竟他的表现堪称悲壮，更重要的是，作为阿达城的守将，他已经尽到了自己的本分，直到战死的那一刻。

阿达城告破后，唐军立即开赴春季攻势的第二站，七重城。

七重城，听起来很大，实际上也就是个小县城，守卫这里的自然也不是什么大将，而是相对应的小守级别的人物，儒冬。当然，这些都不是重点。七重城之所以能在新罗人心目中留下极深的印象，那完全是由于小城出了大事：唐军同新罗军在此进行了继石门之战后的第二次主力大决战，而战斗的结果是其中的一方基本实现了其战略目的，半岛的战事由此发生了根本性的转折，因此七重城这个小地方注定要在两国的史书上留下它的痕迹。

说小，可能是不太准确的，毕竟当年的新罗人还未完全掌握中原王朝筑大城的技术，相比边境的其他地方而言，七重城堪称是座北方大镇了。而且由于它距离新罗的王城（今韩国首尔）只有四十公里，可以说，七重城乃新罗王城北部的咽喉之地。

或许正是这个原因，新罗王金法敏早早地统领九军驻扎在瓠泸河、七重城一带，只待唐军出现，便以逸待劳同对方决一死战。

这一次，金法敏再次押上了重注，他所带来的士兵是新罗最新的练兵成果。据说，这支部队经过金法敏等新罗高级领导的多次检阅，其主将阿湌薛秀道还特地为该军创制了六阵兵法，以最大发挥军队威力，予敌以最大杀伤，按照部队各级指挥官的说法，这些阵法配合这群士兵，必定能横扫唐军，所向披靡。金法敏信了。

显然，金法敏对于本国自主"锻造"的这支部队极有信心，非常满意，因此甫一交兵，金法敏就把这支部队投放到了最前线。

很快，金法敏得到了战报：刘仁轨破我兵于七重城，小守儒冬战死。

说好的横扫唐军、所向披靡呢？

没等金大王威风凛凛地喊出那句"将这几个人推出去砍了"，就听见外面的战报接二连三地传来：

"启禀大王！靺鞨围赤木城，今城破，县令脱起率百姓拒之，力竭俱死。"

"报告大王！唐兵又围石岘城，已陷之，县令仙伯、悉毛等，力战而死。"

"大王！不好了！大王昏过去了！速传医官啊喂！"

唐军势如破竹，新罗屡战屡败，在金法敏看来，亡国灭族的惨剧将不可避免地以自己为主角上演，而此时此刻自己除了遣使入贡谢罪外，再也别无他法。

这实在是压力山大，会晕倒，可以理解。

然而让人不能理解的事也发生了，深入新罗腹地，一路凯歌的唐军竟然主动撤兵了！

金法敏纳闷了，他想破了脑袋也没弄明白，刘仁轨葫芦里到底卖的什么药，是西线战事升级，还是此乃老奸巨猾的刘老狐狸的诱敌之计。

都不是。

七重城之战后，朝廷对刘仁轨大加褒奖，晋升其为公爵（乐城公），并授予其子侄三人上柱国的殊荣，以表彰老将出马后的不俗表现。与此同时，皇帝夫妇还以私人名义派使臣对刘仁轨进行慰问，表示老人家年逾古稀，希望能在前线注意身体、劳逸结合云云。

刘仁轨是个机灵人，他立刻对朝廷的意思心领神会，加上他早有耳闻，侍中张文瓘和天后（时人对武皇后的尊称）先后上表皇帝，要求停止用兵，与民休息。所以当他听到使者传话的那刻起，他就意识到，自己的初帅之战是时候谢幕了。

上元二年（675年）二月，刘仁轨率领唐军主力返回国内。

李谨行又一次升官了，因为在阿达城之战的优异表现，他升任安东镇抚大使，接替回国的刘仁轨全权负责经略海东，遏制新罗人膨胀的野心。

此时，半岛的战局比较复杂。唐朝方面是屡获胜利，部队已然深入新罗内地，甚至还有一路偏师渡海进攻新罗南境，并同样获得了不俗战绩（史载：斩获甚众）。其对新罗的包抄之势基本形成，说打就可以打。唯一美中不足的是，主力部队撤回，现有部队兵力、战力有限，打起来会有些费劲。新罗方面虽然被攻入了本土，主力又被打得大败，但毕竟准备时间长，且是主场作战，兵源、兵力都很充分，外加新罗之王金法敏雄才大略、能屈能伸，伸则指点江山、攻城略地，屈则激扬文字、俯首称臣，这样的敌手也比较难搞，因为他直通唐朝廷，一旦哭功施展顺利，引发皇帝恻隐之心，说不打就可以不打。当然了，新罗一方也是有遗憾的。虽然他们侵占了熊津都督府（原百济）的大片土地和安东都护府（原高句丽）的部分土地，但由于唐朝的熊津府撤离计划落实得干净而彻底，所以新罗后期取得的百济故土，只有土，没有人。看着好不容易到手的这么一个空白的熊津，金法敏欲哭无泪，但白给的东西不能不要，金法敏一咬牙还是派兵进驻了，于是新罗的兵力被迫分散，而这为唐军以战迫和，彻底解决东线问题（注意：不是彻底解决新罗）提供了便利条件。

上元二年（675 年），新罗人已经再度派出使者向唐朝请和，朝廷对新罗的申请也在积极的讨论中，不过为了使这场战争能够在更有利于唐朝的情况下结束，高层决定让前线唐军继续保持对新罗人的军事压力，即边谈边打，以期增加谈判桌上的筹码（一千二百多年后的朝鲜半岛也出现了相同的桥段）。

在这一大背景下，安东镇抚大使李谨行开始行动了。

自九月起，李谨行依托买肖城（在今韩国仁川附近）连续主动进击，三战三胜。这三仗的真正意义不在于杀伤了多少敌兵，而是为了向新罗人宣告一个事实：即便主力不在，此地也容不得你们放肆。

应该说李谨行达到了他所要的效果，买肖城的三战使得新罗人闻风丧胆，紧闭城门，再也不敢出兵游荡。金法敏更是进一步深切体验到了亡国的危机，因而再度遣使入贡谢罪，恳请唐朝撤兵并帮助避免其弟金仁问回国后可能导致的内部混乱。

感到戏做得差不多了，长安方面终于松了口，表示愿意对新罗，特别是对犯了严重错误的金法敏既往不咎。于是唐高宗下诏赦免了金法敏并恢复了其新罗王的爵位及相应官职，同时召回金仁问，改封其为临海郡公，且在事实上承认了新罗对百济故地及高句丽南部的占领。

这一结局对新罗人而言绝对应该属于喜从天降的系列，然而大部分新罗人却不这么看，因为他们得到的是完全不同的消息。

因为新罗国内，人们了解到的买肖城之战的情况是这样的：谨行率兵二十万，屯买肖城，我军击走之，得战马三万三百八十匹，其余兵仗，称是（新罗史料《三国史记·新罗本纪七》）。

本人曾不止一次吐槽过新罗史书的浮夸风，但当我看到这一记录时依然被新罗史官异常丰富的想象力、浪漫不羁的夸张风格，及其信口扯谎时脸不红、心不跳的坚强心理素质所深深折服。

之前大唐灭百济、平高句丽所用军力也不过十万之众，倘若唐军真的有二十万来到了半岛，估计李谨行早在新罗王城的宫殿里纳凉了。

虽说直到目前还有某国的一群所谓历史专家声称，唐军在买肖城遭遇新罗军民的重重包围，最后几乎全军覆没。但事实很明了，唐军根本没有那么多的人。

如果按照新罗人的说法，李谨行除了全军真的覆没外，还得叫回走远的刘仁轨部一起覆没上两遍才行。

个人以为，这个技术难度要求高了点。

当然了，这已经不是新罗史官第一次脑洞大开乱记账了。之前在记载百济平叛战时，新罗史官便大笔一挥记录道：诏遣右威卫将军孙仁师率兵四十万，至德物岛，就熊津府城。

而事实上我们说过，孙仁师所部只有七千人。

由此可见，新罗人的信口开河是一脉相承、一以贯之的。

可以确定，以《三国史记》为代表的新罗史书对于买肖城之战记载严重失实，但要说新罗人打了半天没有一点成就也比较冤枉。据《三国史记·金庾信》记载，金庾信的儿子金元述在这一年唐兵攻买苏川城（疑为新罗方面对买肖城的称呼）的作战中，为洗雪石门战败之耻，拼死冲锋，"遂力战有功赏"。又据日方史料《日本书纪》，天武四年（675年）十月丙戌，曾有人从筑紫"贡唐人三十口"。排除比较嚣张的海盗势力敢劫掠大唐船只并到倭国秀武力的这类小概率事件，我们不难猜测此处缺失的主语应该是新罗人。毕竟这期间与唐军交战的仅有新罗，所以最有可能的情况是，新罗为向倭国示好，派出使团达到筑紫，送上了其新近交战中俘获的唐军士兵作为见面礼。而考虑到唐罗两军在此之前的对战只有买肖城之战和发生在南线的泉城之战（此战稍后再讲），那么这三十名战俘必然是这两次战斗中所俘获的。

结合以上几个证据，我们有理由相信，买肖城之战中唐罗两军互有胜负，而考虑到新罗史料只记录了缴获的马匹与兵器数，却不提及斩首数和战俘数，我们可以做出如下几个推论：

推论一：买肖城之战中新罗有小胜，但战果极其有限，至少唐朝廷不认为买肖城之战是败仗；

推论二：此战对于唐朝与新罗的态势走向并未产生任何重大影响，可新罗为了某种目的却有意单方面夸大了战绩。

当然了，也有学者根据他所见的史料做出了更进一步的现场还原：朝廷由于吐蕃东侵不得不抽调远在朝鲜半岛的李谨行部西去抗敌，而因军情紧急驻屯于买肖城的唐军需要轻装简行，立刻出发。于是一些不必要的军械和一部分不堪远行的马匹被遗弃在城内，新罗军队得到消息前来追击，与唐军的断后部队发生了战斗，抓了部分落单的唐兵。

这一说法在我看来比较靠谱，因为一年后，李谨行的确以检校廓州刺史、积石道经略大使的新身份出现在了抗击吐蕃的最前线，且没有受到处罚的迹象，而朝中大臣及负责任的御史也从未提及李谨行在海东的败绩。

李谨行很可能被人污蔑了，但另一个人的败绩却是板上钉钉的事实，这个人就是一直盯在南线的薛仁贵。

第二十章
无法改变

在李谨行于北线发动买肖城战役的时候，安静了很长一段时间的薛仁贵也开始摩拳擦掌起来（有人推测，薛仁贵之所以长期未能露面是因为他当时主要的军事任务为负责掩护熊津府居民撤退）。

虽然薛仁贵是半岛的常客，对这片土地的熟悉程度超出他人，但是考虑到自己的年纪毕竟有些大了（时年六十一），记性大不如前，慎重起见，薛仁贵决定寻访一个向导来帮助自己。该名向导务必具备如下特征：带路业务扎实，对新罗山川地形、大小道路了如指掌；具备双语能力，至少交流无障碍；政治立场坚定，最好和新罗有仇。

很快，薛仁贵就找到了一个合适的人选，这个人叫金风训。

金风训，新罗人，时为新罗遣唐留学生。他能够被薛仁贵录取并愿意协助唐军进攻祖国，是因为一个契合的理由：报杀父之仇。

金风训的父亲名叫金真珠，此人在当时的新罗可实在不是一个简单的人物。金法敏继任国王之初，新罗军队有所谓的三大大幢将军，金真珠就是其中的一位（这里面还包括了金法敏的弟弟金仁问），论地位，他们三个仅次于号称新罗第一名将的金庾信，可谓两人之下，万人之上。

古语有云：伴君如伴虎，高处不胜寒。金真珠据说是因为身居高位但惰于政务，整日吃喝玩乐引发了金法敏的不满，所以被下令杀了。平心而论，就玩忽职守罪而言，这个处罚本就稍显过当，可金法敏并不这么认为，因此在下令干掉金真珠的同时，他还顺道下了另一个命令：诛灭其族。

就这样，一夜之间金真珠全族被灭，身在唐朝的金风训有幸逃过一难，但也从此成了名副其实的孤家寡人。

无数个日夜，金风训是在号啕大哭和咬牙切齿中度过的，自得悉噩耗的那天起，金风训的人生就只剩下了一个目标：让金法敏血债血偿。

仇恨的力量是无比强大的，当薛仁贵招募向导时，金风训毛遂自荐，随即受命为大军引路。

在金风训的引导下，南线唐军终于迈出了主动出战的第一步。

可惜的是，第一步，是个坑，坑的所在地叫泉城。

在这里，薛仁贵部遭遇了新罗将军文训等人的伏击，虽然新罗人困不住薛仁贵，让薛猛人冲破重围领残兵逃了出去，但唐军损失已然极其惨重，死伤一千四百余人，丢失兵船四十艘，战马一千匹。

薛仁贵的第一次进攻就这样黯然告终。

事后，薛仁贵为自己的大意颇为懊悔，但此时的薛仁贵并不知道，这条英雄末路他才刚刚起步。

仪凤元年（676年）七月，薛仁贵得到消息，北线唐军攻克了新罗北境的道临城，并阵斩其县令居尸知。此时，北线唐军的主帅李谨行已经被调往西线应对吐蕃，新罗前线唐军的兵力已经非常空虚，但就是在如此捉襟见肘的情况下，唐军仍能主动对新罗发起局部打击并攻破其城池，这对薛仁贵来讲无疑有很大的心灵冲击。

是的，想当年，老夫亦曾威猛无俦，以单枪匹马扰动驻跸山下十五万高句丽大军，更曾金戈铁马，气吞三千里河山。

想到此处，壮年时的勇武精神在这位老将的身体里复苏了，万丈豪情又回到了他的身上。摧锋陷阵，纵横无敌！昔日我曾经做到的事情，今天为什么不可以呢？

他握紧了双手，眼光扫向地图，很快把目光停留在了一个同样光荣的名称之上——白江。

十三年前，刘仁轨带领偏师舰队与倭人奋战，倭国水师几乎被全歼于此。十三年后，薛仁贵统领的同样为唐军偏师，且还是残兵，可依旧稳稳碾压了敌人，作为薛仁贵水战对手的沙飡施得战败，仓皇逃离战场。

一战得胜，薛仁贵露出了久违的微笑，他取出地图认真记下了破敌的详细地点：

伎伐浦。

如无意外，这个名字将出现在自己的功劳簿里，他年退休后还会时常忆起。

事后的发展表明，薛仁贵这次的预测很准，但只测准了一部分。

得到施得败北的消息，临近的新罗军各部开始从四面八方向伎伐浦聚集。这些部队之所以跑来伎伐浦，倒不是因为施得的人缘太好，各地领兵的将领们愿意替他挣回个面子，而纯粹是因为打败施得的人是薛仁贵。

薛仁贵在海东军民的心中一度是天王巨星般的超级偶像，近几年其人气虽然有所下滑，但影响力还是比较大的。如果能在战场上将薛仁贵生擒活捉，这对于唐军的士气绝对是不小的打击，且可以很大程度上激励新罗军民的战斗决心，增加对唐谈条件的资本。

出于以上考虑，新罗军一脸兴奋地赶来了，而根据新罗史书的说法，他们还真的差点办到了。史载："又进大小二十二战，克之，斩首四千余级。"

如无意外，新罗史官想必又在展开想象的翅膀了。虽说薛猛人不复昔年之勇，但出现这种让新罗人吊打，一次性被斩四千多人的情况，个人以为是很困难的。而我之所以敢给出这样的结论，还是由于之前提到的那两个理由：当时兵力与事后弹章。

我们介绍过，薛仁贵来增援熊津府时手中兵力在两万人左右，倘若此战中唐军真的被斩首四千余，那这路唐军基本就被打垮了（要算上受伤、被俘、走散以及溺毙等未被斩首的阵亡者的损失）。要知道，咸亨三年（672 年）的石门之战中，有五万人的新罗军也就被斩首三千人便出现了大崩溃的局面。所以稍微有点军事常识的人都可以看出来，这是在扯淡。

更重要的理由我们前面也详细讲过了，薛仁贵归国后被御史们追劾的不是军事问题，而是经济问题，即所谓的"坐玩金帛，渎货无厌"。

所以据史料分析，薛仁贵在伎伐浦的军事行动确有可能受挫，但损失应该不大，至少不会是几千人。看来要真信了新罗的宣传，那是要误一生的。

伎伐浦之战说到底只是一次规模不大的战斗，但它并非不重要，因为此战是史料记载中唐罗之间的最后一次交战。

朝鲜（韩国）的学者认为，这是由于新罗军队和人民在伎伐浦战役中表现出了不屈的抗争精神和无比的勇气，凭着这股上下同心、顽强战斗的伟大力量深深震撼了大唐名将（薛仁贵），予敌以沉重打击，最终致使唐军此后不敢再对新罗发动进攻。

对于上述观点，本人不予评论。

当然，我想唐朝人是有话说的。

首先是弹劾。弹劾的对象主要是薛仁贵。鉴于薛仁贵在海东的作战没有想象中的积极，明显有着应付差事、军事不作为的迹象，所以朝中议论很多。再加上薛仁贵的确不那么清白，不久之后就被举报搞贪污腐化，被贬到象州去了（后遇赦还家）。

五年后，西部出现了叛乱，通往瓜州、沙州的通道全部断绝，唐高宗苦于朝中无将可用，特意派人召回了薛仁贵。在一番开诚布公的真挚交流后，已然步入暮年的君臣二人终于彼此解开了心结。

年近七旬的薛仁贵就此走马上任，担当瓜州长史。不久薛仁贵又以右领军卫将军、检校代州都督的身份前往云州讨伐突厥人。

突厥人对唐朝派出这样一位须发花白的老头儿来和自己作战感到极度莫名其妙，但出于战场上的规矩，突厥首领还是照例询问了一句对面的唐将是哪位。

"薛仁贵。"

回答的声音不大，但很是清楚。

当这个答案传到对面突厥人的耳朵里时，在场的突厥人都表示不相信。

"我听说薛将军被流放到象州，后来死在了那里，怎么可能又活过来？"

老者没有进行解释，而是看着对面那些一脸质疑的突厥人，缓缓地摘下了自己的头盔。

看清了唐军主将面容的那一刻，突厥人无不惊讶至极，相视失色，有的人则当即丢下兵器，翻身下马向那位他们久闻大名的传奇英雄叩拜。

领导叛乱的几个首领见状当即达成了共识——先撤兵。

薛仁贵趁叛军军心动摇，乘机率军进击，大破对手，没费多大劲儿就平定了叛乱。

云州大捷为薛仁贵赢得了久违的荣誉，朝野上下更是一片赞颂之声，老将军也难得地露出了笑容。

一年后，薛仁贵去世，年七十岁。

薛仁贵传奇的一生就此画上了句号，纵观他这一辈子，少年得意，中年辉煌，老年落魄，晚年善终，可以说极其完整也极其精彩。而他所有的一切不仅被载入了史册，还被改编成了各种民间文学，供后世评论传唱。

虽然他也曾心灰意懒，也曾黯然神伤，但留在人们脑海中的似乎总是那个策马持戟、所向披靡的白袍小将。

其驱驰之身影，今犹可见。

唐朝总体来看还算是一个赏罚分明的朝代，有挨骂被罚的，就有因功受赏的。这一回，受到最多表彰的是一群人——前百济人。准确地说，是组织熊津府居民主动撤退的都督府官员和军队将领。对于这些背井离乡的人，朝廷没有亏待他们，所有迁入大唐本土的百姓均得到了政府的妥善安置，在新的家园开始了新的生活。至于都督府的各级公务员，更是处分没有，褒奖很多。以后来在唐朝大显身手的黑齿常之为例，当初黑齿兄向刘仁轨投降后，职务是折冲都尉（正四品下），到咸亨三年（672 年）时，他则是忠武将军（正四品上）。也就是说，混了九年才升了半级。但是当朝廷准备启动并着手实施熊津撤离计划时，情况就大大不同。黑齿常之先是被调任行带方州长史，不久又改任沙泮州刺史并授上柱国，再然后是升为左领军将军（从三品）、熊津都督府司马（都督府的二把手，实际上的军事负责人），爵位一直封到了正二品的浮阳郡开国公才罢休。

可见，为了安抚百济人，朝廷是不遗余力、不吝提拔。而事后的发展也表明了，百济裔的官员们对于朝廷的这一抚慰措施很是受用，至少对黑齿常之是的。这位仁兄将成为我们后面战争戏的主角之一，关于他的故事，我们后面再讲。

关于停止对新罗的进攻一事，唐朝除了出于追究责任、安置移民等内部考虑外，还有外部的考虑。这一点，我已经不止一次说过了，是应对吐蕃。在唐高宗看来，那位名义上的远房孙辈芒松芒赞（吐蕃王朝第 34 任赞普、松赞干布之孙）才是真正的心腹大患。

基于这一明确认识，高侃、刘仁轨、李谨行等将领先后被调往西线承担更为重要的工作，而半岛战场就此成为传说中的鸡肋，食之无味，弃之可惜。

集中力量打倒最强的敌人，解决最棘手的问题，这是唐朝一向的习惯，也是所谓的停火真相。

仪凤元年（676 年）起，唐罗两军在半岛上的对战基本结束了，但是两国的博弈却远远没有终止。

这一年二月六日，唐高宗突然下诏，将安东都护府从平壤迁到辽东故城（今辽宁省辽阳市），并将在安东都护府任职的汉官全部罢免；与此同时，又将熊津都督府从百济故都扶余城迁到建安故城（今辽宁省盖州市），而原来迁到徐州、兖州等地的归顺唐朝的百济百姓，也被随之迁到建安故城一带居住。

次年二月二十四日，唐高宗又下诏以前高句丽王高藏为辽东州都督，封朝鲜王，派其回到辽东，安抚高句丽遗民；而在唐朝国内各州的高句丽裔百姓也和高藏一同被送回故土；此外，又任命时任司农卿的原百济王太子扶余隆为熊津都督，封带方王，同样派兵将其送回半岛，让他出面安抚百济的遗民。当然，鉴于新罗人已经完全占领百济故地，扶余隆又显然不能胜任开展敌后游击战争的工作，所以经唐高宗特许，扶余隆可暂时寓居在辽东地区，等时机合适了再回去。

唐朝的这一招是有点历史来由的。当年刘备就是打着刘表长子刘琦的招牌稳定了荆州故地，进而转化成自家的产业的。

可惜，历史虽然总是惊人地相似，但不喜欢重复，而唐朝在选角方面的眼光实在是差了些。扶余隆不是刘琦，倒是更像刘禅，这位仁兄看尽了长安的繁华后颇有点乐不思蜀的意思，打死都不愿意返乡，好说歹说同意了，走得却比蜗牛还慢，看样子没有个十年八载是到不了鸭绿江边的。

相比而言，高藏的表现就好得多了。

高藏接到诏书后，没说的，包袱一捆，走起。

不过个把月的时间就到了辽东，然后他开始招募旧部，联络忠于自己的靺鞨人，同新罗人扶持的报德国高安舜朝廷进行了激烈的遗民争夺战。实践证明，姜还是老的辣，高句丽遗民相比之下更拥护这位外祖父，以至于高安舜的政府成了摆设，政令不出金马渚那一亩三分地儿。

唐朝的釜底抽薪政策取得了一定的成效，但是高藏对朝廷强行派给他的这个角色并不满意，他中意的角色其实是刘备。

所以在暗中筹备了四年后，高藏密谋联合白山等部靺鞨人一道叛唐搞复辟，谁知唐朝的情报网那是相当发达，高藏前脚刚同靺鞨首领谈妥，后脚就迎来了逮捕他的人。就这样，因谋叛罪被流放到了邛州（今四川省邛崃市），不久即郁闷地死掉了。而参与其事的高句丽百姓再次被迁入唐朝内地，这一次他们被彻底打乱聚落，随即分散安置在河南、陇右等各州，就此完全融入了多民族的大家庭。至于那部分家境贫寒，没有能力长途迁徙的，朝廷也给予了照顾，他们被留在安东城（今辽宁省抚顺市以北）附近，后来成了靺鞨人和突厥人的一部分。

差点忘了，还有高句丽化的那部分靺鞨人。在高藏的复国计划败露后，这群人也被迁入中原，与唐朝人杂居，曾经同黑水部、粟末部并驾齐驱的白山部就此不复存在，而其他小部落同样因高句丽的败落而慢慢消失在历史之中。这之后，靺鞨诸部中的强者仅剩下北部的黑水和依附唐朝的粟末两部。

当然，这些对于金法敏来说都是后话了，在当时，金法敏要做的事情只有两件：第一是坚定不移地继续同唐朝斗智斗勇；第二则是聚精会神地进一步巩固既得利益。

为了达成这两个重要目标，金法敏几乎用尽了浑身解数，而首要任务就是搞好同宗主国唐朝的关系。

金法敏是新罗历史上最为杰出的政治家，至少我是这样认为的。

因为他具备了政治家最最重要的素质：心黑手狠脸皮厚，胆大心细无节操。虽然同唐朝断断续续交战长达七年之久，打得极为惨烈（对新罗而言的确如此），其间还一度被唐朝宣布为战犯，剥夺了一切官爵。可即便如此，金法敏也从未正式和唐朝翻脸，而是依旧以藩属的身份保持着对唐的使节沟通，并借此传达自己对于这场战争的一贯看法：这不是对宗主大唐的背叛，是"清君侧"，消灭挑拨离间、别有用心的百济人而已。

总之，万语千言汇成一句话：新罗永不否认大唐的领导地位，我只想多捞点好处，不敢叛乱，您就可怜一下，成全我吧。

扛得住时示威，表现立场，扛不住时告饶，博取同情，这一招对当惯大爷、大哥的唐朝，效果很明显。

所以李治最多只是口头上宣布废黜金法敏，并派人送其弟金仁问回国继位，而没有真的出兵逼迫金法敏让位。

不要虚名，只要实惠，该叩首时就叩首。

金法敏实在是一个聪明人啊！

实践证明，金法敏不但善于做小弟，在招小弟这一领域，这位老兄也是行家。

面对被唐军逼到新罗的高安舜，金法敏二话不说当场就封对方为高句丽王（后改封报德王），让出了个县城帮人家立国（对新罗人而言，这的确是送出件大礼），后来眼看着高藏来抢占市场，高安舜有被边缘化的趋势，金法敏依旧不抛弃、不放弃，干脆送出个侄女（他哥金义官的女儿）给人家做老婆，还陪嫁了无数金银财宝来表达愿意继续合作的意向。

当然金法敏从来不做赔本买卖，他得到的回报还是很丰厚的。

开耀元年（681 年），高藏谋反失败，高句丽故地人心不稳，金法敏趁机打着高句丽复国的旗号派沙飡武仙统率精兵三千占领了位于高句丽南部的比列忽郡，不久又拿下了附近的泉井郡。至此，新罗完全夺取了百济故地和高句丽在浿水以南的土地，基本上完成了对三韩传统势力范围的统一。

而此时的唐朝由于西有吐蕃入侵，北有突厥叛乱，正在头大，无暇东顾，便顺水推舟默认了新罗的占领（唐玄宗开元年间，朝廷鉴于新罗出兵助攻渤海国有功，正式下令将平壤以南的土地赐予新罗）。自此，唐罗边界基本确定，双方以浿水为分界线，划江而治，新罗实现了统一的夙愿，唐朝收复了自汉末丢失多年的辽东故土，两国各得所需，恢复了和平。唐罗之战也成为双方历史上第一次亦是唯一一次的交手。

战争终究是结束了，持续多年的战争使得新罗全方位认识到了大唐的强盛，因而同倭国一样，新罗上下很快也走上了如饥似渴的学习之路，并逐渐真正对大唐变得死心塌地，以身为唐帝国的一部分（鸡林州都督府）而倍感自豪。所以其国尊奉唐朝为天朝，采用唐朝年号，历任国王只有在得到唐朝皇帝的册封后才被视作合法，而其百姓也往往愿意自称为唐新罗国人，甚至新罗政府还仿效中国古代将统一后的三韩划分为九州。

在我看来，这就是所谓强大文化下深藏的感召力。

值得一提的是，新罗人的学习热情实在不亚于他邻居日本（倭国表示：谢谢，终于记得人家改名字了呢！），那也是往死里派留学生、访问学者，各种学习。在很长的一段时间里，新罗来的留学生数量都稳居赴唐留学人员的第一位且甩第二名上百人，甚至新罗政府还大力鼓励国内学子前往长安参加科举（提供相应补助），每送走一批都是一把鼻涕一把泪：最好能在唐朝混个一官半职。

但论及学习成绩嘛，你应该知道的。

因为在一千年后连续上演的三场师徒较量中，主打选手基本上就是来自大陆和列岛，半岛这边的主要工作也就是为两位选手对锤提供场地并进行场地维护，虽说后来偶尔也客串下路人甲（如朝鲜李氏王朝末期出现的开化党），但基本是重在参与，混个脸熟而已。

之所以出现如此之大的差异，据半岛上的学者自己分析，这是由于同为学生的两者学习的具体内容不同所致。新罗当年学习的主要侧重为文化（如吟诗作对），捎带点技术（还以政治斗争技术为主），而日本侧重的是技术（如建城修庙），捎带点文化（将棋、喝茶之类的高品位文化）。由此得出结论：此乃新罗轻视技术的恶果。

在我看来，实际情况很可能并非如此。要我说，这都是地理因素决定的。

新罗离大唐较近，又是以陆路为主，一年半载一个来回，足够了，人来得频繁，量又足，学得自然全面而深入。相比较而言，日本就惨了一些，虽说也是隔海相望，但终归是要走海路，不抓紧时间、珍惜机会学点高科技、高附加值的硬通货，怎么对得起路途的千辛万苦？更何况，列岛的环境是啥样大家都懂，在地震火山的时候，谁有心思整那些？我估计就是李白也难有琢磨诗词、推敲格律的雅兴。因而，对于这样的结果，我们可以理解。

抛去民族的情感，站在历史的高度，客观来讲，对于日本人的好学肯学，应该给满三十二个赞。

借用我一个老师的原话：中国是这个世界上最好的老师，有教无类、诲人不倦、无私教授，还从不收学费；日本则是这个世界上最好的学生，勤学好问、孜孜不倦、一丝不苟，除了在自觉学有所成的时候喜欢拿老师练手考核下自身进步水平外，几乎毫无缺陷。

貌似有点扯远了，我们拉线回来，言归正传。

实事求是地讲，唐罗战争对半岛影响之重大远超今天你我的想象。在朝鲜和韩国人看来，这场战争粉碎了唐帝国延续半岛分裂状态的企图，使新罗王国转危为安。抗击唐军的胜利是人类历史上伟大的壮举，半岛人民凭借着这场可歌可泣的战斗宣告了朝鲜民族的真正形成，因此，这是半岛历史生死攸关的转折点。而领导新罗军民及百济、高句丽遗民（虽说人家是扶余人的后代，但管他呢）实现一统三韩之宏伟大业的金法敏自不必说，更是成为新罗人民心中最红的明星。此人死后得谥号为文武大王，以示其文武双全、文治武功两项全能，其在半岛家喻户晓的程度，此后一千年下来，除了发明了训民正音（今天朝鲜语的最初版本）的朝鲜世宗大王和打跑日本人的水战奇才李舜臣，再无人能望其项背。

可就是这位被当时以及后世认为智勇兼备的一代英主，到头来还是晚节不保。

事情是这样的：永淳二年（683年），即金法敏死后的第二年，其继任者金政明根据老爹的临终遗愿将报德王高安舜从金马渚叫到王都庆州，美其名曰改善妹夫的生活条件，实则监视软禁。对此，高安舜本人没有什么意见，反正就大趋势看，高句丽复国是无望了，不如享受一下美好的人生。

但是，高安舜的手下们并不这样看。在高安舜被拐一周年之际，他的侄子高大文终于忍无可忍，暗中在金马渚集聚力量，策划起事。不过，在策划阶段，由于行事不密，计划泄露，高大文被新罗人抓住杀了。

新罗方面本以为处死高大文可以起到敲山震虎、威慑高句丽遗民的作用，殊不知此举恰好完全点燃了高句丽人的怒火。

本就打心底被瞧不起，不过迫于形势暂时低头，现在竟敢囚我领袖，还砍我领导，跟你拼了！

要说高句丽人不愧是发源于白山黑水间的渔猎民族，性格就是率直，说干就干。在简单串联打招呼后，高句丽遗民纷纷抄起家伙反了起来。

经过一番异常激烈的死磕，高句丽遗民的起事终于被镇压了下去，可新罗方面也付出了惨痛的代价——逆斗幢主逼实战死，金马渚中新罗官吏全灭。

所谓上行下效，信哉！

高句丽遗民的大起义迫使新罗政府采用暴力手段灭掉其亲手扶植起来的报德国，而这也意味着金法敏对高句丽人进行的和平演变、渐进同化政策的完全失败。

所以新罗只好采取强硬手段将剩余的高句丽人迁徙到新罗南部居住，与此同时，收回报德城为金马郡，抹杀一切关于报德国的痕迹。就这样，高句丽人最后的复国梦被世仇新罗人彻底粉碎，高句丽由此完全成为故去的历史，而这任谁也无法改变。

百济、高句丽灭亡，文武王金法敏首次完成了对朝鲜半岛的统一，并使统一的新罗在以大唐为中心的天下秩序中持续扮演着重要的角色，这一切对于半岛之后的发展稳定关系重大，这么看来，金法敏确实完成了一项了不起的事业。